DESCRIPTION DE LA CATHÉDRALE DE CHARTRES.

CATHÉDRALE DE CHARTRES

Côté Méridional.

EXPLICATION

DU

PLAN DE LA CATHÉDRALE.

1. Chapelle de Notre-Dame-des-Sept-Douleurs ; elle renferme aussi les fonts baptismaux. Elle servait autrefois de passage pour aller aux cryptes.

2. Chapelle de la Transfiguration ; elle n'a qu'une mauvaise décoration ; cette chapelle doit être supprimée.

3. Chapelle de la Vierge-Noire-du-Pilier. C'est au pied de cette Vierge que les pèlerins viennent prier.

4. Chapelle de l'*Ecce Homo* ; autrefois c'était la chapelle de saint Julien-le-Pauvre.

5. Chapelle du Sacré-Cœur de Marie. Jadis elle était sous le vocable de saint Etienne ou des saints Martyrs.

6. Ancienne chapelle de saint Jean-Baptiste ; elle est supprimée aujourd'hui.

7. Chapelle de la Communion ; elle était autrefois dédiée aux saints Apôtres.

8. Grande chapelle de saint Piat, construite en 1349 ; elle renferme quelques vitraux du 14e siècle.

9. Ancienne chapelle supprimée pour y établir l'escalier qui conduit à la chapelle de saint Piat.

10. Chapelle du Sacré-Cœur de Jésus, dédiée autrefois à saint Nicolas.

11. Ancienne chapelle de saint Gilles, connue aujourd'hui sous le nom de chapelle de tous les Saints.

12. Chapelle du Lazare, qui sera supprimée. Auparavant il y avait un autel dédié à Notre-Dame-des-Neiges.

13. Chapelle des Martyrs, ou chapelle de Vendôme. On y voit sur l'autel un magnifique triptyque roman. Le corps sacré de saint Piat est dans cette chapelle.

14. Chapelle du Calvaire, établie 1830. C'est un ancien passage.

15. Sacristie construite vers 1280.

16. Labyrinthe ou chemin de Jérusalem. Au moyen-âge, des indulgences y étaient attachées.

17. Bâtiment de l'horloge de la cathédrale, construit vers 1550.

18. Trésor ; il renferme, entre autres choses précieuses, la châsse qui contient la Sainte Tunique de la très-sainte Vierge.

Chartres. Garnier, Imprimeur, Place des Halles.

1850

PLAN DE LA CATHÉDRALE.

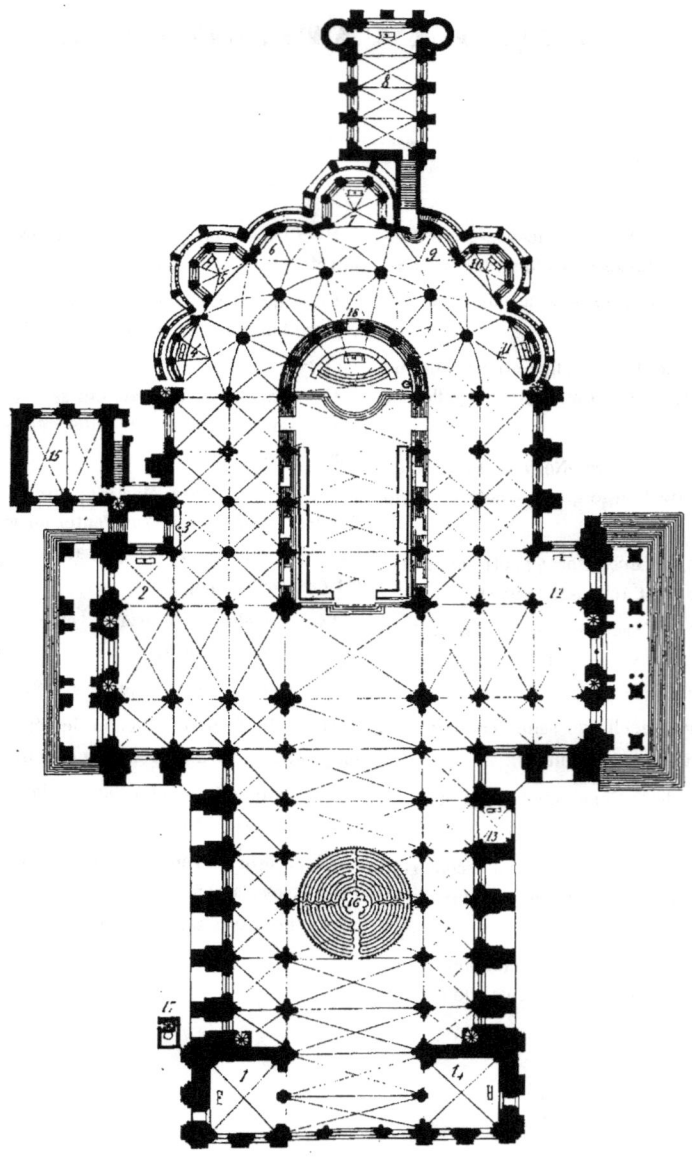

Échelle d'un Millimètre pour Mètre.

DESCRIPTION

DE LA

CATHÉDRALE

DE CHARTRES,

suivie

D'UNE COURTE NOTICE SUR LES ÉGLISES DE SAINT-PIERRE, DE SAINT-ANDRÉ
ET DE SAINT-AIGNAN DE LA MÊME VILLE.

Avec cinq Planches.

Par M. l'Abbé BULTEAU.

Exposui sicut potui ; nec ignoro quod non
omnibus placebit. (*S. Bernard.*)

CHARTRES.
GARNIER, Imprimeur-Libraire de Mgr l'Évêque,
Place des Halles, 16 et 17.

PARIS.
SAGNIER et BRAY, Libraires, rue des Sts-Pères, 64.

1850.

Propriété de l'Auteur.

A MARIE,

MÈRE DE DIEU ET DAME DE CHARTRES.

Nos pères vous ont dédié cette merveilleuse basilique comme à la Dame et *Tutèle* de leur cité ; souffrez, ô Reine puissante, qu'un de vos serviteurs ose vous dédier humblement une légère esquisse de cette œuvre immortelle, magnifique témoignage de leur généreuse et tendre dévotion envers vous. Leur vive tendresse pour vous, ô divine Mère, explique seule cet entraînement immense qui les poussa à réaliser le gigantesque projet conçu par un de leurs pontifes : ils y travaillèrent avec tant d'ardeur et d'amour, qu'ils y vouèrent leur vie et leurs biens.

ij

Mais cette sublime Cathédrale, avec sa vaste étendue et son symbolisme expressif, avec sa riche statuaire et son incomparable vitrerie, trop longtemps considérée avec une froide indifférence, est encore aujourd'hui un livre scellé pour la plupart des hommes. Puisse ce modeste travail en donner l'intelligence ! Puisse-t-il faire comprendre tout ce que la foi de nos pères nous a laissé de grand et de beau ! Puisse-t-il surtout vous faire aimer davantage, ô douce et aimable Dame de Chartres !

« Que si vostre grâce, vous dirai-je avec un dévot et
» naïf historien de votre église, plustost que mon mérite, me
» permet d'attendre quelque loïer, d'un service à vous deub :
» que ce soit donc celui, ô Roine débonnaire, qu'avez promis
» aux plus affectionnez de vos humbles cliens, qui élucide-
» roient la gloire de vostre nom, loïer incomparable de la vie
» éternelle. D'autant que c'est le seul Cap de bonne espérance,
» auquel je single à rames et à voiles ; que c'est le sommet de
» la Montaigne saincte, sur lequel j'ai les yeux incessamment
» fichez ; que c'est l'escalier de Béthel auquel mes pas journ-
» nellement s'advancent : et le sacré Gomor, qui faict le com-
» ble de mes vœux et prières. [1] »

---

[1] PARTHÉNIE *ou Histoire de la très-auguste et très-dévote église de Chartres*, par Mᵉ S. Rouillard, advocat au Parlement ; *épitre dédicatoire*, pages 5 et 6.

AVANT-PROPOS.

Ce livre est principalement destiné à servir de *Guide* aux voyageurs instruits, aux amis de l'art national et chrétien qui viennent visiter la magnifique Cathédrale de Chartres.

Il s'est trouvé des poètes pour en chanter la splendeur et la majesté, de nombreux historiens pour en dire les origines, des artistes pour en buriner les beautés. Mais, chose étonnante, il ne s'est pas encore rencontré un archéologue qui en ait fait une description exacte et complète.

Il est vrai que le Gouvernement, comprenant toute l'importance de la Cathédrale de Chartres pour la gloire de l'art national, a chargé trois hommes de talent d'en faire la Monographie. Mais ce magnifique ouvrage, digne du monument dont il redira l'histoire et la riche ornementation, n'avance qu'avec une lenteur désespérante. Quatre livraisons de planches seulement ont paru, et voilà dix ans qu'il est commencé! De sorte qu'à en juger par la lenteur du début, la *Monographie* ne sera guère terminée avant vingt-cinq ou trente ans. Du reste elle formera un ouvrage grand in-folio et de haut prix (300 fr.), qui ne pourra trouver place que dans la bibliothèque du riche et du savant.

En attendant, nous avons voulu essayer de décrire de notre mieux le superbe édifice, gloire de notre province; et, pour atteindre ce but, nous pouvons dire que nous n'avons rien négligé, que nous n'avons reculé devant aucune recherche, quelque longue et laborieuse qu'elle pût être. Afin d'être plus exact dans nos descriptions iconographiques, nous nous sommes hissé à toutes les hauteurs pour *palper* de nos yeux et de nos mains toutes les statues et statuettes : nous n'avons pas voulu nous contenter de ce que nous découvrions même au moyen d'excellentes lunettes.

Mais comme nous ne voulons que servir de *guide*, nous avons dû nous borner à une très-brève description, à une espèce de table analytique des matières. Nous avons laissé de côté les détails historiques, les remarques liturgiques et iconographiques, les preuves et les motifs de nos interprétations, que nous aurions pu accumuler jusqu'à en former deux gros volumes in-4°. A cause de notre brièveté, nous ne serons peut-être pas toujours compris ; car aujourd'hui les traditions symboliques et légendaires du christianisme ont si complétement disparu, que pour expliquer les œuvres du Moyen-Age, il faut des dissertations archéologiques, à peu près comme pour l'inscription de Rosette et le zodiaque de Dendérah ; aujourd'hui on a oublié l'enseignement ecclésiastique qui animait les artistes et les peuples du Moyen-Age ; nous sommes loin du temps où les grandes dames de France parlaient le latin et lisaient les saints Pères [1], et où les gagneurs de batailles suivaient sans sourciller les thèses

---

[1] Nous pourrions citer un grand nombre de ces nobles dames du XIIIe siècle ; mais nous nous contentons de nommer ici la princesse Isabelle de France, sœur de saint Louis, laquelle « entendait moult » bien le latin, et l'entendait si bien que quand les chapelains ly » avaient écrites ses lettres qu'elle faisait faire en latin, elle les amen- » dait quand il y avait aucun faux mot. » (Voyez Thomassin, *Discipline de l'Église*, part. I, liv. II, ch. 87.)

théologiques de la Sorbonne. Mais si pour le moment le défaut d'espace nous empêche de donner à notre interprétation une valeur historique et tous les développements nécessaires, nous espérons toutefois le faire quelque jour. Notre dessein est de publier une *Monographie générale* de notre incomparable basilique; peut-être ferons-nous paraître dès l'année prochaine le premier volume qui contiendra la description complète et comparée des verrières peintes.

Pour la partie descriptive et iconographique de notre livre, nous n'avons été aidé que par quelques articles souvent inexacts de M. Didron, publiés dans ses *Annales archéologiques*. Mais pour la partie historique, les secours ne nous ont pas manqué; nous avons abondamment puisé dans les travaux de nos devanciers; nous citerons entre autres : 1° La *Notice historique sur la sonnerie de l'église cathédrale de Chartres*; 2° *Les Sinistres de la Cathédrale*, par M. Lejeune; 3° Les *Notes* insérées par M. Benoit, dans l'*Annuaire* du département d'Eure-et-Loir, années 1844 et 1845; 4° Les savantes *Recherches* de MM. Rossard de Mianville et Chasles, publiées à la fin du *Poème des Miracles*.

La description d'une cathédrale serait bien sèche et bien aride si l'on n'y mêlait pas, comme un parfum, les souvenirs et les espérances de la religion. Nous avons donc tenté de retracer, avec réserve toutefois, les idées mystiques qui inspiraient les pieux artistes du Moyen-Age. Pour cette partie de notre travail, nous nous sommes servis des savantes et admirables publications des PP. Cahier et Martin, et des ouvrages de M. l'abbé Bourrassé, en particulier de celui intitulé : *Du symbolisme dans les églises du Moyen-Age*.

vj

Nous avons cru devoir ajouter à la fin de notre travail sur la Cathédrale, une courte notice sur chacune des trois autres églises de Chartres : ces églises méritent d'être visitées par les archéologues et les curieux.

En terminant cet avant-propos, nous réclamerons l'indulgence de nos lecteurs. Malgré tous nos soins et toute notre attention, bien des erreurs déparent sans doute notre ouvrage : nous accueillerons avec reconnaissance toutes les observations critiques que l'on daignera nous faire. — Il aurait fallu un langage plus pompeux, plus abondant, plus riche que le nôtre pour exprimer convenablement toutes les beautés mystérieuses, toutes les splendides merveilles qu'offre la Cathédrale. Nous reconnaissons que notre érudition est trop novice pour redire la vaste science biblique, théologique et agiographique qui a présidé à la facture de nos porches et de nos vitraux. Volontiers nous convenons, avec Monstrelet, que *la matière de notre labeur requiert plus hault et subtil engin que le nôtre*. Mais qu'on veuille bien ne regarder que notre bonne volonté !

Chartres, 1er mai 1850.

DESCRIPTION

DE

LA CATHÉDRALE

DE CHARTRES.

CHAPITRE PREMIER.

HISTOIRE SOMMAIRE.

La Cathédrale de Chartres est un des rares édifices qui jouissent en France d'une renommée populaire. Il n'est personne qui n'ait entendu parler de sa vaste étendue, de sa belle statuaire, de sa riche clôture du chœur, de ses magnifiques vitraux, mais surtout de ses deux *clochers;* et qui n'ait associé son nom à ceux d'Amiens, de Reims et de Beauvais [1]. Parmi les richesses archéologiques qui composent le trésor de l'art chrétien dans notre belle France, cette splendide Cathédrale est une des plus précieuses. On pourrait même la choisir comme l'expression la plus complète de la pensée chrétienne et artistique du Moyen-Age : cette pensée s'y montre en effet dans tous ses développements, dans toute sa majesté, dans toute sa magnificence. Il suffit de contempler ce chef-d'œuvre pour en comprendre la supériorité, et pour redire, avec le célèbre Visconti, garde du musée du Vatican : *Si l'on trouve ailleurs des parties plus belles, on ne trouve nulle part un si bel ensemble* [2]. Et

---

[1] On sait que, dans le langage populaire, les *clochers* de Chartres, unis à la *nef* d'Amiens, au *chœur* de Beauvais et au *portail* de Reims, formeraient la plus belle cathédrale du monde.

[2] *Notice sur la sonnerie,* page 1.

l'on ajoutera volontiers avec Rouillard, *qu'au seul aspect d'icelle, tous les Polyclètes du jadis jetteraient là leur cizeau, et tous les Vitruves du passé vouldraient prendre ce chef-d'œuvre, pour le modelle de leur architecture* [1].

« Quand on voit pour la première fois la Cathédrale de Chartres,
» dit M. l'abbé Bourrassé, on ressent une émotion indéfinissable,
» produite par la réunion de pensées de tout genre et de sensations
» étranges, qui vous ébranlent jusque dans les plus intimes pro-
» fondeurs de l'âme. Il y a tant de majesté, tant de grandeur dans
» ce glorieux édifice, un caractère religieux si imposant, un cor-
» tége de souvenirs pieux et illustres si distingué, une expression
» si saisissante dans toutes les parties qui le composent, que
» l'esprit en est transporté hors de lui-même. On reconnaît là,
» sans nulle difficulté, la maison de Dieu, et l'œil y est ébloui,
» comme par une apparition des merveilles célestes. Nous trouvons
» dans cette enceinte noircie par les siècles, si jeune encore néan-
» moins de grâce, de jeunesse, de poésie, un concours de beautés
» éminentes qu'il est impossible à la parole humaine de rendre
» convenablement. Le langage humain est obligé de procéder en
» décomposant, pour peindre les pensées de l'esprit; il agit en
» cela comme l'anatomiste qui scrute, le scalpel à la main, les
» prodiges de l'organisation humaine; il arrivera sans doute à dé-
» crire exactement, minutieusement toutes les formes qui passeront
» successivement à son examen; mais qui pourra reproduire cet
» ensemble palpitant, cette harmonie générale, ce tout animé, cette
» admirable union des membres, qui chez l'homme constitue la
» vie, et qui, dans un monument, exprime, aux yeux du chrétien,
» le *mens divinior* qui y réside, comme dans son tabernacle? Nous
» pouvons seulement prononcer ces paroles : *La Cathédrale de*
» *Chartres est un des plus prodigieux chefs-d'œuvre de l'architecture*
» *catholique.* [2] »

Une réflexion, dit encore M. Bourrassé, se présente natu-
rellement à l'esprit, en contemplant Notre-Dame de Chartres;
c'est que presque toutes les grandes cathédrales du XIIe et du XIIIe
siècle sont dédiées à la Bienheureuse Vierge. Citons seulement les

---

[1] *Parthénie*, 1re partie, page 132.

[2] *Les Cathédrales de France*, page 549.

cathédrales d'Amiens, de Reims, de Paris, de Rouen, de Strasbourg, de Séez, de Fréjus, de Bayonne, de Bayeux, de Coutances et de Tournay. Il y avait à cette époque un amour inépuisable dans tous les cœurs pour la glorieuse Mère de Dieu, la divine Patronne des âmes pures, la Consolatrice des affligés, la Reine des élus! Les sentiments des populations catholiques se traduisaient alors en monuments élevés à sa gloire, comme témoignage de reconnaissance pour des bienfaits nombreux, comme prières afin d'en obtenir de nouveaux. Nous avons une vive joie à consigner ici les marques de la profonde vénération et de l'entière confiance que les chrétiens ont toujours manifestées envers la très-douce et immaculée Vierge Marie. Les hommages que nous lui rendons de nos jours, sont donc une tradition de famille, que les âmes bien nées se font un devoir et un bonheur de continuer.

La Cathédrale de Chartres est bâtie sur le sommet d'une petite colline, dont les flancs sont couverts par les habitations particulières, groupées et échelonnées autour du temple de Marie comme des enfants autour de leur mère. Le noble édifice domine majestueusement l'antique cité, sur laquelle il semble projeter son ombre tutélaire, et il apparaît seul et tout entier aux regards du voyageur éloigné encore de plusieurs lieues. Les deux clochers surtout qui se perdent dans les nues, communiquent à la perspective un mouvement plein de noblesse : ils forment le trait caractéristique du point de vue, et s'élèvent en portant le signe de la croix au-dessus de la ville, comme pour détourner les effets de la justice céleste et implorer la miséricorde de Dieu.

Mais retraçons rapidement les principaux points de son histoire.

ORIGINE DE LA CATHÉDRALE. — S'il faut en croire une tradition, qui du reste paraît bien authentique, l'emplacement actuel de la Cathédrale était, cent ans avant l'ère chrétienne, un lieu consacré au culte de Marie ; là se trouvait un bocage sacré et une grotte où les Druides élevèrent à la Mère de Dieu une statue en bois avec cette célèbre inscription : VIRGINI PARITVRÆ, *à la Vierge qui doit enfanter* [1]. Éclairés par une lumière surnaturelle ou par les

---

[1] Chartres n'est pas le seul endroit qui ait vu s'élever une statue à la Vierge-Mère. Un savant du XVIIe siècle, qui s'est beaucoup attaché à

— 10 —

prophéties d'Isaïe [1], ces prêtres des anciens Gaulois attendaient de cette Vierge-Mère le salut moral et intellectuel du genre humain.

Nous devons retracer ici le cérémonial que le bon Rouillard imagine avoir été observé pour l'érection de cette statue prophétique : « Estans donc les Druides arrivez à ce dernier centenaire
» qui debvoit immédiatement précéder la naissance de ce fils de
» la Vierge, par eux tant attendu ; centenaire expressément désigné
» par sept ou huict livres tirez des archives de l'église de Chartres...
» Lors en l'assemblée d'iceux tous revêtus de leurs chappes blan-
» ches à leur manière accoutumée, en la présence de Priscus, pour
» lors roi de Chartres, des princes, seigneurs et Estats de la pro-
» vince Chartraine : leur souverain Pontife parla, roulant un fleuve
» de pleurs sur sa barbe vénérable..... Adonc fut élevé l'autel de
» la grotte désignée, et l'Image de la Vierge tenant un enfant entre
» ses bras, colloquée dessus, avec grands applaudissements. Lors
» le souverain Pontife des Druides, reprenant la parole, et tenant
» le pousteau ou corne de l'autel, *Je le dédie*, dit-il, *en l'honneur*
» *de la* VIERGE QUI ENFANTERA, *et ordonne que désormais y soient*
» *faictes prières solemnelles. O Vierge ja née au ciel, si le zèle de*
» *notre piété, t'avance cet honneur, ains que tu ne sois engendrée*
» *sur terre, anticipe aussi sur nous l'effet du salut, que nous*

l'étude des antiquités druidiques, nous apprend que les Druides élevaient, dans le secret de leurs sanctuaires, des statues à Isis, c'est-à-dire à la Vierge de laquelle un fils était attendu, savoir le Libérateur du genre humain ; *Hinc Druidæ statuas in intimis penetralibus erexerunt Isidi seu Virgini ex quâ filius illic proditurus erat nempè generis humani Redemptor. (Elias Schedius, De diis germanicis, cap.* XIII, *pag. 346.)* — En 1833, on a trouvé à Châlons-sur-Marne, sur l'emplacement d'un temple païen, une pierre avec cette inscription : VIRGINI PARITVRÆ DRVIDES. (*Annales de philosophie chrétienne*, tome VII, page 328.) — Du reste, la croyance d'une *Vierge-Mère* a été connue des Indiens, des Thibétains, des Chinois, des Japonais, des Egyptiens, des Grecs, des Mexicains, des Péruviens, des Siamois, etc. Voyez sur ce sujet *la troisième lettre de M. Drach*, rabbin converti, à ses co-religionnaires, publiée en 1833.

[1] Six siècles auparavant Isaïe avait dit : VIRGO *concipiet et* PARIET *filium; Une Vierge concevra et enfantera un fils.* (Isaïe, VII, 14.)

» *attendons de ton heureux et sainct enfantement.* Toute l'assis-
» tance correspondait à ce vœu et à l'instant finit l'assemblée. [1] »

« On ne peut douter, ajoute un autre historien de la cathédrale,
» que cet autel consacré à la Vierge ne fût à saint Savinien et à
» saint Potentien [2], premiers missionnaires du pays, un argument
» très-puissant pour persuader aux Chartrains les vérités de la
» Foi. En effet ils prêchèrent avec tant de succès, qu'ils acquirent
» en peu de temps à Jésus-Christ un grand nombre d'habitants
» de la ville : les Druides voyant l'accomplissement de leurs pré-
» dictions, quittèrent les ombres pour suivre la vérité [3]. »

Cependant la grotte druidique servit d'abord de temple aux premiers chrétiens convertis par saint Savinien et saint Potentien. Mais le nombre des fidèles ayant singulièrement augmenté, ils construisirent au-dessus de la grotte une modeste église épiscopale [4]. *Il est à présumer,* dit encore le bon Rouillard, *que le premier bastiment de ladicte église supérieure faicte du temps des Apostres, ait esté plus simple que celui de présent, comme insigne à merveilles.* Saint Savinien et saint Potentien dédièrent leur cathédrale à la très-sainte Vierge [5] ; et avant de retourner à Sens, ils y

---

[1] *Parthénie*, 1re partie, pages 88 et 89.

[2] Suivant nos anciens livres liturgiques et nos vieilles archives, saint Savinien et saint Potentien étaient disciples de l'apôtre saint Pierre qui les envoya dans les Gaules, vers l'an 48 de l'ère chrétienne. D'après les historiens modernes, nos deux apôtres n'auraient vécu que vers la fin du IIIe siècle. Le savant Souchet soutient avec force et talent la première opinion. (Voyez son *Histoire de la ville et de l'église de Chartres;* manuscrit de la bibliothèque de la ville, pages 62-87.) — Nous discuterons ailleurs ce point de chronologie, qui du reste est intimement lié avec la question de savoir à quelle époque le Christianisme fut apporté dans les Gaules; on peut voir cette question discutée avec un savoir immense, une colossale érudition, dans les *Monuments inédits sur l'apostolat de sainte Marie-Madeleine en Provence*, par M. l'abbé Faillon, 2 vol. in-4°, 1848.

[3] *Histoire de l'Église de Chartres*, par V. Sablon, 1697, page 10.

[4] Voyez les anciens Bréviaires de Chartres, au 19 octobre.

[5] Jusqu'au XVIIIe siècle, on a cru que cette dédicace avait eu lieu du vivant même de la glorieuse Vierge Marie. Dans le *Poème des Miracles*

établirent, comme premier évêque, un de leurs disciples, saint Aventin, qui fut sacré en l'an 69, dit Souchet [1].

La persécution ne tarda pas à sévir à Chartres, comme dans toutes les provinces de l'empire romain. « Quirinus, gouverneur » de la province chartraine pour l'empereur Claudius, ayant espié » l'heure que les chrétiens de Chartres faisaient leurs prières ac- » coutumées dans la grotte, se vint furieusement jetter dans icelle, » avec ses satellites; fit emprisonner saint Potentien, saint Altin, » saint Edoald, comme chefs de la prétendue faction; fit aussi » cruellement serrer dans les autres cachots, ceux qui se récla- » mèrent chrétiens. La rage fut grande, puisqu'il n'espargna sa » propre fille, convertie à leur foi, et appelée Modeste. Si la rage » fut grande, si l'impétuosité véhémente, le procez fut aussi court, » et l'exécution n'en fut moins prompte et précipitée. Car il fit » massacrer sa fille, avec beaucoup d'autres; et furent leurs corps » jettez dans le puits, attenant à l'autel de la Vierge, qui tousjours » du depuis en a esté nommé le *Puits des Saints-Forts;* il est » comblé maintenant et treillissé de baslustres [2]. » En même temps l'église épiscopale fut saccagée et détruite de fond en comble.

Bien longtemps après, lorsque la paix fut enfin donnée à l'Église par l'empereur Constantin, les chrétiens de Chartres rele-

de Jehan le Marchant, à la page 211, on lit : *Ycelle eglise de Chartres qui est la propre et espécial chambre de la dite Vierge Marie en terre, et elle-mesmes en son vivant fut présentement et la vint veoir.*— Dans une ordonnance du roi Jean, sous la date de 1359, on lit : *Quod ecclesia prædicta (Carnotensis) fuerit ab antiquissimo tempore fundata, videlicet vivente beatâ Mariâ Virgine gloriosâ, sicut scriptum est in libris antiquis ecclesiæ prælibatæ.* — Dans une ordonnance de Charles VII, donnée en 1432, on lit : *L'Église de Chartres est la plus ancienne du royaume, fondée en prophétie en l'honneur de la glorieuse Vierge Marie, avant l'incarnation de N. S. J. C., et en laquelle icelle glorieuse Vierge Marie fut adorée.* — Benoit XIV fait aussi mention de cette dédicace faite du vivant de la très-sainte Vierge; voyez *De canoniz*, lib. I, cap. 14, n° 11. — Voyez aussi tous les Bréviaires de Chartres qui ont précédé celui de M. de Lubersac.

[1] *Histoire de Chartres*, page 85.

[2] *Parthénie*, 1re partie, page 118.

vèrent leur église. L'histoire est muette sur la forme et l'étendue de cette seconde cathédrale. Mais quand les Normands conduits par Hasting, leur chef, apportèrent dans notre patrie le ravage, l'incendie et la mort, Chartres fut assiégée par ces barbares. Après un siége infructueux, ils eurent recours à la ruse; feignant de vouloir se convertir, ils demandèrent le baptême; une fois introduits dans la ville, les perfides mirent tout à feu et à sang : la Cathédrale ne put échapper à leurs fureurs sacriléges. L'évêque saint Frobold et son clergé, avec une multitude de chrétiens, qui s'étaient réfugiés dans le temple, y furent égorgés et ensevelis sous ses débris fumants [1]. Cet affreux désastre eut lieu au mois de juin 858.

Une troisième basilique fut reconstruite au premier moment de sécurité, par les soins de l'évêque Gislebert. Mais elle eut bientôt le sort de ses deux devancières : pendant la guerre que Thibaut-le-Tricheur, comte de Chartres, soutint contre Richard, duc de Normandie, elle devint la proie des flammes, le 5 août 963, sous l'épiscopat de Hardouin. « On réédifia l'église de rechef, dit un de
» ses historiens, et on la fit la plus belle, la plus magnifique et la
» plus pompeuse du monde; et celle-ci encore était à peine ache-
» vée, qu'elle fut encore désolée par un funeste embrasement.
» Car le 7 septembre 1020, sous le règne de Robert et l'épiscopat
» de Fulbert, elle fut brûlée par le feu du ciel, si bien qu'il n'en
» demeurât que de misérables restes et de tristes ruines [2]. » Ce qui prouverait qu'elle aurait été construite seulement en bois, ou du moins que cette matière y dominait, selon les procédés usités à cette époque.

Fulbert relève sa Cathédrale. — Notre illustre Fulbert se mit aussitôt en œuvre pour relever son église épiscopale. Il écrivit au roi Robert, appelé le *Père de l'architecture religieuse*, à tous les souverains de l'Europe civilisée, aux princes et aux gentilshommes de France, pour les engager à coopérer, par leurs bienfaits, à cette grande œuvre. Son appel fut entendu; tous donnèrent libéralement pour aider à l'érection du saint édifice. Fulbert lui-

---

[1] *Gallia Christiana*, tome VIII, col. 1105.
[2] *Histoire de l'Église de Chartres*, par Sablon, page 15.

même, son clergé et tout le peuple y contribuèrent aussi avec une admirable générosité.

Les travaux furent commencés sur un vaste plan, et ils furent poussés avec tant d'activité que la Cathédrale sortit par enchantement du milieu de ses ruines. Deux ans s'étaient à peine écoulés depuis l'incendie, que les cryptes étaient achevées. La Cathédrale était déjà fort avancée, lorsque Fulbert mourut, le 10 avril 1029; il laissa une grande partie de sa fortune pour continuer la reconstruction de son église. Son successeur, Thierry, poussa les travaux avec la même activité, et il fit la dédicace du nouveau temple le 17 octobre de l'année 1037 [1]. Peu de temps auparavant, le roi Henri Ier avait fait construire à ses frais le lambris ou *bardeau* des voûtes en bois de la Cathédrale.

A partir de la dédicace, on ne trouve plus dans les nécrologes de la Cathédrale aucune mention de travaux de construction pour la basilique de Fulbert. Saint Yves lui-même, si jaloux de la gloire de son église, ne chercha qu'à l'embellir; il y fit construire, en 1099, un magnifique jubé à l'entrée du chœur. Il demanda et obtint de sainte Mathilde, reine d'Angleterre, les fonds nécessaires pour recouvrir en plomb le toit déjà détérioré. La pieuse reine donna aussi de fort belles cloches que le bienheureux Yves fit placer provisoirement sur un lieu élevé de l'église, car il n'existait pas encore de tours ni de clochers à cette époque [2].

CONSTRUCTION DES CLOCHERS. — Quelques années après la mort du bienheureux Yves, arrivée en 1115, on jeta les fondements des deux clochers que nous admirons encore aujourd'hui et qui sont si populaires en France. Les travaux étaient en pleine acti-

---

[1] *Historiens des Gaules*, tome II, pages 29 et 217.

[2] *Notice sur la sonnerie*, page 4. — Ces cloches données par sainte Mathilde ont été fondues par l'incendie de 1194; en effet le *Poème des Miracles* dit, page 19 :

<pre>
Lardeur du feu le plon fundi,
Trébuchièrent murs et mésières,
Brisèrent cloches et verrières.
</pre>

Ce poème a été mis en vers romans en 1262, par *Jehan Le Marchant*. M. Garnier, libraire, vient d'éditer ce curieux poème.

vité en 1145, comme nous l'apprenons de deux pièces historiques fort intéressantes. Nous devons les rapporter ici; on y verra un exemple de ce zèle ardent qui animait alors les cœurs fidèles, quand il s'agissait de la construction d'une église. Voici d'abord comment s'exprime, à l'année 1145, Haymond, abbé de Saint-Pierre-sur-Dive, dans son livre intitulé *Relatio de Miraculis beatæ Mariæ* :

« C'est un prodige inouï que de voir des hommes puissants,
» fiers de leurs naissances et de leurs richesses, accoutumés à
» une vie molle et voluptueuse, s'attacher à un char avec des
» traits et voiturer les pierres [1], la chaux, le bois, et tous les
» matériaux nécessaires pour la construction de l'édifice sacré.
» Quelquefois mille personnes, hommes et femmes, sont attelées
» au même char, tant la charge est considérable, et cependant
» il règne un si grand silence, qu'on n'entend pas le moindre
» murmure. Quand on s'arrête dans les chemins, on parle, mais
» seulement de ses péchés, dont on fait la confession avec des
» larmes et des prières; alors les prêtres engagent à étouffer les
» haines, à remettre les dettes, etc. S'il se trouve quelqu'un assez
» endurci pour ne pas vouloir pardonner à ses ennemis, et refuser
» de se soumettre à ces pieuses exhortations, aussitôt il est déta-
» ché du char et chassé de la sainte compagnie [2]. »

Haimon rapporte ensuite que ces travaux s'entreprenaient principalement durant la belle saison; que pendant la nuit on allumait des cierges sur les charriots, autour de l'église en construction, et qu'on veillait en chantant des hymnes et des cantiques. Enfin il nous apprend que ce pieux usage de se réunir pour travailler à l'œuvre des cathédrales prit naissance à Chartres [3]; mais

---

[1] Les pierres dont est construite toute la Cathédrale, ont été extraites des carrières de Berchères, village à 8 kilomètres de Chartres, sur la route d'Orléans; c'est là que les admirables chrétiens du XIIe siècle allaient les chercher.

[2] *Annales bénédictines*, tome VI, page 394; — *Historiens des Gaules*, tome XIV, page 319.

[3] « Hujus sacræ institutionis ritus apud Carnotensem ecclesiam est
« inchoatus. » — *La Chronique de Normandie*, en l'année 1145, nous

qu'il se continua dans la Normandie et dans toute la France, surtout dans les lieux où l'on élevait des temples dédiés à la Mère de la miséricorde.

Ecoutons maintenant Hugues, archevêque de Rouen, écrivant en 1145, à Théodoric, évêque d'Angers : « Les habitants de » Chartres ont concouru à la construction de leur église en char- » riant des matériaux ; Notre-Seigneur a récompensé leur humble » zèle par des miracles qui ont excité les Normands à imiter la » piété de leurs voisins. Nos diocésains, ayant donc reçu notre » bénédiction, se sont transportés à Chartres, où ils ont accompli » leur vœu (celui de travailler à la construction de l'église en » esprit de pénitence et de dévotion envers Marie). Depuis lors, » les fidèles de notre diocèse et des autres contrées voisines, ont » formé des associations dans un but semblable ; ils n'admettent » personne dans leur compagnie, à moins qu'il ne se soit confes- » sé, qu'il n'ait renoncé aux animosités et aux vengeances, et ne » se soit réconcilié avec ses ennemis. Cela fait, ils élisent un chef » sous la conduite duquel ils tirent leurs charriots en silence et » avec humilité [1]. »

Nouveau sinistre. — Le clocher-vieux était à peine terminé, et le clocher-neuf ne s'élevait encore qu'à la hauteur du comble de la Cathédrale, lorsqu'un quatrième incendie vint détruire la vaste basilique de Fulbert et de Thierry. ce sinistre arriva au mois de juin 1194. — Nos bréviaires modernes et presque tous les historiens de notre province et de notre Cathédrale, passent sous silence ou révoquent en doute l'incendie de 1194, et ils admettent que l'église actuelle est la même que fit élever l'illustre Fulbert, au commencement du XIe siècle. Cependant rien de plus certain que cet incendie : une foule de documents puisés dans nos vieilles archives et dans les écrivains contemporains, l'attes-

---

apprend le même fait : « Hoc eodem anno cœperunt homines prius apud Carnotum curros lapidibus onustos, annona et rebus aliis, trahere ad opus ecclesiæ cujus *turres* tunc fiebant. » (*Historiens des Gaules*, tome XIII, page 290.)

[1] *Historiens des Gaules*, tome XIV, page 319.

tent [1], et tous les principes architectoniques démontrent jusqu'à l'évidence que la Cathédrale appartient au XIIIe siècle.

Ce dernier sinistre détruisit tout; l'église de Fulbert disparut, ne laissant de sa magnificence trop vantée que les cryptes ou *grottes souterraines* et les deux clochers, qui étaient construits

---

[1] Parmi ces nombreux documents, nous en choisirons quatre ou cinq seulement, parce que nous réservons les discussions et les détails pour notre *Monographie générale*. Voici d'abord les témoignages de Rigord, moine de Saint-Denis, mort en 1209, et de Guillaume-le-Breton, prêtre, mort après 1226, tous deux historiographes de Philippe-Auguste. « Anno Domini MCXCIV...., ecclesia beatæ Mariæ Carnotensis « incendio conflagravit. » *(Historiens des Gaules*, tome XVII, page 41.) — « Anno MCXCIV, dit Guillaume-le-Breton, ecclesia beatæ Mariæ » Carnotensis casuali incendio consumpta est, sed post à fidelibus » incomparabiliter miro et miraculoso tabulatu lapideo reparata est. » *(Historiens des Gaules*, tome XVII, page 72.) — Robert d'Auxerre, mort en 1212, parle ainsi dans sa *Chronique*, sous la date de 1194 : « Carno- » tum civitas populosa, ædificiis conferta, subitâ exustione vastatur; » illo quoque incendio illa insignis ecclesia nomine Dei Genitricis or- » nata cum toto claustro conflagravit et corruit, ubi etiam reliquarum » et hominum multido, nec non et ornamentorum congeries immensa » deperiit. » *(Historiens des Gaules*, tome XVIII, page 258.) — La bibliothèque de Chartres possède un manuscrit des premières années du XIVe siècle; or ce manuscrit, après avoir parlé de la croisade de Philippe-Auguste et de Richard, en 1194, ajoute incontinent : « Maintes » villes ardirent, entre lesquelles la cité de Chartres avec l'esglise » Notre-Dame ardy. Et disaient aucuns qu'ils avaient veu les corbeaux » porter les charbons ardents par l'air. » (Manuscrit, n° 17 de la deuxième partie du catalogue, page 189.) — Le judicieux Mezeray rapporte le même fait et dans les mêmes termes que notre manuscrit : « En l'année 1194, dit-il, plusieurs beaux édifices furent consumés » par le feu, comme le château de Chaumont et l'église de Notre-Dame » de Chartres. Ces embrâsements étaient d'autant plus effroyables que » la cause en était attribuée aux démons : plusieurs personnes rappor- » tant qu'on les voyait en forme de corbeaux porter en leur bec des » charbons ardents dans l'air. » *(Histoire de France*, in-folio, tome II, page 154). — Nous renvoyons nos lecteurs curieux de voir de plus longs détails aux *Notes* insérées, par M. Benoit, dans les *Annuaires de 1844 et 1845*, et surtout aux savantes *Recherches* de MM. Rossard de Mianville et Chasles, placées à la fin du *Poëme des Miracles*.

hors œuvre et ne tenaient à l'édifice que par un de leurs angles. — Guillaume-le-Breton donne la raison mystérieuse de l'incendie de 1194 ; nous traduisons ses vers latins : « La Vierge, mère de Dieu, » qui est et qui se dit *Dame de Chartres,* voulant rendre plus » digne d'elle l'église qui lui appartient, permit par une admirable » prévoyance qu'elle fût la proie des flammes, afin que cet incen- » die fût comme un remède à l'état misérable dans lequel lan- » guissait cette Maison du Seigneur, et qu'il donnât lieu à la » construction de l'édifice actuel *qui brille sans égal dans tout* » *l'univers.* ¹ » Jehan le Marchant trouve une autre cause :

> . . . . par venchance
> De Dieu est ceste meschance
> Avenue, moult aspre et moult dure :
> Iceste grant mesaventure
> Est par vous pechiez avenue. ²

RECONSTRUCTION DE LA CATHÉDRALE. — La piété de nos pères ne laissa pas longtemps la ville sans sa Cathédrale. Mélior, cardinal-légat du pape Célestin III, se trouvait à Chartres lors du sinistre. Sur les ruines encore fumantes de la basilique de Fulbert, il fait assembler le clergé et le peuple de Chartres, et il leur parle avec tant d'entraînement, que tous, oubliant leurs pertes et désastres personnels, s'engagent à relever leur Cathédrale avec toute la splendeur que l'on pouvait atteindre et avec une solidité capable de résister aux efforts du temps et du feu. A cet effet, l'évêque Regnault de Mouçon et les chanoines abandonnèrent tout le produit de leurs revenus et de leurs prébendes pendant trois années; écoutons Jehan le Marchant :

> . . . li evesques et li chanoine
> Sans alonge querre naloigne
> De eidier i efforciement
> Et sotroierent bonement
> Que il mestroient volentiers
> Dusqua. iij. ans tretous entiers
> De leur rentes bien grant parties. ³

---

¹ *Historiens des Gaules*, tome XVII, page 174.

² *Poème des Miracles*, page 24.

³   *Ibid.*,   page 25.

Tout le peuple donna aussi largement, jusqu'à ses meubles :

> . . . . borjois et rente et mueble
> Abandonerent en aie
> Chascun selon sa menautie. ¹

Le poète ajoute plus loin que la Reine du ciel, qui voulait posséder à Chartres un temple sans pareil dans le monde, fit en ce temps-là de nombreux miracles qui excitèrent de plus en plus la pieuse libéralité des fidèles ; mais laissons parler encore le naïf et dévôt trouvère du XIIIe siècle.

> La haute Dame glorieuse
> Qui voloit avoir merveilleuse
> Iglise et haute et longue et lee,
> Si que sa per ne fut trovée,
> Son douz Fils pria doucement
> Que miracles apertement
> En son église à Chartres feist,
> Que touz le pueples le veist,
> Si que de toutes pars venissent
> Gens qui offerendes tant feissent,
> Que achevée fust siglise
> Qui estoit à feire emprise. ²

Le même enthousiasme, la même générosité se retrouvaient alors chez tous les peuples de l'Europe centrale. C'était l'époque où l'on regardait comme un grand acte de piété et de patriotisme que d'entreprendre de pareils monuments ; car la Cathédrale et le beffroi communal étaient les fidèles images de la cité chrétienne et libre. C'était l'époque où à l'enthousiasme des croisades succéda la sainte ardeur des constructions religieuses : *On se croisa*, dit un écrivain, *non plus pour s'en aller guerroyer au pays d'Orient, mais pour travailler humblement à l'œuvre de Dieu, de Notre-Dame et des Saints.* Alors on n'avait pas encore vu les maîtres-maçons mercenaires, ni les ouvriers qui ne travaillaient qu'à beaux deniers comptants. C'était aussi l'époque où l'architecture venait de subir une métamorphose complète ; une immense impulsion avait emporté les architectes dans des voies nouvelles :

---

¹ *Poème des Miracles*, page 27.
² *Ibid.*, page 32.

aux édifices romano-byzantins, généralement lourds et massifs, allaient succéder des édifices d'une hardiesse, d'une élégance, d'une grâce inouïes.

Les générosités du clergé et des habitants de la province, jointes à celles de Philippe-Auguste, de Louis VIII et de saint Louis, prêtèrent une puissante assistance au *maître de l'œuvre* [1], c'est-à-dire à l'architecte chargé de reconstruire le nouveau sanctuaire dédié à la Vierge, Mère de Dieu. Quel est cet architecte, cet homme de génie capable de créer un chef-d'œuvre comme notre Cathédrale ? L'histoire est muette sur son nom ; il faisait sans doute partie de ces corporations de maçons et de tailleurs d'image, artistes d'élite, qui, sous la conduite d'un moine, sillonnaient la France en bâtissant des églises, et que le peuple appelait naïvement les *logeurs du bon Dieu*. Dédaigneux de la gloire d'ici-bas et entièrement voués à l'œuvre sainte, ces hommes inconnus de la postérité, connus de Dieu seul, nous ont laissé des chefs-d'œuvre qui n'immortalisent aucun nom en particulier, mais qui feront à jamais la gloire de l'esprit chrétien. Ajoutons que leurs œuvres merveilleuses, créées dans des temps pauvres et *barbares*, demeurent au milieu de nous comme un défi solennel que n'osent accepter, avec leurs immenses ressources, les siècles que l'incrédulité a flétris.

Cependant les travaux de la Cathédrale se poursuivaient avec une activité prodigieuse, et en 1220, Guillaume-le-Breton pouvait déjà dire : « Entièrement rebâtie à neuf en pierres de taille, et » terminée par une voûte que l'on peut comparer à une écaille de » tortue, la Cathédrale de Chartres n'a plus rien à craindre du » feu, d'ici au jour du jugement dernier, et elle sauvera du feu » éternel les nombreux chrétiens qui par leurs bienfaits ont con- » tribué à son rétablissement [2]. » Toutefois il restait encore à élever les porches et les tours, et à faire tout ce qui devait compléter l'édifice en l'embellissant, c'est-à-dire les vitraux colorés et les innombrables statues qui le peuplent; mais on travailla avec tant d'ardeur, que l'immense Cathédrale fut presque complètement achevée soixante-six ans après l'incendie de 1194; elle

---

[1] *Li mestre de loeure*, dit Jehan le Marchant, page 31.

[2] *Historiens de France*, tome XVII, page 171.

fut avec grande pompe et grande allégresse consacrée le 17 octobre 1260, par Pierre de Maincy, soixante-seizième évêque de Chartres [1]. Le roi saint Louis y assistait, dit-on, avec toute la famille royale.

PORTIONS AJOUTÉES APRÈS LA DÉDICACE. — Nous venons de le dire, la Cathédrale beauceronne était à peu près complète lors de sa dédicace ; cependant la statuaire des deux porches latéraux ne fut terminée que vers 1280 ; on y voit même quatre ou cinq statues du XIV° siècle. Le jubé ne fut construit que dans les dernières années du XIII° siècle ; la sacristie date de la même époque. Les trois pignons de la Cathédrale appartiennent au commencement du XIV° siècle. En 1349, le chapitre fit ériger, au chevet de l'église, une grande chapelle dédiée à saint Piat, dont le corps sacré attirait alors une foule de pieux fidèles ; et c'est avec leurs offrandes que l'on couvrit la dépense de cette construction. La chapelle de Vendôme, qui est pratiquée au côté méridional de la nef, a été ajoutée en 1413 ; ce fut Louis, comte de Vendôme, qui la fit construire, pour accomplir un vœu qu'il avait fait à la sainte Vierge. Le commencement du XVI° siècle vit s'élever la belle flèche du *Clocher-Neuf*, et la clôture du chœur, si admirée des étrangers. Nous ne faisons qu'effleurer ici ces divers sujets, parce que nous y reviendrons plus tard.

DÉGRADATION DE LA CATHÉDRALE. — La révolution liturgique et artistique qui se fit au XVIII° siècle, n'épargna point notre Cathédrale. C'est sous son inspiration froide, mesquine et de mauvais goût qu'a été exécutée la prétendue restauration du chœur. Le jubé, délicieuse tribune, ouvrée avec tant d'art au Moyen-Age, et d'où l'Évangile se lisait aux fidèles, le jubé fut abattu. Il fut

---

[1] « La Cathédrale, dit Souchet, fut dédiée le 17 octobre 1260 par » notre évesque Pierre, à la poursuite de saint Louis qui obtint en cette » considération des indulgences du pape Alexandre pour ceux qui visi- » teraient ce s. temple le jour de sa consécration et tous les ans » au même jour et jusques à la fête de Noël. » *Histoire de Chartres*, page 317. — Le bref d'Alexandre IV se voit dans la *Gallia christiana*, tome VIII, page 370 des *Instrumenta*.

remplacé par deux mauvais murs pauvrement sculptés. Les scènes charmantes de la riche clôture du chœur furent masquées par les tristes bas-reliefs de Bridan, ou par de lourdes draperies en stuc. — Les arêtes délicates des ogives disparurent sous un luxe de stucage et de marbrerie ridicule; l'architecture fut défigurée. — On remplaça l'antique et sévère dallage par des carrés de marbre blanc et noir, et aujourd'hui le pavé du chœur de notre Cathédrale ressemble à celui d'une salle à manger d'une maison bourgeoise! — Un autel sans style, sans grandeur, sans élégance, sans caractère, s'éleva dans le sanctuaire, devant un groupe qui n'est pas tout-à-fait sans mérite, mais qui n'est point à sa place. — De lourdes stalles chargèrent les côtés du chœur. — Enfin, pour mettre en lumière tous ces contre-sens, on défonça plusieurs verrières, parmi lesquelles se trouvaient celles qui avaient été données par saint Louis et saint Ferdinand de Castille. Ah! sans doute, lorsque, après le bruit et les dégâts du marteau, les anges revinrent dans le saint lieu, ils ne reconnurent plus le sévère et religieux sanctuaire où ils se plaisaient tant à descendre!

Cette déplorable restauration coûta des sommes considérables. En vérité on regrette que les chanoines aient consacré plus de 400,000 francs pour dégrader le chœur de leur sublime Cathédrale. Aujourd'hui ce chœur n'a plus rien de son caractère primitif et vénérable: figurez-vous un vieillard habillé en jeune homme, le visage tout fardé, le chef couvert d'une perruque blonde et bouclée!

En 1791 et 1792, la décoration entière des chapelles fut renouvelée, et l'on construisit deux nouvelles chapelles dans les bas-côtés de la croisée. Pour les décorer, on se servit des dépouilles des différentes églises de la ville qui furent supprimées à cette époque. Cette décoration est tout ce qu'on peut voir de plus disparate et de plus pitoyable.

La révolution impie de 1793 vint ensuite s'abattre sur la Cathédrale avec toutes les fureurs du vandalisme le plus sauvage. Elle enleva les vases sacrés, elle brûla les vêtements sacerdotaux, elle s'empara du trésor, le plus riche de France, elle dispersa les vénérables reliques des saints. Une souscription de 100 francs déposée à la caisse de bienfaisance obtint le droit de briser la statuaire admirable de nos portiques; mais le conventionnel Sergent-Marceau eut le bonheur d'arrêter la main dévastatrice. L'impiété substitua, dans l'église de la Vierge immaculée, les fêtes décadaires aux cérémonies chrétiennes, et les orgies impures du culte de la déesse Raison aux saintes et purifiantes solennités du catholicisme. Dans les cryptes, les autels furent brisés, les chapelles dévastées et la statue *druidique* de la Mère de Dieu fut brûlée devant la porte royale. On dépouilla la noble basilique de ses cloches et de sa toiture de plomb, afin d'en fabriquer des sous, des canons et des balles : pendant deux ans la charpente et les voûtes restèrent exposées aux injures du temps. Enfin le saint et grandiose édifice n'a dû d'échapper au vandalisme révolutionnaire qu'à l'inébranlable solidité de sa masse.

Derniers sinistres [1]. — Il nous reste encore à signaler quelques sinistres qui ont affligé la Cathédrale depuis 1194. Le premier dont parlent nos archives, est celui de 1506; la foudre frappa et incendia la flèche du clocher-neuf qui était construite en bois et couverte en plomb; les six cloches qu'elle renfermait, furent fondues par la violence du feu. La flèche fut bientôt reconstruite en pierre tendre de Saint-Leu, par Jean Texier dit *Jean de Beauce*. — Le 15 novembre 1674, le feu prit dans la chambre des guetteurs au clocher-neuf, par l'imprudence de l'un d'eux. Déjà la charpente du beffroi commençait à brûler, quand de prompts secours vinrent éteindre l'incendie naissant. — La foudre est en outre tombée quatre ou cinq fois sur le clocher, mais sans y causer aucun dégât. Depuis 1825, la Cathédrale est mise à l'abri du feu du ciel; des paratonnerres y ont été posés à cette époque par M. Billiaux, comme nous l'apprend une inscription gravée sur les barreaux de fer qui vont se perdre dans les puisards : billiaux a paris, an 1825.

Enfin, le 4 juin 1836, un fatal incendie dévora la magnifique charpente de notre Cathédrale, et menaça de détruire les deux clochers. Le feu mis par l'imprudence de deux ouvriers plombiers occupés à la réparation de la toiture, se déclara avec une violence qui annonça immédiatement les dégâts terribles qu'il allait occasionner; il commença dans l'angle nord-ouest du transept. Il était

---

[1] Voyez, pour plus de détails, l'intéressant ouvrage de M. Lejeune sur les *Sinistres de la Cathédrale*.

six heures et demie du soir : au son lugubre du tocsin, toute la population consternée accourut pour porter secours à sa chère Cathédrale. Des ordres habilement donnés établirent un service de pompe aussi actif que bien dirigé. De six lieues à la ronde arrivèrent en poste les compagnies de pompiers organisées dans tous les villages de la Beauce. Mais tous les efforts furent vains ; l'incendie, après avoir duré onze heures, s'arrêta faute d'aliment. La charpente de la nef et du chœur, les beffrois des deux clochers, qui par leur construction et leur élégance faisaient l'admiration de tous, avaient été entièrement consumés, et toutes les cloches fondues. C'était une perte irréparable. D'une extrémité de la France à l'autre, on s'émut à la nouvelle du malheur arrivé à Chartres. Cependant l'édifice lui-même avait peu souffert, et les admirables verrières étaient intactes.

Le gouvernement se hâta de prendre ses mesures pour faire réparer les ravages de l'incendie ; dès le 11 juin 1836, six jours seulement après l'affreux sinistre, M. Sauzet, ministre des cultes, demanda aux chambres un crédit de 400,000 francs, qui furent accordés aussitôt ; ce crédit fut successivement augmenté jusqu'au chiffre d'*un million cent quatre-vingt-cinq mille vingt-huit francs* (1,185,028 fr.). Une charpente en fer, la plus belle qui existe présentement en Europe, a été substituée à l'antique *forêt*, et si elle ne peut rivaliser en beauté avec celle qu'elle a remplacée, du moins elle est à l'abri d'accidents qui pourraient compromettre l'existence du monument lui-même.

PLAN ET DIMENSIONS. — La Cathédrale de Chartres a la forme d'une croix latine ; son abside est tournée vers l'est-nord, point de l'horizon où le soleil se lève le 24 juin, fête de saint Jean-Baptiste, second patron de la Cathédrale [1]. — Sur la largeur, la Cathédrale offre une nef centrale et des bas-côtés à droite et à gauche ; autour du chœur et du sanctuaire, les bas-côtés sont doubles. Sur la longueur, elle a un porche à trois baies s'ouvrant à l'ouest, une nef centrale de sept travées, un vaste transept, un chœur de quatre

---

[1] Au Moyen-Age on orientait toujours les églises en tournant l'abside vers le point du ciel où le soleil se levait le jour de la fête du saint patron. (*Symbolisme dans les églises*, page 275.)

travées et un sanctuaire en rond-point. Au chevet, on compte sept chapelles : c'est le nombre mystique par excellence du Moyen-Age [1]. Deux clochers élancés flanquent la façade occidentale. Aux deux extrémités du transept il y a un porche en saillie et à trois baies ; chaque porche est flanqué de deux tours carrées. Deux autres tours semblables sont élevées de chaque côté de la Cathédrale, à la courbure de l'abside. Une crypte immense s'étend dans toute la longueur des bas-côtés et sous les chapelles absidales. Voilà pour le plan général, qui est d'une régularité remarquable ; et c'est sur ce plan sévère que se développe une architecture splendide.

Les principales dimensions de l'église sont les suivantes :

	Mètres	Cent.
Longueur hors œuvre, y compris la chapelle de Saint-Piat.	154	60
Longueur dans œuvre.	130	86
Longueur de la nef, jusqu'à la grille du chœur.	73	47
Longueur du chœur, jusqu'au fond du trésor.	38	34
Longueur du transept, prise d'un trumeau à l'autre.	63	30
Longueur de la crypte, depuis l'entrée sous les clochers jusqu'au fond de la chapelle absidale.	110	08
Largeur de la façade principale, hors œuvre.	47	90
Largeur totale, dans œuvre, prise aux portes latérales du chœur.	45	95
Largeur totale, dans œuvre, prise près des clochers.	32	37
Largeur de la nef principale, prise de centre à centre.	16	40
Largeur de la nef principale, prise de colonne à colonne.	12	67
Largeur moyenne de la crypte.	5	50
Hauteur de la voûte de la nef centrale, prise à la porte royale.	37	25
Hauteur de la voûte de la nef centrale, prise au centre du transept.	36	55
Hauteur de la voûte des nefs latérales.	13	85

---

[1] Les écrivains de cette époque font remarquer qu'il y a *sept* dons du Saint-Esprit, *sept* sacrements, *sept* joies et *sept* douleurs de Marie, *sept* Psaumes pénitenciaux, *sept* péchés capitaux, *sept* églises d'Asie, *sept* sceaux mystérieux, etc., etc.

	Mètres.	Cent.
Diamètre des trois grandes roses	11	56
Diamètre des roses moyennes	5	50
Hauteur du clocher-neuf	115	17
Largeur du clocher-neuf, prise à la base	13	25
Hauteur du clocher-vieux	106	50
Largeur du clocher-vieux, prise à la base	14	65
Hauteur des six tours du transept et de la courbure absidale	40	50

La superficie totale de l'église, dans œuvre, est d'environ 5,200 mètres carrés; en comptant trois personnes par mètre carré, la Cathédrale pourrait contenir 15,600 personnes.

Si l'on veut comparer les dimensions de la Cathédrale de Chartres avec celles des autres cathédrales de France, on trouvera le résultat suivant :

1° En longueur, la Cathédrale de Chartres n'est inférieure qu'à *cinq* cathédrales de France : Le Mans, 150 mètres de longueur; Reims, 148 mètres; Amiens, 138 mètres 35 centimètres; Bordeaux, 137 mètres; et Rouen, 136 mètres. — La basilique de Saint-Pierre de Rome a 167 mètres 45 centimètres de longueur.

2° En largeur, prise à la hauteur du chœur, *deux* églises seulement l'emportent : Troyes, 48 mètres de largeur; Paris, 46 mètres 60 centimètres.

3° En largeur, prise au bas de la nef, *huit* cathédrales lui sont supérieures : Troyes, 48 mètres; Paris, 46 mètres 60 centimètres; Clermont, 43 mètres; Bourges, 41 mètres; La Rochelle, 38 mètres; Sens, 38 mètres; Cahors, 33 mètres 50 centimètres; et Amiens, 32 mètres 65 centimètres.

4° En hauteur des voûtes, prise à la porte royale, Chartres est inférieure à *cinq* cathédrales : Beauvais, 48 mètres; Metz, 44 mètres 33 centimètres; Amiens, 44 mètres; Reims, 37 mètres 60 centimètres; et Bourges, 37 mètres 50 centimètres.

5° Pour la largeur de la nef centrale, elle surpasse toutes les églises de France et d'Allemagne : Cologne n'a que 14 mètres 70 centimètres; Amiens, 14 mètres 62 centimètres; Paris, 13 mètres; Reims, 12 mètres 50 centimètres.

6° Pour la hauteur des clochers, elle est la première des cathédrales de France, après celle de Strasbourg, dont la tour s'élève à 142 mètres 10 centimètres au-dessus du sol. — La coupole de Saint-Pierre de Rome compte 132 mètres de hauteur.

7° Pour le nombre et l'importance de ses vitraux peints du XIII° siècle, la Cathédrale de Chartres est sans rivale dans le monde entier. Elle possède encore aujourd'hui, en verres du siècle de saint Louis, 115 grandes lancettes, 3 grandes roses, 23 roses moyennes et 6 petites roses, renfermant 3,889 figures peintes. — Bourges, qui vient immédiatement après Chartres, ne compte que 1,610 figures du XIII° siècle.

8° Notre Cathédrale tient encore le premier rang pour la statuaire. En effet, sans compter les innombrables feuillages, plantes, crochets, entrelacs, rinceaux, socles, dais, pinacles, niches, chapiteaux, corniches, moulures, etc., etc., elle offre encore 4,272 figures humaines ou animales, de toutes les dimensions comprises entre un pouce et huit pieds de hauteur ! — « La Cathédrale de Chartres, *unique en son genre*, dit M. Didron, est habitée à l'intérieur et à l'extérieur par neuf mille figures peintes ou sculptées [1]. »

CHAPITRE II.

DESCRIPTION DE L'EXTÉRIEUR.

On a dit avec beaucoup de justesse que l'extérieur de la Cathédrale, considéré dans sa vaste étendue, n'excite point d'abord dans l'imagination un sentiment de vive surprise : il offre une très-grande simplicité ; c'est le produit d'un art régénéré qui comprend la véritable beauté d'une construction. La régularité des lignes, l'unité du style, le grandiose des proportions, tout concourt à donner à cette masse énorme un caractère de grandeur imposante que ne sauraient atteindre le luxe et la profusion des ornements.

[1] *Introduction au Manuel d'iconographie*, page XI.

L'architecture du XIIIe siècle, grave et réservée comme une reine, présente un cachet de distinction que la plus riche parure ne peut remplacer.

Pour étudier la savante et harmonieuse combinaison des lignes, il faut se placer à l'entrée de la rue *aux Herbes*, vis-à-vis du porche méridional [1]. C'est de ce point que l'on voit se dérouler toutes les parties du vaste et majestueux édifice : à gauche, les deux flèches aiguës s'élancent dans les airs, les contreforts de la nef se dessinent avec leurs triples arcs ; devant soi, on a le perron et le portail avec ses deux belles tours, sa riche statuaire, ses pinacles, ses gargouilles, sa rose aux délicats compartiments ; à droite, se présentent et les lancettes et les galeries, et la tour absidale, et les doubles arcs-boutants. Il serait difficile de rencontrer un aspect plus imposant.

L'instant le plus favorable, pour jouir du grandiose de ce coup-d'œil, c'est, comme pour le Parthénon d'Athènes, le matin aux premières lueurs de l'aurore, ou mieux encore le soir au clair de la lune. Personne ne saurait dire les sentiments d'admiration et d'étonnement qui se pressent alors dans l'ame émue : la superbe basilique semble revêtir une physionomie nouvelle ; les innombrables arcs-boutants, piliers, pyramides, balustrades, pignons, niches, statues qui se dressent, qui se courbent, qui s'élancent, qui rampent ou se prolongent en saillie, apparaissent comme une légion de fantômes brumeux qui s'animent et se mettent en mouvement : ce moment a quelque chose de saisissant et de solennel.

Avant d'entrer dans les détails, jetons un coup-d'œil rapide sur la construction matérielle du colossal édifice. Nous avons déjà dit que les pierres dont est bâtie la Cathédrale, proviennent des carrières de Berchères-l'Évêque ; ces pierres sont d'une dimension, d'une résistance et d'une dureté extraordinaires, très-brutes d'aspect et pleines de cavités ; c'est du calcaire siliceux. « Les architectes
» de la Cathédrale chartraine, dit M. Viollet-Leduc, qui avaient la
» faculté de se procurer des pierres énormes, usèrent franchement
» de cette ressource, mais cependant avec mesure et discernement.
» Les soubassements de cet édifice gigantesque sont apparents,

---

[1] La *vue de la Cathédrale* qui orne le frontispice de notre livre, a été prise en cet endroit.

» presque au niveau de la crypte, du côté du nord. C'est là qu'on
» peut se faire une idée exacte de l'énergie et de la grandeur de
» cette architecture. En effet, vous voyez des blocs de pierre qui
» n'ont pas moins de deux à trois mètres de long sur un mètre
» de haut, amoncelés les uns sur les autres jusqu'au niveau du
» sol de l'église. De grands linteaux (car les architectes de la
» Cathédrale savaient que leur pierre était assez forte pour résister
» à une pression énorme), de grands linteaux, soulagés par des
» corbeaux puissants, terminent les ouvertures et rappellent
» certains monuments pélasgiques. Des piédroits d'un seul mor-
» ceau, abattus sur les angles, s'évasant à la base et au sommet,
» reçoivent, lorsqu'il est nécessaire, les trop grandes portées.
» Un passage ménagé dans la saillie du soubassement est plafonné
» en dalles épaisses qui, supportées par des encorbellements,
» peuvent résister à toute la charge des murs du tour du chœur.
» Quelques jours pris entre de courtes et fortes colonnettes éclai-
» rent ce couloir. L'ensemble de cette construction, les tours,
» les portes, escaliers, passages, ont cet aspect de force, de
» puissance qui doit appartenir aux fondations d'un monument
» tel que Notre-Dame de Chartres. Au-dessus de ces empâte-
» ments qui paraissent devoir résister à toutes les causes pos-
» sibles de destruction, vous voyez la construction reprendre peu
» à peu des dimensions plus ordinaires; mais cependant, jus-
» qu'aux dernières corniches de l'édifice, cette pierre si rugueuse,
» que l'on trouve en grands blocs et qui résiste aux plus fortes
» pressions, a donné à l'architecture de la Cathédrale un caractère
» énergique, rude et grand qui frappe l'imagination. C'est là
» l'œuvre de gens entreprenants et maîtres de la matière. Il nous
» est arrivé de tomber souvent dans une suite de singulières
» réflexions, en songeant à ce que devaient être les artistes qui
» concevaient un pareil monument, et qui savaient l'exécuter
» avec cet entrain, cette science et cette verve si admirables [1]. »
Il n'y a pas une seule des pierres de la Cathédrale qui ne soit
saine, solide, adhérente aux autres, comme si elle avait été posée
hier : elles ont essuyé six à sept cents hivers comme un jour; le
temps s'est incliné devant elles et a passé outre.

[1] *Annales archéologiques*, tome II, pages 341-343.

§ 1. — *Les Contreforts et les Galeries.*

Les architectes du Moyen-Age dressèrent des contreforts et des arcs-boutants pour comprimer les larges voûtes de leurs églises. La Cathédrale de Chartres en compte trente : ces contreforts sont en forme de piliers carrés, très-saillants à la base et diminuant progressivement dans leur hauteur, qui est divisée en plusieurs étages par des retraits ornés de niches et de frontons aigus que terminent des touffes de feuilles épanouies et d'autres expansions végétales ; ils sont de plus percés de plusieurs baies de communication. Les niches des contreforts de la nef sont garnies de statues représentant des évêques et des abbés revêtus des ornements pontificaux ; aucun d'eux ne porte le nimbe ; à leurs pieds se trouvent des démons ou des monstres grimaçants. Ces évêques et ces abbés sont-ils les donateurs des contreforts, ou sont-ils des saints ? Nous l'ignorons.

De ces puissants contreforts s'élancent des arcs-boutants, arcades aériennes qui, se multipliant avec une hardiesse remplie de grâce, vont neutraliser la poussée des larges voûtes de notre basilique. L'architecte n'osa se fier à l'arc-boutant simple ; il craignit que la poussée de la voûte n'agît encore au-dessus ou au-dessous du point donné par le calcul : en conséquence il donna à l'arc-boutant principal deux arcs secondaires, l'un au-dessus qui va s'appuyer contre l'entablement de l'édifice, l'autre au-dessous qui se réunit à l'arc principal par de fortes colonnes tendant au centre commun et formant comme les raies d'une roue. Autour du chœur, ces deux arcs-boutants sont réunis entre eux par des arcades ogivales surmontées d'une petite rose ; de plus, un joli trèfle placé près du contrefort, vient encore ajouter de la grâce à cette savante combinaison. Il suffit de jeter les yeux sur cette construction pour concevoir comment ces deux arcs rendus solidaires par ce moyen ingénieux ont une puissance extraordinaire ; comment ils sont en quelque sorte plus résistants qu'un mur, sans en avoir le poids.

Les seize contreforts qui contiennent la voûte du chœur, sont doubles comme les bas-côtés ; les premiers à arc-boutant simple soutiennent les seconds et leur donnent ainsi une puissance, une solidité à toute épreuve. Les contreforts et les arcs-boutants du chœur sont plus légers que ceux de la nef; aussi leur sont-ils postérieurs de quelques années.

« On demeure frappé d'étonnement, dit M. Viollet-Leduc, lors-
» qu'on se promène sur les galeries extérieures de la Cathédrale
» de Chartres, et qu'on se trouve vis-à-vis de ces constructions
» conçues avec une hardiesse héroïque, exécutées en matériaux
» énormes, durs comme la fonte de fer, taillés avec un entrain et
» une vigueur dont nous avons perdu la tradition [1]. » On peut dire que chacun de ces contreforts est un monument complet. Mais presque tous ces contreforts sont en partie cachés par des maisons qui s'élèvent à leurs pieds et qui nuisent tant à l'effet général de l'édifice [2].

Comme toutes les cathédrales du XIIIe siècle, la Cathédrale de Chartres a, au-dessus des corniches qui terminent les murs principaux, des galeries extérieures qui permettent de faire, à diverses hauteurs, le tour de l'édifice. Deux de ces galeries sont ornées d'une rampe ou balustrade en pierre, composée d'arcs trilobés qui s'appuient sur des colonnettes prismatiques. La rampe de la galerie supérieure, autour du grand comble, a été entièrement refaite, après l'incendie de 1836.

§ 2. — *Les Combles.*

Les églises du Moyen-Age ont toutes, dans le nord et le centre de la France, un toit très-élevé et très-aigu, pour faciliter l'écoulement des eaux pluviales et des neiges. On évitait la toiture plate des monuments de l'Italie et de la Grèce : d'ailleurs les combles en triangle aigu forment à leurs extrémités des frontons pyramidaux qui communiquent à l'ensemble un élancement considérable. La charpente de cette toiture aiguë n'était pas négligée par les architectes chrétiens ; là encore brille leur génie. On a pu en juger

---

[1] *Annales archéologiques*, tome II, page 340.

[2] Le Gouvernement a le projet d'acheter ces maisons et de les faire abattre. Ce sera un bienfait pour notre Cathédrale. — Dans la *vue* qui orne le frontispice de notre livre, nous avons supposé que ces maisons avaient déjà disparu.

à Chartres par l'ancienne charpente que l'incendie de 1836 a dévorée, et qui était le chef-d'œuvre des charpentes de tout le Moyen-Age ; elle datait des premières années du XIVe siècle. Voici comment en parlent les anciens historiens de notre église :

« Rien de plus admirable que la charpente de la Cathédrale, dit Vincent Sablon, on pourrait la nommer *forêt*, à cause de la quantité de bois et de ses longues allées à perte de vue. Toutes les pièces de bois y sont si artistement jointes, qu'elles vont aboutir à une grosse pièce de bois qui est au bout du rond-point, qui est suspendue en l'air, et qui néanmoins supporte ces masses de plomb qui en fait la couverture. Le bois de toute cette charpente est encore aussi sain que s'il sortait de la forêt d'où il fut tiré ; il n'y a pas la moindre piqûre de ver, ni la moindre pourriture. Il y a des échos si parfaits, qu'ils rendent plusieurs fois la même parole, et qu'il y a un plaisir indicible d'y aller chanter ou d'y jouer de la flûte et de la trompette [1]. » — « La charpente du grand comble, dit M. Gilbert, est construite en châtaignier du plus fort équarrissage. Les combles de cette église ont de hauteur perpendiculaire quarante-quatre pieds ; leur construction mérite l'attention des amateurs. L'assemblage de chaque ferme se compose d'un entrait, d'un poinçon, de deux chevrons et de deux croix de Saint-André servant à contre-butter les fermes, qui sont au nombre de cinquante-huit. »

Cette belle charpente était couverte en plomb très-épais, qui au Moyen-Age était peint et parsemé de fleurs de lis d'or [2]. Elle est aujourd'hui remplacée par une charpente en fer et fonte, la plus belle qu'il y ait en Europe, mais qui est loin de pouvoir rivaliser avec l'antique *forêt*. On remarquera que cette charpente se dessine en ogive très-aiguë. Elle est recouverte en cuivre rouge [3] et éclairée par des chatières trilobées. Une passerelle en bois,

---

[1] *Histoire de l'Église de Chartres*, édition de 1697, page 64.

[2] *Sinistres de la Cathédrale*, page 7.

[3] Ce cuivre sera, assure-t-on, remplacé par du plomb. On vient de s'apercevoir que les eaux pluviales en passant sur le cuivre se chargent d'oxide, et agissent alors comme un acide sur le calcaire ; elles le corrodent et le rongent. Déjà plusieurs sculptures ont beaucoup souffert.

large d'un mètre et demi, permet de la parcourir intérieurement dans toutes ses dimensions. Une inscription placée sous le grand comble, au pignon occidental, est destinée à conserver les noms de toutes les personnes qui ont contribué, à divers titres, à la restauration de la charpente et de la toiture. Cette inscription est coulée en relief sur deux grandes plaques de fonte en forme d'écusson ; elle est ainsi conçue :

CETTE CHARPENTE EN FER ET FONTE
REMPLACE LA CHARPENTE EN BOIS
INCENDIÉE LE 4 JUIN, 1836.
LES TRAVAUX COMMENCÉS EN 1836, SOUS
LE MINISTÈRE DE Mª SAUZET, GARDE DES
SCEAUX, CONTINUÉS SOUS LE MINISTÈRE
DE MM^{rs} PERSIL, BARTHE, GIROD (DE L'AIN), TESTE,
VIVIEN, MARTIN (DU NORD), SES SUCCESSEURS,
ONT ÉTÉ ACHEVÉS EN 1841.

LOUIS PHILIPPE Ier
ÉTANT ROI DES FRANÇAIS.
LE B^{on} DE VILLENEUVE, PRÉFET D'EURE ET LOIR.

Mgr CLAUSEL DE MONTALS, ÉVÊQUE DE CHARTRES.

ADELPHE CHASLES, DÉPUTÉ, MAIRE DE CHARTRES.

ACCARY-BARON, ARCHITECTE.

MIGNON, CONSTRUCTEUR DE LA CHARPENTE EN FER ET FONTE.
EMILE MARTIN, FONDEUR A FOURCHAMBAULT.
QUÉNÉHEN, CONSTRUCTEUR DE LA COUVERTURE EN CUIVRE.
PIÉBOURG, CONSTRUCTEUR DE LA MAÇONNERIE.

Au sommet du rond-point, un ange-girouette tourne sur un pivot. Cet *Ange-Gardien*, comme le peuple l'appelle, est debout, les ailes déployées ; il est vêtu d'une longue robe à manches étroites, et d'une espèce de surtout serré autour des reins par une ceinture ; il a la tête découverte, les cheveux bouclés, le visage imberbe et riant, les pieds nus ; de sa main droite il indique le

côté d'où souffle le vent ¹; et dans sa gauche, il tient une croix longuement hastée. Le piédestal qui le porte, est très-élégant : dans quatre petites niches sont placés de gracieuses statuettes représentant les quatre évangélistes avec leurs animaux symboliques. Les évangélistes indiquent les quatre points cardinaux : saint Mathieu regarde l'orient; saint Luc, le nord; saint Jean, l'occident; et saint Marc, le sud. L'ange et le piédestal sont entièrement dorés ².
« Cet emblème religieux, dit M. Lejeune, en indiquant à tous les
» instants du jour le point d'où le vent souffle, semble annoncer
» en même temps qu'il n'existe sur la terre aucune contrée qui
» soit inaccessible au salut du monde, que l'image du Christ
» placée en avant sur la pointe du pignon de la porte Royale,
» enseigne aux peuples de la terre ³. »

Avant la révolution de 1793, il existait sur le faîte du grand comble deux petits clochers. Le premier était construit au centre du transcept; il était percé à jours; on l'appelait *la Grue*, parce qu'étant au-dessus du grand œillard, il renfermait un instrument au moyen duquel on montait les bois, le plomb et autres matériaux nécessaires pour les réparations du comble et des clochers. On y avait aussi placé une crecelle pour annoncer les offices des trois derniers jours de la Semaine-Sainte. Le second clocher placé entre le premier et l'ange, s'élevait perpendiculairement au-dessus du lutrin. Il était d'un travail et d'une symétrie admirables, disent les anciens historiens; on l'appelait le clocher des *Nônes* ou des *Babillardes*, parce qu'on y avait placé les six *Commandes*. C'étaient des clochettes destinées à avertir les sonneurs, du moment où

---

¹ « Le nouvel ange placé au chevet de la Cathédrale, dit M. Didron, » *bénit* la ville assise à ses pieds. C'est là une faute contre la liturgie et » contre l'iconographie. Dieu et les hommes qui le représentent sur la » terre, le pape et les évêques principalement, peuvent seuls bénir. » Nous nous permettrons de faire remarquer au savant directeur des *Annales archéologiques* que l'ange-girouette ne *bénit* pas, et que s'il bénissait, on trouverait dans nos livres saints de quoi le justifier : en effet un ange n'a-t-il pas *béni* Jacob? (GÉNÈSE, XXXII, 26.)

² Cet ange-girouette, qui a remplacé, en 1840, un autre ange posé au XIVe siècle et détruit par l'incendie de 1836, a coûté 12,230 fr.

³ *Sinistres de la Cathédrale*, page 7.

ils devaient mettre en branle les grandes cloches durant le service divin; elles servaient aussi à appeler aux offices les chantres et les enfants de chœur.

Au Moyen-Age, on plaçait souvent, sur le sommet du grand comble, une découpure en métal, formant une crête, et qui donnait de la légèreté et de la grâce à l'ensemble du toit. Cette crête, qui n'existe pas encore sur notre Cathédrale, a été cependant figurée sur les planches de la *Monographie* [1], et nous l'avons figurée nous-même sur la lithographie du frontispice de notre livre.

Les combles des bas-côtés de la Cathédrale méritent aussi d'être visités; ils conservent encore leur charpente du XIIIe siècle, et sont recouverts en plomb. Les seconds bas-côtés du chœur et du sanctuaire sont couverts en ardoises et en tuiles rouges, ou voûtés en pierres de taille.

§ 3. — *Les Tours*.

L'architecte de la Cathédrale, pour orner l'extérieur de son église, pour lui donner un aspect plus imposant par sa masse, a flanqué de tours carrées les extrémités du transept et la courbure de l'abside. Ces six tours sont formées d'un étage voûté en pierre, et percées de six ou huit baies ogivales, sans vitres, très-élevées et ornées de colonnettes et d'archivoltes avec des têtes monstrueuses et grimaçantes. Ces tours ne sont pas achevées; elles devaient recevoir encore un étage octogone et une pyramide à peu près semblable à celle du Clocher-Vieux.

« En construisant ce vaste édifice, dit M. Lejeune, au milieu
» des guerres et d'une tourmente incessante, l'architecte ne pou-
» vait négliger les moyens d'une surveillance indispensable pour
» prévenir toute surprise et toute attaque de la part des ennemis,
» et ce fut dans ce but que les deux portiques du nord et du sud
» furent flanqués de deux tours carrées [2]. » Il va sans dire que nous laissons au savant historien des sinistres de notre Cathédrale la responsabilité de ses assertions.

---

[1] *Monographie de la Cathédrale de Chartres*, planches IV et V.

[2] *Sinistres de la Cathédrale*, page 8.

Chacune de ces tours possède un beau et solide escalier à vis ; ils sont adossés à un de leurs angles ; deux seulement sont entièrement achevés ; ce sont ceux des tours qui flanquent le portail du midi. Ils s'élèvent jusqu'à la hauteur du pignon et forment deux petites tourelles octogonales à pyramide en pierres imbriquées. On admirera la force et la puissance de ces escaliers tournants ; il n'en existe peut-être pas en France qui puissent rivaliser avec eux. Les deux clochers ont aussi des escaliers à vis d'une égale puissance.

§ 4. — *Les Clochers.*

La cathédrale de Chartres est célèbre dans tout l'univers par ses deux *clochers*. Nous avons déjà dit qu'ils étaient commencés en 1145, et que l'un était terminé avant l'incendie de 1194 ; le second ne fut achevé qu'en 1513. Les architectes de notre Cathédrale ont donné un soin tout particulier à la construction de ces deux pyramides aiguës jetées dans les airs comme le symbole distinctif et mystique d'une religion céleste et infinie, et prenant leur essor vers le trône de Dieu pour y porter les vœux et les prières des fidèles. Objet d'étonnement pour les siècles qui les ont vus naître, ces clochers feront l'admiration de tous ceux qui seront témoins de leur durée.

Clocher-Vieux. — Le Clocher-Vieux occupe le sud de la façade principale. Rien de plus admirable que ce clocher. Ecoutons ce qu'en dit un de nos plus savants architectes, M. Viollet-Leduc :
« Si l'on veut se rendre compte de la conception de ce clocher,
» on verra qu'elle est aussi franche que l'exécution en est simple
» et savante. En effet, l'on est d'abord frappé de l'unité, de la
» grandeur qui règnent dans l'ensemble. Partant du soubassement
» on arrive au sommet de la flèche sans brusque arrêt, sans que
» rien vienne interrompre la forme générale de l'édifice. Ce clo-
» cher, dont la base est pleine, massive et sans ornement, se
» transforme, à mesure qu'il s'élance, en une flèche aiguë à huit
» pans, percées de lucarnes, sans qu'il soit possible de dire où
» cesse la construction massive et où commence la construction
» légère. C'est qu'en effet elles se prêtent mutuellement secours.

» et la transition est insensible. Là où la tour cesse d'être carrée
» et où la flèche commence, les lucarnes viennent, dans les angles
» et sur les faces, épauler cette grande pyramide octogonale, dont
» les parois n'ont guère que 30 centimètres d'épaisseur à la base,
» et dont la hauteur est de 45 mètres. C'est par des retraites
» habilement pratiquées, et par de petites trompes construites
» dans les angles intérieurs de la tour carrée, que cette flèche en
» pierre vient reporter tout son poids sur la partie inférieure. Si,
» après avoir admiré cet ensemble, nous étudions les détails de
» la construction, nous verrons une exécution parfaite : partout
» des joints larges et égaux, des matériaux de choix et que ni les
» temps ni les incendies n'ont pu entamer, des parements dressés
» avec une rare perfection, l'écoulement des eaux ménagé avec
» un grand soin. Au point où la pente des huit faces de la flèche
» commence, l'on ne voit ni tirants en fer, ni enrayure, ni chaî-
» nage pour maintenir la base de cette pyramide, dont les parois
» sont si minces. Les lits des assises qui composent les parties
» inclinées étant horizontaux, il ne peut y avoir de poussée ni
» d'écartement à la base des flèches gothiques. Sûrs de leurs
» moyens, forts de leur expérience, les constructeurs du vieux
» clocher de Chartres ont apporté le soin le plus minutieux dans
» l'exécution des détails de la construction ; mais ils ont dédaigné
» toutes ces précautions inutiles, tous ces doubles emplois, qui
» indiquent plus souvent l'ignorance de l'architecte que sa pru-
» dence. Dans une œuvre aussi importante, il y avait deux graves
» inconvénients à employer plus de matériaux qu'il n'était néces-
» saire : la dépense inutile d'abord, et le danger de charger les
» fondations d'un tel poids qu'elles ne pussent résister à la pres-
» sion. Il n'y a ici que ce qu'il faut ; aussi depuis 700 ans que ce
» clocher existe, on n'y voit pas une lézarde, pas une échan-
» crure, quoiqu'il ait été calciné intérieurement par deux terribles
» incendies [1]. » — Les chapiteaux, les gargouilles et les modillons sont dignes d'attirer l'attention particulière de l'archéologue :
nous ne pouvons les décrire ici.

[1] *Annales archéologiques*, tome II, pages 343 et 344. — Voyez l'éléva-
tion, les plans et les détails du Vieux-Clocher dans la *Monographie*,
planches IV, XLVI, XLVII, XLVIII, XLIX, L et LI.

Sur la face méridionale de la base de cette magnifique pyramide, il y a trois statues. La première représente un ange, aux ailes déployées, et tenant un cadran solaire; il est vêtu d'une longue tunique et d'un manteau jeté sur les épaules; il offre la même raideur et le même fini dans le travail que les statues qui ornent les parois du porche Royal et dont nous parlerons bientôt. Le cadran a été refait en 1578. — Sur le contrefort voisin, l'on voit la statue fort connue à Chartres sous le nom d'*Ane qui vielle*. C'est en effet un âne appuyé sur ses pattes postérieures et pinçant d'une espèce de harpe à sept cordes, suspendue à son cou par une courroie [1]. La console qui soutient l'*Ane qui vielle* est ornée de deux monstres humains qui paraissent écrasés sous le poids du bizarre musicien. — La troisième statue a perdu sa tête et ses membres antérieurs; elle est connue à Chartres sous le nom de *Truie qui file;* cependant ce n'est pas une truie, c'est un vérat. S'il est permis d'en juger par les vestiges des tenons, l'animal grognant portait en effet une quenouille; sa patte droite tenait le fil, et la patte gauche tournait le fuseau [2]. — Une quatrième statue se dressait probablement sur un socle placé au-dessus du vérat; elle a disparu depuis longtemps; car nos plus anciens historiens n'en font pas mention. — Dans l'embrasure de la grande arcade voisine de toutes ces statues, on aperçoit encore quelques vestiges d'un groupe sculpté. — Dans l'angle de cette arcade on a tracé, au dernier siècle, une méridienne solaire [3]. — Sur cette même face de la tour, se trouve une porte à plein cintre, aujourd'hui murée, et qui servait de passage pour aller dans la crypte.

A la naissance de la flèche, quatre frontons très-aigus ornent les

---

[1] Chose étonnante! on voit aussi sur un monument de l'antique Egypte, un âne qui pince la harpe à neuf cordes. (Voyez l'*Egypte ancienne*, par M. Champollion-Figeac, planche xxxiv.)

[2] Que l'on ne s'imagine pas que les artistes prédicateurs du XIIe siècle voulussent faire une mauvaise plaisanterie en plaçant de pareils sujets sur un temple catholique. Nous démontrerons dans notre *Monographie générale* que sous ces animaux ridicules ils cachaient une leçon de morale pour le peuple.

[3] Cette méridienne n'est pas exacte; elle avance de 4 minutes.

quatre pans de la tour; dans la plus haute lucarne du fronton qui regarde le Clocher-Neuf, on lit l'inscription suivante :

HARMAN

1164 NDD

Quel est cet Harman? Est-ce l'architecte du clocher? c'est probable; mais nous n'oserions l'affirmer.

La flèche est en pierre tendre, taillée en écailles imbriquées. Vers le haut de la pyramide, il y a une lucarne carrée, d'où part une échelle en fer qui permet de monter jusqu'au globe en cuivre doré, dans lequel la croix est entée. On remarquera que les croix qui surmontent les deux clochers, ne portent pas pour girouette le coq, symbole de la vigilance chrétienne, mais un croissant et un soleil; la croix du clocher vieux a de plus des bras terminés par des étoiles : c'est une allusion à un passage de l'Apocalypse, où Marie est représentée *comme revêtue du soleil, la lune sous les pieds et une couronne d'étoiles sur la tête* [1].

L'intérieur du clocher est divisé en trois étages. Le premier forme une grande salle carrée, éclairée par six baies ogivales, sans vitres; deux de ces baies sont grossièrement murées. On y a construit une chambre servant de bureau pour l'inspecteur de la Cathédrale.

Le second étage, percé d'un grand nombre d'arcades étroites et ogivales, contenait autrefois deux énormes bourdons, pesant l'un 13,500 kilogrammes, et l'autre 10,000. Mais en 1793, ils descendirent dans le creuset révolutionnaire pour être convertis en gros sous et en canons. Le beffroi qui les suspendait était un chef-d'œuvre; il a été détruit par l'incendie de 1836 [2]. Une partie

---

[1] APOCALYPSE, XII, 1.

[2] Voyez la gravure de cette charpente dans les *Vues pittoresques de la Cathédrale*, par Chapuy. — Le savant auteur de la *Notice historique sur la sonnerie* pense que ce beffroi avait été construit vers l'an 1200; cependant il est à remarquer que sur un des culs-de-lampe du beffroi était sculpté un écusson de France où le nombre des fleurs de lis est réduit à trois, deux et un; ce qui semblerait donner au beffroi une origine plus récente : car ce n'a été que sous Charles VI que l'on réduisit à *trois* les fleurs de lis *sans nombre*. Voyez D. de Vaines, *Dictionn. diplom.*

de la voûte de cet étage a été enfoncée en 1793, par la chute du gros bourdon. Aujourd'hui on ne voit à cet étage qu'un escalier à vis de 143 marches, qui conduit au troisième étage, lequel date de 1840 comme l'escalier. Ce dernier étage, construit en poterie, n'est éclairé que par une lucarne.

CLOCHER-NEUF. — Le clocher septentrional est appelé *Clocher-Neuf*, quoique sa partie supérieure appartienne seule à une époque moderne, au XVIe siècle; sa base, jusqu'à la hauteur de la *galerie des rois*, date du même temps que le Clocher-Vieux. La flèche, qui avait été, au XIIIe siècle, construite en bois et en plomb, fut incendiée en 1506 ; on résolut alors de la refaire en pierre. L'évêque, Réné d'Illiers, commença par donner 400 livres ; le chapitre offrit une somme considérable; le roi Louis XII ordonna qu'on prît 2,000 livres sur ses tailles de Vendôme. L'évêque, pour exciter l'empressement des fidèles, institua des confréries de Notre-Dame dans toutes les paroisses du diocèse, et le cardinal Georges d'Amboise, alors légat, publia des indulgences pour tous ceux qui concourraient, soit par leur travail, soit par leurs aumônes, à la restauration du clocher. Il y eut de toutes parts un zèle, un empressement admirables. Un habile *maçon* du pays, Jean Texier, dit *Jehan de Beauce*, se chargea de la direction des travaux. Il gagnait 7 sous 6 deniers par jour, et ses compagnons 5 sous. Les travaux, commencés en 1507, furent terminés en 1513. L'inspecteur des travaux fut le chanoine Vastin des Fugerets.

Ce clocher, dont la flèche est toute couverte de festons et de dentelles, est préféré par les populations de la province; et l'on peut leur dire avec plus de raison qu'aux habitants de l'Aveyron:
« Dans le pieux orgueil que vous inspire la possession de ce mo-
» nument incomparable (le clocher de la Cathédrale), vous en
» parlez avec enthousiasme à vos enfants, dès qu'ils sont capables
» de sentir et de comprendre, et vous leur faites désirer comme
» une récompense l'heureux jour où ils pourront satisfaire cette
» ardente curiosité que vos récits ont éveillée dans leurs jeunes
» imaginations. Vous en emportez l'image dans vos cœurs quand
» vous quittez vos foyers, et dans vos pérégrinations lointaines,
» nationaux et étrangers, également émerveillés, prêtent à vos dis-

» cours une oreille charmée, lorsque vous leur racontez sa hauteur
» fabuleuse, le luxe de ses galeries en dentelles, la richesse et le
» fini des ornements qui le décorent. Le voyageur qui le con-
» temple pour la première fois, s'arrête immobile d'admiration,
» devant cette masse prodigieuse et pourtant légère, qui par la
» hardiesse de sa construction et la délicatesse de ses ouvrages
» semble justifier la légende naïve où nous lisons que les anges,
» aux heures de repas des ouvriers, se partageaient ce beau
» travail, au bruit des concerts célestes. L'habitant même de la
» cité, que l'assiduité de son aspect devrait avoir durci aux émo-
» tions qu'il fait naître, ne passe pas sous son ombre vénérable,
» sans lever sur elle un regard où se peint visiblement l'émotion
» d'une surprise toujours nouvelle [1]. »

Pour nous, dussions-nous attirer sur notre tête tous leurs anathêmes, nous ne partageons pas l'engouement de nos concitoyens pour le Clocher-Neuf, et nous osons dire que malgré la hardiesse et la délicatesse du travail, malgré le luxe de difficultés vaincues, le Clocher-Neuf est loin de la noble et sévère beauté de son rival; nous ajoutons même qu'il est comme un anachronisme qui dépare la majestueuse unité de la Cathédrale.

La base du Clocher-Neuf qui a été bâtie en même temps que celle du Clocher-Vieux, paraît au premier coup-d'œil assez semblable à cette dernière; c'est la même puissance de matériaux, la même solidité de construction; cependant elles se distinguent profondément l'une de l'autre; les contreforts, les ouvertures, les arcades, les colonnes, les corniches, toute l'ornementation, les dimensions même diffèrent par quelque endroit; non-seulement des différences se font sentir entre les deux clochers, mais jusque dans chaque face du même clocher. Tant il est vrai que les architectes du Moyen-Age n'ont presque jamais égard à la symétrie, au parallélisme des lignes : ils l'évitent par système, ils y renoncent gratuitement; ils rejettent de leurs monuments cet axiôme des temps modernes :

---

[1] *Instructions et Mandements* de Mgr Giraud, évêque de Rodez, 1842, tome II, page 298. La pyramide que Mgr Giraud décrit dans un style si pompeux, date de la même époque et est du même style que la flèche de notre Clocher-Neuf, mais elle n'a que 80 mètres de hauteur, tandis que la nôtre en a plus de 115 !

La symétrie est la loi de toutes les architectures. En tout ils sont d'une inépuisable variété.

Le Clocher-Neuf est divisé en sept étages voûtés en pierre, et percés chacun de plusieurs arcades plus ou moins larges, plus ou moins richement décorées : toutes les ouvertures ou baies sont sans vitre; mais malheureusement plusieurs sont fermées depuis trente ans avec une ignoble maçonnerie en terre et silex qui enlaidit singulièrement notre clocher. Nous espérons la voir bientôt disparaître.

Le premier étage est percé de six arcades ornées d'élégantes colonnettes et d'archivoltes variées; il forme une grande salle carrée, qui ne renferme plus rien aujourd'hui. Mais du temps de Vincent Sablon, « on y trouvait un moulin à bras et un four à » cuire le pain; à côté était une citerne pratiquée entre les épais- » seurs des murailles; tous ces ustensiles servaient autrefois » pendant les guerres [1]. » La citerne est aujourd'hui remplie d'immondices !

Le second étage n'est pas plus fourni que le premier; mais jadis « il y avait de grands rouets propres à de fortes manœuvres, » comme pour lever les cloches [2]. » Un escalier va de cet étage au grand comble.

Le troisième étage est appelé la *chambre des sonneurs*, et forme une salle octogone qui servait d'abri aux sonneurs pendant l'intervalle des volées, lorsqu'il faisait mauvais temps. C'est à cet étage que commencent les constructions du XVIe siècle. Il y a quatre portes qui donnent entrée sur la galerie extérieure de cet étage. La galerie est en mauvais état, et quelques maigres morceaux de fer lui servent de balustrade. Le troisième étage ne reçoit de jour que par le tympan vitré d'une porte. On y a établi en **1845** un grand treuil pour hisser les quatre petites cloches du cinquième étage. Sur le mur méridional de la chambre, on voit une inscription en vingt-quatre méchants vers et destinée à perpétuer le souvenir du désastre de **1506**; elle est gravée, dans une pierre blanche, en caractères gothiques. Tous nos historiens l'ont citée d'une manière fautive; M. Benoit est le premier qui l'ait restituée à sa véritable

---

[1] *Histoire de l'église de Chartres*, 1697, page 70.

[2] *Histoire de l'Eglise de Chartres*, 1697, page 70.

leçon, en y laissant cependant encore quelques légères inexactitudes.[1]. En voici une copie très-exacte, toutefois sans les abréviations de l'original; c'est le clocher qui parle :

je fu . jadis . de . plomb . et . boys . construit..
grant . hault . et . beau . de somptueux . ouvraige..
jusques . ad . ce . que . tonnerre . et . oraige..
ma . consume . degate . et . detruit..
le jour . sainte . anne . vers six . heures de nupt..
en . lanee . mil . cinq . cens . et . six.
je . fu . brule . de . moly . et . recupt.
et . avec.. moy . de . grosses . cloches six
apres . messieurs . en . plain . chappitre . assis..
ont . ordonne . de ... pierre . me . reffaire.
a grant . voultes .. et . pilliers . bien . massifs
par . jehan . de beausse .. macon . qui . le sut . faire.
lan dessu dist . apres .. pour . leuvre . faire.
assouar firent . le . vint . quatrieme . jour..
du moys de . mars . pour . le . premier .. affaire...
premiere . pierre . et . aultres . sans .. ce . jour...
et . en . avril . huitiesme .. jour . expres...
rene . dilliers .. evesque . de ... regnon...
pardist . la . vie ... au . lieu . du . quel ... apres.
feust . erard . mis ... par . postulacion.
en . ce . temps . la . que avoys . nicessite.
avoit . des gens . qui pour moy lors veilloient.
du bon . du . cœur . feust . yver . ou . este..
dieu . le . pardont . et . a . ceulx . qui . sy . emploуent.

1506.

Le quatrième étage est une grande salle octogone, éclairée par huit grandes baies ogivales, à meneaux flamboyants et culs-de-

---

[1] *Annuaire* de 1845, page 381.

lampe assez bien fouillés; des festons trilobés sont suspendus aux voussures des arcades ; toute cette ornementation a été refaite en 1839. Il renferme deux grosses cloches fondues, en 1840, par MM. Cavillier, habiles fondeurs des environs d'Amiens. Voici les noms, la circonférence et le poids de ces cloches :

1° Marie, sonnant le *sol*, porte 6 mètres 65 centimètres de circonférence, et pèse environ 6,000 kilogrammes.

2° Joseph, porte 5 mètres de circonférence, et pèse 2,350 kilogrammes [1].

Le cinquième étage renferme les cloches fondues en 1845 par MM. Petitfour, et suspendues sous la direction de M. Chicot. Ces cloches sont trop petites pour une cathédrale comme celle de Chartres : ce sont des voix féminines données à des géants.

1° Anne, donnant le *ré*, porte 4 mètres 48 centimètres de circonférence, et pèse 2,040 kilogrammes.

2° Elisabeth, porte 4 mètres 2 centimètres de circonférence, et pèse 1,510 kilogrammes ; elle donne le *mi*.

3° Fulbert, porte 3 mètres 63 centimètres de circonférence, et pèse 1,095 kilogrammes ; il sonne le *fa*.

4° Piat, porte 3 mètres 34 centimètres de circonférence, et pèse 870 kilogrammes ; il donne le *sol*, octave aigu du bourdon [2].

Cet étage est percé de huit baies ogivales à meneaux flamboyants et à frontons aigus. Les moulures qui encadrent ces baies sont profondément refouillées et décorées avec de gracieuses guirlandes de fleurs, de feuillages et de branches terminées par des figures grotesques ou des animaux fantastiques : le tout est taillé et évidé dans la masse avec beaucoup d'art ; presque tous ces ornements, fort endommagés par l'incendie de 1836, ont été refaits en 1839.

Une riche et large galerie, avec une balustrade à compartiments flamboyants, règne tout autour de cet étage. Aux quatre angles de la galerie s'élèvent un élégant clocheton garni de niches, de fron-

---

[1] Pour plus de détails, voyez l'intéressante *Notice historique sur la sonnerie*, pages 29-32.

[2] Voyez l'*Annuaire* de 1846, pages 332-334.

tons, de pinacles, de crochets, etc. Ces clochetons se rattachent au corps du clocher par des arcatures festonnées qui portent des monstres et des chimères. Les niches contiennent chacune une statue colossale. Il y a douze statues, dont l'une représente saint Jean-Baptiste, et les autres figurent des apôtres [1]. Ces statues sont beaucoup inférieures à celles des mêmes apôtres qui ornent le porche méridional. Ici, les physionomies, au lieu d'être ferventes et sérieuses, sont devenues exagérées et bizarres; l'art du XVIe siècle redescendu sur la terre n'est plus inspiré; il a perdu sa noblesse et sa beauté chrétiennes; le style est maigre et tout humain. Les apôtres ici représentés sont vêtus d'une longue tunique et d'un manteau. Tous sont accompagnés d'attributs qui les distinguent; ils ont tous les pieds nus [2]; et tous sont barbus, à l'exception de saint Jean. Mais jetons un coup-d'œil sur chacune de ces statues. Le premier clocheton à droite offre : 1° saint Jean-Baptiste; il est vêtu d'une tunique de peau relevée sur le genou, à ses pieds l'Agneau divin, qu'il indique du doigt en disant : *Ecce Agnus Dei;* ces mots sont écrits sur le lambel qu'il tient dans sa main gauche. 2° Saint André; dans sa main gauche il tient un livre ouvert, et de sa droite il porte un bras de sa *bonne croix*, dont l'autre bras est debout sur ses pieds; des cordes relient les deux bras. 3° Saint Jean l'Evangéliste; à ses pieds on voit l'aigle tenant un encrier au bec, et une plume dans une de ses serres. — Les statues du second clocheton représentent : 1° saint Paul tenant un livre entr'ouvert dans sa main gauche, et une épée dans sa droite. 2° Saint Thomas foulant aux pieds un affreux démon qu'il tient enchaîné; il porte un glaive dans sa main droite et un énorme volume dans sa main gauche [3].

[1] On sait qu'au Moyen-Age on regardait les Apôtres comme les *tours* de l'Église. (Voyez la *Monographie de Bourges*, page 152.)

[2] La nudité des pieds est un signe généralement adopté par les artistes chrétiens pour désigner Dieu et ses envoyés; langage symbolique qui exprimait l'exclusion de toute idée basse, la promptitude de l'obéissance, mais surtout le mépris de toute crainte humaine.

[3] Presque toujours saint Thomas est représenté avec l'équerre, quelquefois avec la règle ou le roseau. Le démon enchaîné et le glaive qu'il tient ici sont une allusion à ce passage du *Miroir historial :*

3° Saint Simon caractérisé par la scie de son martyre. — Le troisième clocheton renferme dans ses trois niches : 1° saint Jacques-le-Mineur appuyé sur une massue. 2° Saint Jacques-le-Majeur avec son chapeau, son bourdon et ses coquilles de pélerin ; de plus, il tient dans sa main gauche un énorme chapelet. 3° Saint Philippe avec sa croix de roseau. — Enfin le dernier clocheton nous offre : 1° saint Barthélemy avec son couteau. 2° Saint Pierre, le chef du collège apostolique ; dans la main droite il porte un livre ouvert ; et de sa gauche il tient la clef, symbole de sa puissance spirituelle. 3° Saint Matthieu avec une lance et un livre ouvert ; à ses pieds, on voit un ange, tenant une banderolle sur laquelle est écrit : *S. Matthœus*.

Le sixième étage se compose d'une grande salle octogone percée de deux portes et d'une lucarne carrée. On y a construit deux petites chambres pour les *guetteurs*. La cheminée est bouchée, sans doute depuis l'incendie de 1674 allumé dans le clocher-neuf, par l'imprudence des guetteurs, et que rappelle une inscription gravée sur une pierre scellée au mur occidental, près de la porte. Voici cette inscription :

OB VINDICATAM SINGVLARI DEI MVNERE
ET A FLAMMIS ILLÆSAM HANC PYRAMIDEM
ANNO 1674 NOVEMB. 15 PER INCVRIAM VIGILV̄
HIC EXCITATO AC STATIM EXTINCTO INCENDIO
TANTI BENEFICII MEMORES SOLEMNI POMPA
GRATIIS DEO PRIVS PERSOLVTIS DECANVS
ET CAPITVLVM CARNOTENSE HOC POSTERI=
TATI MONVMENTVM POSVERE.

Au-dessus de la porte orientale, mais à l'extérieur, on lit une autre inscription composée du second verset du psaume 126ᵉ :

NISI DOMINVS CVSTODIERIT
CIVITATEM FRVSTRA VIGILAT
QVI CVSTODIT EAM.
F. FOVCAVLT.

« L'Apôtre commande au *démon* qui habitait l'idole de la détruire sans nul délai... l'idole se fondit comme la cire ; mais le pontife du temple brandissant un *glaive* se jeta sur l'apôtre qu'il perça. »(Lib. IX, cap. 66.)

Autour de la chambre des guetteurs, règne une large galerie qui est ornée de la plus belle balustrade qui existe en France ; outre ses ravissantes découpures on y verra huit frontons aigus et huit clochetons ornés de crochets, de feuillages, de figures de fantaisie, de chimères, de dais, de pinacles, de gargouilles allongées, etc. — Cette galerie sert d'observatoire aux guetteurs ; pendant la nuit, d'heure en heure, ils sont obligés d'en faire le tour pour découvrir les incendies qui se manifesteraient soit dans la ville, soit dans les villages voisins. Au moyen de lunettes fort ingénieusement combinées et posées sur l'appui de la balustrade, ils déterminent le lieu précis du sinistre, s'il éclate au loin.

Enfin l'on arrive au septième étage du clocher après avoir monté 378 marches. C'est une *lanterne* de forme octogonale, percée de 16 arcades à tympans trilobés, et surmontées de frontons triangulaires. C'est là qu'est suspendue la cloche du timbre et du tocsin. Cette cloche, qui a été fondue en 1520, pèse environ 5,000 kilogrammes, et porte 6 mètres 16 centimètres de circonférence. Elle présente sur deux lignes circulaires l'inscription suivante, en caractères gothiques :

> Facta ad signandos solis luneque labores
> Evehor ad tante culmina celsa domus
> Annus erat Christi millesimus adde priori
> Quingentos numero bis quoque junge decem
> Illo quippe anno quo francus convenit anglum
> Perpetuaque simul discubuere fide.

Puis on trouve, placés entre une image de la *Sancta Camisia* et un écusson frappé d'un dauphin, ces mots :

> Petrus Sanpet me fecit.

La flèche se termine par une pyramide octogonale en écailles imbriquées, et dont les arêtes sont hérissées de crosses végétales. Cette pyramide, endommagée en 1690 par un coup de vent furieux, fut rétablie l'année suivante par Claude Augé, sculpteur lyonnais ; en même temps elle fut surélevée d'un mètre 30 centimètres. Pour couronner la nouvelle pyramide, Augé fit fondre un beau vase en bronze garni extérieurement de serpents entrelacés ; le vase pèse

485 kilogrammes et porte l'inscription suivante gravée sur sa gorge :

Olim lignea, tecta plumbo, de cœlo tacta, deflagrata, anno 1506; vigilantiâ Vastini Des Fugerets succentoris, arte Johannis de Belsiâ, 1507, ad sexpedas 62 opere lapideo educta, stetit ad annum 1690, quò curvata ventorum vi ac penè disjecta; sed insequenti anno 1691, pari mense, die propè pari quatuor pedibus altior opere munitiori refecta, jussu Cap., Domino Henrico Decano Goault, curâ Roberti de Salornay canonici, arte Claudii Augé Lugdunensis, conferente in sumptus 1000 libras Philippo Goupil, clerico fabricæ. Altum nubibus infer culmen; quod faxit Deus esse diuturnum [1].

C'est dans ce vase qu'est entée la croix qui domine tout l'édifice, comme pour annoncer au loin le mystère de la rédemption du genre humain. La croix, haute de 2 mètres 70 centimètres, est surmontée d'un *soleil* doré. Jadis le soleil avait 4 mètres de circonférence; il est maintenant beaucoup plus petit, afin d'offrir moins de prise aux vents.

§ 5. — *La Façade occidentale.*

La façade principale est plus remarquable par ses colossales proportions que par la richesse de sa décoration. Elle se compose d'un perron de six marches, d'un porche à triple baie historiée de sculptures, d'un triplet ogival et vitré, d'une rose aux élégants compartiments, d'une balustrade avec trottoir, d'une galerie de rois, et d'un gable ou pignon orné d'une niche et terminé par une statue. Mais ce qui communique à la façade un mouvement extraordinaire, ce sont les deux clochers que nous venons de décrire. Elle occupe, y compris les deux clochers, une largeur totale de 48 mètres.

C'est devant cette façade qu'il est question, dit-on, de percer une nouvelle rue, afin de dégager les abords de la Cathédrale : nous espérons toutefois qu'on n'en fera rien. « C'est une grande » erreur que de croire, dit M. de Montalembert, que les cathé-

---

[1] *Histoire de l'église de Chartres*, par Sablon, 1697, page 67.

» drales gothiques ont besoin d'être complètement isolées pour
» produire tout l'effet que comporte leur architecture ; les con-
» structeurs de ces cathédrales n'avaient pas cette idée, et nulle
» part on ne les a vus la mettre en pratique. Il n'existe pas
» en Europe une cathédrale qui n'ait été dans l'origine flanquée
» au nord et au midi, non-seulement de ses sacristies, mais
» encore du palais de l'évêque, du cloître des chanoines, de leur
» salle capitulaire, et des vastes bâtiments qu'il fallait pour loger
» les chapitres, presque toujours très-nombreux et très-riches.
» En Angleterre, beaucoup de cathédrales ont conservé ces dépen-
» dances bâties dans le même style que le corps de l'église, et
» bien que les cathédrales anglaises soient pour la plupart très-
» inférieures aux nôtres, elles frappent souvent davantage au pre-
» mier aspect, précisément à cause de cet entourage dont les
» proportions inférieures font d'autant plus valoir celles du mo-
» nument central. En thèse générale, la grandeur des admirables
» édifices du Moyen-Age, comme toute grandeur d'ici-bas, a
» besoin de points de comparaison qui la fasse apprécier et res-
» sortir. L'isolement absolu leur est fatal. Il ne faut pas à coup
» sûr entasser les constructions voisines, de manière à dérober
» des parties notables de l'ensemble à l'œil qui les contemple ;
» il ne faut pas permettre, comme à Rouen, à Chartres et ail-
» leurs, que les maisons viennent s'incruster entre les contre-
» forts. Mais il ne faut pas non plus faire le vide autour de nos
» cathédrales, de manière à noyer dans ce vide les magnifiques
» dimensions qu'elles ont reçues de leurs auteurs. Elles n'ont
» pas été faites pour le désert, comme les pyramides d'Egypte,
» mais pour planer sur les habitations serrées et les rues étroites
» de nos anciennes villes, pour dominer et enlever nos imagina-
» tions par leur vaste étendue et leur immense hauteur, symbole
» immobile mais éloquent de la vérité et de l'autorité de cette
» Eglise dont chaque cathédrale était l'image en pierre [1]. »

Nous allons d'abord décrire le porche ; les autres parties de la façade auront leur tour plus tard.

---

[1] *Rapport fait à la Chambre des Pairs*, le 11 juillet 1845, sur la réparation de la cathédrale de Paris.

Porche. — Le porche est composé de trois baies donnant entrée dans la nef principale ; les parois, les chambranles, les tympans et les voussures sont peuplés de statues et de statuettes fort remarquables, au nombre de 719, en y comprenant les animaux qui se jouent dans les rinceaux et les entrelacs.

Avant de chercher à connaître ces nombreuses statues, il est bon que le lecteur se rappelle que toute l'iconographie des églises du Moyen-Age n'est qu'un livre de doctrine et de morale ; son but est l'instruction du peuple et l'édification des fidèles ; y voir autre chose que la théologie chrétienne se résumant par des faits de l'ancien et du nouveau Testament, c'est se tromper, c'est ne rien comprendre à l'art de nos pères [1]. Les verrières, les peintures, les sculptures, tout, dans la cathédrale gothique, représente la Bible, l'Evangile, la vie des Saints avec leurs dogmes mystérieux, leurs divins enseignements ; mais offerts avec une méthode, un savoir profond. C'est à ce point de vue qu'il faut se placer pour interpréter les personnages figurés dans notre Cathédrale par la peinture et la sculpture, vrais hiéroglyphes du Moyen-Age que l'archéologie chrétienne apprend à déchiffrer. Oh ! qu'ils se sont trompés, ces écrivains qui n'ont vu que des caprices d'imagination disposés sans goût ni logique, que des produits de l'ignorance et de la barbarie dans cette admirable statuaire qui peuple l'extérieur de nos cathédrales catholiques !

Ceci posé, revenons à notre porche. Il a été élevé vers 1170, sous l'épiscopat de Guillaume de Champagne. Une pensée d'ensemble a dirigé l'habile et pieux artiste [2] qui l'a construit. Quelle est cette pensée ? C'est de nous dire la glorification ou le règne de Jésus-Christ. Mais en même temps l'artiste a voulu nous montrer comment Jésus a mérité d'être glorifié, et il nous a tracé à grands traits la vie terrestre du divin Sauveur. Il a distribué son sujet de la manière suivante : sur les chapiteaux, il a sculpté les principales

---

[1] Voyez l'introduction à l'*Iconographie chrétienne*, par M. Didron, pages II-VIII.

[2] Cet artiste, n'est-ce pas Bérenger, architecte, dont parle un nécrologe du XIIIe siècle ? *IIII Kal. novembris 1180 obiit Berengarius Ecclesiæ artifex bonus.*

scènes de l'enfance et de la vie publique de Jésus-Christ; sur le tympan de la baie latérale de gauche, c'est l'ascension au ciel; et sur les parois, les chambranles des trois portes, sur le tympan et sur la voussure de la porte centrale, le sculpteur a placé le sujet principal, la glorification du Fils de Dieu. Le tympan et la voussure de la porte latérale de droite offrent un hommage à la très-sainte Vierge. Telle est la majestueuse unité que nous avons cru apercevoir dans ce beau porche.

On le voit, c'est l'Évangile tout entier qui est offert aux regards du chrétien prêt à franchir le seuil de la Maison du Seigneur. Ce beau sujet est sculpté sur la façade occidentale de toutes les grandes églises du XIIe siècle. En voici la raison symbolique : « Du côté de
» l'occident, dit le R. P. Cahier, côté de l'ombre, du sommeil et
» de l'ignorance des choses divines, l'Église doit faire luire le
» flambeau de l'Évangile et de la foi; il faut qu'elle y fasse retentir
» bien haut le signal du réveil et qu'elle arbore les fanaux de ral-
» liement pour le voyageur égaré par les ténèbres... Cette façade
» de l'édifice doit donc rappeler les notions fondamentales de
» l'enseignement chrétien, et surtout présenter à nos regards celui
» qui est *la voie, la vérité et la vie;* celui qui est l'unique entrée à
» la science divine et à la gloire qui est le terme [1]. »

Entrons maintenant dans les détails, et commençons par les chapiteaux historiés.

Ces chapiteaux ont beaucoup souffert de la main du temps et de celle des hommes; un grand nombre de têtes surtout ont été brisées. Dans les statuettes bien conservées, on remarquera avec quel bonheur et quelle justesse les moindres détails sont rendus; les figures, malgré leur petite dimension, semblent respirer, tant elles traduisent fidèlement les sentiments qu'on a voulu leur faire exprimer. La plupart des scènes qui y sont représentées, exigeraient de longs développements, que nous réservons pour notre *Monographie*. Nous nous contenterons donc d'indiquer brièvement le sujet. Le point de départ est le haut du chambranle gauche de la porte principale en suivant jusqu'au clocher-neuf. 1° Le grand-prêtre Isaschar refuse l'offrande de Joachim, qui donne un agneau;

---

[1] *Mélanges d'archéologie*, tome 1, page 81.

Anne offre deux tourterelles [1]. — 2° Anne et Joachim couverts de confusion se retirent. — 3° Joachim assis au milieu de ses troupeaux, reçoit la visite d'un ange qui lui annonce la naissance de Marie. — 4° Joachim et Anne se rencontrent à la porte dorée. — 5° Marie est née ; on la lave dans un baquet. — 6° Joachim et Anne assis prennent la résolution de mener Marie au temple de Jérusalem. — 7° Joachim, Anne et la petite Marie, âgée de trois ans, se rendent au Temple ; un âne est derrière eux. — Marie monte les degrés du Temple ; Joachim et Anne restent au pied des degrés. — 9° Joachim et Anne retournent en leur demeure. — 10° Marie est conduite à l'autel par un prêtre et par saint Joseph, qui tient un bâton fleurdelisé. — 11° Mariage de Joseph et de Marie ; ils se donnent la main devant un prêtre. — 12° Joseph emmène à Nazareth sa chaste épouse. — 13° Marie et Joseph sont assis ; un ange vient annoncer à Marie qu'elle sera Mère de Dieu. — 14° Le grand-prêtre Abiathar reproche à Joseph d'avoir déshonoré Marie. — 15° Marie est couchée dans un lit, et tient son Enfant emmaillotté ; Joseph est assis dans un fauteuil ; deux sages-femmes sont près de Marie [2] ; l'âne et le bœuf réchauffent l'Enfant avec leur haleine. — 16° Les anges annoncent aux bergers de Bethléem la naissance du Fils de Dieu. — 17° Les trois Mages viennent demander à Hérode où est né le nouveau roi des Juifs ; deux docteurs sont derrière Hérode. — 18° Les trois Mages offrent

---

[1] Voyez les *Évangiles apocryphes*, Paris, 1849, pour les quinze premiers faits sculptés ici ; ou le *Miroir historial*, lib. VI.

[2] Toutes les légendes parlent de ces deux sages-femmes. (Voyez les *Évangiles apocryphes*, pages 127-129.) Saint Zénon, évêque de Vérone, mort en 380, en parle aussi dans un sermon ; un moine grec nommé Epiphane rapporte également que Marie a été assistée par deux sages-femmes. (Voyez les *Anecdota litteraria* d'Amaducci, tome III, page 29.) Saint Jérôme et divers écrivains du Moyen-Age traitent ces récits de fables absurdes ; leur antiquité se démontre toutefois par des passages de Suidas et de Clément d'Alexandrie. (Voyez les Stromates, lib. VIII.) Il existe une dissertation de Goez, imprimée à Lubeck en 1707 : *Num Maria, Filium Dei pariens, obstetricis ope fuerit usa?* Le décret du pape Gélase mentionne, parmi les divers ouvrages qu'il frappe de réprobation, un *Livre de sainte Marie et de la sage-femme*.

leurs présents à Jésus qui les bénit. Derrière les Mages on voit leurs chevaux et leurs palefreniers. — 19° Joseph emmène Marie et Jésus en Egypte. — 20° Le massacre des Innocents [1]; ce sujet est fort remarquablement sculpté, mais aussi très-mutilé.

Pour avoir la suite de l'histoire évangélique, il faut retourner au chambranle de droite de la porte royale, en suivant jusqu'au clocher-vieux; on trouvera : 1° Jésus est présenté au Temple et reçu par le saint vieillard Siméon ; cette scène est fort curieuse. — 2° Jésus âgé de douze ans va au temple de Jérusalem avec Marie et Joseph. — 3° Jésus, retrouvé dans le Temple, retourne à Nazareth avec son père et sa mère. — 4° Cependant Jésus est arrivé à l'âge de trente ans, il se fait baptiser dans le Jourdain par Jean-Baptiste ; deux anges assistent au baptême. — 5° Jésus s'est retiré dans le désert, où un horrible démon vient le tenter. — 6° Le traître Judas s'entend avec un prêtre juif pour livrer son Maître. — 7° Jésus a réuni ses Apôtres dans le Cénacle pour manger la pâque avec eux; il institue le sacrement admirable de son corps et de son sang. Ce groupe est le mieux rendu du porche. — 8° Après la Cène, Jésus s'est rendu avec ses apôtres au jardin des Oliviers ; c'est là que Judas vient avec une troupe de soldats ; le perfide disciple trahit son Maître par un baiser, et les soldats s'emparent du Fils de Dieu ; en même temps, Pierre coupe l'oreille de Malchus. — 9° Il y a ici un anachronisme ; le sculpteur y a placé la fête des palmes. Jésus monté sur un âne bénit de la main droite, et tient une palme dans la main gauche ; ses apôtres tiennent aussi des palmes ; des enfants sont montés sur un arbre, et un disciple étend ses vêtements sous les pas de Jésus. — 10° Joseph d'Arimathie, Nicodème et deux autres disciples posent dans

---

[1] Par une inattention inexplicable, la plupart des Chartrains voient, dans ce massacre des Innocents, une scène d'adultère ; les trois personnages qu'ils font remarquer à tous les étrangers, sont tout simplement une pauvre mère qui embrasse son enfant qu'un soldat vient de couper en deux avec son glaive. — Nous ne saurions dire toutes les sottes plaisanteries, toutes les dégoûtantes obscénités que nous avons entendu débiter à propos de cette scène évangélique : il y a des gens à qui il paraît fort piquant de pouvoir montrer un *adultère* parmi les sculptures de la Cathédrale.

un sépulcre neuf le corps sacré du Sauveur. — 11° Les saintes femmes se rendent au sépulcre, et portent des vases pleins de myrrhe et de parfum; mais le Christ est ressuscité; le tombeau est vide, et un ange est assis auprès. Sous le sépulcre il y a trois soldats endormis. — 12° Voici encore un anachronisme : Jésus lave les pieds de ses apôtres. — 13° Jésus ressuscité voyage avec les deux disciples d'Emmaüs. — 14° Il soupe ici avec les mêmes disciples et bénit le pain. — 15° Les deux disciples sont revenus à Jérusalem et racontent aux apôtres qu'ils ont vu le Christ. — 16° Jésus-Christ est allé avec ses apôtres sur la montagne des Oliviers et leur donne la mission d'enseigner toutes les nations.

Arrivé à ce point de l'histoire du Sauveur, l'artiste du XII° siècle a cru devoir traiter d'une manière plus grandiose l'ascension de Jésus-Christ; il l'a sculptée au tympan de la porte latérale de gauche. Les apôtres, au nombre de dix (la place manquait pour en mettre douze), sont assis au premier étage du tympan; ils regardent en haut. Au-dessus d'eux, *quatre* anges descendent du Ciel, et semblent dire : « Hommes de Galilée, pourquoi restez-vous en extase les yeux vers le ciel? » Dans le haut du tympan, Jésus-Christ monte vers son Père; ses pieds posent sur un nuage qui le dérobe à la vue de ses apôtres; il bénit de la main droite, et il est vêtu d'une tunique et d'un manteau fort riches et parfaitement drapés. Deux anges l'accompagnent [1].

La voussure de cette porte latérale est ornée d'un calendrier de pierre, c'est-à-dire des douze mois de l'année et des douze signes du Zodiaque; c'est comme un hommage rendu au souverain Maître des temps. Les mois sont suivis des signes correspondants du Zodiaque; mais qu'on le remarque bien, il n'y a ici ni bévues, ni transpositions, comme on l'a imprimé si souvent; seulement le sculpteur n'ayant place que pour dix signes, il a mis les deux autres à la voussure de la porte latérale de droite, où ils n'ont, il est vrai, aucun sens. Voici l'ordre dans lequel les signes et les mois sont

---

[1] Quand nous disons que le sujet de ce tympan est l'ascension du Sauveur, nous suivons l'interprétation qui nous paraît la plus plausible, et nous n'ignorons pas les sérieuses objections que l'on peut nous faire. Quelques archéologues voient dans ce sujet la descente aux lymbes; d'autres s'abstiennent de prononcer.

rangés; il faut toujours commencer en bas et monter jusqu'à l'amortissement de l'ogive. Au premier cordon et à droite, on trouve : Janvier et le Capricorne, Février et le Verseau, Mars (et les Poissons transportés à la porte de droite); à gauche, on a : Avril et le Bélier, Mai et le Taureau, Juin (et les Gémeaux également placés à la porte de droite). Au second cordon et à gauche : Juillet et l'Ecrevisse, Août et le Lion, Septembre et la Vierge; à droite : Octobre et la Balance, Novembre et le Scorpion, Décembre et le Sagittaire [1].

Les douze mois de l'année sont presque tous figurés par les travaux champêtres qui s'y exécutent; il n'y a d'exception que pour Janvier, Février et Décembre. Décrivons-les en peu de mots. *Janvier*, c'est Janus à deux têtes sur un même corps; l'un est triste et barbu; l'autre est imberbe et gai. La tête barbue figure l'année qui va finir; la tête jeune personnifie l'année qui commence. Ici Janus coupe un petit pain; une coupe de vin est posée sur la table devant laquelle il est assis. *Février* est un homme couvert d'un manteau et d'une pelisse fourrée; il se chauffe devant un feu. *Mars* se présente sous la figure d'un vigneron qui taille sa vigne. *Avril* est un personnage couronné de fleurs et tenant en main les deux branches d'un petit arbre fleuri. *Mai* est figuré par un paysan qui fait paître son cheval. *Juin* fauche son pré. *Juillet* se montre sous la figure d'un moissonneur. *Août* est un batteur en grange. *Septembre* est figuré par un vigneron qui foule le raisin, et par un vendangeur. *Octobre* fait la cueillette des fruits.

---

[1] On le sait, les signes du zodiaque ne correspondent qu'imparfaitement avec les mois; les vingt premiers jours de chaque mois ont un signe différent des dix ou onze jours qui suivent. Or, au Moyen-Age, on prenait indifféremment l'un ou l'autre de ces deux signes pour chaque mois. Ainsi au porche nord les signes et les mois sont placés dans le même ordre qu'ici. Mais dans la verrière des bas-côtés méridionaux du chœur, les signes sont mis dans l'ordre que nous suivons exclusivement aujourd'hui, c'est-à-dire que l'on trouve : Janvier et le Verseau, Février et les Poissons, Mars et le Bélier, Avril et le Taureau, Mai et les Gémeaux, Juin et l'Écrevisse, Juillet et le Lion, Août et la Vierge, Septembre et la Balance, Octobre et le Scorpion, Novembre et le Sagittaire, Décembre et le Capricorne.

Novembre abat des glands pour ses porcs. *Décembre* enfin est représenté par un homme qui festine devant une table bien servie; une servante lui apporte des mets. Dans presque tous les grands monuments du Moyen-Age, les mois sont figurés de la manière que nous venons de les décrire. Nous signalerons les variantes dans notre *Monographie générale*.

Après l'Ascension, le sculpteur du porche en vient à son sujet principal, le triomphe ou la glorification de Jésus. Nous l'avons déjà dit, ce sujet occupe le tympan et la voussure de la porte royale, les parois et les chambranles de cette même porte et des deux portes latérales. Jésus-Christ y a pour cortège céleste les quatre évangélistes, les douze apôtres, les vingt-quatre vieillards de l'Apocalypse, les anges, les prophètes et une foule d'autres saints et de saintes. Faisons-les passer successivement sous les yeux de nos lecteurs.

Dans le tympan de la porte centrale, Jésus-Christ triomphant est représenté au centre d'une gloire ovoïdale, assis sur un trône; un escabeau, personnification de la terre, est sous ses pieds; il a la barbe courte et les cheveux longs et plats; il donne au monde la grâce et la science : la grâce avec la main droite qui bénit, la science avec le livre qu'il tient à la main gauche [1]; il est vêtu d'une double tunique et du manteau royal.

Jésus est entouré des quatre animaux évangéliques, ailés comme le veut l'iconographie chrétienne : à la droite du Christ, l'homme et le lion; à sa gauche, l'aigle et le taureau. L'aigle seul est nimbé; le lion et le taureau tiennent le livre des évangiles ouvert; l'homme et l'aigle tiennent des banderolles, aujourd'hui presque entièrement brisées. Voici l'explication de ces attributs mystérieux, telle que la donne Durand de Mende, dans son *Rational*, livre I, chapitre 3 : « Saint Matthieu est représenté par un *homme*, parce
» qu'il s'occupe spécialement dans son évangile de l'humanité du
» Sauveur; aussi commence-t-il son récit par sa généalogie ter-
» restre. Saint Marc est figuré par le *lion* qui rugit dans le désert;
» car il parle en détail de la résurrection, et son évangile est celui
» du jour de Pâques. Aussi le lion, dit-on, réveille ses petits le

---

[1] *Iconographie Chrétienne*, par M. Didron, page 255.

» troisième jour après leur naissance. Saint Marc commence son
» évangile par ces mots : *La voix de celui qui crie dans le désert.*
» Saint Luc a pour emblême le *bœuf*, qui est un animal propre
» aux sacrifices : cet évangéliste traite surtout de la passion du
» Christ. Saint Jean a l'*aigle,* parce qu'il s'élève jusqu'à la divinité
» de Jésus-Christ, tandis que les autres marchent avec le Dieu-
» Homme sur la terre. » — Au-dessous de Jésus-Christ, sont placés, réunis trois par trois dans une niche trilobée, les douze Apôtres ; ils semblent converser deux à deux, ils sont debout et tiennent en main des livres ou des banderolles ; ils ont les pieds nus posés sur des tapis. A la suite des Apôtres, à droite et à gauche, on voit un saint personnage vêtu comme eux, mais les pieds sont chaussés.

La voussure est ornée de trois cordons de statuettes. Le premier est composé de douze anges émergeant des nuages : deux portent des livres, deux tiennent des banderolles, deux relèvent un pan de leur manteau, et six ont dans leurs mains le *signaculum Dei*, que M. Gilbert a pris pour des *astrolabes*. Les vingt-quatre Vieillards de l'apocalypse remplissent le second et le troisième cordon : quatre sont debout et nimbés, vingt sont assis sur des trônes ; ils sont tous vêtus d'une double robe et d'un riche manteau, *avec des couronnes sur la tête et tenant en main des instruments de musique pour chanter aux noces de l'Agneau, et des coupes d'or remplies de parfums qui figurent les prières des saints*[1]. Les instruments de musique sont d'un travail exquis et fort curieux ; on y reconnaît la harpe, le violon, la lyre, le monocorde, la guitare, etc. — Dans l'amortissement ogival du troisième cordon, deux anges tiennent une large couronne destinée à Jésus-Christ.

Après les évangélistes, après les apôtres et les saints Vieillards, le divin Sauveur voit s'élever, sur les parois de ce porche qui lui est consacré, les statues colossales des saints personnages qui ont été associés à sa gloire dans le ciel. Ils sont au nombre de dix-neuf ; mais il est impossible de leur donner un nom ; à peine y peut-on soupçonner saint Pierre. Parmi les rois et les reines y

---

[1] APOCAL. IV, 4.

a-t-il saint Constantin, saint Charlemagne, saint Henri, ou David, Salomon, Ezéchias? Y a-t-il Esther, Judith, Bethsabée, la reine de Saba, ou sainte Hélène, sainte Pulchérie, sainte Clotilde, sainte Radegonde, etc.? Le lecteur peut choisir [1].

Ces dix-neuf [2] statues offrent un grand intérêt pour l'histoire de l'art. Toutes ont de longs bustes, des corsages élevés, une certaine immobilité dans la pose, les pieds et les genoux sans perspective, peu de mouvements dans les draperies; mais en compensation, elles présentent une délicatesse et une habileté inimitables dans les détails, une naïveté charmante, une expression chrétienne admirable; on dirait que l'artiste a voulu nous montrer des corps spiritualisés, glorifiés dans le ciel. Ici l'idéal, le mysticisme seul domine; l'abnégation et l'amour s'y touchent au doigt : l'une est rendue sensible par la maigreur des corps; l'autre se manifeste par le recueillement et la modestie de ces saints et saintes, dont le visage respire une douceur enchanteresse, et par ce regard demi-voilé, dont la piété, la profondeur, l'oraison intime échappent au langage sans avoir pu se dérober à la puissance du sculpteur chrétien.

---

[1] Des archéologues pensent que ces statues pourraient représenter les rois et reines, les princes et princesses qui ont été les bienfaiteurs et les bienfaitrices de la Cathédrale; pour cette interprétation, ils s'appuient sur les quinze rois peints sur verre dans le latéral nord de la cathédrale de Strasbourg : tous ces rois portent le nimbe comme nos statues, quoique, parmi eux, il n'y en ait que deux qui soient canonisés. L'opinion de ces archéologues ne nous paraît pas improbable.

[2] Il y en avait jadis vingt-quatre; les cinq statues qui manquent, ont été détruites par l'action du temps; elles avaient disparu antérieurement au XVIIIe siècle. Celles qui nous restent encore, sont dans un état désolant de décomposition; la pierre en est devenue excessivement friable. Aussi le gouvernement, sur la proposition de M. Lassus, architecte de la Sainte-Chapelle de Paris et de la Cathédrale de Chartres, fait-il mouler en plâtre ces précieuses statues; tous ces plâtres, déposés dans une des salles de l'évêché, formeront un musée du XIIe siècle, fort curieux pour les artistes chrétiens. — Montfaucon pensait que ces statues datent du VIe siècle. (*Monuments de la Monarchie française*, tome I, page 57.) M. Pottier parle longuement de ces statues. (Texte des *Monuments français* de Willemin, tome I, page 49.)

Il est à remarquer que les statues qui ornent le grand portail d'Angers, celui du Mans, les porches latéraux de Bourges et de Saint-Denis, sont identiques à celles de notre porche royal; et cette identité se retrouve dans tous les monuments du XIIe siècle. C'est qu'alors on sculptait d'après un type hiératique déterminé, de manière à n'introduire que de légères variantes dans la forme des traits, dans la pose générale et même jusque dans le costume et l'agencement des draperies. Ces types partout admis, partout reproduits avec le scrupule religieux qui tenait à un sentiment de dévotion, étaient partout exécutés au moyen de procédés semblables. Les sculpteurs ou *imagiers* de cette époque devaient avoir pour guide, dans leurs travaux, un code qui leur indiquait, non-seulement les sujets, les personnages, que l'on représentait dans telles ou telles parties d'une église, mais encore la manière de représenter les personnages, leur pose, leurs vêtements, leurs attributs, etc. Ce code était dans le genre du *Guide de la peinture*, que MM. Paul Durand et Didron ont rapporté de la Grèce, et que suivent invariablement tous les peintres grecs.

Nos dix-neuf statues colossales sont appliquées à des colonnes; presque toutes ont le nimbe; toutes sont vêtues de costumes riches et empruntés à l'empire de Constantinople; ce vêtement se compose d'une longue robe et d'un manteau à plis pressés; quelques statues ont de plus une espèce de dalmatique qui recouvre la robe et qui descend jusqu'aux genoux. On remarquera avec la plus grande attention l'agencement des ceintures, le tissu gaufré et brodé des robes, des corsages et des manteaux, l'orfèvrerie des couronnes d'une forme si riche et si variée, la disposition des manches et des voiles, la forme des chaussures. Les cheveux des femmes sont nattés et tressés avec des rubans, de la manière la plus élégante. Ici nous devrions décrire chacune de ces statues colossales; nous réservons cette description pour la *Monographie générale*.

Enfin le cortége de Jésus triomphant est complété par les saints personnages qui sont sculptés en statuettes sur les chambranles des trois portes; parmi ces saints, on distingue des anges, des apôtres, des prophètes, des martyrs, des vierges; un seul porte son nom écrit; c'est Jérémie : GEREMIAS. PHA.

Il nous reste encore à parler des douze statuettes ornant les deux pilastres qui séparent les grandes statues de la porte royale d'avec celles des portes latérales. Nous pensons que ces statuettes représentent les donateurs du porche, soit dans la personne de leur saint patron, soit dans l'exercice de leur art. Sur le pilastre de gauche, on trouve en commençant en bas : 1° saint Paul, debout et tenant un livre ; 2° saint Jacques-le-Mineur, avec une longue massue ; 3° un charcutier assis devant une marmite, et tenant une cuiller ; un chien met les pattes sur la marmite ; 4° un personnage assis, aux pieds nus, tenant une banderolle ; 5° un personnage fort mutilé ; 6° un musicien jouant de la viole. Sur le pilastre de droite, il y a : 1° un personnage assis, tenant en main une banderolle ; 2° un roi assis et portant le sceptre ; 3° un armurier : sous ses pieds on voit un moule ; un sabre et son fourreau sont suspendus contre le mur de l'atelier ; 4° un marchand portant dans sa main gauche un paquet circulaire et ficelé ; sa bourse est pendue par un cordon sous son manteau ; derrière lui, un petit industriel coupe avec un couteau les cordons de la bourse et s'en empare ; 5° un personnage debout, vêtu d'un haut-de-chausse et d'une robe ouverte ; 6° un boucher nommé Roger, assommant un bœuf lié avec une corde qui va s'enlacer autour d'une colonnette ; un grand couteau pend au côté gauche du boucher ; au-dessus de sa tête brisée, on lit : ROGERVS.

Nous ne dirons rien ici sur les dais si variés qui abritent les statues, ni des socles et des curieuses consoles qui les portent, ni de ces inimitables colonnettes qui les séparent l'une de l'autre ; le travail de ces colonnettes ne peut se comparer qu'à une œuvre d'orfèvrerie : c'est le même fini, la même exactitude, la même délicatesse.

L'artiste chrétien du XIIe siècle, en sculptant le porche du seigneur Jésus, n'a pas oublié la très-sainte Vierge Marie. C'était l'époque où la parole si puissante et si douce de saint Bernard venait d'embrâser tous les cœurs d'un amour inépuisable pour la glorieuse reine des Anges. Le sculpteur a donc consacré à la souriante et immaculée Mère de Dieu et des hommes, le tympan et la voussure de la porte latérale de droite. — Le tympan offre dans sa partie supérieure la bienheureuse Marie, couronnée comme une reine, assise sur un trône, et tenant son divin Fils sur son giron : Jésus bénit de sa main droite, et sa gauche repose sur la boule du monde appuyée sur son genou. A côté de Marie, il y a deux anges qui l'encensent. Ce groupe est dans le plus désolant état de décomposition. — Dans les deux zônes inférieures du tympan, l'artiste a reproduit quelques-uns des principaux épisodes de la vie de la très-sainte Vierge : 1° L'archange Gabriel est descendu des cieux, et il annonce à Marie qu'elle sera Mère du Fils de Dieu. 2° Marie visite sa cousine Elisabeth, qui la reçoit affectueusement dans ses bras; on remarquera qu'ici la très-sainte Vierge porte la couronne royale. 3° Le Sauveur du monde est né; il repose emmailloté dans un élégant berceau placé au-dessus du lit où sa douce Mère est couchée; saint Joseph est debout près du lit; l'âne et le bœuf sont brisés; on ne voit plus que les vestiges de leurs pieds. 4° Un ange annonce à trois bergers la bonne et joyeuse nouvelle; il leur montre du doigt l'étable de Bethléem. Auprès des bergers, on voit un chien accroupi et des brebis qui paissent. 5° Enfin, dans la zône intermédiaire, se déploie la Présentation de Jésus au temple de Jérusalem : Jésus est debout sur l'autel; Siméon et sa sainte Mère l'y soutiennent; de chaque côté de l'autel on voit des hommes et des femmes portant des tourterelles sur des nappes.

La voussure est décorée d'un double cordon de statuettes décernant leurs hommages à la Reine des Cieux. Le premier cordon offre en haut six anges qui portent la navette et l'encensoir; leurs ailes sont fort curieuses. A gauche et en bas de ce cordon, il y a, comme hors-d'œuvre, deux signes du zodiaque, les Poissons et les Gémeaux. Le reste de la voussure est occupée par les représentations allégoriques des arts et des sciences. Chaque science ou chaque art est figuré par deux personnages placés dans deux niches : l'un représente une femme assise, modestement vêtue et portant les attributs de la science [1]; l'autre est un homme, sans

---

[1] Une rose de la cathédrale d'Auxerre représente les *Sciences* comme notre porche; voyez la 17ᵉ étude de *Monographie des Vitraux de Bourges*, par les R. P. Cahier et Martin. — Une miniature du célèbre manuscrit de l'abbesse Herrade, *Hortus deliciarum*, représente aussi les mêmes sciences et arts avec les mêmes attributs qu'à notre porche; sous la Philosophie, on voit Socrate et Platon assis et écrivant, comme à Chartres. (Voyez une copie de cette miniature dans le tome XIX des *Annales de Philosophie chrétienne*, pages 54 et 55.)

doute l'inventeur de la science, ou un écrivain qui s'y est distingué : cet homme est assis; il a un pupitre ou écritoire, *scriptionale*, sur les genoux; en main il a la plume et le canif ou grattoir. Le pupitre ou écritoire est en général fort élégant et contient un encrier ayant la forme d'une petite corne engagée dans le bois; une éponge, une règle et des plumes sont accrochés au mur près de l'écrivain. Je nommerai, avec hésitation toutefois, chacun de ces personnages, en me fondant sur des représentations du même genre, faites au XIIIe, au XIVe et au XVe siècle [1]. — A la droite du premier cordon, on voit la *Musique;* elle frappe d'un marteau trois clochettes, et sur ses genoux elle a une espèce de harpe à dix-huit cordes; des violes sont suspendues au mur. Sous la Musique, Pythagore, inventeur de la musique, écrit sur son art; il efface un mot avec son grattoir.

Le second cordon offre, en commençant à gauche et en bas : 1° L'*Arithmétique*, qui porte dans sa main droite un dragon ailé, et dans sa gauche une plante bulbeuse, ou une espèce de sceptre. Sous cette science, *Gerbert* trempe sa plume dans son écritoire. 2° La *Rhétorique* a une pose oratoire. *Quintilien* taille sa plume. 3° La *Géométrie* est assise devant une table; elle tenait une équerre ou un compas. *Archimède* écrit. 4° La *Philosophie* a pour attribut un livre entr'ouvert. *Socrate* ou *Platon* semble donner des leçons. 5° L'*Astronomie* regarde le ciel, et porte un boisseau pour indiquer qu'elle préside aux travaux agricoles; le boisseau est brisé en partie. *Ptolémée* tient dans chaque main un objet arrondi [2]. 6° La *Grammaire* a dans sa main droite un paquet de verges [3], et dans sa gauche un livre ouvert; à ses pieds deux écoliers. *Chilon* écrit.

---

[1] *Iconographie chrétienne*, par M. Didron, page 160; et les *Annales archéologiques*, tome IX. — *Annales de Philosophie chrétienne*, tome XII, pages 23 et 54.

[2] Dans un manuscrit du XIIIe siècle, l'Astronomie est accompagnée de Ptolémée qui examine les astres au moyen d'un tube ou d'une lunette à quatre coulants. (*Annales de Philosophie chrétienne*, tome XIX, page 54.)

[3] La *verge* est l'attribut officiel de la Grammaire durant tout le Moyen-Age; alors l'éducation n'y était nullement doucereuse, même dans les abbayes, et la verge y intervenait assez fréquemment.

— Ces représentations allégoriques sont peut-être les plus curieuses et les plus belles statuettes de la Cathédrale : nous appelons sur elles l'attention de nos lecteurs.

Tel est l'exposé trop succinct sans doute, mais fidèle de tous les sujets sculptés au porche occidental de notre superbe basilique. Plus on examinera ces sculptures, plus on y trouvera de beauté, de noblesse, de sentiment; on y verra que l'*imagier* chrétien les a traitées avec amour, et l'on ne s'étonnera pas si des artistes du premier ordre placent ces sculptures, comme œuvre d'art, bien au-dessus des statues qui ornent les porches latéraux : pour eux, le XIIIe siècle est le commencement de la décadence de l'art chrétien; nous devons avouer que nous sommes presque de leur avis.

Avant d'en finir avec le porche occidental, nous ferons observer que le Moyen-Age en rehaussa les sculptures par la dorure et l'éclat des couleurs les plus vives, et compléta ainsi l'effet de l'expression que la forme seule de la plastique ne produisait pas assez complétement. On voit encore quelques vestiges des couleurs sur les sculptures du tympan de la porte centrale. Les statues des porches latéraux conservent aussi des restes de peinture et de dorure. La clôture restaurée de la Cathédrale d'Amiens, les apôtres de la Sainte-Chapelle de Paris, peuvent nous donner une idée de la magnificence ancienne de nos trois porches.

Entre la fenêtre centrale et les deux fenêtres latérales, s'élèvent deux pilastres qui se terminent près de la corniche placée sous la rose. Ces deux pilastres sont couronnés, le premier par un bœuf, et le second par un lion qui tient entre ses griffes une tête humaine. Durand, dans son *Rationale*, livre I, chapitre III, 5, dit que de son temps l'usage était de représenter le lion et le bœuf au frontispice des temples. Dans beaucoup d'églises d'Italie, on voit en effet ces deux animaux. Quelle signification nos pères y attachaient-ils? Ce serait trop long de le dire ici; nous discuterons ailleurs ce point obscur de la symbolique du Moyen-Age.

GALERIE ROYALE. — Le pignon du portail principal est orné d'une suite de niches connue sous le nom de *galerie royale*. Dans chacune de ces seize niches s'élève une statue colossale représentant un roi. Quels sont ces rois? Nous pensons, quoi qu'en dise

M. Didron [1], que ce sont des rois de France, et non les rois de Juda. Ce serait trop long de discuter ici cette opinion; nous réservons cette discussion pour la *Monographie*. Qu'il nous suffise d'appeler l'attention de nos lecteurs sur la huitième et la dixième statue : ils verront qu'il est impossible de pouvoir y reconnaître deux rois de Juda.

Ces quinze rois (le seizième a été brisé) sont vêtus d'une manière à peu près uniforme et représentés dans la même attitude. Tous portent la couronne fleuronnée et rehaussée de pierreries; tous ont des gants et des chaussures unies; tous, à l'exception d'un seul, portent le sceptre surmonté d'une pomme de pin; tous ont la chevelure assez longue et bouclée; presque tous sont vêtus de la tunique et du manteau royal; quelques-uns cependant ont une espèce de dalmatique qui remplace le manteau. Nous ne décrirons pas ici chaque statue; nous nous contentons d'en décrire deux seulement : 1° La huitième statue royale est beaucoup plus petite que les autres; le roi porte dans sa main droite un large cimeterre; l'objet (une fleur peut-être) qu'il tenait dans sa main gauche, est brisé; sous ses pieds, un lion furieux; son vêtement consiste en une double robe, sans manteau : pour nous, ce roi c'est Pépin-le-Bref. 2° La dixième statue représente un roi en tunique et dalmatique fendue d'un côté seulement; dans la main droite, un sceptre; dans la main gauche, une *croix*. C'est peut-être Philippe Ier, sous lequel on entreprit la première croisade. Telles sont, nous le répétons, les deux statues qu'avec la meilleure volonté du monde on ne peut regarder comme représentant des rois de Juda. — Après Philippe Ier, on voit Louis-le-Gros, Louis-le-Jeune, Philippe-

---

[1] *Manuel d'iconographie chrétienne*, page 128, note. — Les iconographes anglais pensent comme nous sur ce sujet : le savant professeur Cockerell a pu nommer, d'après un manuscrit du XIIe siècle, toutes les statues historiques de la cathédrale de Wells, lesquelles représentent les rois d'Angleterre. — Un autre fait vient corroborer notre interprétation, c'est que les vitraux de la cathédrale de Strasbourg, au latéral nord, représentent quinze rois ou empereurs d'Allemagne : on ne peut douter que ce ne soient des personnages historiques, car ils portent leurs noms écrits autour de leur tête couronnée. (Voyez l'*Iconographie Chrétienne* de M. Didron, page 52.)

Auguste, qui tient une boule dans la main gauche, Louis-le-Lion, saint Louis et Philippe-le-Hardi, sous lequel cette galerie royale a été achevée.

Niche du pignon. — Au-dessus de la galerie royale, et dans une niche à arcade trilobée, se trouve la statue colossale de la Mère de Dieu tenant son Enfant sur les bras. A ses côtés sont deux anges agenouillés qui l'encensent. Ces statues datent du XIVe siècle, et sont dans un fort mauvais état. Elles seront bientôt remplacées par des statues neuves. — Les deux autres pignons, aux deux extrémités du transept, offrent la même niche et les mêmes statues, mais parfaitement conservées. Elles appartiennent également au XIVe siècle.

Enfin, au sommet de l'angle aigu du pignon, paraît la statue colossale de Jésus-Christ. Le Sauveur est vêtu de la robe et du manteau; ses pieds sont nus; les deux mains sont en fort mauvais état; cependant nous croyons pouvoir dire que la main droite bénissait la ville et le monde, et que sa gauche portait le globe de la toute-puissance.

§ 6. — *Façade septentrionale.*

La façade septentrionale est celle qui termine le transept du côté de l'évêché. Elle est composée d'un large perron à neuf marches, d'un porche s'avançant en saillie, d'une balustrade avec trottoir, d'une galerie vitrée, d'une magnifique rose avec huit niches ornées de statues, d'une galerie couverte, d'une balustrade découpée en quatre-feuilles avec trottoir, et enfin d'un pignon orné d'une niche semblable à celle du pignon occidental. Nous l'avons déjà dit, la partie supérieure de cette façade, à commencer de la galerie couverte, a été bâtie au XIVe siècle; tout le reste date du siècle de saint Louis. Entrons dans les détails.

Porche. — Le porche septentrional se projette en avant-corps par une forte saillie. Ces espèces de porches détachés du fond, laissent en retraite tout le reste de la façade et leur donnent plus de légèreté. Il est percé de trois baies principales qui correspondent aux trois portes du portail; ces portes s'ouvrent elles-mêmes sur les trois nefs, c'est-à-dire sur la nef centrale et les bas-côtés de cette église transversale que l'on appelle *croisée* ou *transept*. Toutes les parties de ce porche sont couvertes de statues et de statuettes, au nombre d'environ sept cents [1].

Ce porche est magnifique; écoutons comment en parle un de nos archéologues les plus distingués : « Le Moyen-Age ne nous a » rien laissé de plus merveilleux en ce genre que le ravissant por- » tail septentrional de la cathédrale de Chartres. Il est impossible » de donner, par des descriptions, quelque pittoresque qu'on les » suppose, une idée exacte de ce bijou de la sculpture gothique. » Il faut l'avoir contemplé, avoir passé plusieurs heures à ad- » mirer ces incroyables magnificences, pour connaître à quelle » hauteur put s'élever le génie chrétien, dans ces beaux siècles » d'enthousiasme et de foi [2] ! » Quant à nous, nous trouvons encore plus beau le porche du midi, à l'autre extrémité du transept.

Le porche septentrional est dédié à la divine Marie, si tendrement honorée pendant tout le Moyen-Age. Il raconte en pierre la généalogie charnelle et spirituelle de cette auguste Vierge, ses prérogatives, ses vertus, ses occupations, sa vie, sa mort, son assomption, son couronnement dans le ciel, etc. Il nous montre aussi les personnages figuratifs de l'ancienne loi, précurseurs du Messie [3].

---

[1] On dit que le porche septentrional est dans un fort mauvais état, et que par suite de la rupture des linteaux, il menace ruine : nous pensons que l'on s'exagère un peu le danger. Quoi qu'il en soit, l'architecte de la Cathédrale, M. Lassus, a fait solidement étayer le porche, et l'année prochaine, il doit en faire démonter, pierre par pierre, les trois voussures, remplacer les linteaux brisés et remettre ensuite le tout dans son état primitif. C'est une opération fort délicate et que nous redoutons souverainement pour les sculptures du porche.

[2] *Archéologie chrétienne*, par M. l'abbé Bourrassé, page 233.

[3] M. Didron imagine qu'en sculptant les nombreuses statues qui peuplent l'extérieur de la Cathédrale de Chartres, le pieux artiste du XIIIe siècle a pris pour programme l'admirable livre de Vincent de Beauvais, intitulé SPECULUM UNIVERSALE, le *Miroir universel*. En conséquence de

Au Moyen-Age le portail septentrional était toujours consacré à la très-sainte Vierge. Le R. P. Cahier nous en donne la raison mystérieuse : « Le Nord, dit le savant iconographe, est la région
» des frimas et des orages, c'est-à-dire des passions et de l'en-
» durcissement dans le péché : c'est ainsi que saint Augustin voit
» revenir du septentrion l'enfant prodigue quand il reprend la
» route du toit paternel. Les commentateurs d'Ezéchiel ne par-
» lent pas autrement; et c'est aussi pourquoi les vieux architectes
» consacraient le portail septentrional à celle qui est le Refuge
» des Pécheurs et la Mère de la Miséricorde. C'est le fanal du
» retour signalant les plages funestes où le navigateur imprudent
» court se briser; c'est un cri de rappel qu'on lui adresse et une
» invitation à se jeter dans le port [1]. »

Nous allons successivement décrire avec brièveté toutes les parties du porche; nous suivrons autant que possible l'ordre chronologique, ce qui nous forcera de nous déplacer fréquemment et de courir souvent d'une baie à l'autre; c'est un inconvénient; mais de cette manière on saisira mieux la pensée du pieux et savant sculpteur du XIIIe siècle.

Sur le trumeau de la porte centrale, s'élève la statue colossale de *sainte Anne* tenant la petite *Marie* dans ses bras; c'est là en effet que, suivant la coutume presque invariable du XIIIe siècle, doit se trouver le personnage principal et titulaire de tout le portail. Sainte Anne est vêtue d'une longue robe, et sa tête est couverte d'un ample voile qui lui retombe fort bas et qui lui sert comme de manteau; sur son bras gauche est la petite Marie en longue robe et tenant le livre de la sagesse. On admirera la noble attitude de l'aïeule de Jésus-Christ. — Sur le dais, deux petits

---

ce système, que du reste M. Didron expose avec infiniment d'esprit, il voit, dans le porche septentrional, non un hommage à la très-sainte Vierge, mais la représentation, la traduction en pierre du *Miroir naturel*, du *Miroir scientifique*, du *Miroir moral* et d'une portion du *Miroir historique*, les quatre divisions du *Speculum universale*. Ce système est ingénieux, mais il est évidemment erroné. (Voyez l'introduction à l'*Iconographie chrétienne*, pages X-XVIII.)

[1] *Mélanges d'archéologie*, par les R. P. Cahier et Martin, tome I, pages 82 et 83.

anges portent la navette et l'encensoir. Sous le socle, on voyait Joachim au milieu de ses troupeaux, et un ange lui annonçait qu'il aurait bientôt une fille : ce sujet a presque entièrement disparu.

Les *parois* ou *latéraux* de cette porte centrale sont garnis de dix statues colossales représentant les illustres personnages de l'ancien Testament qui ont figuré ou prophétisé la naissance de Jésus-Christ, sa passion, sa mort, sa résurrection, son sacerdoce éternel. Ces personnages font cortège à la très-sainte Vierge : il semble que le XIIIe siècle ait voulu identifier le Fils et la Mère [1]. Ces statues colossales sont placées, entre socle et dais, dans un ordre rigoureusement chronologique, et portent toutes le nimbe, quoique la plupart des personnages appartiennent à l'ancien Testament [2]. On remarquera que les cinq statues qui se dressent à gauche, tiennent une image figurative du Christ, et que les cinq statues de droite portent Jésus lui-même.

Nous décrirons maintenant chacune de ces grandes figures du Messie : que le lecteur veuille bien se rappeler que nous ne prétendons pas lui en offrir ici la description complète, mais seulement une légère esquisse, une dissection iconographique, s'il est permis de parler ainsi. Dans notre *Monographie générale*, nous nous étendrons longuement sur ces admirables statues, et nous montrerons, d'après les Pères de l'Eglise, comment ces personnages ont figuré Jésus-Christ : on sait qu'au Moyen-Age, les artistes s'inspiraient toujours dans les saints Pères, et suivaient scrupuleusement les règles de la symbolique chrétienne.

---

[1] Toutes les grandes cathédrales du XIIIe siècle offrent les mêmes personnages entourant Marie ; nous citerons entre autres celles d'Amiens et de Rheims. A Rheims, les statues paraissent avoir été faites par les mêmes artistes que celles de Chartres. A Amiens, on les voit deux fois, au portail de l'ouest et au *portail Saint-Honoré*. La savante description de ce dernier portail, faite par MM. les abbés Duval et Jourdain, nous a fourni d'utiles renseignements. Nous avons aussi fait quelques emprunts à un autre ouvrage de ces deux habiles iconographes : *Les Stalles de la cathédrale d'Amiens*.

[2] Les imagiers du siècle de saint Louis accordent rarement le nimbe aux saints de la Loi ancienne. (Voyez l'*Iconographie chrétienne*, par M. Didron, pages 45-48.)

En commençant à gauche, on trouve :

1° *Melchisédech*. Le roi de Salem est vêtu d'une aube ceinte et d'une espèce de chape aux bords frangés et brodés ; sa tête est couverte de la tiare papale ; dans sa main droite il tient l'encensoir, et dans sa gauche il porte un calice couvert d'une patène sur laquelle est un petit pain rond ; c'est la traduction de ce verset du xiv° chapitre de la Genèse : *Melchisédech, roi de Salem, offrit du pain et du vin, car il était prêtre du Très-Haut.* D'après les saints Docteurs, Melchisédech figure le sacerdoce de Jésus-Christ, s'immolant chaque jour sous les apparences du pain et du vin [1]. Sous le socle, il y a un agneau, mutilé aujourd'hui.

2° *Abraham*. Le père des croyants s'apprête ici à immoler son fils Isaac. Il lève le glaive sur la tête de son enfant, qui se tient debout, pieds et mains liés ; mais un ange arrête la main du saint patriarche. Sous leurs pieds, on voit le bélier arrêté dans un buisson d'épines et destiné à remplacer Isaac. Tous les Pères ont vu Jésus-Christ et dans Isaac et dans le bélier [2]. Abraham a pour vêtements deux robes et un manteau jeté à l'antique. Isaac porte un habit court, une sorte de jaquette ; ses chaussures montent jusqu'au-dessus du genou, comme les bottes de nos postillons modernes.

3° *Moïse*. Le législateur des Hébreux est vêtu d'une double robe et d'un manteau fort simples ; dans sa main gauche il tient la table de la loi et la longue colonne sur laquelle est arboré le serpent d'airain, image de Jésus-Christ élevé sur l'arbre de la croix. Ce serpent mystique est une espèce de dragon à la tête informe, et dont la queue s'enlace autour de la colonne. Il est à remarquer que Moïse est ici sans cornes ; dans nos verrières on le verra toujours pourvu de cornes de bouc ou de bœuf. On sait que Moïse, en descendant du Sinaï avait le front orné de rayons divins ; or la vulgate traduit par *cornutus, ayant des cornes*, le mot dont l'hébreu se sert pour expliquer la gloire du visage du prophète. La métaphore de

---

[1] Voyez saint Paul, *Épître aux Hébreux*, viii, et tous les Pères cités par Bellarmin dans son *Traité de la Messe*, lib. II, cap. 8.

[2] Voyez saint Augustin, *de Civitate Dei*, lib. XVI, cap. 32 ; — saint Ambroise, *de Abraham*, lib. I, cap. 8, n° 77 ; — saint Jean Chrysostôme *Homel. in Genes.*, XLVII, n° 3.

saint Jérôme rend-elle plus complètement le texte original qui renferme la double idée de *proéminence* et d'*irradiation* ? Nous ne le décidons pas ; mais nous devons constater ici que presque tous les imagiers du Moyen-Age ont transporté dans l'iconographie l'expression figurée du savant docteur de Bethléem. — Sous le socle, il y a le veau d'or.

4° *Samuel.* Le prophète, noble vieillard, a la barbe longue et pointue ; il est vêtu d'une double robe et d'un ample voile qui couvre et enveloppe à la fois la tête et le corps. Il tient un agneau qu'il va égorger avec le couteau sacré. Sous le socle, on voit le jeune David, vêtu d'une petite robe ceinte et tête nue ; dans la main qui est brisée, il tenait une coupe pour recevoir le sang de l'agneau. — Plusieurs traits de la vie de Samuel sont sculptés sur les bases des colonnes qui ornent les piliers de la baie centrale : nous les décrirons plus bas.

5° *David.* Il est en tunique ceinte et manteau royal ; une riche couronne sur la tête ; dans la main droite, il porte la lance, et dans sa gauche, en partie brisée, il tenait la couronne d'épines et les clous, instruments de la passion de Jésus-Christ. Le socle est un lion furieux, fort mutilé aujourd'hui. — Nous verrons plus loin six épisodes de la jeunesse de David : ils sont figurés sur les bases des piliers de cette baie centrale.

6° *Isaïe.* Cette statue est la plus rapprochée de la porte, sur la paroi de droite. Isaïe est vêtu de la longue robe et du manteau. On voit, sous le socle, le vieux Jessé endormi ; sur son genou l'on voit la racine d'une tige passant sous la banderolle et dont l'extrémité s'épanouit en élégante corolle, au milieu de laquelle s'élève Jésus bénissant ; la tige est brisée ainsi que la tête et les bras du Sauveur. De sa main droite, le prophète montre la fleur et il semble dire : **Un *rejeton sortira de Jessé, et une fleur naîtra de sa racine.*** « Dans la tige de la racine de Jessé, dit saint Jérôme, nous voyons » la sainte Vierge Marie, et dans la fleur, nous voyons le divin » Sauveur, qui dit dans le Cantique des Cantiques : Je suis la fleur » des champs et le lys des vallées [1]. » — Sur la banderolle il y a une inscription presque effacée : IS.. PROFETA.

---

[1] *De expositione in Isaiam prop.*, lib. IV, in cap. 11. Isaiæ.

7° *Jérémie.* En tunique et en manteau, il porte dans sa main gauche la croix, instrument de la mort du Fils de Marie. De sa droite, il indique la croix et il semble dire : *O vous qui passez, voyez s'il est une douleur semblable à ma douleur.* [1] La croix est fort remarquable ; elle a un nimbe très-riche et très-curieux. — Sous le socle, un individu en jaquette, c'est probablement un des bourreaux de Jérémie, qui, d'après le martyrologe romain, fut lapidé à Raphnas, en Egypte.

8° *Siméon.* Le saint vieillard, qui est vêtu comme les autres prophètes, tient l'Enfant Jésus sur le bras gauche ; il le montre du doigt en s'écriant : *Cet enfant sera pour la ruine et la résurrection de plusieurs en Israël* [2]. Jésus a déjà la figure d'un homme [3] ; il est vêtu d'une simple robe, pieds nus, nimbe crucifère, les deux mains brisées. — Sous le socle, un bourreau presque semblable au socle de Jérémie.

9° *Jean-Baptiste.* Le Précurseur est vêtu d'une tunique de poils de chameau et d'un manteau ; longue barbe et pieds nus, comme les apôtres. Dans sa main gauche, il porte l'Agneau divin, qu'il indique du doigt en disant : *Voici l'Agneau de Dieu qui efface les péchés du monde.* L'Agneau n'a pas de nimbe, mais il est inscrit dans une auréole et porte l'étendard de la croix. Cette statue de saint Jean est fort belle ; ses formes amaigries nous font sentir les incroyables austérités du saint Précurseur ; sa tunique de peau est admirablement sculptée. — Sous le socle, un dragon ailé pour figurer le Vice terrassé, vaincu par saint Jean. A Chartres, le peuple regarde ce dragon comme une *sauterelle !*

10° *Saint Pierre.* Le prince des apôtres est ici, comme dans un des vitraux du chœur, vêtu en pape : aube, manipule, étole, tunique, dalmatique et chasuble ; le pallium est attaché avec

---

[1] Thren., I, 12.

[2] Luc., II, 34.

[3] Au Moyen-Age, il est d'un usage général de représenter l'Enfant Jésus avec la figure d'un homme ; il nous semble que cet usage repose sur ce texte : *Jésus leur dit : Ne me regardez pas comme un enfant, je suis déjà un homme parfait.* Voyez les *Évangiles apocryphes*, page 203.

deux grosses épingles; sa tête est couverte de la tiare pointue; sur la poitrine, il porte le *rational* aux quatre rangs de pierres précieuses [1]; ses mains sont garanties par des gants, et ses pieds sont chaussés de sandales. Au bras droit pendent les clefs, symboles de son pouvoir spirituel; dans sa main droite il tenait, comme Melchisédech, un calice, dont le pied seul existe encore; dans sa main gauche, il a la croix hastée, bâton pastoral des Souverains-Pontifes au moyen-âge. — Pour socle, un rocher; c'est une allusion à ces paroles de Jésus-Christ : *Tu es pierre, et sur cette pierre je bâtirai mon Eglise.*

A la gauche de saint Pierre, dans le coin du passage, il y a une statue colossale représentant *Elie*; le prophète, en longue barbe, porte la tunique ceinte et le manteau; sous ses pieds, on voit les roues enflammées du char qui l'enleva au ciel; son disciple, Elisée, s'attache au manteau de son maître. Elie, enlevé au ciel sur un char de feu, est une image du Christ remontant au ciel, à l'Ascension. — Le pendant de cette statue se trouve à la droite de Melchisédech; c'est *Elisée* : il a la barbe et les cheveux excessivement longs; pour vêtements, il porte une ample tunique ceinte; une banderolle dans les mains. — Sous ses pieds se voit la Sunamite, dont le prophète a ressuscité le fils unique. Elisée ressuscitant cet enfant est, d'après les saints Docteurs, le type de Jésus sortant de son tombeau.

Les personnages figuratifs de Jésus ne finissent pas à cette porte centrale; ils se dressent encore sur les parois, le tympan et la voussure de la porte latérale de droite; allons donc à cette porte poursuivre l'étude des *figures;* nous reviendrons ensuite à la baie centrale.

Les parois de la porte latérale de droite sont ornées de six magnifiques statues colossales, trois de chaque côté; en commençant à gauche on trouve :

1° *Samson*. Il est vêtu d'une double robe ceinte et d'un manteau attaché sur l'épaule droite avec une agrafe; sa tête qui est inclinée, est couverte d'une calotte pointue; barbe forte, cheveux très-longs; dans sa main droite un bâton, dans sa gauche un

---

[1] Voyez la description du *Rational* dans l'Exode, chap. 28.

lambel; ses pieds sont chaussés de bottines. Samson est une figure très-expressive du Sauveur; voyez tout le 107ᵉ sermon de saint Augustin. — Pour socle, un âne relevant la tête; cet âne rappelle que c'est avec une mâchoire d'âne que Samson tua mille Philistins. Un demi-cordon de la voussure offre quatre épisodes de l'histoire de Samson.

2° *La reine de Saba*. La reine est vêtue de deux longues robes au corsage brodé et retenues par une riche ceinture; manteau doublé d'hermine, cheveux flottants, couronne fleuronnée. — Sous ses pieds, un eunuque nègre porte un vase et un long sac remplis de monnaie d'or.

3° *Salomon*. Salomon, disent les Pères, est la figure de la sagesse infinie de Jésus. Le roi est ici vêtu d'une double robe et d'un manteau doublé d'hermine; la main droite portait un sceptre, et sa gauche se joue dans la courroie du manteau. On remarquera la noblesse de cette statue et de la précédente. — Sous le socle, un individu vêtu d'une tunique ceinte; la tête couverte d'un capuchon; il se tire une épine du pied. C'est sans doute *Marcouf, Marculfus*, espèce de bouffon grossier que le XIIIᵉ siècle donnait pour interlocuteur au roi d'Israël.

4° *Jésus, fils de Sirach*. C'est l'auteur de l'*Ecclésiastique*. Il est en robe ceinte et manteau attaché avec un fermoir sur la poitrine; il porte le nimbe; dans ses mains il tient un lambel avec ces mots: IHS FILIVS SYRAG. Les Pères enseignent que Jésus de Sirach est la figure de Jésus-Christ en tant que docteur et prophète du monde. — Sous le socle il y a un temple en construction; Jésus le plombe. Le sculpteur, d'après l'opinion erronée de saint Isidore de Séville, a regardé Jésus de Sirach et Jésus de Josedec comme un seul personnage [1]; car c'est de ce dernier qu'il est dit: *Il a rebâti la maison du Seigneur et relevé son saint temple* [2].

5° *Judith*. C'est la libératrice de son peuple, comme Jésus a été le Rédempteur de tous les hommes. L'artiste a représenté cette noble femme avec un diadême sur la tête; pour vêtements, il lui a donné une double robe ceinte et un ample voile. — Sous ses

---

[1] *De ecclesiasticis offic.*, lib. I, cap. 12.
[2] ECCLES. XLIX, 14.

pieds, il a placé un chien, chef d'œuvre de sculpture. Ce chien est-il le symbole de la fidélité de la veuve de Manassès? Ou bien rappelle-t-il cette parole de Judith à Holopherne : *Je vous mènerai au milieu de Jérusalem, et il ne se trouvera pas seulement un* CHIEN *qui aboie contre vous ?* — Nous verrons dans la voussure plusieurs traits de la vie de Judith.

6° *Gédéon.* Il est ici représenté dans la vigueur de la jeunesse : menton imberbe, cheveux bouclés et coupés en rond ; robe à manches étroites, avec une espèce de dalmatique et un manteau ; il porte le diadème et le sceptre, symboles de l'autorité qu'il exerça comme juge du peuple hébreu. Saint Augustin, dans son 108ᵉ sermon, expose admirablement bien en quoi Gédéon est la figure du Christ. — Pour socle, un dragon ailé parlant à l'oreille d'une femme qui l'écoute avec plaisir; elle a les cheveux flottants et elle est vêtue d'une double robe, sans voile ni manteau. Est-ce la Synagogue, la nation juive qui écoute le démon de l'Idolâtrie, que Gédéon chercha à détruire ? Nous l'ignorons [1].

Passons maintenant au tympan de la porte qui nous occupe. Ce tympan est divisé en deux étages : Le premier représente *Salomon* jugeant les deux mères. Le roi est assis sur son trône ; il semble dire : *Coupez en deux cet enfant, et partagez-le entre ces deux femmes.* Un des officiers tient l'enfant dans ses mains, et un nègre placé derrière le trône tire son glaive pour exécuter la sentence royale. La fausse mère consent avec joie à l'exécution ; la vraie mère refuse en pleurant. Derrière ces femmes, on voit six officiers assis sur un banc. Toute la scène est admirablement rendue. — Cet étage est séparé du second par une suite de petits arcs trilobés, entre les archivoltes desquels sont des trèfles et autres ornements.

Le second étage offre *Job* sur son fumier. On sait que, d'après les Pères, les humiliations de Job, ses douleurs, ses abattements et sa patience sont l'histoire anticipée de Jésus-Christ au Jardin des Oliviers, au Prétoire et au Calvaire. Le serviteur de Dieu est ici couché sur un monceau de fumier où l'on voit ramper des insectes et des escargots ; il est tout couvert de pustules, et il en

---

[1] Le R. P. Cahier prépare un mémoire sur cette femme et ce dragon ; il le publiera dans ses *Mélanges d'archéologie.*

râcle le pus avec un tesson ; un simple morceau d'étoffe entoure ses reins. Satan tout velu et à figure horrible, est debout à côté de Job ; il met ses griffes sur la tête et sous les pieds du saint patriarche. En face de Job, on voit sa femme qui lui fait d'amers reproches ; derrière Job, se trouvent ses trois amis, dont deux s'entretiennent douloureusement et le troisième semble le réprimander. Au-dessus de cette scène, Dieu apparaît émergeant des nuages ; il tient une banderolle dans sa main droite, et dans sa gauche il portait une palme, dont il ne reste plus qu'un fragment. Le Seigneur est accompagné de deux anges qui le prient en faveur de Job.

Passons à la voussure ornée de plusieurs cordons de statuettes. Le premier cordon appartient à la scène précédente : il est composé de douze anges qui sont là pour rendre leurs hommages au Seigneur. Parmi les anges, l'un porte le soleil, l'autre tient la lune ; deux ont des étoiles ; quatre portent des torches allumées ; deux autres sont armés du bouclier et du glaive ; enfin les deux derniers qui se trouvent à l'amortissement de l'ogive, portent des couronnes. Ces anges sont tous vêtus de la tunique et du manteau ; ils ont des aîles, mais ils n'ont pas de nimbes.

Les trois cordons suivants de la voussure nous offrent, dans tous les groupes, des traits figuratifs de Jésus-Christ. Décrivons-les rapidement, en réservant les détails pour le grand ouvrage que nous publierons plus tard. — Le premier cordon qui suit celui des anges, nous offre huit tableaux dont les quatre de gauche racontent l'histoire de *Samson,* et les quatre de droite celle de *Gédéon.* Nous commençons à gauche : 1° Un lion couché, pour nous rappeler le lion que Samson va bientôt déchirer. 2° Un ange a dit à Manué et à sa femme que Dieu leur donnera un fils nommé Samson ; pour montrer leur reconnaissance, les deux époux offrent un sacrifice au Seigneur : ils sont à genoux, les mains jointes ; le chevreau est au pied de l'autel ; l'holocauste brûle, et l'ange de Dieu monte au ciel au milieu des flammes. 3° L'enfant a crû ; comme il allait à Thammatha, un lion furieux se présente, mais Samson le déchire. 4° Quelques jours après, Samson revient par là, il trouve un rayon de miel dans la gueule du lion. 5° Samson enfermé dans Gaza, prend les deux portes de la ville avec leurs poteaux et leurs serrures et les porte au sommet de la montagne. Les deux portes affectent un peu la forme de la croix. — Dans ces différentes scènes, Samson est toujours vêtu de la tunique et du manteau; ses longs cheveux flottent sur le dos.

A droite, nous trouvons l'histoire de *Gédéon*. 1° Un dragon ailé, avec une tête de singe. Au Moyen-Age, on représentait souvent l'Idolâtrie sous la figure d'un dragon; ici le dragon est-il une allusion à ce que fit Gédéon pour exterminer l'idolâtrie, qui avait attiré tant de calamités sur Israël? 2° Gédéon en tunique ceinte vient de battre son blé, et il le vanne. Un ange lui apparaît sur le chêne d'Ephra et lui ordonne d'aller délivrer Israël de la tyrannie des Madianites. — 3° Cependant Gédéon a prié l'ange d'attendre son retour. *Gédéon*, dit l'Ecriture, *étant donc rentré chez lui, fit cuire un chevreau, et fit des pains azymes; et ayant mis la chair dans une corbeille, et le jus de la chair dans un pot, il apporta le tout sous le chêne d'Ephra, et l'offrit au Seigneur, qui lui dit: Prenez la chair et les pains, mettez-les sur cette pierre, et versez dessus le jus de la chair. Ce que Gédéon ayant fait, l'ange du Seigneur étendit la verge qu'il tenait en main, et en toucha la chair et les pains azymes, et aussitôt le feu sortit de la pierre et consuma la chair et les pains* [1]. Ce passage est exactement traduit en pierre dans ce tableau [2]. — 4° Gédéon presse dans une coupe la rosée tombée sur la toison mystérieuse; une main divine sort des nuages et bénit la toison. Gédéon est ici vêtu en guerrier, cotte de maille et large épée. — 5° Gédéon tient enchaînés Zébée et Salmana, rois des Madianites; le costume des rois est fort curieux.

Le second cordon raconte l'histoire d'Esther et de Judith, toutes deux libératrices de leurs peuples, comme Jésus-Christ. L'histoire d'*Esther* est à gauche : 1° Une tête de roi avec une couronne fleuronnée; c'est Assuérus. — 2° Assuérus assis sur son trône reçoit, dans sa main droite, la main droite d'Esther et lui pose sur la tête le diadème royal : c'est leur mariage solennel. — 3° Aman marche fièrement, portant le diadème et le sceptre; Mardochée

---

[1] *Livre des Juges*, VI, 19-21.

[2] C'est sans doute dans ce tableau que M. Didron a cru voir *La Vierge tenant Jésus et apparaissant à Moïse!* (*Guide de la peinture*, page 94, note.)

reste assis et détourne la tête, tandis qu'un troisième personnage se prosterne à genoux sur le passage du superbe favori. — 4° Mardochée explique à Athach, eunuque d'Esther, tout ce qu'Aman a résolu de faire contre les Juifs, et en même temps il lui donne une copie de l'édit de proscription. L'eunuque est un jeune nègre imberbe et court vêtu. — 5° Assuérus est assis sur son trône; Esther est prosternée à ses pieds, et elle baise le sceptre d'or du roi. Esther a obtenu grâce pour sa nation. — 6° Aussitôt Mardochée donne à un courrier des exemplaires de la révocation de l'édit contre les Juifs. Le courrier est court vêtu, armé du bourdon; sa tête est couverte d'un capuchon; une pannetière pend à sa gauche.

Les cinq tableaux de droite représentent les cinq principaux traits de l'histoire de la belle et héroïque *Judith*. 1° Tête couronnée, c'est sans doute celle d'Holopherne. — 2° Judith, vêtue modestement comme une veuve, reproche à Ozias d'avoir consenti à livrer la ville aux Assyriens. Judith est sur le haut de sa maison, qui a la forme d'un château bastionné et muni de créneaux comme au Moyen-Age. — 3° Judith, retirée dans son oratoire et revêtue du cilice, se met de la cendre sur la tête. Une main divine émerge des nuages, pour indiquer que Dieu a exaucé la prière de sa servante. — 4° Judith, richement costumée et suivie de sa domestique, franchit les portes de Béthulie pour se rendre au camp d'Holopherne. — 5° Judith, arrêtée par les soldats assyriens, est menée par un officier devant Holopherne; elle se jette aux genoux du général, qui la prie de se relever. — 6° Judith vient de trancher la tête d'Holopherne couché sur son lit; elle la tient suspendue par les cheveux et la donne à sa domestique qui ouvre un sac pour la recevoir; dans sa main droite, Judith porte encore le glaive sanglant.

Le troisième cordon est composé de douze tableaux ou groupes et nous donne l'histoire de *Tobie*, lequel, d'après les commentateurs, est l'image de la bonté et de la miséricorde de Jésus-Christ. Voici tous les détails du cordon : 1° Sous le socle, il y a une tête de roi nègre, c'est peut-être celle de Sennachérib. — 2° Tobie a préparé un festin pour ses amis; il va le servir : il tient sur un plat une belle volaille qu'il a retirée d'une marmite. En même temps son fils l'avertit qu'un cadavre gît dans la rue. — 3° Tobie ensevelit un mort; il attache le linceul avec une épingle. — 4° Tobie fatigué s'est assis près du mur de la maison; il s'endort et reçoit sur les yeux la fiente d'une hirondelle, ce qui le rend aveugle. — 5° Tobie affaissé par le chagrin est assis, et sa femme tenant un chevreau, insulte à son mari. C'est alors que Tobie demande au Seigneur de l'appeler à lui. — 6° Le vieux Tobie espérant que Dieu a exaucé sa prière, donne des conseils à son fils, et lui remet l'obligation de Gabélus. — 7° Cependant le jeune Tobie a trouvé un guide pour le conduire chez Gabélus, c'est l'archange Raphaël; il le présente à son père; en même temps il se jette à genoux pour recevoir la bénédiction paternelle avant de se mettre en route. — 8° Raphaël et le jeune Tobie, armés du bourdon et accompagnés du chien de la maison, sont sur le chemin de la Médie. — 9° Ils se sont arrêtés la première nuit près du Tigre; et tandis que le jeune Tobie s'y baigne les pieds, un grand poisson s'avance pour le dévorer, mais par le conseil de l'ange il le tire à terre; c'est le moment que le sculpteur a choisi. Le poisson que Tobie tient ici dans ses mains, est une grosse carpe. — 10° L'Ange et Tobie entrent chez Raguel qui les reçoit avec joie et qui embrasse son jeune parent. — 11° Tobie et Sara sont debout près de leur couche nuptiale et prient le Seigneur d'avoir pitié d'eux. Devant le lit, on voit un vase d'où s'échappe une épaisse fumée. — 12° Cependant Raphaël a pris le démon Asmodée, qui avait fait périr les sept premiers maris de Sara, et il va le lier dans le désert de la Haute-Egypte. Raphaël est armé d'un glaive et tient Asmodée par les cheveux, après lui avoir attaché les pattes antérieures derrière le dos. Il est impossible de rien voir de plus horrible que cet affreux démon; nous renonçons à le décrire. — 13° Enfin le jeune Tobie et Raphaël sont de retour; après les premières joies, le vieux Tobie s'est assis, et son fils lui frotte les yeux avec le fiel du poisson. Raphaël est témoin de cette opération qu'il a conseillée. Le petit chien est là aussi, il semble aboyer de bonheur en revoyant son vieux maître. Cette scène est charmante de naïveté et d'exécution. — 14° Sous le socle, on voit une tête de roi nègre, c'est probablement celle de Nabuchodonosor, sous le règne duquel Tobie mourut.

Les imagiers du XIII° siècle ont clos ici la série des personnages de l'ancien Testament qui ont figuré ou annoncé Jésus-Christ :

sublime composition qui offre à tous les fidèles un abrégé vivant de l'histoire de la religion avant le Messie.

Mais avant de quitter la baie latérale de droite, achevons d'en décrire la voussure. A l'extrémité extérieure, l'artiste du XIIIe siècle a sculpté les mois de l'année, les signes du Zodiaque et les représentations allégoriques de l'Été et de l'Hiver. Les signes du Zodiaque qui se trouvent dans la gorge de la voussure, sont placés dans le même ordre et correspondent aux mêmes mois qu'au porche occidental; ils sont appuyés à gauche sur l'Hiver, et à droite sur l'Été. L'*Hiver* est un personnage vêtu d'une épaisse tunique et d'un ample manteau; la tête est couverte d'un capuchon; les mains sont garanties par des gants. Il a tiré une de ses grosses bottes et se chauffe le pied devant le feu placé sous le socle. A côté on lit cette inscription : hiemps. — L'*Été* est figuré par un jeune homme trop légèrement vêtu; dans sa main droite il tient une branche de chêne chargée de feuilles. Sous le socle, est encore une branche de chêne chargée de feuilles et de glands.

Les mois sont placés dans l'ordre suivant : 1° *Janvier* est représenté par Janus *bifrons* : dans sa main droite il porte une coupe pleine de vin, et dans sa gauche il a un pain. 2° *Février* est un homme chaudement vêtu et se chauffant devant un feu placé entre ses jambes. 3° *Mars* est un vigneron taillant sa vigne. 4° *Avril* est couronné de fleurs et porte dans sa main droite un faisceau d'épis de seigle. 5° *Mai* est aussi couronné de fleurs et porte un faucon sur le poing. 6° *Juin* est un paysan armé de sa faulx et de sa pierre à aiguiser. 7° *Juillet* porte une botte de lin sur l'épaule; il a les pieds nus et relève sa robe comme pour passer l'eau. 8° *Août* est représenté par un moissonneur qui coupe son blé. 9° *Septembre* est un joyeux vendangeur qui foule le raisin. 10° *Octobre* ensemence son champ. 11° *Novembre* est figuré par un porcher qui abat des glands pour ses pourceaux. 12° *Décembre* s'apprête à assommer le porc gras. — Entre les mois et l'histoire de Tobie, il y a deux nervures toriques très-saillantes dont les retombées s'appuient sur quatre ecclésiastiques : un prêtre, deux diacres et un lecteur.

Retournons maintenant à la porte centrale pour en examiner la voussure. Après le cordon des anges, sur lesquels nous reviendrons plus tard, on trouve quatre cordons de statuettes représentant les ancêtres de Marie selon la chair et les prophètes qui l'ont annoncée et qui sont ses ancêtres selon l'esprit. Ces quatre cordons forment un bel *arbre de Jessé* sculpté en pierre, comme une fenêtre du portail royal nous offre le même arbre peint sur verre : ici comme là, les ancêtres selon la chair sont encadrés entre deux rangs de prophètes; parmi ces saints personnages, au nombre de vingt-quatre, il y a trois femmes, probablement Judith, Esther et Débora. Tous portent le nimbe et tiennent des banderolles où l'on voyait leurs noms aujourd'hui effacés; les prophètes sont généralement vêtus de la tunique et du manteau; plusieurs ont sur la tête une calotte pointue et quatre portent la mître juive.

La tige généalogique, sculptée avec un art ingénieux, commence au quatrième cordon, à gauche, et se continue dans toute la longueur de ce cordon et du troisième. C'est entre les pieds du vieux Jessé que l'arbre prend racine; de là il s'élève en deux branches qui se croisent, s'écartent et se recroisent pour laisser un espace vide, où se trouve assis un ancêtre de Marie. Cet arbre est ici complet, se composant de vingt-six personnages dont quinze rois. Les deux derniers de la généalogie, savoir : Joachim et Marie, sont placés sur le trumeau de la porte. On sait que plusieurs Pères de l'Église pensent que Héli, dont il est parlé dans le chapitre troisième de saint Luc, comme père de saint Joseph, est le même que Joachim, père de Marie, et beau-père de saint Joseph.

Après l'arbre de Jessé, viennent deux cordons composés chacun de vingt-deux statuettes figurant des personnages alternativement barbus et imberbes; ils sont tous assis et tiennent des banderolles; trois seulement portent des livres ouverts. Pour vêtements, la plupart ont une double robe; quatre ont la tunique et le manteau, et un seul est vêtu sacerdotalement. Aucun de ces quarante-quatre personnages ne porte le nimbe. Que figurent ces nombreuses et charmantes statuettes? Nous pensons qu'ils représentent le genre humain venant rendre hommage à la très-sainte Mère de Dieu.

Enfin les deux derniers cordons de la voussure centrale sont consacrés à l'œuvre merveilleuse de la création et à l'histoire de notre premier père. On remarquera qu'en racontant ces faits, le sculpteur a représenté Dieu treize fois différentes dans treize différents sujets; et que ce n'est pas Dieu le Père, mais Dieu le Fils, suivant le concile de Nicée qui déclare, dans son symbole, que *toutes choses ont été faites par le Fils unique de Dieu*; il est orné, comme la tradition nous le dépeint, de ces beaux cheveux lisses qui ombragent ses épaules, et de cette barbe fine et bifurquée qui lui descend du menton [1]. La statue de Dieu est toujours placée dans la gorge de la voussure.

Les tableaux sont au nombre de dix-huit : les neuf de gauche contiennent l'œuvre des six jours ; on commence en bas, et l'on s'élève graduellement jusqu'au sommet de l'ogive. 1° *Création du Ciel et de la Terre*. Dieu est assis sur le chaos, sa main gauche est levée et ouverte ; sa droite bénit ; devant lui, on voit le *Ciel* et la *Terre* : la Terre est une masse informe et toute nue ; *Terra autem erat inanis et vacua* [2] ; sur la plinthe on lit : TERREM (sic). Au-dessus de la Terre il y a un amas de nuages frisés, c'est le Ciel ; on lit au-dessous : CELV. — 2° *Création du Jour et de la Nuit*. Dans la gorge de la voussure, à la place du Créateur, il y a un homme assis, portant le bonnet juif et tenant un livre ouvert ; c'est probablement Moïse méditant sur la Genèse. Sur le cordon intérieur, on voit le *Jour* et la *Nuit*. Le *Jour* est un jeune homme, légèrement voilé d'une sorte de manteau qui sert également à la Nuit ; de la main gauche, il tient une torche allumée ; de la droite, il prend la main de la Nuit afin de la guider. La *Nuit* est une femme aussi peu vêtue que le Jour ; des nuages lui couvrent les yeux et toute la tête ; dans sa main droite, elle a un disque où le croissant de la lune se détache en saillie. Ces deux figures sont lourdes et trapues. — 3° *Création du firmament et des anges*. Dieu est assis ; sa tête est levée vers le ciel. En face du Créateur, deux anges sont placés au centre du firmament, entre les eaux inférieures et les eaux supérieures figurées par des nuages ou des ondes. C'est la traduction en pierre du verset de la Genèse : *Dieu dit : Que le firmament soit fait au milieu des eaux, et qu'il sépare les eaux d'entre les eaux* [3]. — 4° *Création des plantes*. Dieu assis sur un siège bénit les plantes placées au second tableau : il y a un seul arbre, le figuier chargé de feuilles et de fruits, et cinq espèces d'herbes. — 5° *Création des astres*. Dieu assis tient dans ses mains divines, pour le lancer

---

[1] *Iconographie chrétienne*, par M. Didron, page 157.

[2] GENÈSE, 1, 2.

[3] *Ibid.*, 1, 6.

dans l'espace, un disque qui offre en saillie le croissant de la lune; devant lui, deux anges émergent des nuages du firmament; le premier tient le Soleil, disque aux rayons onduleux; le second a la Lune figurée par un disque semblable à celui que tient le Créateur [1]. Messagers célestes, ces deux anges vont porter les deux astres à la place assignée par Dieu. — 6° *Création des poissons et des oiseaux*. Dieu est assis comme dans les groupes précédents, mais ici il semble s'entretenir avec un personnage nu, placé derrière lui; la main droite de ce personnage s'appuie sur des flots qui coulent entre Dieu et lui : c'est sans doute l'*Océan* à qui Dieu ordonne de produire les poissons et les oiseaux. Sur le cordon interne, on voit quatre poissons nageant dans les eaux, et dix oiseaux, parmi lesquels on reconnaît le corbeau, la colombe et la chouette : plusieurs ont la tête brisée [2]. — 7° *Création des quadrupèdes*. Dieu assis bénit les quadrupèdes qu'il vient de créer : le lion, la brebis, la chèvre et le bœuf; ces animaux sont placés en face de Dieu et lui tournent le dos. — 8° *Création du Paradis terrestre*. Dieu, toujours assis, bénit le paradis, séjour de délices, que dans sa bonté il prépare à l'homme qui va bientôt sortir de ses mains toutes-puissantes. Sur le tableau interne, on voit un pommier, c'est l'arbre de la science du bien et du mal; à côté est un olivier; un troisième arbre a été brisé. — 9° *Création d'Adam*. Dieu est encore assis et il façonne avec ses mains l'argile dont il tire le corps du premier homme; déjà il a modelé le haut du corps, et termine la tête; les cuisses et les jambes sont encore dans le limon; la tête d'Adam est posée sur les genoux du Créateur.

Voilà comment le sculpteur beauceron du XIIIe siècle a figuré en pierre le premier chapitre de la Genèse. Œuvre admirable

---

[1] Pourquoi la lune est-elle ici représentée deux fois? Nous l'ignorons. — Au porche septentrional, le soleil est représenté deux fois, et la lune quatre fois : dans aucune de ces représentations, nous n'avons vu *le Soleil et la Lune tenant en main une torche ou un flambeau, ainsi qu'on le remarque au porche septentrional de Chartres;* c'est M. Didron qui parle ainsi. (*Iconographie chrétienne*, page 63.)

[2] M. Didron a publié, dans le tome neuvième de ses *Annales archéologiques*, plusieurs articles intéressants sur les six premiers groupes de la création : toutefois il s'y est glissé de nombreuses inexactitudes.

comme art et comme pensée, et qui prouve que rien n'embarrassait les merveilleux artistes du Moyen-Age. En sculptant, sur un porche dédié à la divine Marie, la création de toutes choses, ils ont voulu sans doute faire allusion à ce passage de nos Livres saints que l'Eglise applique à la très-sainte Vierge : *Avant que le Seigneur créât aucune chose j'étais dès lors; lorsqu'il préparait les cieux, lorsqu'il environnait les abîmes de leurs bornes, lorsqu'il affermissait l'air, lorsqu'il renfermait la mer dans ses limites; lorsqu'il posait les fondements de la terre, j'étais avec lui et je réglais toutes choses* [1].

Mais parce que Marie est la seconde Eve et qu'elle nous a donné le second Adam, l'artiste sculptera aussi sur le porche qui lui est consacré, l'histoire du premier Adam et de la première Eve. Cette histoire se dessinera dans les neuf doubles niches qui s'échelonnent à droite depuis le sommet de l'arcade jusqu'à sa naissance. 1° Il y a ici une transposition : le groupe qui se trouve dans la gorge de la voussure, doit être placé plus bas dans la quatrième niche, et le groupe de celle-ci doit occuper la première. Supposons cette erreur corrigée, et nous aurons : Adam parfaitement formé, dans la force de l'âge [2]; il a devant lui, dans les deux tableaux internes de l'amortissement, *les poissons de la mer, les oiseaux du ciel et les bêtes de la terre que le Seigneur lui donne à régir* [3]. — 2° Le second groupe représente les quatre fleuves du paradis terrestre, le Phison, le Géhon, le Tigre et l'Euphrate; ils sont figurés par des hommes presque nus et portant des urnes renversées d'où s'échappent des flots. — 3° Dieu debout et tenant le livre de la science, vient de placer Adam dans le paradis; le premier homme ouvre les bras et rend grâces à son Créateur. — 4° Pendant qu'à demi couché sur l'herbe, à l'ombre d'un arbre touffu, Adam dort de son profond et mystérieux sommeil, le

---

[1] PROVERBES, VIII, 22-30.

[2] C'est l'enseignement des saints Docteurs: voyez saint Augustin, *De Genes. ad litteram*, LVI, cap. 13, — et Pierre Lombard, *Livre des sentences*, II, dist. 17, n° 4.

[3] Et præsit homo piscibus maris, et volatibus cœli, et bestiis. (GENÈSE, I, 26.)

Créateur lui a tiré une côte et il en a formé la femme ; il la tient ici par la main et la bénit. (Le lecteur n'a point oublié que Dieu prenant Eve par la main se trouve plus haut, dans la première niche.) — 5° Adam et Eve sont debout près de l'arbre de la science du bien et du mal, lequel est un pommier chargé de fruits [1] ; le serpent s'est enlacé autour de l'arbre et présente à Eve des fruits qu'il tient dans sa gueule funeste ; Eve les accepte et en offre aussi à son mari, qui tend la main pour les recevoir. — 6° Dieu debout et tenant un livre appelle Adam ; mais celui-ci honteux et confus se cache avec sa femme sous un arbre touffu. — 7° Cependant ils paraissent devant le Seigneur ; ils couvrent leur nudité avec une feuille de figuier. Dieu lève la main droite comme pour réprimander Adam ; celui-ci au lieu de s'humilier et de se repentir, rejette la faute sur sa femme, et celle-ci accuse le serpent qui est à ses pieds. — 8° On comprend que le Seigneur ne peut pardonner à nos premiers parents qui sont sans repentance ; aussi, par ses ordres, un ange armé d'un glaive, vient-il les chasser du paradis ; ici Adam et Eve paraissent profondément attristés. — 9° Enfin Dieu condamne les premiers humains au travail et les bénit ; en face de Dieu, Adam, presque nu, bêche péniblement la terre ; le sol est aride et dépourvu de tout signe de végétation. A côté d'Adam, Eve file à la quenouille.

Transportons-nous maintenant à la porte latérale de gauche, pour étudier les épisodes de la vie de la sainte Vierge représentés sur les parois et le tympan de cette porte.

La paroi de gauche offre l'*Annonciation*. Ce sujet est composée de trois statues colossales entre socles et dais. Ces trois statues sont celles d'Isaïe, de l'archange Gabriel et de la Mère de Jésus-Christ. 1° *Isaïe* est en tunique et manteau, tête brisée ; il tient un lambel avec cette inscription : ESAIAS PROPHA. Le saint prophète semble dire : *Voici, une Vierge concevra et enfantera un fils qui sera appelé Emmanuel* [2]. Sous le socle, un dragon qui a perdu sa

---

[1] L'artiste du Moyen-Age choisit presque toujours le pommier, parce que l'église chante : Quando *pomi* noxialis. (Voyez l'hymne *Pange lingua..... Prœlium*, pour le temps de la Passion.)

[2] ISAÏE, VII, 14.

tête. — 2° *Gabriel*. Pour vêtements il a la tunique et le manteau; nimbé, ailes, pieds nus; tête et main droite brisées; la main gauche tenait le lys de la virginité. Sous le socle on voit un horrible démon : l'ange mauvais sous l'ange fidèle. — 3° *Marie*. Elle est vêtue d'une longue robe et d'un manteau; sa noble tête est nimbée et couverte d'un voile; elle porte le livre de la Sagesse. Le geste de Marie exprime son consentement : *Voici la servante du Seigneur; qu'il me soit fait selon votre parole*. Sous le socle, on voit le Serpent du paradis terrestre enlacé sur un pommier chargé de feuilles et de fruits, pour rappeler que la seconde Ève devait écraser de son talon la tête de ce serpent infernal.

La paroi de droite représente la *Visitation*. Il y a aussi trois personnages plus grands que nature. 1° *Marie ;* elle ouvre les bras pour y recevoir amoureusement sa cousine; on dirait qu'elle entonne le cantique : *Mon âme glorifie le Seigneur*. Sous le socle, trois têtes d'artichaud, symbole de la fécondité. — 2° *Elisabeth*, en robe traînante; sur la tête un ample voile qui lui descend jusqu'aux pieds; front ridé; mains brisées; elle ouvre les bras et dit : *Et d'où me vient ce bonheur que la mère de mon Seigneur vienne à moi?* Sous le socle, un individu qui verse de l'eau dans une urne. — 3° Un *Prophète ;* il a perdu son nom, et aucun attribut ne le désigne; il est en tunique et manteau; cheveux arrondis, barbe courte et frisée; jeune encore; un lambel dans les mains; c'est peut-être *Daniel*. Sous le socle, un dragon ailé. Ces six statues colossales sont fort belles; on admirera surtout la manière savante dont les draperies sont agencées.

Le tympan est divisé en deux étages et raconte la naissance du divin Jésus, le réveil des bergers de Bethléem et l'adoration des Mages. Au premier étage, dans le compartiment de gauche, Jésus-Christ vient de naître : *le divin poupon*, comme dit saint François de Sales, est emmailloté, couché dans la crèche et réchauffé par l'haleine de l'âne et du bœuf[1]. Marie toute vêtue est couchée

---

[1] La présence du bœuf et de l'âne, dans l'étable de Bethléem, a été regardée comme un fait par divers écrivains de l'antiquité ecclésiastique, entre autres par saint Jérôme. Le cardinal Baronius, en ses *Annales*, l'a établi sur des arguments que Casaubon s'est efforcé en vain de détruire. Cette tradition se rattache du reste à un passage

dans un lit ; sa figure est charmante de douceur et de modestie. Au pied du lit, saint Joseph est assis ; ses deux mains reposent sur un bâton recourbé. Une lampe suspendue éclaire l'humble étable de Bethléem. — Dans le compartiment de droite, on voit les bergers entourés de leurs troupeaux ; ils écoutent le Messager divin qui leur annonce la *grande nouvelle*. Au-dessus de ces deux scènes, six anges émergent des nues et tiennent une longue banderolle où se trouvait écrit : *Gloria in excelsis Deo*.

Le second étage du tympan représente également une double scène : 1° Les trois Mages en vêtements royaux offrent leurs présents au divin Sauveur, assis sur les genoux de sa mère. Un ange semble diriger les trois rois orientaux. Saint Joseph ne figure point dans ce tableau, non plus que dans le texte sacré. L'étoile miraculeuse brille à l'amortissement de l'ogive. — 2° Les trois Mages vêtus et couronnés dorment sur un lit ; un ange vient les éveiller et les avertir de s'en retourner dans leur pays par un autre chemin. — Toutes les scènes du tympan sont éclairées par des anges qui portent des flambeaux.

Retournons encore un instant à la porte centrale, dont nous n'avons pas décrit le tympan, qui nous raconte, en pierre, la mort, l'assomption et le couronnement de la divine Marie. Suivons l'artiste dans l'exposé de ces trois scènes.

1° La bienheureuse Vierge vient de mourir en présence de Jésus et des apôtres éplorés ; elle est couchée dans son lit, entièrement vêtue et voilée ; ses paupières baissées donnent à son visage une expression de paix et de béatitude ; ses bras sont croisés sur la poitrine ; et son âme s'est envolée, petite enfant, entre les bras de Jésus qui bénit le corps de sa sainte Mère. Presque toutes les têtes de ce groupe sont brisées. Dans le haut, huit petits anges descendent du ciel : cinq encensent, un sixième éclaire, et les deux autres tiennent la couronne destinée à Marie.

2° A droite, huit anges sont descendus des cieux et entourent

---

du prophète Isaïe (ch. 1, v. 3) : *Le bœuf connaît son acquéreur, et l'âne la crèche de son maître*. Dès les premiers siècles de l'église, les artistes se sont conformés à cette tradition. (Voyez Arringhi, *Roma subterranea*, tome I, pages 185, 347 et 349 ; — Molanus, *Historia imaginum sacrarum*, page 396 ; — Trambelli, *de cultu sanctorum*, tome II, part. 2e, c. 37.

le tombeau ouvert de la très-sainte Vierge; presque tremblants de respect, ils soulèvent son corps virginal encore inanimé et enveloppé dans son long suaire. Au-dessus, huit autres anges plus petits émergent des nues : les uns portent des flambeaux, les autres ont l'encensoir et la navette, et deux tiennent sur une nappe la petite âme de Marie, qui va se réunir à son corps immaculé. Tous les anges ont la tête brisée; aucun d'eux ne porte le nimbe.

3° Cependant Marie a été portée par les anges dans le séjour céleste où son Fils va la couronner pour en être la Reine immortelle. Voyez le second étage du tympan ; il est ondulé de nuages pour indiquer que la scène se passe dans le ciel. Jésus est assis sur son trône; il a posé une couronne sur la tête de sa tendre Mère, et il la bénit. Marie est également sur un trône placé à la droite de son divin Fils; elle ouvre les bras comme pour le remercier des grands honneurs qu'il lui rend. A côté du Fils et de la Mère, il y a deux anges qui, un genou en terre, portent des flambeaux; au sommet de la scène, deux autres anges encensent le Roi et la Reine des cieux.

Les trois tableaux que nous venons de décrire succinctement, sont encadrés dans un cordon composé de douze statuettes représentant des anges. Parmi ces douze anges, sept sont revêtus, comme les jeunes lévites, de l'amict et de l'aube ceinte; ils portent ou l'encensoir, ou le flambeau, ou le livre, ou enfin le bénitier et le goupillon. Les cinq autres tiennent des palmes pour accompagner le triomphe de Marie; pour vêtements, ils ont l'amict paré, l'aube, la dalmatique diaconale, et une espèce d'écharpe en sautoir; de plus ils ont les pieds chaussés.

Il nous faut retourner une dernière fois à la baie latérale de gauche. On sait qu'ici il nous reste encore à étudier la voussure et les piliers : nous y verrons les dix Vierges de l'Évangile, les douze Fruits du Saint-Esprit, les divers degrés de la Vie contemplative et de la Vie active, et les quatorze Béatitudes de l'âme et du corps.

Marie est la Vierge prudente par excellence; *Virgo prudentissima*, chante l'Eglise; pour nous le rappeler, le sculpteur a figuré sur la voussure les cinq Vierges folles et les cinq Vierges prudentes de l'Évangile; à gauche du second cordon, on voit les

Vierges folles, élégamment vêtues, cheveux flottants, tête couronnée de fleurs ou d'un étroit diadème; leur physionomie respire l'effronterie et l'impudeur; elles portent leurs lampes renversées et vides. A droite, les *Vierges prudentes*, au maintien modeste et chaste, la tête couverte d'un ample voile, tiennent leurs lampes droites; une flamme brillante s'en élève pour éclairer le retour de *l'époux, qui est Jésus-Christ* [1]. La cinquième Vierge des deux catégories est placée au troisième cordon de la voussure, l'une à gauche et l'autre à droite.

Ce troisième cordon offre en outre la personnification des Vertus théologales et morales, foulant aux pieds les Vices contraires. Toutes ces Vertus, suivant un usage invariable au Moyen-Age, sont figurées par des femmes, parce qu'*elles caressent et nourrissent l'homme tout à la fois* [2]; elles sont vêtues d'une longue robe, d'un manteau et d'un voile; chacune porte un attribut distinct qui la caractérise; aucune n'est ornée du nimbe [3]. En commençant à gauche et en bas, on trouve 1° La *Prudence* ou *Sagesse*; elle tient dans sa main gauche un livre ouvert. A ses pieds, la *Folie* n'a pour vêtement qu'un morceau d'étoffe; elle est accroupie; dans la main gauche elle tient une lourde massue; de sa droite elle porte à la bouche une pierre. — 2° La *Justice*; comme la Thémis païenne, elle est armée du glaive, et sa main gauche tient une balance dont les bassins sont horizontaux; elle foule aux pieds l'*Injustice* aux cheveux flottants, à la tête couronnée de fleurs, et qui tient dans chaque main l'un des bassins de la balance. — 3° La *Force* chrétienne est une femme vêtue d'une longue robe et d'une cotte de maille, comme un guerrier; sa main droite tient un glaive et sa gauche porte un lion. La *Lâcheté* est à ses pieds; c'est un soldat renversé par la peur, et qui abandonne

---

[1] Voyez le Missel romain, au commun des Vierges.

[2] Virtutes verò, dit Durand de Mende, in mulieris specie depinguntur, quia mulcent et nutriunt. (*Rationale*, lib. 1. C. 3.)

[3] *Les Vertus théologales et cardinales sont toujours nimbées*, dit M. Didron: (*Iconographie chrétienne*, page 61.) Cependant aucune Vertu personnifiée ne porte nimbe parmi toutes les représentations de ce genre qui existent dans la Cathédrale de Chartres.

ses armes. — 4° La *Chasteté* porte sur le poignet deux oiseaux qu'elle caresse. Aux pieds de cette noble vertu, on voit la *Luxure* sous les traits d'une courtisane qui se découvre la poitrine. — 5° La cinquième Vertu tient et caresse un oiseau ; c'est l'*Humilité*. A ses pieds est l'*Orgueil* figuré par un homme que le démon renverse dans la poussière. — 6° La *Charité* vient de se dépouiller de sa dernière tunique pour la donner à un pauvre presque nu ; il ne reste à cette généreuse femme qu'un simple manteau pour vêtement. Elle foule aux pieds l'*Avarice* assise près d'un coffre-fort rempli de pièces d'or ; son sein en regorge également. — 7° L'*Espérance* chrétienne regarde le ciel en joignant les mains ; au-dessus de sa tête, une main divine émerge des nuages et tient une couronne. Le *Désespoir* est une femme qui se perce le sein avec une épée. — 8° La dernière Vertu est la *Foi ;* elle tient dans sa main droite un calice dans lequel elle reçoit le sang de l'Agneau placé sur l'autel ; sa main gauche tenait une croix. A ses pieds est l'*Infidélité,* sous l'image de la Synagogue, femme aux cheveux flottants ; ses yeux, suivant la coutume du Moyen-Age, sont couverts d'un bandeau.

Le quatrième cordon est composé de douze statuettes fort élégantes, et représentant des reines vêtues de la robe traînante et du manteau ; sur la tête elles ont une couronne de pierreries ; toutes sont debout et prêtes à marcher ; aucune ne porte le nimbe ; elles ont des lambels où probablement étaient inscrits leurs noms. La première à gauche n'a pas de manteau, mais une simple tunique ; ses bras et ses pieds sont nus. Les traits de la seconde expriment une profonde tristesse. La cinquième, la sixième, la septième et la huitième portent une croix hastée ; les huit autres portent un sceptre royal. Ces reines symbolisent sans doute les douze Fruits du Saint-Esprit, qui ont orné Marie et qui, d'après saint Paul, sont : la Charité, la Joie, la Paix, la Patience, la Longanimité, l'Humilité, la Bonté, la Douceur, la Fidélité, la Modestie, la Continence et la Chasteté [1].

---

[1] Voyez la *Somme* de saint Thomas, 2ᵉ partie, quest. LXX. — Saint Thomas nous enseigne que les Vertus se divisent en *Vertus proprement dites* et en choses adjointes aux Vertus, c'est-à-dire les *Béatitudes* et les

Entre le quatrième et le cinquième cordon, il y a un large espace rempli par de petites arcatures et deux nervures qui retombent sur des statuettes : la première nervure tombe à gauche sur un cordonnier coupant son cuir, et à droite sur un moine lisant; la seconde a perdu ses deux statuettes.

Le cinquième cordon est fort curieux; il représente à gauche les travaux manuels, à droite les occupations de l'esprit ; ou bien, si l'on veut, c'est la *Vie active* et la *Vie contemplative* [1] : cette double vie a été constamment celle de Marie. La *Vie active* est représentée sous les traits d'une femme assise, vêtue d'une double robe ; sa tête est couverte d'une espèce de barette, coiffure des dames au Moyen-Age. Voici ses diverses occupations : 1° Elle lave la laine dans une cuve qui reçoit l'eau jaillissante d'un rocher. 2° Elle peigne la laine; les instruments dont elle se sert, sont encore employés aujourd'hui. 3° Elle tille le lin : après avoir pris une poignée de lin, elle l'a posée sur son genou et le brise avec un petit instrument. 4° Elle peigne le lin en le passant entre les dents d'un seran ou serançoir. 5° Elle file le lin ou la laine. 6° Elle met en écheveau le lin ou la laine filée; son dévidoir est encore employé dans la Picardie. Après avoir préparé le fil, la Vie active le met en œuvre : en effet, sous ce cordon, il y avait avant 1793, une statue colossale adossée au pilier : *c'est une femme qui coût*, dit une *description manuscrite des trois portiques de la Cathédrale de Chartres* [2].

A droite, comme nous l'avons déjà dit, c'est la *Vie contemplative;* sa statue colossale qui était adossée au pilier et qui faisait le pen-

---

Fruits du Saint-Esprit. Voyez sur tous ces points, dans la Somme, le traité *de actibus humanis in universali*.

[1] Voyez, sur la Vie contemplative, un traité fort curieux dans la Somme de saint Thomas, 2ª 2ᵃᵉ quest. 179 — 182.

[2] Cette description est due à l'abbé Brillon, chanoine de Chartres; elle a été faite vers 1720 pour servir de notes au Père Montfaucon, qui travaillait alors à son ouvrage sur les *Monuments de la Monarchie française*. Le P. Montfaucon fut bien mal servi par son correspondant; car le manuscrit fourmille d'erreurs grossières ; il peut cependant offrir quelques renseignements utiles. On le conserve à la Bibliothèque publique de Chartres.

dant de la *Vie active*, représentait *une femme qui lisait* [1]. Au-dessus de cette statue, et sur toute l'étendue de la voussure on voit la Vie contemplative, sous la figure d'une femme modestement vêtue, lire, prier, méditer, etc. 1° Elle tient un livre fermé sur le genou et se frappe la poitrine. 2° Elle va ouvrir le livre. 3° Elle lit dans le livre. 4° Elle a posé son livre sur le genou et joint les mains : elle prie. 5° Elle tient son livre dans la main gauche et sa droite est levée : elle enseigne. 6° Elle a de nouveau posé son livre sur les genoux et tient les mains jointes à la hauteur de la poitrine : elle prie et médite, dans une sorte d'extase : c'est le dernier degré de la Vie contemplative.

Enfin le sixième et dernier cordon se compose de quatorze statuettes représentant quatorze reines jeunes et gracieuses [2].

[1] Voyez le Ms de l'abbé Brillon.

[2] Ces Reines ont été honorées de deux mémoires fort intéressants, l'un écrit par M. Didron, l'autre par Mme Félicie d'Ayzac. M. Didron voit à tort dans ces reines la représentation allégorique des *Vertus publiques* ou *sociales*. Dans la description, il a commis plusieurs erreurs assez graves, il les fera disparaître, quand il réimprimera son premier travail dans la *Monographie* de la Cathédrale de Chartres, publiée par les ordres du gouvernement. Mme d'Ayzac a prouvé, sans réplique, en s'appuyant sur saint Anselme et les théologiens du moyen âge, que ces reines sont les *Béatitudes célestes*. — Saint Anselme a consacré 24 chapitres de son *Traité des similitudes*, à décrire les quatorze Béatitudes et les quatorze Peines opposées: Voici le tableau indiquant le nom et l'ordre des Béatitudes et des Peines, d'après ce saint docteur. On peut voir aussi sur les *Béatitudes* le *Miroir moral* de Vincent de Beauvais, lib. II, p. IV, dist. 3 et 4.

CORPORIS.		ANIMÆ.	
Beatitudines.	*Miseriæ.*	*Beatitudines.*	*Miseriæ.*
Pulchritudo.	Turpitudo.	Sapientia.	Insipientia.
Agilitas ou Velocitas.	Ponderositas.	Amicitia.	Inimicitia.
Fortitudo.	Imbecillitas.	Concordia.	Discordia.
Libertas.	Servitus.	Honor.	Dedecus.
Sanitas.	Infirmitas.	Potestas.	Impotentia.
Voluptas.	Anxietas.	Securitas.	Timor.
Longævitas	Vitæ Brevitas.	Gaudium.	Tristitia.

toutes portent la robe et le manteau largement drapés, les cheveux flottants sur les épaules, la couronne et le nimbe; toutes ont la croix ou l'étendard; toutes s'appuient sur un bouclier où sont figurés les emblêmes qui caractérisent chacune d'elles. Toutes avaient leurs noms gravés dans la pierre; cinq noms sont aujourd'hui effacés. « Ces reines, dit madame d'Ayzac, ces reines au » front doux et fier, au port gracieux et noble, ne sont point les » *Vertus publiques*, mais les *Béatitudes célestes*, c'est-à-dire les » joies spirituelles et corporelles dont les Justes seront comblés, » enivrés dans la vie future », et dont Marie, la titulaire du porche, est déjà pleinement en possession. Décrivons-les en peu de mots, en commençant par l'extrémité inférieure du côté gauche, remontant au sommet de l'ogive, et descendant du côté droit jusqu'à l'autre extrémité du cordon. 1° La première Béatitude a perdu son nom; c'est sans doute la *Beauté, Pulchritudo;* sa main droite est brisée et tenait un étendard; sa gauche s'appuie sur un bouclier chargé de quatre roses épanouies. La console est ornée d'un rosier qui la tapisse de ses fleurs, de ses boutons et de ses feuilles. 2° La *Liberté,* LIBERTAS; sa main droite brisée portait un étendard; sa gauche est appuyée sur un bouclier armé en relief de deux couronnes royales. 3° L'*Honneur*, HONOR, porte deux mitres sur son bouclier; un étendard flottait à la main droite brisée. 4° La quatrième Béatitude a perdu son nom; l'emblême du bouclier est un ange sortant des nuages et portant un livre; elle tient une croix à la main droite. C'est sans doute la *Joie céleste, Gaudium.* 5° La cinquième statue peut s'appeler la sainte *Volupté, Voluptas;* sur son bouclier est un ange debout dans un nuage et portant l'encensoir; la tête est brisée avec une portion de l'étendard qu'elle tenait dans sa main droite. 6° Après la Volupté céleste, s'élance la *Vélocité* ou *Agilité,* VELOCITAS; sur son bouclier, trois flèches *sifflent en abime*, comme disent les héraldistes; elle portait une croix hastée. 7° La *Force,* FORTITUDO, tenait une croix dans sa main droite brisée; sur son bouclier grimpe et rugit un lion. 8° Vient ensuite la *Concorde,* CONCORDIA, appuyant sa main droite sur un bouclier orné de deux couples de colombes adossées et se regardant avec douceur; dans sa gauche, elle tient la hampe d'une croix brisée aujourd'hui. 9° L'*Amitié*, AMICITIA, a un voile sous sa couronne et s'appuie sur un bouclier qui porte aussi quatre oiseaux affrontés; elle avait jadis

une croix dans la main gauche. 10° La dixième n'a plus de nom; c'est peut-être la *Longévité, Longevitas;* elle a un étendard dans la main droite; sur le bouclier est sculpté un aigle tenant à la serre un sceptre fleuronné. 11° La *Puissance, Potestas;* l'inscription est un peu fruste; on lit cependant encore : p..estas; elle porte sur son bouclier trois sceptres fleuronnés; à la main droite, elle a une croix hastée[1]. 12° La *Santé,* sanitas, tient un étendard; son écusson est timbré de trois poissons. « Quelques auteurs, dit Vulson de la Colombière cité par madame d'Ayzac, ont fait servir les poissons d'hiéroglyphe pour dénoter la *Santé,* suivant ce proverbe : *Il est sain comme un poisson.* » 13° La *Sécurité,* securitas, pose sa main gauche sur un bouclier portant un château-fort; sa droite tient l'étendard. 14° La quatorzième Béatitude a vu effacer son nom par le temps; elle a un étendard dans la main droite, et sa gauche s'appuie sur un bouclier où s'accroche un dragon ailé; sous le socle, on voit le même dragon furieux, dont la queue se replie sur elle-même : c'est probablement la *Sagesse, Sapientia.* « La première
» Vertu, dit M. Didron, pose les pieds sur une console que décore
» un rosier; la dernière les a sur un support sculpté d'un dragon
» ailé. Cette Vertu écrase donc le dragon, image du Vice. Mais ce
» reptile dont la queue blesse et la gueule empoisonne, elle s'en
» garantit avec le large bouclier sur lequel le même dragon est
» sculpté. Ce dragon semble faire l'office de la tête de Méduse sur
» le bouclier de Minerve; il tue le Vice qui le regarde. C'est une
» idée originale que de faire exterminer le Vice par le Vice
» même[2]. »

Sous ce cordon des Vertus, deux statues colossales se dressaient avant 1793; à gauche c'était la *Synagogue,* synagoga, comme le

---

[1] M. Didron avait cru voir dans la main de la Puissance, une croix et une épée, *symboles de la puissance spirituelle et de la puissance temporelle.* Or, cette *épée* n'était qu'un morceau de latte tombée par accident entre le bras et la poitrine de la statue! — M. Didron a lu majestas, au lieu de potestas. (*Annales archéologiques,* tome VI.)

[2] *Annales archéologiques*, tome VI, page 58. — C'est là qu'on trouvera aussi le long mémoire de M. Didron. — Le savant travail de Mme d'Ayzac forme un vol. in-8° de 76 pages, et a pour titre : *Les Statues du porche septentrional de Chartres;* Paris, chez Leleux.

portait une inscription gravée sur le socle; elle était représentée sous les traits d'une *femme aux yeux bandés et tenant en main les tables de la loi*. A droite, c'était l'*Église catholique*, SANCTA ECCLESIA : *Une femme couronnée qui a un manteau et comme une espèce de chasuble qu'elle relève des deux côtés avec ses bras, sur lesquels elle soutient appuyé contre sa poitrine un cadre où sont figurées les Vertus sous l'image d'une femme armée du bouclier, et coiffée d'un bonnet rond de la forme presque d'une mitre* [1]. Ces deux statues colossales étaient fort remarquables; il est question de les rétablir ainsi que les deux statues représentant la Vie active et la Vie contemplative.

Les piédestaux de ces quatre statues colossales étaient décorés de statuettes posées dans des niches trilobées, et représentant les Vertus qui terrassaient les Vices. Les Vertus étaient toutes figurées sous les traits d'une femme vêtue d'une longue robe, armée du glaive et d'un bouclier timbré de la croix; le Vice était personnifié par un animal tenant des flammes dans ses pattes postérieures. Deux Vertus et deux Vices sur dix existent encore; elles ornent le piédestal de l'Église : c'est la *Force*, FORTITUDO, qui terrasse la *Cruauté*, CRUDELITAS, figurée par un lion; et la *Justice*, JUSTITIA, qui transperce un singe, symbole de la *Curiosité*, CURIOSITAS. Nous dirons le nom des autres Vertus, d'après le Manuscrit de l'abbé Brillon : sur le piédestal de la Vie contemplative, il y avait l'*Humilité* et l'*Orgueil*, la *Chasteté* et la *Luxure*, la *Sobriété* et la *Gourmandise*; sur le piédestal de la Vie active on voyait la *Tempérance* et l'*Ivresse*, la *Prudence* et l'*Envie*, la *Sagesse* et la *Folie*; sur le piédestal de la Synagogue, il y avait aussi deux Vices, *dont les noms sont effacés*, dit le Manuscrit précité.

Il nous reste à parler maintenant des statues colossales qui se dressent contre les piliers de la baie centrale et de la baie latérale de droite. Ces statues représentent les princes et les princesses fondateurs ou bienfaiteurs du porche et de l'église. C'était une coutume assez ordinaire au Moyen-Age de placer les bienfaiteurs au début ou au bas des œuvres que, par leur libéralité, ils avaient fait construire; c'est ainsi que presque sur toutes les verrières sont

---

[1] Ms de l'abbé Brillon.

figurés les donateurs. Ils ne sont pas mêlés à la compagnie des Bienheureux, mais ils semblent soupirer après le moment qui doit les réunir au ciel. Un autre usage de l'art chrétien c'est de faire accompagner les donateurs par des Saints qui paraissent les prendre sous leur patronage : ici ce sont des prophètes qui accompagnent et patronnent les princes et princesses. Nous donnerons à ces statues des noms qui ne sont qu'hypothétiques, aucun personnage ne portant des attributs qui puissent le faire connaître.

A la baie centrale, les piliers sont ornés de huit statues colossales, quatre de chaque côté; en commençant à gauche on trouve 1° *Philippe,* comte de Boulogne, oncle de saint Louis; il est vêtu de la tunique et du manteau, et porte le sceptre; une calotte couvre sa tête. — 2° *Mahaut,* comtesse de Boulogne, est à côté de son époux; cette statue est une des plus belles du porche; on remarquera son noble et sévère costume, et l'art avec lequel ses cheveux sont tressés et relevés; sa tête est couverte de la barette, coiffure des dames de qualité au XIIIe siècle. — 3° La troisième statue a été brisée en 1793, ainsi que la quatrième; d'après le Manuscrit de l'abbé Brillon, c'était *un roi couronné tenant de sa main gauche un sceptre, de la droite une croix qu'il porte sur sa poitrine; il a une grande tunique fendue par les deux côtés en bas.* — 4° *Un roi plus gros, couronné, tenant de sa main droite un sceptre brisé, levant sa gauche sur le haut de sa poitrine.* — Les piédestaux de ces quatre statues figurent plusieurs traits de la jeunesse de David : 1° Le jeune David en costume de berger est sacré roi par Samuel; deux Mains divines sortent des nuages, l'une bénit et l'autre tient la couronne destinée au nouveau roi d'Israël; derrière lui on voit son père Isaï et trois de ses frères, comme le porte l'inscription : David : fratres ejus : Isay. — 2° David assis pince de la harpe devant Saül; la statue de Saül est brisée. — 3° David armé du glaive devant Saül. — 4° David lance une pierre contre le géant Goliath. — 5° Le géant est terrassé et David lui coupe la tête. Nous recommandons aux amateurs d'examiner l'armure de Goliath; c'est une des plus curieuses qu'ait sculptée le Moyen-Age. — Ces deux derniers groupes et presque toute l'ornementation du piédestal, appartiennent évidemment à un autre style que le reste du porche : ils ont été refaits dans les premières années du

XIVᵉ siècle par un sculpteur nommé Rombir ou Robbir, comme il a eu soin de nous le dire en gravant son nom sur la base du pilier : ROBIR.

Les deux piliers de droite possèdent encore leurs quatre statues : 1° Un *prophète* en tunique et long voile ; un lambel dans les mains. — 2° Probablement *Louis VIII*, père de saint Louis, en grand costume royal. — 3° *Isabelle*, sa fille, abbesse et fondatrice de Longchamps ; elle est en costume de religieuse : la guimpe, le bandeau et le voile couvrent le front, les épaules et le cou de la pieuse sœur de saint Louis, et encadrent son modeste visage ; dans sa main gauche elle tient un livre [1]. — 4° *Zacharie*, noble vieillard au front chauve et à la barbe épaisse ; il est vêtu de l'aube ceinte et d'une sorte de manteau ; il porte dans sa main gauche un encensoir à courtes chaînes.

Les piédestaux ou soubassements de ces statues nous offrent l'histoire de Samuel et d'Héli : 1° Samuel vient se consacrer au Seigneur ; il porte un agneau sur l'autel ; devant lui est le grand-prêtre Héli ; Samuel est accompagné de son père Elcana et de sa mère Anna, qui porte un cierge et un livre. — 2° Héli parle à Samuel. — 3° Dieu apparaît à Samuel couché près de l'autel, et lui révèle la mort prochaine d'Héli et de ses fils. Sous la statue de Dieu on lit : ΧΡΙΤΥΣ [2]. Ainsi le Christ, qui est le Verbe de Dieu, parle à Samuel plus de onze cents ans avant sa naissance selon la chair. « C'est l'excellente doctrine des Pères merveilleusement ex-
» pliquée par Tertullien ; ce grand homme raconte que le Fils de
» Dieu ayant résolu de prendre une chair semblable à la nôtre,
» quand l'heure en serait arrivée, il s'est toujours plu, dès le

---

[1] « Isabel refusant les plus grands partis de l'Europe, fit bâtir pour sa retraite le Monastère de Longchamp près Saint-Cloud, auquel elle mit des Religieuses de sainte Claire, et finit ses jours dans ce couvent, où on lui offre aujourd'hui des vœux ; car encore qu'elle n'ait pas été mise au catalogue des Saints, toutefois le pape Léon X bien informé de la sainteté de sa vie, permet aux religieuses de ce lieu d'en célébrer le service tous les ans, le dernier du mois d'août, qui fut celui de son bienheureux trépas. » (*Histoire de France*, par Mezeray, in-f°, tome 2, page 224.)

[2] Cette orthographe demi-grecque est fort ordinaire au moyen-âge.

» commencement, à converser avec les hommes; que dans ce
» dessein, souvent il est descendu du ciel; que c'était lui qui dès
» l'ancien Testament parlait en forme humaine aux patriarches et
» aux prophètes [1]. » — 4° L'Arche sacrée est prise par les Philistins, et les deux fils d'Héli, Ophni et Phinées, et des soldats sont tués. — 5° L'Arche est suspendue dans le temple de Dagon, et l'idole se renverse; dans l'Arche, il y a les tables de la loi, la mesure ou gomor de manne et la verge d'Aaron. — 6° Le retour de l'Arche : deux bœufs traînent un chariot sur lequel est l'arche; un ange conduit les bœufs. — Aucune parole ne saurait rendre toute la finesse du travail de ces groupes que nous venons de mentionner si rapidement.

Les piliers de la baie latérale de gauche sont décorés de quatre statues colossales : à gauche, *saint Ferdinand*, roi de Castille, en costume de cérémonie; à côté de lui il y a un *prophète* drapé dans un ample voile. A droite, *saint Louis;* il porte le sceptre et la couronne; il est vêtu d'une robe d'hermine et d'un manteau; par dessus le manteau, un sac de pénitence; caleçon avec *souspieds,* pieds nus. Il est accompagné d'un *prophète,* à qui un sculpteur moderne a rajusté une tête, qui est tout ce que l'on peut voir de plus horrible.

Sur les piédestaux de ces quatre statues, on a figuré les arts et les sciences : 1° L'*Agriculture*, personnifiée par Adam et Abel qui gardent des brebis, et par Caïn qui bêche la terre; 2° la *Musique,* sous les traits de Jubal qui pince de la harpe; 3° la *Métallurgie,* figurée par Tubalcaïn, qui forge sur une enclume; 4° la *Médecine,* représentée par un médecin tenant un livre ouvert; à ses pieds quatre espèces de simples; 5° la *Géométrie*, tenant une équerre et un compas; 6° la *Peinture,* sous la figure d'un peintre trempant son pinceau dans les couleurs étalées sur sa palette; 7° la *Philosophie,* figurée par un philosophe : PHILOSOPHVS; 8° enfin la *Magie,* sous les traits d'un magicien, MAGUS; il tient une banderolle dans les mains, et à ses pieds rampe un dragon ailé.

Sur la face du porche qui regarde le clocher-neuf, se dressent

---

[1] Bossuet, *Premier sermon sur la Conception de la sainte Vierge;* première partie.

deux statues colossales, nimbées et représentant un saint archevêque et une sainte vierge. Je nommerai, mais avec hésitation, ces deux statues; et je déterminerai, avec une hésitation plus grande encore, les scènes qui sont sculptées sur les piédestaux.

La première statue représente saint *Savinien*, en vêtements pontificaux: amict paré, aube parée, tunique, dalmatique, chasuble, pallium, mitre basse, crosse, gants et sandales; il bénit de la main droite. Sur le piédestal: 1° Saint Savinien, assisté de deux clercs en aube, baptise Victorin. 2° Quirinus, gouverneur de Chartres, fait amener devant lui saint Altin, prêtre, envoyé à Chartres par Savinien [1]; sainte Modeste, fille de Quirinus, est comme accroupie aux pieds de son père. Dans le haut de la niche, on voit un démon qui anime le soldat contre le saint prêtre.

La seconde statue figure sainte *Modeste*, vêtue d'une robe traînante et d'un manteau; cheveux flottants couverts d'un voile; sa main droite est levée; sa gauche relève un pan de son manteau et porte un livre; elle semble s'entretenir avec saint Savinien. Cette statue de sainte Modeste est sans contredit la plus belle du porche: il est impossible de mieux jeter une draperie et de donner plus de vie et d'expression religieuse [2].

Sur le piédestal fort mutilé: 1° Quirinus vient de menacer sa fille, qui s'est jetée à genoux pour prier le Seigneur; une Main divine sort des nuages et apporte à sainte Modeste la palme du martyre. Cette main, que l'on voit fréquemment dans les œuvres du Moyen-Age, est une heureuse réminiscence de l'époque primitive de l'art chrétien: elle figure Dieu le Père, dont l'intervention est constamment manifestée de la sorte dans les sculptures et les peintures des Catacombes; on s'en assurera en ouvrant presque au hasard, la *Rome souterraine*, de Bosio ou d'Aringhi. 2° Quirinus a fait jeter le corps de sa fille et ceux d'une foule

---

[1] Souchet, *Histoire de Chartres*, page 85.

[2] La statue de sainte Modeste est dans un fort mauvais état; elle est fendue dans toute sa longueur et menace de tomber en morceaux. On vient de la mouler en plâtre, et un artiste très-distingué, habitué déjà au style du XIIIe siècle, M. Geoffroi, va la reproduire en pierre avec une exactitude mathématique.

de chrétiens dans le puits des Saints-Forts ; un clerc en aube ceinte retire de ce puits les membres sacrés des martyrs ; un ange descend du ciel pour aider au clerc. 3° Deux anges portent respectueusement sur une nappe la petite âme nue de sainte Modeste.

Sur la face latérale qui regarde la sacristie, il y avait autrefois deux statues colossales ; une seule existe encore ; c'est celle d'un jeune roi, vêtu comme les autres rois de ce porche ; nous croyons pouvoir le nommer *Philippe-le-Hardi,* sous lequel le porche a été achevé. Le piédestal offre une scène que nous n'avons pas pu déterminer. — Quant à la seconde statue, qui paraît avoir disparu depuis longtemps, nous n'avons aucun renseignement sur elle ; c'était probablement un prophète. Les statuettes qui ornent le piédestal sont toutes mutilées.

Le pignon de chaque baie du porche est orné d'une niche avec statues. Dans la niche de la baie centrale, Dieu est assis, bénissant de la main droite et tenant un livre dans la gauche ; à ses côtés, deux anges qui éclairent ; plus bas, deux autres anges qui encensent. — Dans les niches latérales, il y a deux jeunes évêques assis et bénissant ; ils sont accompagnés de deux anges, dont l'un éclaire et l'autre encense. — Chaque baie latérale offre de plus deux autres niches pratiquées à la naissance des archivoltes ; on y voit des rois assis ; ils semblent s'entretenir deux à deux ; à la baie de gauche, l'un des rois a les pieds posés sur un chien ; l'autre les pose sur un petit roi barbu et couronné.

Rose. — Nous ne voulons pas nous occuper ici des compartiments si riches et si gracieux de la rose, nous ne parlerons que de sa bordure supérieure. Cette bordure est ornée de huit niches renfermant chacune une statue. Rien de plus singulier que la disposition des niches et des statues ; ces dernières représentent quatre anges et quatre jeunes clercs ; elles sont posées entre dais et socles ; les socles sont des têtes monstrueuses et grimaçantes. Voici quelques détails sur les statues, qui affectent quatre positions différentes : 1° Deux anges debout, à figure charmante, vêtus d'une ample tunique, une banderolle dans les mains ; 2° deux anges qui ont un genou en terre et qui tiennent aussi une banderolle ; 3° Deux jeunes clercs, en aube ceinte ; ils sont assis sur leurs talons et tiennent un livre ouvert ; 4° deux autres clercs vêtus comme les précédents; ils appuient une main sur leur genou, et l'autre main tient un rouleau à la hauteur de la tête; ils regardent en bas. — Le sens de ces mystérieuses statues a déjà préoccupé plus d'un antiquaire; mais tous ont dû avouer leur ignorance; à plus forte raison, devons-nous confesser la nôtre.

§ 7. — *Façade méridionale.*

Cette façade offre à peu près la même disposition que la façade septentrionale : elle se compose d'un large perron de dix-sept marches, d'un porche en saillie et à trois baies, d'une rose aux compartiments délicats, et de plusieurs galeries avec balustrades. Nous nous contenterons de décrire le porche.

PORCHE. — Nous l'avons déjà dit, nous préférons, comme œuvre d'art, le porche méridional au porche nord; en effet les lignes architecturales se montrent ici plus saisissantes et plus harmonieuses; la statuaire en est aussi plus finie, plus vivante, plus expressive : nous aimons à y contempler toute la magnificence, toute la fécondité de la pensée catholique, exprimée avec un rare bonheur et une habileté ravissante.

Le porche tout entier est consacré à Jésus-Christ venant, dans sa gloire, juger à la fin des siècles les vivants et les morts, *Qui iterum venturus est cum gloria judicare vivos et mortuos* [1]. Le divin Juge est assis sur un trône, entouré de sa Mère, de ses douze Apôtres, des neuf chœurs des Anges, des Martyrs, des Confesseurs, des Prophètes, des Vierges, des vingt-quatre Vieillards-rois; ces divers ordres de bienheureux sont sculptés sur les

---

[1] Au XIIIe siècle, le Jugement dernier est presque toujours figuré sur la porte occidentale ; mais à Chartres on l'a représenté au porche méridional, parce que le portail de l'ouest, qui date du XIIe siècle, était occupé déjà par la Glorification du Christ, sujet que les artistes du XIIIe plaçaient au midi. On peut en trouver une preuve dans la disposition des sujets traités dans les verrières des trois grandes roses. Voyez là-dessus un travail très intéressant dans les *Mélanges d'Archéologie* des RR. PP. Cahier et Martin, tome I, pages 74 — 90.

parois, les voussures et les piliers des trois baies du porche. Les anciennes litanies des Saints à l'usage de l'église de Chartres ont servi de programme au sculpteur.

C'est accompagné de ce magnifique cortège que Jésus-Christ vient juger tous les hommes, donnant le ciel aux Bons, qui y sont conduits par les Anges, et envoyant les Méchants dans l'Enfer, figuré par une énorme gueule de dragon. L'artiste chrétien n'a pas oublié de sculpter la représentation allégorique des principales Vertus et des Vices principaux sur lesquels nous serons tous jugés au dernier jour, *en ce jour de colère et de vengeance, où paraîtra dans le ciel l'étendard de la croix, et où l'univers sera réduit en cendres* [1].

Le Jugement dernier est le sujet qui a le mieux inspiré les artistes du Moyen-Âge; on peut même dire que ce tableau est le triomphe de la sculpture chrétienne; et nous ne craignons pas d'ajouter que le *Jugement dernier* de Chartres est le chef-d'œuvre du genre. Ce sont des scènes entières d'une complication étonnante, rendues avec une scrupuleuse exactitude, avec un bonheur incroyable. C'est une instruction pleine de grandeur offerte avec un majestueux ensemble sous les yeux du fidèle.

Entrons dans les détails; commençons par le trumeau de la porte centrale.

Sur ce trumeau, s'élève la statue colossale de Jésus-Christ; il est vêtu de la tunique et du manteau [2]; il bénit de la main droite, et porte dans la gauche le livre des Évangiles richement relié; ses cheveux flottent sur les épaules, et sa tête est ornée d'un

---

[1] Prose de la Messe des Morts, *Dies iræ*. — Il existe un ouvrage fort singulier du P. Hyacinthe Lefebure, intitulé : *Traité du Jugement dernier*, ou Procez criminel des reprouvez, accusez, jugez et condamnez de Dieu, selon les formalitez de la justice, selon l'ordre et la forme de procéder, juger et condamner en matières criminelles, selon les lois divines, canoniques et civiles, Paris, 1671, un vol. in-4°. M. Alfred Maury, dans ses *Recherches sur l'origine des représentations figurées de la psychostasie*, a donné une idée fort exacte de ce livre étrange. *(Revue archéologique*, tome I, page 248.)

[2] Le manteau et la tunique avaient la bordure ornée de cabochons; un seul existait encore, il a disparu depuis quelques mois.

nimbe rehaussé de pierreries dans son pourtour. De ses pieds nus, il écrase un lion et un dragon, parce qu'il lui a été dit par le prophète-roi : *Vous foulerez aux pieds le lion et le dragon* [1]. Sur le dais, il y a deux anges qui portent l'encensoir et la navette. Sous le socle, on voit les bienfaiteurs du porche, représentés dans l'exercice de la charité : 1° Pierre Mauclerc [2], comte de Dreux et duc de Bretagne, couronné d'un diadème avec fleurs, genoux en terre, les mains jointes ; devant lui, une corbeille remplie de pains que deux serviteurs vont distribuer aux pauvres. 2° Pierre Mauclerc et sa femme, Alix de Bretagne, sont assis devant une table chargée d'un pain ; en face du comte, il y a un valet debout. Cette scène est fort mutilée.

Les statues colossales des douze Apôtres se dressent sur les parois de la porte et sont posées sur des colonnes torses fort élégantes. Tous foulent aux pieds leurs persécuteurs ; tous portent l'instrument de leur martyre ; tous sont vêtus de la tunique et du manteau amplement drapés ; tous sont barbus, à l'exception de saint Jean, qui est imberbe ; tous ont les pieds nus ; et neuf ont les cheveux longs flottants sur le dos comme les Nazaréens. Du-

---

[1] *Conculcabis leonem et draconem.* Psal. xc. 15.

[2] « Pierre de Dreux, dit M. de Villeneuve-Trans, reçut la ceinture de chevalier en même temps que Louis VIII ; Pierre alors jeune, mais vaillant et hardi de sa personne, était plus connu sous le nom de *Mauclerc* (mauvais clerc, mal habile ou méchamment habile), satire de sa conduite légère ou de l'abandon de l'état ecclésiastique. Prince spirituel, mais plus porté au mal qu'au bien, et dont les vices effaçaient une foule d'heureuses qualités, il était d'un caractère turbulent, né pour l'intrigue, et destiné à tourmenter tour-à-tour ses peuples, ses alliés et même son souverain. Philippe-Auguste l'affectionnait néanmoins singulièrement, et lui ménagea en 1212 la main d'Alix, fille unique de Gui de Thouars, héritière du grand fief de Bretagne. » (Histoire de saint Louis, tome I, page 32.) Pierre fut un *des chefs et princes de la conspiration* ourdie en 1226 contre saint Louis. Il déclara hautement qu'il n'obéirait plus *aux ordres de souverain en si bas age, et que serait bien fol qui se soubmettraits à luy!* Vaincu plus tard, il obtint son pardon de saint Louis. —Pierre Mauclerc a été le plus généreux bienfaiteur de la Cathédrale de Chartres.

rand de Mende, en son *Rationale*, dit que les apôtres sont au nombre de douze, parce qu'ils devaient annoncer la croyance de la Trinité dans les quatre parties du monde, et que trois fois quatre font douze. Il ajoute qu'on les peint autour de Jésus-Christ, parce qu'ils ont été ses témoins en paroles et en actions. On les peint chevelus, comme des Nazaréens, c'est-à-dire des saints. La loi voulait en effet que le rasoir ne passât point sur la tête des Nazaréens, à partir du jour où ceux-ci avaient quitté la vie commune. Sur la paroi gauche, en commençant près de la porte, on trouve : 1° *saint Pierre*; il a les cheveux crépus et tient dans sa main droite les deux clefs, symboles de sa double puissance, et dans la gauche une croix dont les bras sont cassés. Sous le socle, Simon-le-Magicien étranglé par une bourse remplie d'argent. — 2° *Saint André*, avec sa croix dont les bras sont aussi brisés ; il montre avec gloire l'instrument de son supplice et semble dire sa belle prière : *O bonne Croix, qui as tiré ta gloire des membres du Sauveur, Croix longtemps désirée, ardemment aimée, cherchée sans relâche et enfin préparée à mes ardents désirs, retire-moi d'entre les hommes et rends-moi à mon maître* [1]. Sous le socle, Egéas, proconsul d'Achaïe, qui est ici couronné comme un roi. — 3° *Saint Thomas*, tenant une épée, et écrasant sous les pieds le roi de l'Inde supérieure. — 4° *Saint Philippe*, tenant une épée nue. Sous le socle, le roi d'Hiéropolis qui laissa crucifier et lapider le saint apôtre. — 5° *Saint Matthieu*, tenant une épée et écrasant Hyrace, roi d'Ethiopie, qui fit frapper l'apôtre d'un coup

---

[1] Voyez le 30 novembre, dans le *Bréviaire romain* et dans les *Bréviaires de Chartres* antérieurs à celui de M. de Lubersac, 1782. — Nous ne pouvons malheureusement puiser nos citations liturgiques qu'à la source des anciens Livres. Nos bréviaires et nos missels modernes, élaborés avec art et talent, nous ont dépouillés d'une foule de prières antiques et vénérables, riches de faits traditionnels autant que pleines de piété et d'onction ; et cela sous le prétexte qu'elles n'étaient point les propres paroles de l'Ecriture ! Comme si la *Tradition* n'était pas aussi de quelque valeur dans l'Eglise catholique ; comme si le langage liturgique n'était pas sacré aussi et inviolable à beaucoup d'égards, puisque *la loi de prier établit celle de la foi : Legem credendi statuat lex supplicandi*, a dit le pape saint Célestin.

d'épée. — 6° *Saint Simon;* il tient aussi une épée comme les trois précédents. Sous le socle, un des prêtres païens qui le tuèrent.

Sur la paroi de droite, on trouvera : 1° *saint Paul,* au front chauve [1], une épée dans les mains. Sous le socle, Néron, qui lui fit trancher la tête. — 2° *Saint Jean,* jeune et imberbe ; il est vêtu de l'amict, de l'aube et de la chasuble, une large tonsure sur la tête, une palme brisée dans la main droite, et un livre dans la gauche. Sous le socle, Aristodème, grand-prêtre de Diane, qui lui présente un vase rempli de lézards et de serpents venimeux dont on fit un poison subtil. C'est une allusion au fait suivant : « Aristodème, évêque des idoles à Éphèse, suscita une grande » émeute et une partie du peuple se mit à se battre avec l'autre. » Et alors l'apôtre lui dit : *Que veux-tu que je fasse pour l'apai-* » *ser ?* Et Aristodème lui répondit : *Si tu veux que je croie en ton* » *Dieu, je te donnerai du poison à boire, et s'il ne te fait point* » *de mal, tu auras montré que ton Dieu est véritable.* Et l'apôtre » lui dit : *Fais ce que tu voudras.* Et Aristodème dit : *Je veux* » *que tu voies mourir d'autres avant toi.* Et il alla trouver le gou- » verneur, et il lui demanda deux hommes condamnés à mort, » qui lui furent accordés. Il leur donna le poison en présence de » tout le peuple, et aussitôt qu'ils l'eurent bu, ils tombèrent » morts. Et alors l'apôtre prit la coupe ; il fit le signe de la croix, » il but tout le venin, et il n'eut aucun mal. Et le peuple se mit » à louer Dieu [2]. » — 3° Saint *Jacques-le-Majeur,* l'épée dans les

---

[1] Le sculpteur du XIIIe siècle, comme les premiers chrétiens, a fait chauve l'Apôtre des nations. (Voyez Botarri, *Sculture et pitture sacre,* tome I, pages 80, 90 et 94.)

[2] Voyez l'*Histoire du combat apostolique,* et tous les anciens recueils des Vies des Saints. — L'*Histoire du combat apostolique* est le récit très-circonstancié de la vie et du martyre des douze Apôtres. Cette histoire a été mise au jour sous le nom d'Abdias, sacré évêque de Babylone par saint Simon et saint Jude ; mais le véritable auteur est inconnu. Une version latine en a été faite par Jules l'Africain. Cette histoire a été imprimée pour la première fois dans le recueil de W. Lazius ; Fabricius l'a reproduite dans son *Codex apocryphus,* où elle n'occupe pas moins de 340 pages. Ces récits de martyres et de miracles

mains, portant la pannetière coquillagée. Sous le socle, le roi Hérode, qui lui fit trancher la tête. — 4° Saint *Jacques-le-Mineur*; il a une longue massue à sa main gauche. Sous le socle, le foulon qui lui écrasa la tête. — 5° *Saint Barthélemy*, tenant le couteau dans sa main gauche. Sous le socle, Astragès, roi des Indes, qui le fit écorcher vif. — 6° *Saint Jude* ou *Thaddée*, tenant un livre dans les mains. Sous le socle, un individu accroupi. — Toutes ces statues sont couronnées de dais et de chapiteaux dignes d'attirer l'attention autant par la variété de leur composition que par l'exécution soignée de leurs ornements.

Le tympan est divisé en deux étages : au centre de l'étage supérieur, on voit Jésus assis comme Juge sur un trône ; sa figure est grave et sévère ; ses deux bras sont étendus ; il montre aux Justes et aux pécheurs les stygmates de ses sacrées plaies. A ses côtés, également assis sur des trônes, on voit Marie et saint Jean, le disciple bien-aimé ; ils intercèdent avec la force de leur amour et de leur prière pour les pauvres mortels. Sur le même plan, il y a encore deux anges agenouillés, l'un tient la lance, l'autre la colonne et le fouet, instruments de la passion du Christ. Au-dessus, deux autres anges portent, sur une nappe, l'un la couronne d'épines, l'autre les clous qui transpercèrent les mains et les pieds du Sauveur. Enfin au sommet du tympan, deux anges dressent l'étendard victorieux de la croix.

A l'étage inférieur, c'est le pèsement des âmes et la séparation des Bons et des Méchants. 1° Le *pèsement des âmes* est un des sujets allégoriques les plus singuliers et les plus souvent reproduits au Moyen-Age [1]. Saint Michel, au centre du tympan, tient la balance du jugement, aujourd'hui mutilée ; dans le bassin à la droite de l'archange, est une âme sous la figure d'un petit enfant nu ; elle joint les mains, et sa tête est brisée ; dans le bassin de

extraordinaires étaient les poèmes populaires des néophytes et des fidèles du Moyen-Age ; ce merveilleux naïf avait pour eux un charme indicible. — Nous devons ajouter que l'Eglise n'a jamais regardé ces faits comme dignes de foi.

[1] Voyez dans la *Revue archéologique*, un curieux travail sur le *Pèsement des âmes* ; numéros de juillet 1845.

gauche, il y a, comme poids absolu, un petit diable et deux horribles crapauds, emblêmes des péchés mortels ; sous ce bassin on voit un autre petit diable qui pousse sournoisement le bassin avec la tête, afin que le bassin opposé qui contient l'âme, s'abaisse davantage, et que cette âme lui revienne. — 2° *Séparation des Justes et des Méchants :* A la droite de saint Michel, est représentée la glorieuse armée des laïcs, des moines, des vierges, des prêtres, des évêques et des rois qui se sont sanctifiés sur la terre et que leurs anges-gardiens mènent ou portent dans le *sein d'Abraham,* lequel se voit assis au second cordon de la voussure et tient déjà dans son giron trois petites âmes. Tous les élus ont la tête levée vers le ciel et regardent le Sauveur en le remerciant. On remarquera que l'artiste chrétien a placé les évêques et les rois au dernier rang des élus, sans doute afin de nous indiquer que les pauvres sont tellement les amis de Dieu, que le ciel est d'abord pour eux, et après eux seulement pour les riches et les grands qui les auront assistés ici-bas. Au-dessus des Bienheureux, on voit quatre anges qui les encensent. — A la gauche de saint Michel, sur la seconde moitié du tympan et le premier bandeau de la voussure, ce sont les réprouvés conduits par d'affreux démons dans l'enfer figuré par une énorme gueule de dragon vomissant des flammes [1] : c'est un tableau saisissant. Parmi les damnés, les uns ont une chaîne au cou, et les autres sont culbutés et engouffrés dans les enfers par des démons armés de fourches. Tous ces malheureux réprouvés offrent l'expression de cruelles souffrances ou d'un affreux désespoir, expression admirablement reproduite par l'artiste. On y voit deux avares que caractérise la bourse pendue au cou ; à côté est une religieuse infidèle à ses vœux et qu'un diable accompagne par ironie ; plus loin un autre diable, indécente et grotesque personnification de la luxure, porte sur son dos une femme renversée dont les cheveux traînent à terre. On remarquera qu'ici figure au premier rang des damnés,

---

[1] L'énorme gueule de dragon qui désigne ordinairement la bouche de l'enfer dans les tableaux du Moyen-Age, est une extension du symbolisme de Léviathan. (Voyez la *Monographie* de Bourges par les RR. PP. Cahier et Martin, pages 137 — 139.)

un roi, un évêque prévaricateur et une princesse. Dans la partie supérieure du tableau, il y a quatre anges armés du glaive et du bouclier et chassant les réprouvés loin de la présence divine.

A droite et à gauche de Jésus-Christ, le second rang de statuettes de la voussure représente les morts qui sortent de la tombe pour paraître devant le tribunal du Seigneur : le son éclatant de la trompette s'est fait entendre jusqu'au fond de leurs sépulcres. Tous regardent le Seigneur et sont dans une posture suppliante; chacun semble dire : *O Roi dont la majesté est si redoutable, Dieu qui sauvez vos élus, par une miséricorde toute gratuite, sauvez-moi, ô source de toute bonté* [1]. Cette résurrection générale est parfaitement bien sculptée.

Au-dessus de cette résurrection, ce sont les neuf chœurs des Anges. Selon le sentiment commun des Pères et des théologiens catholiques, les Anges sont distribués en trois hiérarchies, et chaque hiérarchie en trois ordres ou chœurs : 1° les Séraphins, les Chérubins et les Trônes; 2° les Dominations, les Vertus et les Puissances ; 3° les Principautés, les Archanges et les Anges [2]. Voici comment ces neuf ordres sont placés à Chartres. Premier cordon de la voussure, à la gauche du spectateur, quatre *Chérubins* avec six ailes et portant dans chaque main une boule; cette boule est ce qu'on appela, durant tout le Moyen-Age, le *sceau de Dieu, signaculum Dei*. A droite, quatre *Séraphins* à six ailes et tenant en main des flammes, figure de l'ardeur de leur amour pour Dieu [3]. Le second cordon offre six *Dominations* : deux ailes, tunique et manteau, couronne et sceptre, pieds chaussés. Le troisième cordon représente huit *Puissances* à deux ailes et portant tunique, man-

---

[1] Voyez la prose *Dies iræ*, à la messe des morts.

[2] Lisez dans le *Miroir naturel* de Vincent de Beauvais, lib. I, cap. 44-50, des développements curieux sur cette classification et sur le sens qu'on y attache. — Dans les anciennes *Litanies des Saints* pour l'église de Chartres, voici l'ordre dans lequel sont placés les Esprits célestes : Anges, Archanges, Trônes, Dominations, Principautés, Puissances, Vertus, Chérubins et Séraphins.

[3] Les *Trônes*, qui manquent ici pour compléter la première hiérarchie angélique, sont placés au cordon externe des deux baies latérales.

teau et sceptre sans la couronne; pieds chaussés. Sur le quatrième cordon sont figurées à gauche cinq *Principautés* ou cinq *Vertus*, ayant pour vêtements l'amict paré, l'aube et la dalmatique diaconale; ils portent un livre dans la main gauche; pieds chaussés. A droite, il y a cinq *Archanges* en tunique et manteau, armés de la lance et du bouclier, et écrasant un dragon sous leurs pieds nus. Enfin le cinquième cordon contient douze *Anges* : quatre, en tunique et manteau, sonnent encore des longues trompettes qui ont éveillé le genre humain; quatre, en amict et aube, tiennent des flambeaux; quatre portent la navette et l'encensoir.

Le sixième cordon est séparé du cinquième par un large espace orné seulement de deux nervures toriques. Ce sixième cordon se compose de vingt-huit statuettes accouplées deux à deux et posées dans des niches d'un travail exquis. Ces statuettes représentent les saints *Prophètes* de l'ancien Testament; tous sont vêtus de la tunique et du manteau; tous ont un livre ou une banderolle; dans chaque groupe, il y a toujours un barbu et un imberbe, sans doute pour éviter la monotonie. Trois portent la couronne : David qu'on reconnaît à sa harpe, Salomon tenant un sceptre, et la reine de Saba qui a une fleur dans la main gauche.

Le dernier cordon, qui est tout-à-fait à l'extérieur de la voussure, contient quatorze statuettes admirables d'exécution : ce sont les *Vierges* chrétiennes qui ont vaincu dans les nobles combats pour la chasteté; elles sont vêtues de la robe et du manteau royal; elles portent le nimbe et la couronne comme Marie, et tiennent en main une fleur de lis, symbole de leur virginité.

Nous avons décrit toute la baie centrale, mais avant de la quitter, jetons un coup d'œil sur les quatre piliers qui en soutiennent la voussure; ils sont composés de cinq colonnes cylindriques d'une seule pierre, portées sur un élégant piédestal.

La baie latérale de gauche est toute entière consacrée à la blanche armée des Martyrs. Décrivons-la rapidement; nous prions encore le lecteur de se rappeler que nous ne lui offrons ici qu'une table analytique des matières à traiter, et que si parfois nous entrons dans quelques détails, c'est pour éviter la monotonie.

Sur le tympan et sur la première zône de la voussure, se déroule en trois tableaux l'histoire de saint Étienne, premier martyr du Fils de Dieu. En commençant à gauche, on trouve :

1° Saint Étienne assis et disputant contre quatre docteurs juifs. 2° Saint Étienne vêtu en diacre (le sculpteur a oublié de lui donner une étole) est entraîné hors de Damas ; la ville est figurée avec ses murs, sa porte bastionnée et ses maisons, dans un coin du tympan. 3° Saint Étienne est lapidé par les Juifs ; le saint diacre est à genoux, les mains jointes, regardant en haut, *Et il dit : Je vois les cieux ouverts, et le Fils de l'homme qui est debout à la droite de Dieu* [1]. Jésus est sculpté de grandeur naturelle dans le second étage du tympan ; il est vêtu de la tunique et du manteau, porte la couronne royale, bénit de la main droite, et dans sa gauche tient la palme du martyre pour Étienne ; à ses côtés deux anges adorateurs. Dans la scène de la lapidation, au bas de la voussure, on voit des Juifs apportant des pierres dans un pan de leurs robes ; Saül, qui sera plus tard le grand Paul, est assis sur les vêtements du saint diacre.

Les parois de la porte de gauche sont décorées de huit statues colossales qui représentent les plus célèbres martyrs honorés dans l'Église de Chartres. A gauche, on voit : 1° *Saint Théodore* [2], vêtu de la cotte de mailles et du surcot ; à son baudrier pend un large cimeterre ; sa main droite tient fièrement une lance, et sa gauche est appuyée sur un bouclier timbré d'une croix fleurdelisée et cantonnée de quatre fleurs de lis ; il a des éperons. Sous le socle, l'empereur Licinius veut faire adorer ses dieux par Théodore, qui fléchissant un genou devant l'idole, s'apprête à la renverser : c'est l'interprétation qui nous a paru la plus vraisemblable. Le sculpteur a confondu ici les deux saints Théodore, soldats. — 2° *Saint Étienne*, vêtu de l'amict paré, de l'aube, du manipule et de la dalmatique ; l'artiste a encore oublié de lui donner une étole [3]. Sous le socle, un des Juifs qui le lapidèrent. — 3° *Saint*

---

[1] ACTES DES APÔTRES, VII, 55.

[2] Au lieu de saint Théodore, M. Didron voit dans cette statue, *saint Victor* (Guide de la peinture, page 321.) Ce dernier martyr était peu connu à Chartres ; saint Théodore, au contraire, y a toujours été fort honoré, parce que l'on y possédait tous ses sacrés ossements. Une verrière raconte même les traits principaux de la légende du saint martyr.

[3] Il y aurait une foule de remarques intéressantes à faire sur le

Clément, pape, en vêtements pontificaux : amict paré, aube, manipule, étole, tunique, dalmatique, chasuble ronde, pallium, gants, anneau et sandales; il porte la tiare pointue du Moyen-Age; il bénit de la main droite et tient la croix pastorale dans sa gauche. Pour socle, un temple au milieu des eaux; allusion à un fait ainsi raconté dans les plus anciens livres liturgiques : « Le
» gouverneur ayant fait jeter à la mer saint Clément lié par le cou
» à une ancre, les chrétiens se mirent en prière pour demander
» au Seigneur qu'il daignât leur faire découvrir le corps du
» martyr. Et aussitôt la mer recula d'un espace de trois milles;
» et les fidèles, avançant à pied sec, trouvèrent un petit temple
» en marbre, et le corps de Clément y était dans un tombeau, et
» l'ancre était à côté... Et chaque année, à l'anniversaire du
» martyre de Clément, la mer se retire pendant toute l'octave [1]. »
— 4° *Saint Laurent*, en costume diaconal, le livre des évangiles sur la poitrine. Sous le socle, l'empereur Décius est étranglé par un diable.

A droite, c'est : 1° *Saint Vincent*, vêtu comme saint Laurent. Sous le socle, un aigle et un ours, qui ne purent dévorer le corps du martyr. — 2° *Saint Denis*, évêque de Paris, en costume pontifical, et bénissant de la main droite. Sous le socle, un des lions furieux qui furent lancés contre lui et qui s'adoucirent devant le saint évêque [2]. — 3° *Saint Piat*, prêtre, en vêtements sacerdotaux. Sous le socle, le proconsul Rictius-Varius, qui lui fit trancher la tête. — 4° *Saint Georges*, vêtu comme saint Théodore; son bouclier est à champ croisé et orné d'une rosace fort élégante. Sous le socle, deux bourreaux torturent le vaillant chrétien

costume sacré des diacres, des prêtres, des évêques, etc.; nous les réservons pour la *Monographie*. — Nulle part ailleurs on ne trouvera des vêtements sacrés aussi admirablement sculptés et ciselés.

[1] Voyez le Bréviaire romain et les anciens Bréviaires de Chartres, au 23 novembre; voyez aussi toutes les *Vies des Saints* écrites avant les téméraires critiques Tillemont et Baillet.

[2] Une des verrières du chœur représentait saint Denis entre deux lions; cette verrière, qui avait été donnée par saint Louis, a été remplacée par du verre blanc, en 1769.

sur une roue [1]. — Les statues de saint Georges et de saint Théodore sont deux chefs-d'œuvre de la statuaire du XIII° siècle.

Remontons maintenant à la voussure. Les cinq premiers cordons sont ornés de trente-huit statuettes représentant toute la hiérarchie des Martyrs. Sur le premier cordon, huit petits enfants vêtus de la robe et tenant en mains la palme du martyre et la boule du monde : ce sont les *Innocents, premières victimes du Christ qui se jouent avec la palme et les couronnes; Vos prima Christi victima.... palmâ et coronis luditis* [2]. — Au second cordon, six Martyrs en tunique et manteau, sans nimbe : ce sont probablement les Machabées; la place a manqué pour le septième. A l'amortissement de ce cordon, on voit une tête de bœuf; d'une blessure faite au cou, il en coule deux petits ruisseaux de sang, qui est reçu par chacun des Machabées dans un pan de leurs vêtements. — Le troisième cordon a huit Martyrs laïcs en tunique et manteau et portant des palmes. — Le quatrième cordon comprend dix Martyrs : six rois en tunique et manteau, couronne et sceptre; deux évêques en costume pontifical; deux archevêques ornés du pallium. — Au cinquième cordon on voit douze Martyrs, deux sous-diacres, deux diacres et deux prêtres avec palmes et livres; deux abbés et deux évêques portant la crosse et le livre; un empereur portant couronne et sceptre, et enfin un pape bénissant de la main droite et tenant une fleur dans la gauche.

Le sixième cordon, qui est séparé du premier par un large espace nu, offre en pierre la parabole des dix Vierges : à gauche ce sont les cinq Vierges sages, modestement vêtues et tenant leurs lampes allumées pour aller au-devant de Jésus-Christ; à droite ce

---

[1] Au lieu de saint Georges, M. Didron voit saint Christophe *(Annales archéologiques*, tome I, page 56): « A Chartres, dit-il, sous la statue » de saint Christophe, représenté en guerrier et ne portant pas le Christ, » on voit le supplice qu'a souffert le Saint. Le même sujet est peint » sur une vitre de la nef, où l'on voit le Saint en guerrier géant. » Le guerrier géant figuré dans les verrières porte cette inscription : S. GEORGIVS.

[2] Hymne de Prudence, au Bréviaire romain, le 28 décembre.

sont les cinq Vierges folles, vêtues de la robe traînante et du manteau, à l'air effaré, et tenant leurs lampes renversées et éteintes, image des chrétiens sans foi et sans bonnes œuvres.

Le septième cordon se compose de dix anges qui sont là pour rendre leurs hommages à la blanche troupe des témoins du Christ. Le premier à gauche est un *Trône*, vêtu d'une tunique gaufrée, quatre ailes, pieds nus sur une roue. Le premier à droite est un *Archange* terrassant un dragon, figure du démon. Les huit autres appartiennent au chœur des *Anges;* ils portent presque tous des flambeaux; un seul tient la navette et l'encensoir.

Il nous reste encore à étudier ici les deux admirables piliers qui soutiennent la voussure. Ces deux piliers sont ornés de délicats et curieux bas-reliefs encadrés par d'élégants rinceaux de vigne. Chaque sujet est dans une niche ravissante et dont la forme varie à l'infini. Plusieurs de ces bas-reliefs sont très-mutilés, ce qui en rend l'interprétation difficile ou douteuse, et quelquefois même impossible : cette observation regarde aussi les deux piliers de la baie des confesseurs, que nous décrirons bientôt. — Nous commencerons par le pilier de gauche, qui offre vingt-quatre scènes (six sur chaque face), qui représentent le supplice des saints Martyrs nommés dans les grandes litanies de l'église de Chartres.

Sur la face occidentale, celle qui regarde le clocher-vieux, on trouve en descendant de haut en bas : 1° saint Calixte, pape, qu'un bourreau précipite dans un puits; 2° saint Cyprien, qu'un bourreau va décapiter; 3° saint Denis, entre deux lions qui le caressent; 4° saint Théodore, attaché à une potence et déchiré avec un peigne de fer; 5° saint Eustache, avec sa femme et ses enfants dans le taureau ardent; un bourreau active le feu au moyen d'un soufflet; 6° saint Gervais et saint Protais : le premier est mort déjà, et un bourreau enfonce une épée dans le dos du second.

Sur la face méridionale : 1° saint Jean-Baptiste en prison; un bourreau lève le glaive pour lui trancher la tête; 2° Saint Denis, premier évêque de Paris; un bourreau vient de lui couper avec une hache la partie supérieure du crâne, que le saint évêque tient en ses mains; une main divine émergeant des nuages tient la mître; 3° saint Saturnin, évêque de Toulouse, traîné par un bœuf sur les marches du Capitole toulousain [1]; 4° saint Piat, prêtre, devant un soldat qui lève son glaive pour le frapper; 5° saint Procope, que l'on précipite dans une fournaise ardente; 6° saint Symphorien lié à un arbre et décapité avec une hache.

Sur la face orientale: 1° saint Thomas, archevêque de Cantorbéry, que deux infâmes guerriers assassinent au pied de l'autel de sa cathédrale; 2° saint Blaise, évêque de Sébaste, avec la mitre seulement, les mains tenues dans deux pièces de bois au-dessus de sa tête; deux bourreaux le tourmentent inhumainement; 3° saint Léger, évêque d'Autun : un bourreau lui met un genou sur la poitrine et lui enfonce un fer dans l'œil droit; 4° saint Vincent, diacre de Sarragosse, avec une meule au cou, flottant sur le bord de la mer; son corps sacré est protégé par un corbeau, contre un loup et un aigle; le corbeau, à moitié brisé, sort des nues; 5° saint Laurent, diacre de l'Église romaine, sur le gril; le bourreau le retourne avec un croc; 6° saint Cheron, vêtu en diacre (l'étole lui manque; c'est un oubli du sculpteur); il tient sa tête nimbée et va la jeter dans un puits [2]; derrière le saint diacre on voit le voleur portant la bourse et armé du glaive qui vient de trancher la tête du martyr.

Enfin sur la face septentrionale : 1° Saint Clément, pape, jeté dans la mer avec une ancre liée au cou; 2° Saint Savinien, qu'un bourreau va décapiter; 3° Saint Aventin, assis près de l'autel; un soldat lève son glaive pour trancher la tête du premier évêque de Chartres; 4° saint Côme et saint Damien, dans une chaudière

---

[1] Le profil du saint Evêque ressemble étonnamment à celui de l'empereur Napoléon; aussi les Chartrains ne manquent pas d'en faire la remarque aux étrangers.

[2] Ce puits se voit encore aujourd'hui dans l'enclos du Petit-Séminaire de Saint-Cheron-lez-Chartres. Voici comment en parle le bon Rouillard : « Principalement doit estre ramenteüe la fontaine, à laquelle » sont guaris de toutes sortes de maladies. Car quand les eaux sont » grandes ailleurs, elle tarit presque toute, et approchant la feste qui » est le 28 May, regorge de tous costez avec effects miraculeux. Quel-» ques hérétiques de nostre temps, qui en ont voulu faire espreuve, » ont trouvé que la vengeance divine estait à craindre aux mocqueurs » ou mespriseurs des Saincts. » *(Parthénie, seconde partie, page 6.)*

d'huile bouillante ; un bourreau souffle le feu ; 5° saint Bacche, qu'un bourreau tient par les cheveux et flagelle cruellement ; 6° saint Serge, assis sur un siège ; un bourreau armé d'un marteau lui cloue les mains sur un poteau, dont il ne reste que des vestiges.

Le pilier de droite offre sur les deux faces tournées vers la baie centrale, douze des vingt-quatre Vieillards-rois de l'Apocalypse ; ils sont tous vêtus de la tunique et du manteau ; ils sont tous couronnés d'une couronne fleuronnée ; tous portent *des instruments de musique pour chanter aux noces de l'Agneau, et des vases d'or remplis de parfums qui sont les prières des Saints* [1].

Sur les deux autres faces, on trouve des allégories aussi charmantes que naïves : ce sont les Vertus mises en opposition avec les Vices. — La face occidentale présente : 1° la *Foi*, sous les traits d'une femme modestement vêtue, tenant dans sa main gauche un écusson orné d'un calice ; la croix qu'elle tenait dans sa droite, est brisée ; 2° l'*Idolatrie* ou l'*Infidélité* est figurée par un homme à genoux devant une idole ; 3° l'*Espérance chrétienne*, aux regards tournés vers le ciel, et à l'écusson timbré d'un étendard ; 4° le *Désespoir*, représenté par une femme qui se perce avec une épée ; 5° la *Charité*, qui se dépouille de sa dernière robe pour la donner à un pauvre presque nu ; sur son écusson, un bélier couvert de sa toison ; 6° l'*Avarice,* assise devant un coffre-fort regorgeant d'or et d'argent.

La face méridionale offre : 1° la *Chasteté*, représentée sous les traits d'une noble femme portant la palme ; sur son écusson, un oiseau dans les flammes ; 2° la *Luxure* est une courtisane vêtue comme une reine, un sceptre à la main ; elle reçoit les caresses d'un jeune cavalier ; 3° la *Sagesse* ou *Prudence* a l'écusson orné d'un serpent enlacé autour d'une verge ; 4° la *Folie*, armée d'une massue et abattant des glands ; 5° l'*Humilité*, dont l'écusson porte une colombe ; 6° l'*Orgueil* est un homme renversé de cheval dans la poussière.

La suite de ces admirables allégories se trouve sur le pilier de droite de l'autre baie latérale ; transportons-nous-y. Sur la face

---

[1] Apocalypse, IV, 4.

méridionale, celle qui regarde le cloître, on a : 1° la *Docilité;* ce sujet est fort mutilé : c'était une femme assise dont l'écusson portait un bœuf; 2° l'*Indocilité* est une femme armée d'une épée et qui refuse d'écouter les avis que lui adresse un moine; 3° la *Douceur* porte un écusson sur lequel est un agneau; 4° la *Colère* est figurée sous les traits d'une femme assise sur un élégant *faldistoire* et qui donne un coup de pied dans la poitrine du serviteur qui lui présentait à genoux un vase; 5° la *Force* ou le *Courage* est une femme vêtue de la cotte de mailles, armée d'un glaive et portant un lion sur son écusson; 6° la *Lâcheté*, représentée par un homme qui ayant laissé tomber son épée, prend la fuite, poursuivi par un lièvre qui sort d'une vigne; le lièvre est à moitié brisé.

Sur la face orientale : 1° la *Persévérance* tient un sceptre et une couronne; 2° l'*Inconstance* est un moine laissant son froc et ses chaussures à la porte de son couvent; 3° la *Sobriété* ou *Tempérance* est sous les traits d'une femme portant un écusson orné d'un chameau agenouillé; 4° l'*Ivrognerie* ou *Intempérance* est un homme qui lève la main pour frapper un évêque; 5° la *Concorde* porte un écusson timbré d'une branche d'olivier; 6° la *Discorde* est figurée par un mauvais ménage : l'homme et la femme se battent; près d'eux est une cruche renversée, pour indiquer que les querelles sont souvent la suite de l'ivrognerie. Les deux autres faces du pilier contiennent les douze autres Vieillards-rois de l'Apocalypse.

Étudions maintenant les parois de cette baie latérale qui est consacrée aux Confesseurs. Les huit statues colossales qui s'y dressent entre socles et dais, représentent, en commençant à gauche :

1° *Saint Laumer*, abbé, vêtu de l'amict paré, du manipule, de l'étole et de la chasuble ronde; un livre dans la main droite, la crosse dans la gauche, brisée aujourd'hui. Sous le socle, le saint par ses prières change l'eau en vin. Cette statue est du XIV° siècle; on remarquera la différence énorme qu'il y a entre elle et les statues du XIII° siècle; les vêtements ont pris déjà une forme mesquine et pauvreteuse.

2° *Saint Léon*, pape, en vêtements pontificaux et bénissant de la main droite; la croix pastorale qu'il avait dans la main gauche, est brisée; il porte la tiare pointue rehaussée de pierreries. On remarquera le riche costume de cette statue et des cinq autres qui suivent : amicts, manipules, étoles, tuniques, dalmatiques, chasubles, palliums, anneaux, gants, sandales, tout est d'un travail exquis et d'une variété prodigieuse. Sous le socle, trois têtes sortent d'un nuage ; ces têtes sont probablement la personnification des trois principales hérésies que saint Léon a condamnées : l'hérésie des Pélagiens, celle des Prescillianistes et celle des Eutychéens [1].

3° *Saint Ambroise*, en costume archiépiscopal et bénissant de la main droite; l'extrémité de sa crosse s'enfonce dans la bouche de l'empereur Théodose, qu'il réduisit à la pénitence publique et qui lui sert ici de socle.

4° *Saint Nicolas*, en costume pontifical, et bénissant de sa main droite; dans la main gauche, il tenait une crosse brisée aujourd'hui. Sous le socle, le cruel hôtellier qui assassina les trois étudiants, ressuscités ensuite par saint Nicolas.

5° *Saint Martin*, vêtu en archevêque; il bénit de la main droite. Sous le socle, deux chiens dont les langues sont percées par le bout pointu de la crosse; c'est une allusion au trait suivant :
« Ayant vu des chiens qui poursuivaient un lièvre, saint Martin
» leur ordonna d'abandonner cette pauvre bête : aussitôt les chiens
» s'arrêtèrent et restèrent comme liés à leur place [1] ».

6° *Saint Jérôme*, en costume sacerdotal; comme docteur il tient en ses mains un livre ouvert qu'il montre aux fidèles; la main gauche tient en même temps une longue banderolle dont une extrémité est tenue par la Synagogue placée sous ses pieds; la Synagogue est figurée par une femme aux yeux bandés et aux cheveux flottants : l'artiste a voulu nous dire que saint Jérôme a transporté la science de la Synagogue dans l'Église catholique.

7° *Saint Grégoire-le-Grand*, vêtu en pape; sur son épaule, on voit l'Esprit-Saint sous la forme d'une colombe. Sous le socle, le secrétaire du grand pontife est assis devant son pupitre et lève

---

[1] Des Archéologues ont cru voir dans ces trois têtes une allusion à l'affaire des *trois Chapitres*; ces archéologues n'ont donc pas réfléchi que du temps de saint Léon, il ne pouvait pas être question de cette grande affaire, qui ne fut agitée que plus de 80 ans après la mort du saint Pontife.

[1] *Légende dorée*, de Beato Martino.

ses regards vers son maître. C'est la traduction en pierre d'un fait ainsi raconté par Pierre Diacre, auteur d'une *Vie de saint Grégoire :*
« Lorsque Grégoire composait ses commentaires sur la dernière
» vision d'Ezéchiel, son secrétaire étonné des longs intervalles
» qu'il mettait en dictant, perça avec son *calamus* le rideau qui
» les séparait l'un de l'autre ; et regardant par le trou, il aperçut
» une colombe blanche comme la neige, posée sur l'épaule de
» Grégoire. La colombe tenait son bec appliqué sur la bouche du
» saint ; et quand elle se retira, Grégoire recommença à dicter,
» et le secrétaire écrivit ses paroles. Le saint s'étant ainsi tu à
» plusieurs reprises, son secrétaire regarda de nouveau, et chaque
» fois il vit le pontife recevant entre ses lèvres le bec de la colombe
» divine [1]. » — 8° *Saint Avit*, abbé de Micy, en costume sacerdotal ; livre dans la main droite, et crosse dans la gauche. Sous le socle, saint Avit donne la tonsure et le froc à saint Lubin. Cette statue date du XIV° siècle.

Le tympan représente à gauche : 1° Saint Martin suivi d'un domestique, donnant à un pauvre d'Amiens la moitié de son manteau. 2° Saint Martin et son domestique couchés sur un lit. 3° Jésus accompagné de deux anges lui apparaît revêtu de la moitié du manteau donné au pauvre. — A droite, il y a deux sujets relatifs à saint Nicolas : 1° Saint Nicolas jette la nuit, par la fenêtre, de quoi doter les trois filles d'un homme pauvre qui allait les abandonner au crime. 2° Saint Nicolas, vêtu pontificalement, est couché dans un tombeau orné de quatre-feuilles ; de la tête et des pieds, coule l'huile miraculeuse qui guérit tous les malades [2]. Sous la tombe, on voit cinq malades qui s'oignent avec l'huile sacrée.

La voussure, dans son premier étage, offre à gauche : saint Gilles, vieillard vénérable, assis dans une grotte ; la biche qui le nourrit, est accourue près de lui ; Charles-Martel étant à la chasse, découvre le saint ermite. — A droite, saint Gilles célèbre les

---

[1] Voyez cette *Vie* de saint Grégoire au commencement de ses œuvres publiées en 1705 par les Bénédictins. Voyez aussi le Bréviaire romain.

[2] On lit dans une hymne des anciens bréviaires chartrains : *Oleum... quod manat de tumulo... dat munus sanitatis implorante populo.*

saints Mystères, et un ange lui montre, écrit sur une banderolle, le péché que Charles-Martel n'osait dire à aucun prêtre ; le *roi* est derrière le saint abbé.

Au-dessus de ces deux scènes curieuses, vient s'échelonner, sur les cinq premiers cordons de la voussure, toute la hiérarchie des confesseurs. Au premier cordon on voit huit jeunes lévites en amict et en aubes. Le second cordon offre un vieillard laïc, un guerrier armé de la lance et du bouclier, deux sous-diacres portant la navette, et deux diacres portant le livre des Évangiles. Le troisième cordon contient deux laïcs, deux moines, deux prêtres et deux abbés avec la crosse et le livre. Au quatrième cordon, se voient deux rois, deux évêques, deux archevêques, deux cardinaux et deux papes. Le cinquième cordon présente deux sous-diacres, deux diacres, deux prêtres, deux abbés, deux évêques, deux archevêques, un empereur et un pape. Toutes ces statuettes portent le nimbe.

À l'extrémité de la voussure, il y a un sixième cordon de dix statuettes représentant dix apôtres ; ce sont, en commençant en bas et à gauche : 1° *saint Paul* avec le livre et l'épée ; 2° *saint Thomas* avec l'équerre ; 3° *saint Jacques-Mineur* en costume épiscopal, moins la mitre ; 4° *saint Jacques-Majeur* avec le bourdon ; 5° *saint Barthélemy* tenant le couteau ; 6° *saint Jean* en vêtements sacerdotaux et tenant le calice ; 7° *saint André* avec la croix ; 8° *saint Matthieu* avec une épée nue ; 9° *saint Matthias* avec une hache ; 10° *saint Pierre* tenant les clefs et la croix.

Enfin, dans la gorge externe de la voussure, dix anges rendent leurs hommages à la glorieuse armée des Confesseurs : il y a un *Trône*, dont les pieds sont posés sur une roue, un *Archange* qui terrasse un dragon, sept *Anges* qui encensent, et un autre *Ange* qui éclaire.

Maintenant il est temps d'étudier les vingt-quatre bas-reliefs du pilier de droite. Ces bas-reliefs sont exécutés avec un savoir et une délicatesse merveilleuse, et représentent vingt-quatre faits qui ont tous rapport aux Confesseurs ; plusieurs de ces bas-reliefs ont beaucoup souffert de la main du temps et des hommes. Sur la face occidentale, en descendant de haut en bas : 1° saint Léon, pape, est à genoux devant l'autel ; un ange lui apparait et lui dit de la part de saint Pierre : *J'ai corrigé votre lettre.* 2° Saint

Martin bénissant le laboureur qui avait voulu le frapper d'une hache et qui lui demande grâce. 3° Saint Lubin guérissant saint Calétric en l'oignant d'une huile bénite. 4° Saint Avit est assis. 5° Saint Antoine tenant un livre ouvert; un diable se tient à côté de lui. 6° Saint Hilarion assis et vêtu avec les vêtements de peaux de bêtes que saint Antoine lui avait donnés.

La face méridionale offre : 1° Saint Grégoire-le-Grand, écrivant ses commentaires sur Ezéchiel, avec la Colombe divine sur l'épaule; un rideau le sépare de son secrétaire. 2° Saint Rémi imposant les mains sur Clovis, qui sort des fonts baptismaux. 3° Saint Soleine instruisant Clovis agenouillé et couvert de son armure. 4° Un saint abbé parlant à une femme agenouillée. 5° Un moine, peut-être saint Mesmin, bêchant la terre; il a posé son froc sur un chêne, et un oiseau est perché sur son froc. 6° Un saint vieillard parlant à un jeune homme.

Sur la face orientale : 1° saint Sylvestre baptise Constantin; l'empereur est plongé jusqu'à mi-corps dans les fonts baptismaux. 2° Saint Martin bénit un petit enfant emmaillotté sur les bras de sa mère. 3° Saint Lubin, évêque de Chartres, instruit saint Calétric, encore simple prêtre. 4° Saint Benoît, assis devant une table, bénit une coupe qu'un jeune moine lui présente. 5° Un prêtre tient un livre; à ses pieds un homme qui a déposé à terre une espèce de fagot et qui le prie d'avoir pitié de lui. 6° Un saint ordonne à un énorme dragon de se précipiter dans un abîme.

Sur la face septentrionale : 1° saint Ambroise instruit saint Augustin encore catéchumène. 2° Saint Nicolas bénit l'anneau placé au doigt d'une jeune vierge. 3° Saint Marcel, évêque de Paris, conduit un affreux dragon avec son étole. 4° Saint Gilles guérit un possédé en le prenant par la main. 5° Saint Jérôme est assis devant un pupitre et il écrit. 6° Un saint moine assis sur la terre écoute avec patience les invectives d'une femme.

Le pignon de chaque baie du porche est orné d'une niche élégante : la niche de la baie centrale abrite la très-sainte Vierge assise et tenant Jésus sur ses genoux; l'enfant bénit de la main droite et porte le Monde dans la gauche; de chaque côté, deux anges encensent. — Dans la niche de la baie des Martyrs, il y a sainte Anne assise et portant un long vase d'où s'échappe un lis fleuri; sur le vase on lit : s. ANNA; deux anges sont à ses côtés.

— La niche de la baie des Confesseurs contient une Sainte assise et tenant un livre ouvert; c'est peut-être encore sainte Anne; à ses côtés, il y a deux anges, l'un porte le sceptre, l'autre tient une banderolle.

La pointe de chaque pignon était autrefois terminée par une espèce de pinacle, dont l'extrémité s'épanouissait en quatre-feuilles; dans ces quatre-feuilles on avait placé quatre statuettes figurant les quatre évangélistes. Un seul pinacle existe encore aujourd'hui, c'est celui de la baie des Martyrs.

L'entablement du porche est surmonté d'une riche galerie avec dais et pinacles d'un travail admirable. Cette galerie couverte renferme dix-huit statues colossales représentant les rois de Juda, ancêtres de Jésus-Christ; ils sont placés dans l'ordre de la généalogie d'après saint Matthieu. L'évangéliste n'en nomme que quinze, parce qu'il a passé sous silence Ochozias, Joas et Amasias [1] : le sculpteur a suppléé saint Matthieu; voici le rang qu'ils occupent, en commençant près de la tour occidentale du porche : David, Salomon, Roboam, Abias, Asa, Josaphat, Joram, Ochozias, Joas, Amasias, Ozias, Joathan, Achaz, Ezéchias, Manassé, Amon, Josias et Jechonias. Tous ces rois sont vêtus de la tunique et du manteau; tous ont des gants et des chaussures unies; tous portent le sceptre et la couronne fleuronnée et enrichie de pierreries. David, au lieu du sceptre, tient en la main droite une longue verge dont l'extrémité s'épanouissait en corolle; dans sa gauche, David porte la harpe; sous ses pieds, on voit le vieux Jessé, père de cette nombreuse suite de rois; il est couché sur un lit, et de son ventre sort un arbre qui se divise en trois branches. On remarquera que la statue d'Amasias est plus petite que celles des autres rois.

Différentes parties du porche sont décorées de pampres de vigne chargés de leurs fruits; ils sont sculptés avec une grâce, une

---

[1] *Tres generatinnés prœteritœ sunt*, dit saint Hilaire dans son commentaire sur le premier chapitre de saint Mathieu; *Joram genuit Ochoziam, Ochozias vero genuit Joam. Joas deindè Amasiam, Amasias autem Oziam : et in Matthœo Joram Oziam genuisse scribitur, cum quartus ab eo sit. Hoc ita, quia ex gentili feminâ Joram Ochoziam genuit, ex Achab scilicet, qui Jezabel habuit uxorem.*

élégance admirables. Ces pampres sont un motif d'ornementation assez souvent employé dans les peintures murales aussi bien que dans les bas-reliefs des catacombes, et les interprètes de l'antiquité chrétienne figurée y voient un symbole du divin Sauveur, de l'Eglise, et de l'Eucharistie [1].

Avant de quitter ce porche, jetons un coup-d'œil général sur le faire artistique des nombreuses et ravissantes statues que nous venons de décrire trop succinctement; en les contemplant, on sera forcé de se dire : L'art chrétien est enfin parvenu à exprimer les plus hautes idées avec le moins de matière possible; l'idée est rendue, complètement rendue, mais d'une façon un peu mystique : la tête rayonne de lumière et de beauté; le reste du corps nage dans une demi-teinte, s'il est permis de parler ainsi; la vie, l'expression est concentrée en haut. Toutefois ce ne sont plus les formes allongées et décharnées des statues du XIIe siècle; mais ce n'est pas non plus la plénitude de vie de la Renaissance, le luxe de chair et d'os des sculpteurs modernes. C'est un milieu entre l'affectation de l'époque romane et le sensualisme du XVIe siècle : c'est une chair châtiée par la mortification, une chair chrétienne qui se voile modestement sous des draperies longues, mais pas trop recherchées. L'artiste catholique n'a pas atteint la beauté anatomique des œuvres du paganisme; il n'a pas copié le Laocoon ou la Vénus de Médicis, ni l'Apollon du Belvédère; mais il a pris dans le cloître ou plutôt dans les traditions mystiques de l'art chrétien, ces formes pures et modestes, cette chair crucifiée au péché et exhalant un parfum de céleste odeur. Quant au jet des draperies, il atteint dans quelques statues une perfection qui égale peut-être ce que l'art antique nous a laissé de plus noble, de plus simple et de plus riche en ce genre.

La verve et la science des artistes du XIIIe siècle se sont élevées à une hauteur difficile à apprécier pour ceux qui n'ont pas étudié avec une scrupuleuse attention ces merveilles de la sculpture religieuse. Car tout d'abord on est peu frappé de la perfection de ces statues si sobres de matière. Il faut avoir dans l'âme une prédisposition au recueillement pour comprendre toute la

---

[1] Aringhi, *Roma subterranea*, tome II, lib. VI, cap. 45.

portée de ces œuvres d'art qui, à la première vue, paraissent assez étranges pour que des esprits inattentifs les aient regardées comme les produits d'un art encore dans l'enfance. Mais ce qui paraît imperfection dans la forme, est culte de l'idée ; ce qui paraît impuissance dans l'expression, est intention profonde chez des artistes qui cherchent à faire prédominer exclusivement l'idée sur la forme, le mysticisme sur le naturalisme. D'ailleurs ce n'est qu'en devenant chrétiens, que nous commencerons à bien comprendre les mystérieuses beautés de l'art divin du Moyen-Age, que nous en saisirons les relations qui le rattachent au monde supérieur, et que nous admirerons la foi et le génie des artistes du siècle de saint Louis.

CHAPITRE III.

DESCRIPTION DE L'INTÉRIEUR [1].

Il est temps de pénétrer dans l'intérieur de notre sublime Cathédrale. Si l'on y entre par la porte royale, un spectacle imposant

---

[1] Nous donnons ici la légende du plan de la cathédrale placé vis-à-vis de ce chapitre :
1. Chapelle de Notre-Dame des Sept-Douleurs.
2. Chapelle de la Transfiguration.
3. Chapelle de la Vierge-Noire.
4. Chapelle de l'*Ecce Homo*.
5. Chapelle du Sacré-Cœur de Marie.
6. Ancienne chapelle de saint Jean-Baptiste.
7. Chapelle de la Communion.
8. Chapelle ou église Saint-Piat.
9. Ancienne chapelle supprimée au XIVe siècle pour y établir l'escalier de Saint-Piat.
10. Chapelle du Sacré-Cœur de Jésus.
11. Chapelle de tous les Saints.
12. Chapelle du Lazare.
13. Chapelle de Vendôme ou des Martyrs.
14. Chapelle du Calvaire.
15. Sacristie.
16. Labyrinthe ou la *lieue*.
17. Horloge de la Cathédrale, en style renaissance.
18. Trésor, qui renferme la sainte Châsse.

PLAN DE LA CATHÉDRALE.

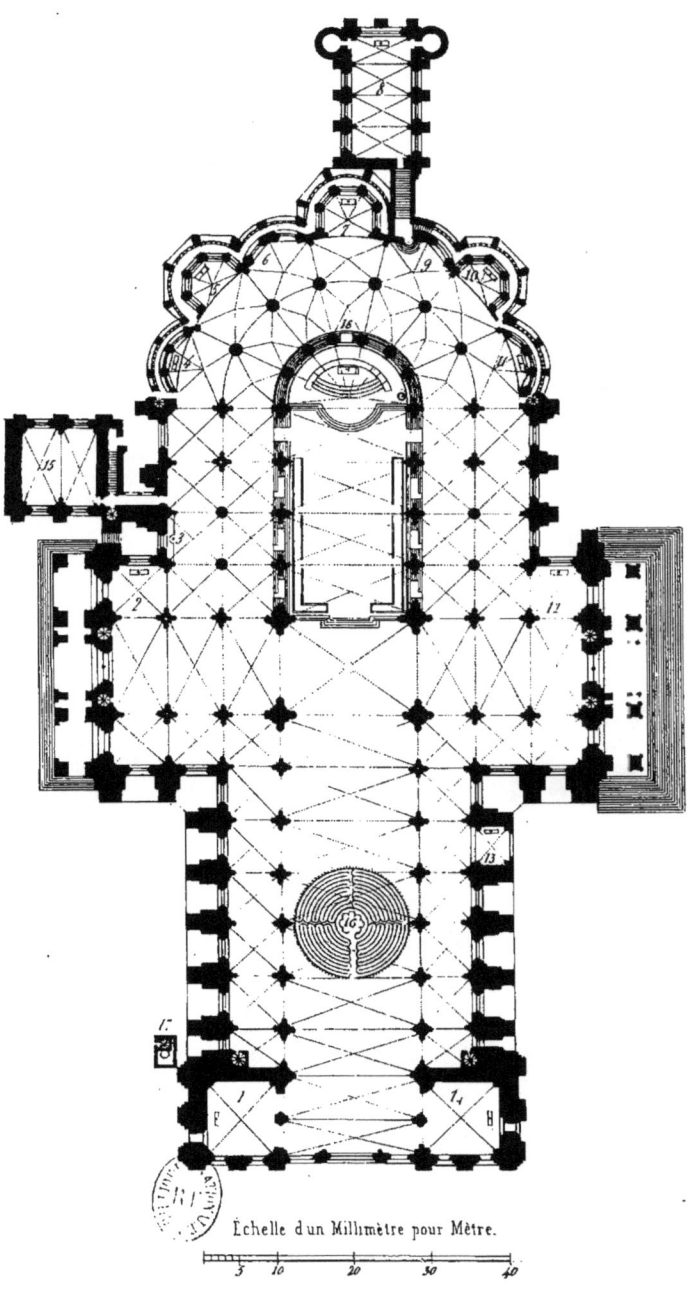

Échelle d'un Millimètre pour Mètre.

et harmonieux nous frappera d'abord. On peut le dire sans crainte d'être démenti, aucun autre temple ne produit une plus profonde émotion de pieux recueillement; on sent qu'on entre dans une atmosphère de prière, de foi et de piété : l'on y respire la majesté du Dieu qu'on y adore. Ce sentiment est si vrai que l'on se surprend à parler à voix basse pour ne pas troubler le silence religieux qui remplit la profondeur des nefs mystérieusement assombries par les vitraux peints. Aussi ne sommes-nous pas étonné si l'empereur Napoléon, en entrant dans la Cathédrale, s'écria : *Un athée doit se trouver mal à l'aise ici!*

Il faut bien le reconnaître, nos cathédrales du Moyen-Age peuvent seules faire vibrer les fibres religieuses de l'âme, et ont seules compris et réalisé l'art vraiment chrétien. L'architecture classique procède suivant les lois mécaniques, à l'aide du compas et de l'équerre, prenant souvent des réminiscences pour l'inspiration. L'architecture catholique, affranchie par la rédemption qui s'est étendue à toutes choses, donne pour ainsi dire des ailes à la matière et monte au ciel comme une prière. Ici les proportions modulées de l'art d'Athènes et de Rome sont dédaignées; les colonnes débarrassées du poids de l'entablement s'élancent et s'épanouissent en nervures sur la voûte qu'elle supporte à des hauteurs prodigieuses; les murailles semblent délivrées des lois ordinaires de la pesanteur, tant elles sont légères et transparentes. A voir l'enceinte toute entière, inondée de la clarté mystérieuse des vitraux étincelants, la voûte étendue comme un riche pavillon, on croirait une tente enchantée qui, sous un souffle de chérubin, se déroule immense et magnifique aux regards qui le contemplent. La basilique chrétienne surpasse le temple antique, autant que l'idéal catholique domine l'idéal de l'art païen : il y a entre ces deux arts la distance infinie de la plus admirable transformation.

Aux sentiments de piété et d'admiration qu'inspire l'aspect de cette splendide Cathédrale de Chartres, vient se joindre le souvenir des faits mémorables dont elle a été le théâtre. Trois papes, presque tous nos rois, une multitude d'évêques, de saints et d'illustres personnages, un nombre prodigieux de pèlerins de tout âge et de tout pays sont venus présenter leurs hommages à la Reine des cieux, dans son plus beau sanctuaire de la terre.

Mais quittons ces généralités pour entrer dans les détails. Ici encore nous effleurerons à peine la partie architecturale de notre sujet, afin d'avoir un peu plus d'espace à consacrer à la sculpture et à la peinture.

§ 1ᵉʳ. — *L'Architecture.*

Les heureux effets de son architecture hardie et gracieuse, quoiqu'un peu massive, ont beaucoup diminué depuis que le XVIIIᵉ siècle a fait enlever les verrières du chœur; lorsque l'édifice, dans toute sa longueur, ne recevait que la lumière tempérée par les mille couleurs des émaux, les lignes architecturales en recevaient une harmonie particulière; aujourd'hui le jour trop vif qui éclaire le chœur, rompt brusquement les lignes, change les effets qui avaient été combinés et les résultats primitivement obtenus; la vaste basilique semble avoir perdu de son immense profondeur.

Notre Cathédrale n'a pas conservé cette teinte sombre et vénérable que le temps lui avait donnée; on a couvert d'un fard grossier les vénérables rides qui faisaient sa gloire; on l'a dépouillée de cette poussière que les siècles y avaient successivement déposée. Vers 1772, le Chapitre la fit badigeonner par des Milanais nommés Borani; de sorte qu'aujourd'hui, murs, piliers, colonnes, chapiteaux, voûtes, tout est couvert d'une épaisse couche d'un badigeon beurre-frais; rien n'a échappé à ce grossier travestissement dont la vulgaire monotonie déshonore le noble édifice [1].

Cinquante-deux piliers isolés et quarante pilastres liés par des murs soutiennent la Cathédrale dans toute son étendue et en forment l'ordonnance pittoresque. Parmi les piliers, trente-deux sont formés alternativement d'un cylindre ou d'un prisme octogone, cantonnés de quatre colonnes rondes ou prismatiques, qui se détachent aux cinq sixièmes; trois de ces colonnes reçoivent les retombées des arcs-doubleaux des bas-côtés; la colonne qui regarde l'intérieur de la nef et du chœur, supporte cinq colonnettes

---

[1] On a récemment *débadigeonné* la cathédrale de Strasbourg, et par là on lui a rendu sa mystérieuse et sévère grandeur. Le Gouvernement ne rendra-t-il pas le même service à notre incomparable basilique?

s'élançant jusqu'au milieu des fenêtres supérieures, où elles reçoivent sur leurs chapiteaux les arcs-doubleaux et les nervures de la voûte principale. Ainsi partant du sol, ces colonnes légères jaillissent en gerbes jusqu'au faîte de l'édifice et en rattachent mystérieusement tous les membres.

Autour du chœur, comme on peut le voir sur le plan, il y a seize piliers ronds ou octogones ; ils sont isolés, c'est-à-dire sans colonnettes qui viennent les cantonner ; ces piliers, que les Anglais appellent *piliers normands*, sont assez rares en France dans les monuments du XIIIe siècle. Les quatre gros piliers du centre de la croisée sont couverts de nombreuses colonnettes qui s'élancent du pavé jusqu'à la voûte. « Les piliers de la nef sont lourds et mas» sifs, dit M. Parker, comme si les ouvriers avaient été effrayés
» de donner des soutiens trop légers à une voûte d'une si prodi» gieuse hauteur [1]. »

Les trente-huit *pilastres* sont généralement composés d'un prisme carré dont la face antérieure est ornée d'une grosse colonne ronde ou octogonale, et dont les deux angles sont évidés en colonnettes rondes. A côté de celles-ci, il y a une colonnette plus petite qui supporte l'archivolte de la fenêtre.

Les bases des piliers sont carrées ou octogonales ; les bases des colonnes sont toutes carrées, et leurs moulures sont circulaires ou prismatiques comme le fût de la colonne qu'elles décorent. Les chapiteaux des piliers et des colonnes sont riches et variés : ils se composent de volutes végétales ; souvent les volutes alternent avec des feuilles sculptées d'après nature et appliquées à plat contre la cavité du chapiteau. « La végétation capricieuse de la fin du
» XIIe siècle s'y fait encore distinguer au milieu des feuillages plus
» sévères imités de la nature au commencement du XIIIe. L'art
» chrétien y a jeté, avec cette grâce naïve qui forme un de ses
» mérites, des branches d'arbre coupées dans nos bois, avec les
» mille fleurs cueillies dans nos champs. La flore murale du XIIIe

---

[2] *An introduction to the study of gothic architecture*, par M. Parker d'Oxford, page 222. M. Parker est un des savants archéologues d'Angleterre ; il y a popularisé l'archéologie par ses admirables traités élémentaires sur la science.

— 126 —

» siècle est peut-être moins variée que celle du XIV⁰; mais déjà
» cependant quel heureux choix des formes les plus élégantes,
» quelle science dans leur disposition symétrique [1] ! »

Les douze piliers de la nef étaient autrefois décorés des statues colossales des douze apôtres, placées entre socles et dais; elles ont été brisées en 1793 [2].

Dans sa hauteur, la Cathédrale rappelle le mystère de la Trinité [3] : elle est divisée en trois parties. Il y a d'abord les travées qui donnent passage sous les bas-côtés et dont les arcades sont en ogive composée d'un arc-doubleau et de deux tores. Au-dessus des arcades règne la galerie ou triforium formant une élégante ceinture qui presse le milieu de la basilique; ce triforium est composé de quarante et une travées, et chaque travée comprend cinq arcades ogivales supportées par de légères colonnettes; ces arcades et ces colonnettes étaient peintes autrefois : on aperçoit encore des vestiges de peinture sous le badigeon boueux qui les recouvre aujourd'hui. Enfin au-dessus de chaque travée et du triforium s'élancent deux hautes et larges fenêtres géminées et

---

[1] *Cathédrales de France*, par M. l'abbé Bourrassé, page 560.

[2] Des vieillards nous ont assuré que les fragments de ces statues se trouvent dans les fondements de la maison occupée par M. Vangeon, carrossier sur la place des Epars. — Ces statues avaient 7 pieds de hauteur, d'après Pintard (Histoire de Chartres, page 703).

[3] Le savant et pieux architecte de la cathédrale a imprimé, sur toutes les parties de son œuvre, la doctrine de la Sainte Trinité. Cette doctrine, on la trouve dans la largeur composée de la nef et des deux bas-côtés, dans la longueur qui embrasse la nef, le chœur et le sanctuaire, dans la hauteur qui comprend les travées, le triforium et la claire-voie. Il y a *trois* entrées, chaque entrée a *trois* portes, *trois* baies et *trois* pignons. Dans la nef on compte deux fois *trois* piliers sur chaque côté ; les croisillons du transept ont chacun *trois* travées et *trois* piliers. Les fenêtres supérieures sont aussi formées de *trois* parties : une rose et deux lancettes ogivales. Il y a *trois* marches pour monter au chœur, *trois* marches pour monter au sanctuaire, et *trois* marches pour monter à l'autel. Il est impossible de ne pas rencontrer un plan arrêté, par une pensée de foi, dans le nombre *trois* si souvent répété. (Voyez le *Symbolisme dans les églises du Moyen-âge*, page 138-141.)

surmontées d'une rose à huit pétales que séparent et terminent des quatre-feuilles : ces roses offrent une riche disposition. Dans les bas-côtés, le mur de face est percé de lancettes simples de grandes dimensions; autour du chœur les lancettes sont géminées et surmontées d'une petite rose formée d'un simple cercle.

Nous l'avons déjà dit, les voûtes de la nef et du chœur sont les plus larges et les plus hardies de la France. Elles sont formées de voûtes partielles ogivales, dont les arêtes reposent sur des arcs-doubleaux et des nervures toriques croisées. Depuis que les Borani ont badigeonné la Cathédrale, on dirait que ces voûtes sont en pierres de taille, car ils y ont formé des carrés par des traits plus foncés qui simulent le joint des pierres; mais elles sont construites d'après le système ordinaire du Moyen-Age, qui consistait à former les voûtes partielles au moyen de petites pierres noyées dans un excellent mortier, ce qui rendait les voûtes fort légères. « Ce n'est plus ici l'épaisseur de l'austère plein-cintre, dit M. Le
» Maistre d'Anstaing, c'est une simple maçonnerie, retenue par
» de légères nervures, couvrant de larges espaces et soutenue à
» une grande hauteur par les piliers, ainsi qu'une tente jetée sur
» des colonnes; c'est comme un firmament figuré, vers lequel
» s'élèvent les prières et les soupirs des fidèles, et qui reporte la
» pensée vers le ciel véritable, vers le trône sublime du Tout-
» Puissant, objet de nos vœux et de nos espérances [1]. » A la jonction des nervures, une clef de voûte se montre ornée d'une gracieuse guirlande de fleurs ou de feuillages; toutes les clefs ont conservé leur décoration peinte et dorée du XIIIe siècle. L'ouverture des clefs de voûte de la nef est ronde; celle des clefs de voûte du chœur est quadrifoliée. Autrefois quelques portions des voûtes étaient azurées et étoilées d'or.

---

[1] *Recherches sur l'histoire et l'architecture de l'église cathédrale de Tournay*, tome 1er, page 135. — Excellent ouvrage, plein de curieuses et savantes recherches, où l'archéologue trouvera d'utiles renseignements. Si nous ne craignions de blesser sa modestie, nous dirions que M. d'Anstaing brille parmi les archéologues les plus distingués de la noble et savante Belgique.

§ 2. — *Le Pavé.*

Le pavé de la Cathédrale est dépourvu de tout intérêt au point de vue de l'art ; il est composé de grandes dalles, en pierres de Berchères de différentes dimensions ; ce qui forme un pavage irrégulier mais sévère qui convient parfaitement à l'édifice. Les riches et généreux chanoines du siècle dernier, possédés de la manie de restaurer, avaient conçu et arrêté le dessein de faire enlever ce dallage du XIIIe siècle pour le remplacer par du marbre. Les évènements de la grande révolution les empêchèrent d'exécuter leur projet.

Le sol de notre basilique ne forme pas, comme ailleurs, une nécropole chrétienne, un vaste ossuaire où sont ensevelies les nombreuses générations des évêques, des chanoines et des bienfaiteurs de l'église : elle ne contient aucune sépulture. Laissons le bon Rouillard nous en donner la raison : « Ladicte Eglise ha
» cette prééminence que d'estre la couche ou le lict de la Vierge.
» Pour marque de ce, la terre d'icelle Eglise ha esté jusqu'à hui
» conservée pure, nette et entière, sans avoir jamais été fossoyée
» ni ouverte pour aucune sépulture. Les Déliens mêmes le prati-
» quoient ainsi en l'honneur de Latone. C'est la cause principale
» pour laquelle ne s'est jamais faicte aucune inhumation, en
» l'église de Chartres. De sorte qu'en l'année mil cinq cens
» soixante huict, comme on s'efforcea par jussions réitérées du
» Roi, et à l'instance des plus apparens Princes et Seigneurs de
» la cour, d'enterrer au chœur d'icelle Eglise, le sieur Baron de
» Bourdeilles, Colonnel des Gascons, qui avoit été tué deffendant
» la bresche de la ville, contre les Huguenots. Sur ce que les
» Sieur Doien, chanoines et chapitre, après avoir faict toutes les
» résistances à eux possibles, s'apperceurent que c'étoit plus
» court d'acquiescer au temps. Ce fut avec condition expresse,
» que la terre ne seroit point ouverte, et que la bière ne touche-
» roit point au pavé : ains seroit sur icelui posée une grille de fer,
» sur icelle la bière, et close de toutes parts, d'une forte pierre
» de taille, sans épitaphe, graveure ny escripture [1]. » Le corps du

---

[1] *Parthénie*, 1re partie, page 161.

baron ne resta pas longtemps dans sa tombe. « Pour motiver sa
» disparition, dit Doyen, les chanoines persuadèrent au peuple
» que la sainte Vierge ne voulant pas souffrir cette inhumation,
» permit au cadavre de faire paraître ses bras hors du tombeau
» pour demander une autre sépulture. Ce tombeau fut transféré
» en 1661 dans un autre lieu [1]. »

Le pavé de la nef présente une pente fort sensible; cette pente qui est de 80 centimètres, commence à l'entrée du chœur et finit au porche occidental. Elle avait pour but de faciliter l'écoulement de l'eau qu'on jetait dans l'église pour la nettoyer après le départ des nombreux pèlerins qui accouraient à Chartres de toutes les provinces de France et qui couchaient dans la Cathédrale même [2]. Les chanoines essayèrent plusieurs fois de supprimer cet usage; en effet, on lit dans les registres de l'Hôtel-de-Ville, à la date du 11 juillet 1531 : « Sur la remontrance verbale faite par Me Josse,
» chanoine de Notre-Dame, à ce que les vagabonds pèlerins et
» autres venans en voyage aux jours de la my-août et de la Nati-
» vité, en septembre, ne couchent dorénavant en la dite église
» Notre-Dame, ainsi qu'ils ont accoutumé faire, pour obvier aux
» inconvénients, infections et ordures qu'ils y font; a esté ré-
» pondu par MM. les Echevins que, de leur part, ils feront ce
» qu'il appartient et donneront conseil, confort et aide à MM. du
» Chapître en ce qu'ils pourront pour faire obéir les habitants de
» la ville à ladite remontrance qui est juste et raisonnable, afin
» d'obvier aux inconvénients. » On ne tint pas longtemps la main
à l'exécution de ce réglement; ainsi Rouillard parle *de tant de gens de tout aage et de tout sexe qui pernocte et couche dedans l'Eglise, dessoubs les grottes, dessoubs les porches, et en infinis autres endroits, ainsi qu'il l'a recongneu à son pèlerinage de la Notre-Dame de septembre* 1608.

Au milieu de la nef, on voit sur le sol un *labyrinthe* que les Chartrains nomment la *lieue*, parce qu'il a, disent-ils, une lieue de développement. Il est composé de onze bandes de pierre blanche larges de 34 centimètres et séparées par une bande de pierre bleue

---

[1] *Histoire de Chartres*, par Doyen, tome II, page 73.
[2] *Histoire de Chartres*, par Pintard, page 710.

large de 8 centimètres. Le plus grand diamètre du labyrinthe est de 12 mètres 32 cent.; le diamètre de la pierre centrale égale 3 mètres 05 cent.; et son développement total, en le mesurant sur les bords externes des bandes, est de 294 mètres ou de 882 pieds. On y entre par le côté occidental. « Ces labyrinthes, autrefois
» très-communs dans les cathédrales, dit M. Potier, et qui au-
» jourd'hui ont presque tous disparu, étaient un emblême pieux
» qui rappelait aux fidèles le pèlerinage de Jérusalem. Des in-
» dulgences étaient attribuées à ceux qui parcouraient dévotement
» les détours de ces dédales qu'on appelait vulgairement la *lieue*.
» Le labyrinthe de Sens, qui a été détruit en 1768, avait à peu
» près mille pas de longueur; celui d'Amiens n'en avait guère
» moins, et celui de Chartres, qui subsiste encore, a 768
» pieds » [1].

Au centre de ces labyrinthes, on a souvent enterré l'architecte de la cathédrale. En janvier 1849, des fouilles faites sous la pierre centrale de notre labyrinthe n'ont amené aucune découverte de tombe ou d'ossements [2].

Le pavé de la nef est hérissé d'ignobles barrières ou balustrades, élevées dans un but fiscal : certes, nous n'ignorons pas que les fabriques des églises doivent, depuis qu'on les a dépouillées de leurs richesses, s'ingénier pour trouver les moyens de subvenir aux frais du culte; mais ne pourraient-elles inventer un autre moyen que ces barrières qui déparent la nef, et qui empêchent les pauvres d'approcher de la chaire pour entendre la parole de Dieu ? Qu'on nous permette de citer ici le plus éloquent et le plus illustre des écrivains catholiques : « Oui, disait-il devant la
» Chambre des pairs, je déteste les églises où le pauvre ne peut

---

[1] Texte des *Monuments français* de Willemin. — Voyez, sur les labyrinthes, l'excellente *Histoire de la Cathédrale de Poitiers*, par M. l'abbé Auber, pages 296-298.

[2] A la même époque (janvier 1849), des fouilles furent faites par M. Lassus sur différents points du pavé de la cathédrale. C'est une opinion générale à Chartres que des trésors immenses y sont enfouis; le peuple soutient même qu'on doit y trouver *les statues des douze apôtres en or massif!* Le résultat des fouilles a été nul.

» pas pénétrer librement jusqu'au pied même de l'autel, où il y a
» tant de balustrades et d'enceintes réservées que les pauvres res-
» tent debout à la porte ou à l'entrée de l'église, comme autrefois
» les pénitents publics [1]. » Une autorité plus grave encore fait
aussi des vœux pour que les *barrières* disparaissent des temples
catholiques : « Que l'église soit la maison des pauvres ; que toutes
» les *barrières* s'ouvrent devant eux. Laissons-les se confondre
» avec les autres fidèles. Qu'ils se trouvent réellement là au milieu
» d'une réunion de frères, et que rien ne les fasse rougir de leur
» pauvreté ! Les pauvres sont les créanciers, jamais les débiteurs
» de l'Église. Il faut leur donner toujours, selon les ressources,
» et ne jamais leur demander. S'il est vrai que l'entretien du
» culte et de ses ministres est à la charge du peuple fidèle, il ne
» l'est pas moins que les pauvres doivent avoir sur ce point les
» plus complètes immunités » [2].

Avant de quitter le pavé, constatons une opinion populaire : derrière le chœur, il y a une dalle qui contient en son milieu un carré de pierre scellée avec du mastic noir. *Or, dit-on, lorsque le vendredi-saint on crache sur ce carré, il en sort du sang !* Est-il nécessaire d'avertir qu'il n'en est rien ?

§ 3. — *Le Mobilier.*

Le mobilier de la Cathédrale n'est pas en rapport avec la somptuosité de l'édifice ; un double vandalisme a marqué son passage à travers la Cathédrale : vandalisme destructeur des révolutionnaires, et vandalisme *restaurateur* du clergé. C'est ici qu'il est permis de se demander comment le clergé, qui de tout temps aurait dû être le conservateur intelligent de ses monuments, et surtout l'ordonnateur judicieux de leurs décorations, comment le clergé a pu se rendre complice du goût détestable que des artistes dégénérés et sans foi y ont introduit. Mais, grâce au ciel,

---

[1] *Discours* de M. de Montalembert, séance de la Chambre des Pairs, 26 juillet 1847.

[2] *Lettre synodale* du concile de Paris, octobre 1849, page 35.

une ère nouvelle va luire bientôt : comprenant aujourd'hui qu'il est nécessaire de diriger l'impulsion que la science archéologique donne à l'art chrétien, plusieurs évêques de France ont créé des cours d'archéologie dans leurs séminaires. Il est impossible que les heureux effets de cette sage mesure ne se manifestent bientôt dans la décoration de nos édifices religieux, et ne nous ramènent aux types de l'art catholique. Jusqu'ici, « nous le disons avec une » profonde douleur, le clergé a été trop indifférent à la renais- » sance ou à l'existence de l'élément chrétien dans l'art, et cette » indifférence ne saurait provenir que de son ignorance fâcheuse » sur cette matière [1]. » Mais le temps n'est pas éloigné où le prêtre comprendra que l'*archéologie c'est la théologie* [2], et alors le prêtre étudiera avec enthousiasme cette science des temps anciens.

La chaire est lourde et massive; elle a été faite en 1811, par un menuisier de Chartres, nommé Guitard, au prix de 3,000 fr. Elle est adossée à un pilier, et l'on y monte par un double escalier; sur la face antérieure on y voit sculptée la *Sancta Camisia* entre

---

[1] *Du Vandalisme et du Catholicisme dans l'art*, par M. de Montalembert, page 190.

[2] *Discours* de Mgr Pie, évêque de Poitiers, dans la séance annuelle de la Société des Antiquaires de l'Ouest. (Voyez l'*Ami de la Religion*, n° du 31 décembre 1849.) — Le clergé allemand et anglais a beaucoup devancé le clergé de France dans ce retour aux principes de l'art religieux. « Un abîme sépare la France de l'Allemagne sous le rapport de l'intel- » ligence de l'art chrétien. Mgr Geissel, nouvellement élevé à l'évêché » de Spire, s'est fait un nom en Allemagne par l'histoire de sa cathé- » drale ; et dans son mandement d'installation, il a pris pour sujet la » beauté et le sens symbolique de cette célèbre église, dont il est » aujourd'hui le premier pasteur. Le docteur Milner, vicaire apostolique » en Angleterre, et si connu par ses écrits de controverse, avait acquis » une véritable popularité scientifique par son excellente histoire de la » cathédrale de Winchester. Il était beau de voir un prélat catholique » consacrer sa plume et sa science à l'*illustration* d'une de ces grandes » créations de l'ancienne foi, où ses prédécesseurs avaient célébré les » pompes catholiques, mais dont les portes sont fermées aujourd'hui » par l'hérésie usurpatrice. Ce sont là de nobles exemples que nous ne » craignons pas de proposer au clergé de France. » (*Du Vandalisme et du Catholicisme dans l'art*, par M. de Montalembert, page 174.)

deux branches de lis et de roses. L'abat-voix est surmonté d'un ange qui tient la trompette et le livre du jugement.

Vis-à-vis la chaire, il y a le banc d'œuvre large et spacieux; c'est un meuble en prétendu style ogival; il a été exécuté en **1839** par M. Bravet, menuisier chartrain; les sculptures sont dues à M. Pyanet, de Paris. Sur la face externe de la table, on voit trois médaillons: dans le premier, saint Joachim avec une palme à la main; dans le second, Marie tenant Jésus sur ses genoux, et couronnée par deux anges; dans le troisième, sainte Anne joignant les mains; ces trois statues ont les pieds nus, contrairement à toutes les règles de l'iconologie chrétienne. — Le dossier du banc-d'œuvre est orné d'un grand sujet allégorique pour rappeler l'incendie de **1836**; on y voit Marie debout sur des nuages; elle tient enchaîné le démon de l'incendie; à ses pieds l'Ange gardien de la ville demande la permission d'éteindre le feu qui consume la Cathédrale; dans les airs il y a des anges qui s'empressent de verser de l'eau sur les flammes dévorantes. Encore ici le sculpteur, ignorant les règles de l'iconologie, a donné à Marie les attributs de la divinité, c'est-à-dire, le nimbe crucifère et la nudité des pieds. Sous cette allégorie on lit l'inscription suivante gravée en lettres d'or dans une table de marbre noir:

Dæmonem in hanc ædem sacram flammis ejaculantem,
Jamque per turres et tabulata horrifice debacchatum
Maria, injecto fræno, coercet. Angelus, urbis custos, ut sibi liceat
Illam contra ignes tutari à Virgine rogat, annuitque Deipara.

Misericordiæ Domini quia non sumus consumpti. (Thren. iii, 22.)

Prædictum incendium accidit die IV junii MDCCCXXXVI.

Le meuble le plus important de la Cathédrale, c'est l'orgue; il est placé, depuis bientôt trois cents ans, au-dessus de la sixième arcade de la nef. Le buffet a été fait vers **1650**. La disposition architecturale du grand jeu présente neuf tourelles saillantes surmontées de clochetons à jour et reliées entre elles par des intervalles plans; le positif placé en avant et sous le grand jeu n'offre que cinq petites tourelles, formant saillie au-dehors de la balustrade que supporte un encorbellement terminé par une arcature ogivale pendante. En général l'aspect de ce meuble est satisfaisant; mais on ne peut que regretter de le voir en cet endroit, où il brise l'harmonie des lignes et dérobe trois grandes fenêtres [1]. — L'incendie de 1836 dérangea tous les jeux de l'orgue, qui se tut pendant dix ans. Enfin M. Gadault, de Paris, fut chargé de le restaurer; son travail, qui fut achevé en 1846, coûta à la fabrique 27,000 fr. — « Les orgues de l'Eglise, disait Rouillard en 1608, sont faictes » avec tant d'industrie et si rare artifice, d'une grandeur si pro- » portionnée, et d'une largeur si ample, que nonobstant le grand » bruit qui se faict en l'Eglise, à cause de l'affluence du peuple, » spécialement ès festes de la Vierge : leur harmonie peut être » aisément entendue [2]. » Les orgues actuelles sont encore plus harmonieuses et plus fortes.

Nous ne mentionnons qu'avec peine les onze confessionnaux ; ils sont tous d'une lourdeur et d'un goût barbare qui excitent la pitié. — Il existe une demi-douzaine de bénitiers en marbre rouge, taillés en coquille; ils n'ont aucun mérite. Il n'y a plus aucune trace des *benoistiers* que nos pères avaient placés au XIIIe siècle. — En 1842, on a posé dans la basilique un chemin de croix soi-disant monumental : il est en carton-pierre.

§ 4. — Le Jubé.

La Cathédrale de Chartres avait autrefois le plus magnifique jubé que les dernières années du XIIIe siècle eussent vu construire. « Le chœur, dit l'historien Pintard, est fermé par la base d'un » hault pulpitre de pierre appelé *ambo*, qui a douze toises de » long, sur deux toises de large, auquel on monte par deux esca- » liers de pierre tout droits, entre lesquels est percée la porte

---

[1] L'orgue était autrefois placé au-dessus de la porte royale ; nous faisons des vœux ardents pour qu'on l'y remette, en ayant soin d'en poser le nouveau buffet sur les faces des deux clochers, comme à Bruxelles, afin de ne pas cacher les trois magnifiques verrières du portail occidental.

[2] *Parthénie*, première partie, page 135.

» du chœur. Ce pulpitre est ouvragé tout autour d'histoires de
» l'ancien et du nouveau Testament, de figures et de comparti-
» ments en reliefs. Dix colonnes taillées d'une seule pierre cha-
» cune, et fort menues garnies de leurs bases et de leurs chapi-
» teaux et liés par des arcades avec des remplages, soutiennent
» la pesanteur de ce pulpitre. »

Cette merveille n'existe plus ; à une époque où l'art païen d'Athènes et de Rome régnait sans conteste, il fut froidement décidé, par l'évêque et les chanoines, suivant l'avis conforme de l'architecte Louis, que le jubé disparaîtrait : cet acte de vandalisme s'exécuta dans la nuit du 24 au 25 avril 1763. Les débris servirent de gravois pour niveler le sol de la Cathédrale, et les gracieux bas-reliefs, après avoir été mutilés, firent office de dalles pour repaver les trois entrées du chœur. C'est-là que M. Lassus, architecte de la Cathédrale, a fait exécuter, en 1849, des fouilles qui ont ramené au jour une grande partie des fragments de notre merveilleux jubé ; ils sont aujourd'hui déposés dans deux anciennes chapelles de la crypte, où ils forment un musée fort intéressant à visiter. Dans notre *Monographie* nous reconstruirons, par la description et le dessin, notre ancien jubé.

Cette manie de détruire les monuments gothiques était générale au XVIIIe siècle parmi les membres du clergé. « Ils procédaient,
» dit un illustre écrivain, avec une logique désespérante à la des-
» truction méthodique de tout ce qui devait leur rappeler le mieux
» la glorieuse antiquité du culte, dont ils étaient les ministres. Il
» ne serait pas resté une seule de nos églises antiques, si ces
» masses indestructibles n'avaient fatigué leur déplorable courage ;
» mais on peut juger de leur esprit de destruction, par certaines
» façades et certains intérieurs, qu'ils ont réussi à arranger à leur
» gré. C'est grâce à eux qu'on a vu tomber ces merveilleux jubés,
» barrière admirable entre le Saint des Saints et le peuple des
» fidèles [1]. » — Écoutons encore sur la destruction des jubés et des clôtures du chœur les plaintes éloquentes de l'auteur des *Églises gothiques* : « Ce sanctuaire que le Moyen-Age dérobait aux
» yeux avec tant de soin, au-dessus duquel planait un nuage d'en-

---

[1] *Du Vandalisme et du Catholicisme dans l'art*, page 191.

» cens, qui rappelait cette nuée qui vint se reposer sur le sanc-
» tuaire du Temple de Jérusalem, au moment de la consécration,
» ce sanctuaire est aujourd'hui ouvert de toutes parts. On pré-
» tend que ces clôtures n'ont aucune signification. On nie la
» tradition de l'ancien sanctuaire conservée dans le nouveau, et
» l'allégorie du voile qui se déchira du haut en bas, au moment
» solennel où le sacrifice fut consommé, allégorie si bien repré-
» sentée par l'ouverture de la riche portière du jubé gothique, au
» moment de la consécration. On ne veut voir dans ces riches
» barrières, où l'art avait prodigué toutes ses magnificences, que
» de mesquines précautions prises contre le vent et le froid, par
» les chanoines, au temps où ils chantaient matines au milieu de
» la nuit. Le clergé tout-puissant du Moyen-Age célébrait les
» saints mystères dans cette enceinte, impénétrable aux regards
» et presque à la pensée; depuis, le célébrant n'a pas cru pou-
» voir être jamais assez en vue. Alors on a abattu les jubés et les
» clôtures qui le dérobaient aux regards. Le pupitre gênait en-
» core; alors, par un renversement de toutes les idées, on a mis
» l'autel en avant, et le pupitre et le chœur en arrière. C'est de-
» puis qu'on a vu qu'un autel pouvait se déplacer aussi facilement,
» se transporter à volonté d'un bout de l'église à l'autre, qu'on
» s'est accoutumé à l'envisager comme un meuble, lorsqu'il de-
» vrait être considéré comme la pierre angulaire, comme le fon-
» dement inébranlable de l'édifice [1]. »

Au lieu du monumental jubé, nous avons aujourd'hui deux massifs en pierre de Tonnerre pauvrement sculptés. A gauche, on voit un tableau en haut-relief représentant le Baptême de Jésus-Christ par saint Jean : Jésus agenouillé sur une pierre reçoit sur la tête l'eau du Jourdain que saint Jean lui verse avec une coquille; le Saint-Esprit descend du ciel avec deux chérubins; saint Jean tient déjà la croix. De chaque côté de ce tableau, il y a une statue colossale : celle de gauche figure la *Charité*, femme aux épaules nues et tenant dans un pan de son manteau un pélican qui se déchire le sein pour nourrir ses petits avec son sang; le pélican a le cou

---

[1] *Les Églises gothiques*, in-12, par M. Smith, ancien inspecteur général des cathédrales de France.

brisé; celle de droite représente l'*Espérance*, indécemment vêtue et s'appuyant sur une ancre. — L'autre massif offre l'Annonciation : Marie était occupée à filer; un ange apparaît porté sur les nues et tenant le lys de la virginité; Marie s'humilie profondément et semble dire : *Voici la servante du Seigneur*. A côté on voit la *Foi* montrant un calice, et l'*Humilité* foulant aux pieds une couronne et tenant en main une boule. Cette œuvre est signée *P. Berruer* 1769. Elle a coûté 12,000 francs.

Toutes les statues qui ornent les deux massifs, sont dépourvues de caractère et d'expression religieuse; plusieurs manquent même de la plus vulgaire pudeur. Citons à ce sujet des paroles malheureusement trop justes : « On dirait qu'une colonie païenne, inspirée » des croyances de la théogonie grecque, aussi bien que des règles » de la statuaire classique, a passé par ces lieux, et qu'elle n'a vu, » dans l'occasion d'orner le sanctuaire, qu'un prétexte pour satis- » faire à ses dieux, en outrageant nos croyances. » Voyez les quatre Vertus, et convenez que ces femmes aux formes grossièrement matérielles et à la robe transparente, représentent plutôt les images des déesses impures ou des muses mythologiques que des allégories chrétiennes. Il faut le dire, c'est ici la plus laide page du vandalisme qui a restauré le chœur de la Cathédrale.

Faut-il enlever ces détestables massifs? C'est le vœu général des fidèles, qui désirent jouir plus librement de la vue des cérémonies sacrées. Pour nous, il nous est impossible de nous associer à ce vœu; nous pensons qu'il faut conserver ces deux massifs, si l'on ne rétablit le jubé.

Jadis notre chœur n'était pas plus *transparent*, comme on l'a dit, mais bien plus secret et plus mystérieux encore, moins pour protéger du froid le clergé qui y officiait la nuit, que pour se conformer à l'esprit de la liturgie catholique qui est de traiter mystérieusement ses divins offices : cet esprit se révèle par l'usage de la langue latine inconnue du vulgaire, par le silence du canon, par le voile qui se tirait jadis sur le sanctuaire et sur l'autel après la préface [1], par les jubés et les clôtures du chœur que le clergé seul

---

[1] Il nous reste quelques vestiges de cet ancien usage, dans le grand voile blanc qui cache le sanctuaire pendant le carême.

pouvait franchir. A-t-on gagné en matière de religion à dépouiller les cérémonies de leur mystérieux et à laisser tout voir ? La raison n'est-elle pas devenue hardie et téméraire comme le regard ? N'est-il pas vrai que rien n'affaiblit la foi et la piété comme la familiarité des choses saintes ? Encore une fois, n'abattons point les massifs de l'entrée du chœur, s'ils ne doivent pas être remplacés par un jubé.

L'espace qui règne entre les deux massifs est fermé par une grille de fer assez bien faite : elle est composée de deux pilastres et de deux vantaux en fers droits, et enrichie d'ornements en bronze doré ; le couronnement est orné du chiffre de Marie que surmonte une croix rayonnante. Cette grille a coûté 23,000 francs, et elle est l'ouvrage de Joseph Perez, serrurier à Paris ; les ornements sont dus à Louis Prieur, maître ciseleur et doreur à Paris ; l'architecte Louis en avait donné le dessin.

Avant de pénétrer dans le chœur, examinons-en la riche clôture.

§ 5. — *La Clôture du Chœur.*

Il y avait déjà trois siècles que la Cathédrale de Chartres élevait vers le ciel son front splendide et radieux ; et il lui manquait encore une *clôture du chœur*. Le XVIe siècle voulut la lui donner : quoique sur le point de repousser les idées dont les arts s'étaient inspirés pendant plus de cinq cents ans, il sut encore aimer un instant d'un amour pur notre belle basilique, et ce fut par cette magnifique clôture qu'il lui paya sa dette, saluant d'un dernier regard l'art gothique si éminemment chrétien, et qu'il allait répudier pour s'inspirer aux sources païennes et indécentes de Rome et d'Athènes.

Le Clocher-Neuf venait d'être achevé, lorsque notre riche et généreux Chapitre entreprit la clôture du chœur. Pour exécuter cette œuvre importante, il choisit le *maçon* Jehan de Beauce, qui venait de donner des preuves éclatantes de son talent. Le Chapitre commit un de ses membres les plus savants, Vastin des Fugerais, pour diriger et surveiller ce grand travail.

L'œuvre de la clôture fut commencée en 1514. Jehan de Beauce continua à gagner, pour ce travail, comme pour le clocher, sept sous et six deniers par jour; ses ouvriers gagnaient cinq sous. La dépense fut couverte par les offrandes du Chapitre et des pieux fidèles. L'évêque Erard de la Marck, qui était en même temps évêque-souverain de Liége, n'y voulut contribuer en rien. De là récrimination de la part du Chapitre qui s'adressa au roi pour qu'il lui plût d'ordonner par provision une somme de 20,000 francs sur les revenus de l'évêché. Dans leur requête, les chanoines disaient: « Le seigneur évêque ne veut contribuer en aucune chose aux » charges de l'église, à la réfection du clocher et à la ceinture du » chœur de la Cathédrale; à quoi cependant il est obligé à cause » de sa dignité et eu égard au revenu qu'il en perçoit » [1]. Les chanoines obtinrent ce qu'ils demandaient.

Les travaux de la clôture se poursuivaient avec vigueur, si bien qu'à la mort de Jehan de Beauce [2], arrivée le 28 décembre 1529, le mur était à peu près achevé; mais les dais aux mille clochetons et les groupes légendaires ou évangéliques ne furent entièrement terminés que deux siècles plus tard. J. Boudin, sculpteur d'Orléans, sculpta quelques groupes en 1611 et 1612 : il a eu soin de transmettre son nom à la postérité, en le gravant en lettres dorées sur deux tablettes de marbre noir. Deux autres groupes furent faits en 1681 par Dieu et Legros, sculpteurs de Chartres. En 1697, Sablon disait : « Il ne reste plus que onze niches à faire avec leurs figures » qui achèveront la représentation de nos plus saints mystères; » nous espérons voir toute cette sainte histoire achevée de nos » jours : Messieurs du Chapitre sont trop zélez pour l'honneur de » Dieu et pour l'ornement de leur église, pour laisser cet ouvrage » imparfait, lequel étant achevé sera la merveille de la chrétienté » et instruira les ignorants autant que les plus habiles prédicateurs » évangéliques » [3]. Les chanoines firent sculpter les onze niches et les onze groupes durant les premières années du XVIII⁰ siècle. Les

---

[1] *Histoire de Chartres*, par Doyen, tome 1ᵉʳ, page 387.

[2] Le chapitre, pour honorer la mémoire de cet habile et modeste artiste, le fit enterrer à ses frais dans l'église St-André. — Le Conseil municipal de Chartres a décidé, en 1848, que la rue et la place de l'embarcadère seraient nommées *rue* et *place* de JEAN DE BEAUCE.

[3] *Histoire de l'Église de Chartres*, page 29.

différentes époques des travaux de cette riche clôture, se font aisément apercevoir par la diversité du style adopté pour les statues et pour la partie architecturale. On remarquera que les premiers groupes à droite et à gauche, qui sont dus au ciseau de Jehan de Beauce, surpassent les autres par une expression plus religieuse et un costume plus varié et plus chaste. Les groupes de la courbure absidale sont détestables au point de vue de l'art chrétien.

La clôture du chœur est la partie la plus admirée de la Cathédrale par les nombreux visiteurs qui y affluent de tous les pays du monde. « La clôture du chœur de Chartres, dit M. Bourrassé, est
» aussi digne de fixer l'attention par sa disposition générale que
» par la multitude et la délicatesse des ornements. Sous certains
» rapports, la clôture de Chartres est inférieure à celle d'Alby,
» mais elle ne doit pas moins être considérée comme un des plus
» remarquables exemples de ces belles enceintes du Moyen-Age »[1].
— « Lorsqu'on parle des clôtures de chœur, ajoute M. Berty, il est
» impossible de ne pas citer celle de Chartres, qui est sans doute
» la plus magnifique qui existe. Les formules élogieuses manquent
» pour qualifier cet admirable ouvrage [2]. »

Il ne faut pas croire que le mur de clôture ait jamais été à jours : jamais on ne lui a ôté de sa *transparence;* jamais le sanctuaire n'a été plus visible qu'aujourd'hui. Toutefois, avant la *décoration* du chœur, les groupes historiés et les baldaquins de la clôture n'étaient pas masqués, comme ils le sont maintenant, pour le clergé qui se trouve dans le chœur.

En contemplant la partie architecturale de la clôture, on verra que si le XVIe siècle avait perdu la première qualité du style religieux, qui est la noble simplicité, il a su au moins se créer un caractère spécial par le luxe et la finesse exquise de l'ornementation. Les colonnettes, les arcades, les frontons, les clochetons, les aiguilles se pressent et s'unissent étroitement. Les rinceaux, les enroulements et les arabesques offrent les dessins les plus capricieux et dont les détails échappent au récit comme au re-

---

[1] *Les Cathédrales de France,* page 565.

[2] *Dictionnaire de l'Architecture du Moyen-Age,* page 95.

gard. Les animaux les plus bizarres, les génies les plus fantastiques, les personnages lilliputiens se déroulent ou s'échelonnent sur les colonnettes et les pieds-droits. Tout cela forme la plus étonnante décoration que l'on puisse voir, et dont on n'aperçoit toute la variété et la grâce que successivement et après des observations réitérées. On passerait des heures entières à considérer ces détails gracieux et toujours nouveaux, à se demander avec un étonnement sans cesse renaissant, comment le ciseau a pu trouver tant de formes élégantes sans les répéter.

« Dans l'épaisseur de cette clôture se trouvent quatre chapelles et deux chambres [1]. » Les chapelles ont été supprimées et mutilées pour placer les tableaux de Bridan, et elles servent aujourd'hui à des usages vulgaires.

Nous décrirons maintenant en peu de mots les quarante groupes historiés, composés de statues presque aussi grandes que nature et représentant les principaux faits de la légende de Marie et de l'histoire évangélique ; nous passerons sous silence les pilastres ornés de statues et de statuettes qui séparent chaque groupe. Pour suivre l'ordre chronologique, il faut commencer à droite, près du transept méridional.

I. *L'apparition de l'ange à Joachim* [2]. — « Joachim, après
» avoir été renvoyé du temple, s'en était allé vers ses troupeaux,
» et il conduisit avec lui ses pasteurs dans un pays éloigné, sans
» rien dire à sa femme. Après cinq mois un ange lui apparut, et
» lui dit : *Sache au sujet de ta femme qu'elle concevra une fille
» qui sera dans le temple de Dieu, et l'Esprit-Saint reposera en
» elle.* » Ce récit est le sujet du premier groupe : le sculpteur n'a pas représenté l'ange ; il l'a laissé dans les nuages ; Joachim écoute l'envoyé du Seigneur, il est appuyé sur son bâton ; les deux bergers, l'un assis et jouant de la cornemuse, l'autre debout et

---

[1] *Histoire de Chartres*, par Pintard, Ms de la Bibliothèque de la ville, page 697.

[2] Voyez l'*Evangile de la Nativité de Marie*, parmi les évangiles apocryphes publiés par M. G. Brunet, chez Franck à Paris, pages 181 à 185. — Voyez cette apparition de l'ange dans sainte Epiphane (Hœres. LXXXIX, n° 5).

s'apprêtant à tondre les brebis, regardent le ciel et écoutent avec une avide curiosité ; le chien, les brebis et les chèvres semblent écouter aussi. Cette scène est très-bien rendue, et les costumes méritent de fixer l'attention de l'archéologue.

II. *L'apparition de l'ange à sainte Anne* [1]. — « Lorsque Joa-
» chim et ses pasteurs eurent cheminé trente jours, l'ange du
» Seigneur apparut à Anne qui était en oraison, et lui dit : *Va à*
» *la porte que l'on appelle Dorée, et rends-toi au-devant de ton*
» *mari, car il viendra à toi aujourd'hui.* » L'ange ne paraît pas ici non plus ; Anne est debout dans sa chambre à coucher ; on remarquera son lit avec baldaquin, son prie-Dieu et son petit chien, qui est couché ; derrière elle, sa servante tient un vase et écoute l'ange. — Sous ce groupe, il y a une porte délicatement sculptée.

III. *Rencontre de Joachim et d'Anne* [2]. — Joachim arrivant seul de la campagne, et sainte Anne avec sa suivante et son chien, se rejoignent à la porte Dorée [3] ; Anne se jette au cou de Joachim, rendant grâces à Dieu et disant : *J'étais veuve, et voici que je ne serai plus stérile, et voici que je concevrai.* — Le baiser que sainte Anne reçoit de Joachim est le *signe* et non pas, comme l'ont pensé quelques théologiens, la *cause* miraculeuse de sa conception. « Marie a conçu par l'opération du Saint-Esprit, mais
» elle n'a pas été conçue de cette manière, dit le grand saint
» Bernard ; elle est demeurée vierge dans son enfantement ; mais
» elle n'a pas été enfantée par une vierge [4]. » L'opinion qui soutenait la virginité de sainte Anne dans sa conception et son enfantement, a été condamnée en **1677** par le pape Innocent XI [5]. —

---

[1] *Evangile de la Nativité*, page 185. — On peut voir d'autres détails dans le *Protévangile* de saint Jacques, pages 115-117.

[2] Ibid. page 185.

[3] Il paraît que cette porte était à l'orient de la ville, et l'on conjecture qu'elle était en bronze de Corinthe.

[4] *Epitres de saint Bernard :* Epist. 174 ad canonic. Lugdun.

[5] *Histoire ecclésiastique* de Le Nain-Tillemont, tome 1er, page 169 ; — Benoit XIV, *De festis*, libri II, cap. IX, n° 14. — J. B Thiers, Traité des superstitions, tome 71, page 302.

Sous ce troisième groupe, on voit un autel très-curieux dédié autrefois à saint Lubin.

IV. *La Nativité de Marie* [1]. — « Anne conçut et le neuvième
» mois elle enfanta et elle dit à la sage-femme : *Qu'ai-je enfanté?*
» Et l'autre répondit : *Une fille*. Et Anne dit : *Mon âme s'est ré-*
» *jouie à cette heure*. Et Anne allaita son enfant et lui donna le
» nom de Marie. » Le sujet de ce quatrième groupe c'est *la Nativité de Marie qui annonce la joie au monde* [2]. Sainte Anne est couchée dans son lit et servie par sa domestique ; la sage-femme verse de l'eau dans un baquet où l'on va laver la chère petite Marie, qui est tenue sur une nappe par une autre femme. Le costume de la sage-femme est riche et fort curieux.

V. *La Présentation de Marie* [3]. — « Lorsque Anne eut sevré
» Marie la troisième année, ils allèrent ensemble, Joachim et elle,
» au temple du Seigneur, et présentant des offrandes, ils remi-
» rent leur fille Marie, afin qu'elle fût admise parmi les vierges
» qui demeuraient le jour et la nuit dans la louange du Seigneur.
» Et lorsqu'elle fut placée devant le temple du Seigneur, elle
» monta en courant les quinze degrés sans regarder en arrière
» et sans demander ses parents, ainsi que les enfants le font
» d'ordinaire. Et tous furent remplis de surprise à cette vue, et
» les prêtres du temple étaient saisis d'admiration. » Ici l'on voit la petite Marie monter les degrés du temple, au haut desquels il y a un autel avec un tabernacle et deux chandeliers ; à gauche de l'autel se trouve une petite niche avec le buste d'un saint. Saint Joachim et sainte Anne demeurés au bas contemplent le ciel ; avec eux il y a une servante et un petit garçon tenant un panier. Le nombre des degrés du temple est de quinze, suivant le nombre des psaumes que les Juifs y chantaient en les montant, et que

---

[1] *Evangile de la Nativité*, page 186 ; — *Protévangile* de saint Jacques, page 117.

[2] *Bréviaire* romain et les anciens bréviaires de Chartres, au 8 septembre.

[3] *Evangile de la Nativité*, page 186 ; *Protévangile* de saint Jacques, page 119 ; — Voyez aussi le bréviaire romain et les bréviaires de Chartres au 21 novembre.

pour cela on a appelés *Psaumes graduels.* ¹ — Sous ce groupe, on voit une porte admirablement sculptée, mais salie d'un badigeon boueux comme toutes les autres.

VI. *Le Mariage de Marie avec saint Joseph* ². — Le grand-prêtre Abiathar est debout, la mitre juive en tête; les deux époux se prennent la main pour jurer la foi de mariage; l'assistance se compose de deux hommes et d'une femme. Marie est couronnée de roses, comme les rabbins enseignent que c'était l'usage chez les Hébreux. Tous les personnages de cette scène sont richement costumés. — Joseph est ici *entre deux âges,* comme s'exprime la *Légende dorée;* mais une autre tradition plus ancienne et plus générale lui attribue un âge plus avancé, lorsque Marie lui fut remise : *Accepit Mariam viduus, ætatem agens circa* 80 *annorum et amplius,* dit saint Epiphane; et il ajoute que Joseph avait 84 ans lorsqu'il revint de l'Egypte.

VII. *L'Annonciation.* ³. — Marie, à genoux devant un prie-dieu sur lequel est un livre ouvert, reçoit la visite de l'ange Gabriel; celui-ci porte le bâton de héraut; la posture de Marie exprime bien son humble hésitation. Entre la Vierge immaculée et l'ange, on voit un vase d'où s'élance un lys fleuri, symbole de la virginité de Marie dans la conception du Verbe divin.

VIII. *La Visitation* ⁴. — Marie, vêtue d'une longue robe et d'un manteau et accompagnée d'une servante, arrive chez sa cousine Elisabeth, qui la reçoit en ouvrant les bras pour l'embrasser; une jeune fille, élégamment costumée, regarde Marie; on remarquera aussi le costume d'intérieur de sainte Elisabeth, son trousseau de clefs et son escarcelle.

Entre ce groupe et le suivant, on voit soutenu par deux anges le cadran d'une horloge fort ingénieuse qui indiquait les heures,

---

¹ Le prophète Ezéchiel a fait mention de ces quinze degrés (XL, 6 et 34); Josèphe en parle aussi dans son *Histoire de la guerre judaïque* (V, 5); on trouvera sur ces degrés de longs détails dans les *Explanationes in Ezechielem* Pradi et Villalpendi, Romæ, 1596-1604, 3 vol. in folio.

² *Evangile de la Nativité*, pages 189-192.

³ S. Luc, ch. I, 25-39.

⁴ Ibid. I, 39-50.

les jours, les mois, le lever et le coucher du soleil, l'âge de la lune, et les signes du zodiaque [1]; il n'en reste que trois ou quatre rouages, le surplus a été enlevé en 1793. A côté est la tourelle de l'escalier qui permettait de monter à l'horloge et au haut de laquelle il y avait autrefois *un réveille-matin composé de petites cloches qui, animées par de secrets ressorts, sonnaient une hymne à Notre-Dame* [2]. Il est impossible de rien voir de plus gracieux et de plus délicat que les sculptures de cette tourelle en style Renaissance.

IX. *Joseph est tiré de son doute* [3]. — Saint Joseph richement vêtu dort la tête appuyée sur sa main droite, qui elle-même repose sur un coussin; *un ange lui apparaît en songe et lui dit: Joseph; fils de David, ne craignez pas de prendre avec vous Marie votre épouse; car ce qui est né en elle, est du Saint-Esprit.* L'ange n'est pas représenté ici. Marie est occupée à coudre; un livre est ouvert sur ses genoux, et un chapelet est appendu à sa ceinture.

X. *La naissance de Jésus.* — Cette scène est charmante: Jésus presque nu est couché dans une corbeille de jonc; il sourit gracieusement à sa tendre Mère, qui est à genoux, les mains jointes, devant son divin Enfant. Trois petits anges adorent leur Roi et le contemplent avec amour. Saint Joseph est debout, tête découverte; il ouvre les bras en signe d'admiration. On ne peut qu'applaudir au choix que l'artiste a fait de la circonstance de l'*adoration de l'Enfant*, parmi toutes celles que lui offrait la Nativité. Le premier mouvement de la Mère de Dieu, à la vue de son Fils, c'est de l'adorer: *Celui qu'elle conçut étant vierge, elle l'enfanta sans cesser d'être vierge, et l'ayant mis au monde elle l'*ADORA *demeurant toujours vierge* [4]. Délicieuse tradition accueillie, vers la même époque, avec une prédilection marquée par tous les grands peintres de l'Italie.

Sur le pilier, le bœuf et l'âne mangent au ratelier. Des bergers

---

[1] *Histoire de Chartres*, par Souchet, page 207.
[2] *Histoire de l'Eglise*, par V. Sablon, page 28.
[3] S. MATTHIEU, ch. I, v. 18-21.
[4] *Bréviaire* romain, à l'office de la Purification de Marie. — Voyez aussi *les Méditations sur la vie de J.-C.* par saint Bonaventure, ch. 7.

et des tondeurs sont au milieu de leurs troupeaux qui broutent l'herbe tendre de la campagne de Bethléem; on voit aussi une bergère qui porte un chapelet pendu à sa ceinture. — Sur le côté droit du pilier, se voit une autre scène admirablement sculptée, comme la précédente : les bergers de Bethléem avec leurs troupeaux reçoivent la visite d'un ange qui leur annonce la naissance du Sauveur; dans les nues, d'autres anges font retentir les airs du joyeux cantique : *Gloire à Dieu au plus haut des cieux, et paix sur la terre aux hommes de bonne volonté!*

XI. *La Circoncision.* — Saint Joseph tient l'Enfant au-dessus d'un vase posé sur l'autel; un prêtre juif coupe la chair du petit Jésus, lequel crie et pleure sous le couteau sacré. Marie assise par terre et vivement émue des cris de son Enfant, tend les bras pour le recevoir. A côté du prêtre, un jeune lévite tient un cierge et un vase plein d'eau. C'est ici de l'art païen.

XII. *L'Adoration des Mages* [1]. — Jésus assis sur les genoux de sa souriante Mère tient un objet, que lui offre le premier Mage, qui est à genoux et les mains jointes; le second Mage, qui est nègre, et le troisième, qui est barbu, sont debout. Leurs costumes sont très-intéressants. Le sculpteur leur a refusé la couronne royale, mais il leur a donné une coiffure variée et curieuse [2].

XIII. *La Purification.* — « Le temps de la purification étant accompli, Joseph et Marie portèrent l'Enfant à Jérusalem afin de le présenter au Seigneur [3]. » Ici Siméon, en costume de grand-prêtre [4], porte Jésus sur ses bras, et prononce son beau cantique: *Nunc dimittis.* A la gauche de Siméon, on voit saint Joseph; la

---

[1] Presque tous les Pères de l'Église donnent aux Mages le titre de rois. Au Moyen-Age on leur assigna les noms de Gaspard, de Balthasar et de Melchior, en leur donnant pour royaume Tarse, la Nubie et Saba. Selon les hagiographes du Moyen-Age, ils subirent le martyre dans l'Inde, après avoir été baptisés par saint Thomas. Leurs reliques sont dans la cathédrale de Cologne.

[2] Les sarcophages des premiers chrétiens représentent toujours les Mages coiffés du bonnet phrygien.

[3] S. Luc. chap. II, v. 27.

[4] Les artistes représentent toujours le vieillard Siméon revêtu d'ha-

statue de Marie a été brisée, et on lui a maladroitement substitué un individu à l'aspect sévère. — On remarquera que dans ce groupe et les deux groupes précédents, le sculpteur a figuré le petit Jésus entièrement nu ; lorsque les chastes artistes du XIIe et du XIIIe siècle représentaient les mêmes sujets, ils revêtaient toujours l'Enfant d'une petite robe, comme on peut s'en convaincre en examinant nos porches et nos verrières.

XIV. *Le massacre des Innocents.* — Hérode, assis sur son trône, vêtu à l'antique, le sceptre à la main, et casque sur la tête, ordonne le massacre *de tous les enfants de deux ans et au-dessous.* Deux barbares soldats tuent, percent deux enfants dans les bras de leurs mères éplorées : c'est une scène touchante, assez bien rendue par le sculpteur.

Sur le mur est figurée en demi relief la *fuite en Egypte* : Marie est montée sur un âne et porte dans ses bras le divin Enfant. Saint Joseph tient la bride de l'humble monture de la Reine des cieux, et porte sur un bâton les petites provisions du voyage. Le bœuf suit aussi la sainte Famille. Trois anges viennent offrir à Jésus des fruits placés sur des assiettes. Un peu plus haut, les idoles tombent de dessus leurs piédestaux et plus loin, trois soldats lancés à la poursuite de Jésus interrogent un moissonneur et semblent lui demander s'il n'a point vu le divin fugitif.

Sur l'autre face du mur, Jésus âgé de douze ans est assis dans la chaire devant un pupitre, sur lequel se trouve la Bible ouverte, et il l'explique aux douze docteurs juifs, qui paraissent dans l'admiration. Dans le lointain, on voit Marie et Joseph tout affligés ; Jésus les regarde et les bénit.

XV. *Le baptême de Jésus.* — Le Sauveur est dans les eaux du Jourdain jusqu'à mi-jambe, et saint Jean verse de l'eau sur sa tête. Le Père apparaît dans le haut et bénit son Fils bien-aimé ; le Saint-Esprit, sous la forme d'une colombe, a été brisé ; un ange tient les habits de Jésus-Christ ; Jean-Baptiste a pour vêtements un cilice en cordes, une peau de chèvre et un manteau ; le sol est couvert de plantes.

bits sacerdotaux : il est toutefois fort douteux qu'il ait été prêtre. Allatius, dans sa *Diatriba de Simeontibus*, a traité cette question avec une étendue que son importance ne réclamait peut-être pas.

XVI. *La triple Tentation*. — Après son baptême, Jésus fut conduit par l'Esprit dans le désert pour y être tenté par le diable [1]. Au premier plan du groupe, Jésus est debout, et le tentateur (sous une forme humaine [2], si ce n'est que ses pieds sont terminés par des griffes énormes) lui dit en lui montrant des pierres : Si vous êtes le Fils de Dieu, commandez que ces pierres deviennent du pain. — Plus loin on voit le temple de Jérusalem ; le démon y a transporté Jésus sur le pinacle ; les deux statues sont brisées. — Au fond, est une montagne : Jésus est debout sur le sommet, où il s'est laissé transporter par Satan. Mais il le chasse bientôt et les anges viennent pour le servir.

XVII. *La Chananéenne*. — « Comme Jésus se retirait du côté
» de Tyr et de Sidon, voici qu'une femme Chananéenne s'écria :
» Seigneur, fils de David, ayez pitié de moi : ma fille est misérable-
» blement tourmentée par le démon. Mais il ne lui répondit pas
» un mot. Et ses disciples s'approchant de lui, le priaient en lui
» disant : Accordez-lui ce qu'elle demande, afin qu'elle s'en
» aille... Il leur répondit : Je n'ai été envoyé qu'aux brebis perdues
» de la maison d'Israël. Mais cette mère affligée s'approcha et elle
» l'adora en lui disant : Seigneur, assistez-moi [3]. » C'est le moment que le sculpteur a choisi ; la persévérante Chananéenne est à genoux, les mains jointes ; entre elle et le divin Sauveur il y avait autrefois un chien, brisé aujourd'hui. Au-dessous de ce groupe, on lit sur une petite plaque de marbre noir : J. Boudin 1612. C'est la signature du sculpteur.

XVIII. *La Transfiguration*. — « Jésus ayant pris avec lui Pierre,
» Jacques et Jean, son frère, les mena à l'écart sur une haute
» montagne ; et il fut transfiguré devant eux [4]. » Jésus est porté sur des nuages ; Moïse et Elie sont agenouillés près de lui : Moïse porte les deux Tables de la loi, et Élie se croise les mains sur la poitrine. Saint Jean s'est jeté à genoux, ainsi que saint Jacques

---

[1] S. Matthieu, iv, 1.

[2] La tête et les épaules ont été brisées.

[3] S. Matthieu, xv, 21-28.

[4] Ibid., xvii, 1-8.

qui joint les mains ; saint Pierre est terrassé et ébloui, et il se garantit de la vive clarté avec sa main gauche.

XIX. *La Femme adultère.* — Cette femme criminelle est amenée devant le Sauveur par un pharisien ; un second pharisien s'est placé derrière Jésus. La femme se tient debout, avec une grande honte et confusion ; Jésus a mis un genou en terre, et il écrit avec son doigt : *Que celui d'entre vous qui est sans péché, lui jette la première pierre.* — Ce groupe a été fait en **1681** par Dieu, fameux sculpteur, dit Sablon [1].

XX. *La Guérison de l'aveugle-né.* — L'aveugle est assis et appuyé sur son bâton ; Jésus a fait un peu de boue avec sa salive, et il en frotte les yeux de l'aveugle, en lui disant : *Allez vous laver dans la piscine de Siloé.* Derrière Jésus, il y a deux apôtres qui admirent l'action de leur divin Maître.

Entre cette scène évangélique et la suivante, il règne un espace dépourvu de baldaquin ; avant la restauration du chœur, il y avait là « plusieurs corps saints en diverses capses, à savoir les » châsses de saint Piat, martyr, de s. Leobin ou Leubin, evesque » de Chartres : le corps de s. Caletric, aussi evesque dudict lieu, » s. Bethaire et sainct Soulein, aussi de mesme grade : le corps » de s. Tugdual martyr, de saincte Tècle vierge. Le chef de s. » Théodore, les os du poignet de la main, dont s. Thomas toucha » le costé de nostre Seigneur, enchassez dans une main d'argent » doré, et tous les aultres de mesmes, conservez en vaisseaux » d'argent doré, riches et précieux » [2]. Sous ces rares et saintes reliques, on voyait un autel qui a également disparu. — Aujourd'hui il y a quelques statuettes dépareillées jetées pêle-mêle.

XXI. *Entrée de Jésus à Jérusalem, ou la fête des Palmes.* — Cette scène occupe deux niches. Le divin Sauveur, monté sur un ânon, marche vers Jérusalem pour y faire son entrée triomphale. Derrière lui, marchent ses apôtres ; devant lui, plusieurs hommes du peuple étendent leurs vêtements sur son passage [3] ; des femmes

---

[1] *Histoire de l'Église de Chartres*, page 28.

[2] *Parthénie*, 1re partie, pages 133 et 205.

[3] L'usage d'étendre par terre des vêtements sur les pas de celui que l'on veut honorer, se retrouve chez différents peuples de l'antiquité.

et des enfants crient : *Hosanna! Au Fils de David!* Un jeune homme cueille des palmes, et un enfant va les offrir à Jésus. — Ce groupe et les huit suivants n'ont été sculptés que dans les premières années du XVIIIe siècle.

XXII. *L'Agonie de Jésus.* — Après avoir institué la divine Eucharistie, Jésus se rendit au jardin de Gethsémani, avec Pierre, Jacques et Jean. Triste jusqu'à la mort, il est ici prosterné devant son Père et le supplie d'éloigner de lui le calice qu'un ange lui présente; un autre ange soutient le Sauveur qui s'affaisse sous la souffrance. A côté de lui on voit les trois disciples endormis sous un palmier. Le sol est couvert de plantes, pour indiquer un jardin.

XXIII. *La Trahison de Judas.* — Le traître est entré dans le jardin avec une troupe de gens armés; il salue son divin Maître et lui donne le baiser de la trahison. Aussitôt deux soldats mettent la main sur Jésus et se saisissent de lui; en même temps saint Pierre tire son épée et la lève contre Malchus à demi renversé par la peur.

XXIV. *Jésus devant Pilate.* — « Dès que le matin fut venu, les » princes des prêtres lièrent Jésus et le livrèrent à Pilate. » Le gouverneur romain est assis sur son siége; Jésus garotté est conduit devant lui par deux soldats; à côté du gouverneur, on voit un troisième soldat venu de la part de Procule, femme de Pilate, pour lui dire : *Ne fais rien contre ce juste, car j'ai beaucoup souffert cette nuit à cause de lui.*

XXV. *La Flagellation.* — Jésus presque nu est attaché, les mains derrière le dos, à une colonne; son air est triste, mais résigné. Deux cruels soldats le frappent de verges avec une brutalité révoltante. On a brisé les bras des soldats.

XXVI. *Le Couronnement d'épines.* — Après avoir flagellé le Sauveur « les soldats le menèrent dans la cour du prétoire, et » après l'avoir dépouillé, ils le couvrirent d'un manteau de pour- » pre. Puis entrelaçant des épines, ils en firent une couronne » qu'un soldat enfonce sur la tête de Jésus assis sur une borne; un autre soldat lève la main pour frapper le Fils de Dieu, et tient le roseau qui va bientôt lui servir de sceptre.

Nicolaï en a fait le sujet d'un savant travail : *De substratione vestium*; Giessen, 1704.

XXVII. *La Cruxifixion.* — Cette scène occupe deux niches. Dans la première, le Sauveur couronné vient d'être cloué sur la croix; quatre soldats s'efforcent de la fixer debout dans la terre : trois poussent avec leurs épaules, et le quatrième tire avec une corde ; le centurion Longin commande la manœuvre. Dans la seconde niche, Marie-Madeleine se lamente à genoux ; la sainte Mère de Jésus s'évanouit et tombe sous le poids de son immense tristesse ; elle est reçue dans les bras de Marie, de Cléophas, et de Jean, le disciple bien-aimé. Nous n'aimons pas cette contenance défaillante donnée à la Mère de Dieu, contenance que l'Écriture ne lui suppose pas d'ailleurs : *Stabat Mater*, dit saint Jean. « La
» douleur a-t-elle abattu cette Mère également ferme et affligée,
» l'a-t-elle jetée à terre par la défaillance? Au contraire, ne voyez-
» vous pas qu'elle est droite, qu'elle est assurée? Elle est debout
» auprès de la croix. Non, le glaive qui a percé son cœur n'a pu
» diminuer ses forces : la constance et l'affliction marchent d'un
» pas égal » [1].

XXVIII. *La Descente de croix.* — Marie, assise au pied de la croix, tient sur ses genoux le corps inanimé de son Fils. Deux petits anges sont présents : l'un prie, et l'autre soulève en pleurant un coin du linceul sur lequel Jésus est placé.

XXIX. *La Résurrection.* — Jésus armé de l'étendard victorieux de la croix, sort du tombeau par sa propre vertu ; les trois gardes frappés d'effroi tombent par terre. Cet effroi n'est qu'une imagination des artistes, car Jésus ressuscita sans bruit, sans éclat apparent, sans soulever la pierre qui fermait son sépulcre, et les gardes ne s'en aperçurent pas.

XXX. *L'Apparition aux saintes Femmes.* — « Lorsque le sabbat
» fut passé, Marie-Madeleine, Marie mère de Jacques et Salomé
» achetèrent des parfums pour embaumer Jésus. » Elles portent ces parfums dans des vases ; en arrivant au sépulcre, elles voient la pierre ôtée et un ange assis dessus. — Sous ce groupe, sur une petite plaque de marbre noir, on lit le nom du sculpteur : T. BOUDIN, 1611.

XXXI. *Jésus et les disciples d'Emmaüs.* — Jésus voyage avec

---

[1] Bossuet, 1er sermon sur la *Compassion de la Sainte Vierge*.

les disciples d'Emmaüs, et il leur explique tout ce qui était prédit de lui dans les Écritures. Les disciples l'écoutent avec une sainte avidité. Les costumes sont assez curieux; l'un des disciples porte un chapelet suspendu au cou.

XXXII. *Jésus et Thomas.* — Jésus est au milieu de ses apôtres, et il dit à Thomas : « Mettez ici votre doigt et regardez mes » mains; approchez votre main, et mettez-la dans mon côté, et » ne soyez plus incrédule, mais fidèle. » Thomas s'est jeté à genoux, et met ses doigts dans la plaie du côté de Jésus, en disant : *Mon Seigneur et mon Dieu!* — Cette scène est bien rendue. Au-dessous il y a une petite porte en bois sans sculptures.

XXXIII. C̄ome *Jésucrist ressuscité aparoist à la vierge Marie :* telle est l'inscription qui se lit au bas de ce groupe. Dans la pensée de Vastin des Fugerais et de Jean Texier, tous les groupes historiés de la clôture devaient raconter exclusivement les traits légendaires ou évangéliques de la vie de la sainte Vierge; et alors la scène qui est ici devant nous, aurait été placée après *la descente de la croix :* c'est l'ordre chronologique. En effet une tradition constante et universelle nous apprend que Jésus, après sa sortie du tombeau, favorisa sa tendre Mère de sa première apparition, « afin d'essuyer les larmes de ses très-chastes yeux, qui n'avaient » point tary depuis sa Passion » [1]. Le divin Sauveur trouve sa Mère à genoux, devant un prie-Dieu sur lequel se voit un livre ouvert et un chapelet. Marie ouvre les bras pour exprimer sa joie et son heureuse surprise. — Depuis quelques années, on a placé, sans savoir pourquoi, un ange qui assiste à l'entrevue de Jésus et de sa Mère. Ce groupe et les sept qui suivent sont dus au pieux et chaste ciseau de Jean Texier.

XXXIV. C̄ome *Nostre Seigneur monte ès cieux.* — La très-sainte Vierge et les Apôtres réunis sur la montagne des Oliviers sont tombés à genoux et regardent Jésus qui monte au ciel et dont on

---

[1] *Les Fleurs des vies des Saints*, par Ribadeneira : De la glorieuse résurrection de Nostre-Seigneur. Voyez de plus saint Ambroise, liber II, *de Virginibus;* — Rupert, lib. VII, *de Divino officio;* — Baronius, *Annal. eccles.* anno 34, § 183; — Bona, *Vita Christi*, cap. 87; — Suarez, in 3am part. summæ D. Thomæ, disput. 20.

n'aperçoit plus que les pieds et le bas de la robe. L'empreinte des pieds du Sauveur a été figurée par le sculpteur, pour se conformer au récit des Pères de l'Église, qui assurent que ces vestiges sacrés y demeurent et n'ont jamais pu être effacés [1].

XXXV. *Cõme le Saint-Esperit descent sus les apostres.* — La Mère de Jésus est assise au milieu des Apôtres; elle a un livre ouvert sur les genoux et joint les mains. Les Apôtres sont debout et regardent le ciel : la surprise et l'inspiration éclatent dans leurs gestes et leurs traits. L'Esprit-Saint, sous la forme d'une colombe, était jadis suspendu à la voûte de la niche.

XXXVI. *Cõme Nostre-Dame adore la croix.* — « Tant que vecut » Marie, dit la *Légende dorée*, elle visita fréquemment les différents » endroits témoins de la passion de son Fils. » C'est une de ces visites que l'artiste a représentée ici; Marie est agenouillée et prie avec ferveur au pied de la croix; elle est accompagnée du disciple bien-aimé, de Madeleine et de Marie Salomé. La croix est fixée dans le sol; la couronne d'épines et les clous y sont attachés, et au pied se voient le crâne et les ossements d'Adam. Au-dessous il y a une petite porte en bois sculpté.

XXXVII. *C'est le trépassement Nostre-Dame* [2]. — Par une permission divine, les Apôtres dispersés dans les diverses régions du monde, ont été enlevés sur des nuées et déposés dans la demeure de Marie, sur le versant de la montagne de Sion. La bienheureuse Vierge, entièrement vêtue, est couchée sur son lit; elle

---

[1] Voyez sur cette empreinte des pieds de Jésus, saint Jérôme, *Liber nominum ex actis*; — Saint Augustin, *Tract. 47 in Joannem*; — Saint Paulin de Nole, *Epist. XI, ad Sulp. Sev.*; — Bède, *de Locis sanctis*; — Baronius, *Annal. Eccles.* anno 34, § 232; — Benoît XIV, *de Festis*, lib. 1, cap. 10. — Voyez aussi tous les voyageurs anciens et modernes; Doubdan, *Voyage de la Terre-Sainte*, ch. 26; — Lacombe, *Via Crucis*, page 286; — Châteaubriand, *Itinéraire de Paris à Jérusalem*, pag. 165.

[2] Voyez sur la mort, les funérailles, l'assomption et le couronnement de la très-sainte Vierge, un récit fort intéressant et plein de merveilleux qui se lit dans le *Miroir historial*, lib. VII, cap. 75-79; dans la *Légende dorée*, *de Assumptione B. Mariæ*, et dans les *Fleurs des vies des Saints*, au 15 août.

a fait son testament, « commandant à sainct Jean de donner deux
» robes [1] qu'elle avait à deux filles là présentes, et qui avaient
» demeuré plusieurs années en sa compagnie »; elle tient en ses
mains un cierge bénit que lui a donné saint Pierre. Celui-ci est
revêtu de l'aube, de l'étole et de la chape, et porte un goupillon
pour asperger d'eau bénite la sainte Mourante. Saint Jean en pleurs
s'appuie sur le lit de sa mère adoptive. Saint Jacques-le-Majeur à
genoux récite dévotement son chapelet (depuis quelques années,
les mains de l'apôtre sont brisées). Saint Jacques-le-Mineur prend
ses lunettes pour lire dans son livre de prières. Tous les apôtres
paraissent dans la plus amère tristesse. Cette scène est bien rendue
et traitée avec soin.

XXXVIII. *Le portement Nostre-Dame.* — La très-sainte Vierge,
placée dans un cercueil recouvert d'un drap mortuaire, est portée
sur les épaules des apôtres en son sépulcre de la vallée de Josaphat; saint Pierre préside au convoi funèbre. — Saint Jean ouvre
la marche; il a un livre dans un étui. Dans sa main gauche, et sa
droite (aujourd'hui brisée) tenait « le rameau vert envoyé du
» ciel par un ange, en signe de la puissante victoire que la saincte
» Vierge remporterait du péché, du diable et de la mort mesme. »
Saint Jacques-le-Majeur porte le goupillon et récite le chapelet.
Saint Jacques-le-Mineur tient le rituel et le bénitier.

XXXIX. *Le sépulcre de Nostre-Dame.* — Jésus accompagné de
quatre anges est descendu du ciel vers le sépulcre de sa tendre
Mère, et il donne la bénédiction à son corps virginal, qui revient
à la vie. Marie se lève en joignant les mains ; des anges lui prêtent
assistance, et vont la porter au ciel [2]. Les anges sont vêtus de

---

[1] L'une de ces deux robes, la *Tunique intérieure* ou la *Sancta Camisia*,
est conservée depuis 876 dans la Cathédrale de Chartres : c'est notre
plus précieux trésor, et la *tutèle* de notre cité.

[2] La vérité de l'Assomption corporelle de Marie est solidement établie
par l'antique tradition de l'Eglise. Parmi les témoins de cette tradition,
on compte les plus célèbres et les plus saints Docteurs : saint Augustin,
saint Grégoire-le-Grand, Grégoire de Tours, saint Pierre Damien, saint
Bernard, saint Thomas d'Aquin, etc., dans l'Eglise latine; saint André
de Crète, saint Germain de Constantinople, saint Jean Damascène, etc.,

l'aube ceinte; l'un d'eux a de plus l'étole croisée sur la poitrine et tient un cierge tors. — Sous ce groupe, il y a une belle porte sculptée en bois, qui ferme l'entrée de l'ancienne chapelle de Saint-Guillaume.

XXXX. *Le Couronnement Nostre-Dame.* — C'est une scène charmante. Agenouillée sur des nuages peuplés de petits anges, Marie reçoit sur la tête une élégante et gracieuse couronne, que lui posent ensemble les trois Personnes de l'auguste Trinité. Le Père est vêtu de l'aube, de la chape et de la tiare à triple couronne, et tient en sa main gauche la boule du monde; le Fils est en tunique et manteau, la couronne d'épines sur la tête; le Saint-Esprit se présente sous la forme d'une colombe tenant au bec la couronne de Marie. Celle-ci est vêtue de la robe longue et du manteau; ses cheveux flottent avec grâce sur les épaules; sa figure douce et grave respire le bonheur et la reconnaissance. Dans l'arrière-plan de ce groupe, on voit quatre anges qui prient en joignant les mains.

Ici s'arrête la série des faits racontés par la partie principale de la clôture du chœur. On y voit encore une infinité de sujets tirés de la Bible, de l'histoire locale, et de l'imagination de l'artiste; nous n'osons les décrire ici, de peur d'être trop long. Toutefois il nous est impossible de ne pas dire quelques mots sur les 35 médaillons faisant tableaux, qui ornent le stylobate de la clôture dans sa courbure absidale. Tous ces médaillons ont beaucoup souffert de la main stupide des enfants et des barbares qui y ont gravé leurs noms avec la pointe d'un couteau. En commençant près de la porte latérale du midi, on trouvera les faits suivants placés sans aucun ordre chronologique.

1° *Chartres assiégé par Rollon en 911.* De nombreux soldats sont dans la vallée de Saint-Jean; ils courent vers les murs de la ville, figurés tels qu'ils existent encore. Au haut du mur, on voit l'évêque Gausselin, *Wantelmus*, vêtu pontificalement et accompagné de clercs et de moines; il montre aux assiégeants la sainte

---

dans l'Eglise grecque. Voyez Benoît XIV, *de Canoniz.*, lib. II., cap. XLII, n° 15; — Suarez, *In tertiam partem summæ D. Thomæ*, tome II, disput. XXI.

Tunique de la Mère de Dieu. Parmi les clercs, l'un tient la crosse de l'évêque, et l'autre porte la croix. Ce fait est ainsi raconté par Jehan le Marchant :

> Li chartain la chemise pristrent
> Sus les murs au quarneaus la mistrent
> En leu denseigne et de benniere :
> Quant la virent la gent aversiere
> Si la pristrent moult a desprire
> Et entrelx a chufler et rire,
> Quarreaus i trestrent et saetes
> Et dars turquois et darbalestes,
> Mes Dex qui vit lor mescreance
> I mostra devine venchance,
> Si les avougla quil perdirent
> La veue que il point ne virent,
> Si quil ne porent reculer
> Ne ne porent avant aler [1].

2° *David et Goliath.* Au premier plan, David lance une pierre au géant philistin qui tombe frappé à mort. Au second plan, David a coupé la tête de Goliath et la montre fièrement à Saül.

3° *Déroute des Philistins.* C'est la suite du fait raconté au médaillon précédent. *Les Philistins voyant que le plus vaillant d'entr'eux était mort, s'enfuirent. Et les Israëlites et ceux de Juda s'élevant avec un grand cri, les poursuivirent jusqu'à la vallée et aux portes d'Accaron* [2].

4° *Daniel dans la fosse aux lions.* On voit Daniel entouré de plusieurs lions, dans une espèce de cachot; le prophète Habacuc (que l'archange Michel tient par la chevelure) lui apporte à manger. A l'ouverture de la fosse, le roi Evilmérodac appuyant sa tête sur la main droite, se lamente sur le sort de Daniel.

5° *Pharaon ordonne de jeter dans le Nil tous les enfants mâles des Hébreux.* Le cruel tyran est assis sur son trône; un Israélite demande grâce pour ses frères; mais un héraut sonne de la trompette et publie l'édit de proscription. Thermut, la fille de

---

[1] Le *Poème des miracles de Notre-Dame*, page 181.

[2] Rois. I. XVII. 51.

Pharaon, est debout à côté de son père et caresse un petit chien qu'elle porte sur son bras.

6° *Moïse sauvé des eaux*. Au premier plan, on voit Moïse, petit enfant, exposé sur le Nil dans une corbeille de jonc; son père Amram, Jochabed sa mère et Marie sa sœur se sont jetés à genoux et prient le Seigneur. Au second plan, Thermut, fille de Pharaon, prend la corbeille où se trouve Moïse. Un beau palais se dessine près de cette scène.

7° *Moïse sauvé une seconde fois*. Pharaon irrité veut tuer le petit Moïse qui foule aux pieds la couronne; mais sa fille l'arrête; une suivante de Thermut emporte l'enfant. La Bible est muette sur ce fait; mais Philon, écrivain juif du Ier siècle de notre ère, le suppose.

8° *Moïse au Sinaï*. Au premier plan, Moïse est à genoux devant le buisson ardent; il a ôté ses chaussures. Sur l'arrière-plan, Moïse descend du Sinaï avec les tables de la loi.

9° *David à Nobé*. Il reçoit du grand-prêtre Achimelech, les trois pains de proposition; David est vêtu en guerrier.

10° Ce dixième médaillon est difficile à déterminer; c'est peut-être la sage Abigaïl montée sur un âne et allant vers David.

11° *David consulte le Seigneur*. David en costume de guerrier est descendu de son cheval, et implore à genoux le Seigneur qui lui apparaît dans la nue.

12° *Samson victorieux*. Samson armé d'une mâchoire d'âne, tue mille Philistins; le sol est jonché de cadavres.

13° *Samson livré*. Samson a eu la faiblesse de découvrir à Dalila le secret de sa force; aussi le voit-on ici emporté par les Philistins; il a la tête rasée, les pieds et les mains liés.

14° *Sacrifice d'Abraham*. Il y a ici une triple scène : 1° un ange commande à Abraham d'immoler son fils unique; 2° Abraham précédé d'Isaac, qui porte le bois, se rend à la montagne de Moria; 3° un ange arrête le bras d'Abraham prêt à sacrifier son fils.

15° *Samson à Gaza*. Il a enlevé les portes de la ville et il va les porter sur le sommet d'une montagne. Gaza est fortifiée comme une ville du Moyen-Age.

16° *Jonas*. Après être resté trois jours et trois nuits dans le ventre d'un gros poisson, le prophète est rejeté sur le rivage de Joppé. Dans le lointain, on aperçoit le vaisseau flottant sur les ondes.

Les douze médaillons qui suivent, n'offrent que des sujets de pure fantaisie ou de mythologie, suivant la mode de l'époque; on peut y remarquer entre autres choses, Antée étouffé par Hercule. Cacus volant à Hercule ses bœufs, etc., etc. Nous ne les décrirons pas ici. Enfin les sept derniers médaillons sont timbrés d'une tête d'empereur romain; on y lit les inscriptions : Titvs Cesar, Domitianvs-Cesar, Ivlivs Cesar, Neron le crvel Cesar.

§ 7. — *Le Chœur et le Sanctuaire* [1].

Le chœur de la Cathédrale de Chartres est le plus vaste qu'il y ait en France : il compte 38 mètres 34 centimètres de longueur, sur plus de 16 mètres de largeur.

La disposition actuelle du chœur ne ressemble guère à celle qui existait avant 1763, époque des premiers embellissements faits au moyen des libéralités pieusement barbares de l'ancien Chapitre. Nous ne publierons pas aujourd'hui les nombreux documents que nous avons recueillis sur le chœur tel qu'on le voyait avant cette prétendue décoration que lui infligea la fin du XVIIIe siècle : le but de notre livre est de décrire ce qui existe actuellement. — Cette décoration, où la rocaille triomphe sans conteste, a été faite sous la direction du chanoine d'Archambault, et d'après les dessins de Louis, architecte du duc d'Orléans. Décrivons rapidement leur œuvre déplorable.

L'architecture du chœur et du sanctuaire a été défigurée : la noble simplicité des piliers, des colonnes, des arcades et des chapiteaux a disparu sous un luxe ou plutôt sous un gâchis de dorure, de stucage et de marbrerie, qui donnent au chœur le maniéré des salons modernes. Entre les piliers du sanctuaire, il y a des rideaux en stuc bleu et bordés avec des franges de plomb doré : il est impossible de choisir un ornement de plus mauvais goût. Les portes latérales du chœur nous offrent les formes lourdes et pesantes de l'art moderne.

---

[1] M. Doublet de Boisthibault a récemment publié sur le chœur actuel un assez long mémoire ; nous y avons puisé plusieurs renseignements. (Voyez la *Revue de l'architecture*, et le *Modéré* du 10 et du 24 juin 1849.)

Le dallage actuel du chœur est fait avec des carrés de marbre blanc et noir disposés en échiquier; il a remplacé en 1786 l'antique dallage qu'avaient foulé saint Louis et tant de pieux et illustres pèlerins. Les trois marches circulaires qui montent au sanctuaire, sont en marbre de Languedoc. Le pavé du sanctuaire est un dallage composé de cinq sortes de marbres : bleu-turquin, blanc de Carrare, Malplaquet, Languedoc-rouge, et brèche d'Alep. Les trois marches de l'autel sont aussi en Languedoc. L'autel est également en marbre; il a la forme d'un tombeau, pour figurer le sépulcre d'où la très-sainte Vierge s'élance vers les cieux; il est décoré de divers ornements en bronze doré, entre autres du chiffre de Marie accompagné de branches de roses et de lys; cet autel fut solennellement consacré le 7 août 1773. Sur le milieu de l'autel se voit le tabernacle surmonté de la croix en bronze doré, et posé sur un socle en marbre griotte d'Italie. De chaque côté de l'autel, il y a trois gradins en marbre blanc veiné; les deux faces intérieures de ces gradins sont ornées d'une cassolette suspendue par des chaînes et jetant des fumées *qui représentent les parfums qui brûlent aux deux côtés de l'autel;* c'est le spirituel symbolisme qu'y attachèrent les chanoines du XVIIIe siècle [1]. Sur les gradins sont placés les *six chandeliers en bronze doré, d'or moulu fin, ciselés supérieurement, hauts de cinq pieds et un pouce non compris la flèche, avec les ornements indiqués;* ce sont les termes du programme imposé à Louis Prieur, ciseleur et doreur à Paris, qui a fait ces pauvres chandeliers et tous les ornements en bronze, et qui reçut 22,000 francs pour le prix de son travail. Prieur fit aussi les deux lampadaires que l'on voit à l'entrée du sanctuaire. Nous mentionnerons ici *l'Aigle* en bronze doré, qui en 1726 a remplacé un lutrin en bois. Haut de 2 mètres 40 centimètres, le lutrin actuel se compose d'un pied richement ciselé, d'un globe et d'un aigle aux ailes déployées; *il a été exécuté par Pierre-Cristophe De la Macque, maître fondeur à Paris.*

L'Assomption. — Derrière l'autel se trouve, en guise de retable, le trop célèbre groupe de l'*Assomption*. C'est « un groupe en

---

[1] M. Doublet de Boisthibault (*loco laud.*).

» marbre blanc statuaire haut d'environ dix-sept pieds au-dessus
» de la table de l'autel, sur environ douze pieds de large, le tout
» suivant des proportions données par M. Louis, architecte de
» l'église... Lequel groupe est composé de quatre figures de huit
» pieds de proportion, savoir: la sainte Vierge s'élevant au ciel
» soutenue par des nues et trois anges qui semblent l'enlever ou
» la soutenir; plusieurs têtes de Chérubins sont répandues çà
» et là, afin de rendre de la manière la plus naturelle, la plus
» expressive et la plus auguste, l'Assomption de la sainte Vierge,
» qui semble s'élever au ciel par quelque vertu qui lui soit propre
» en même temps que par le ministère des anges que Dieu lui a
» envoyés. » Tels sont les termes de la convention signée en 1767 entre les chanoines de Chartres et *Charles-Antoine Bridan, sculpteur du roi et de l'Académie royale de sculpture.*

« Bridan, dit M. de Boisthibault, se rendit à Carrare et se
» mit en rapport avec un sculpteur nommé Vatale Finelli, qui
» l'aida puissamment dans son premier travail. Deux mois furent
» employés à parcourir les carrières de marbre blanc statuaire,
» à mesurer et à faire découvrir un grand nombre de blocs. Ils
» prirent le parti de faire tailler dans la cîme d'une montagne six
» blocs des plus gros. Enfin après un long travail, le plus gros de
» ces blocs se détacha de la cîme et se perdit; il fallut près de
» cinq mois pour en détacher un autre. Bridan acheta d'abord
» les marbres sur la montagne, à raison de 8 pauls la palme, et
» traita séparément pour la descente au pied de la montagne,
» en proposant de diminuer le poids des blocs par des épanne-
» lures et levées qui approchaient de la forme dont il avait besoin.
» Le prix de la décente fut fixé à 4 pauls par palme; le transport
» de la montagne à la ville (4 kilomètres) coûta 120 sequins de
» Florence; on y employa quarante-huit ou cinquante bœufs.
» Bridan tailla et ajusta les queues des blocs pour entrer l'un
» dans l'autre, et ne composer qu'un tout solide; ce travail
» coûta 150 sequins. Puis il ébaucha les figures et diminua les
» blocs de plus des deux tiers du poids de leur achat. Le tout fut
» déposé dans sept caisses, conduit au port sur des traîneaux, »[1]

---

[1] M. Doublet de Boisthibault (*loco laud.*).

et chargé sur un navire qui mena les caisses jusqu'à Marseille ; là un autre vaisseau les prit et les conduisit, en remontant la Seine, jusqu'à Marly, d'où il furent voiturés jusqu'à Chartres. Le prix total du marbre et de son transport s'éleva à 57,000 francs.

Bridan acheva entièrement son travail pour le jour de Pâques 1773. Lorsqu'il le découvrit, les chanoines en furent si émerveillés, qu'indépendamment des 30,000 francs, prix convenu du groupe, ils accordèrent à l'artiste une pension viagère de mille francs, reversible sur sa femme. L'admiration de l'ancien Chapitre était-elle bien légitime ?

Nous n'osons avouer toute notre pensée sur la valeur qu'il faut attacher à ce groupe colossal de l'Assomption : nous nous permettons seulement de dire que le mérite de cette œuvre d'art a été autrefois beaucoup trop vanté et qu'il est aujourd'hui beaucoup trop abaissé.

Le Trésor. — Le Trésor est placé derrière le groupe de l'Assomption ; c'est une grande armoire moderne pratiquée dans le mur de la clôture du chœur, avec une porte en bois peint et doré. Autrefois le trésor ne servait qu'à renfermer les plus précieux reliquaires et les vases sacrés les plus riches ; aujourd'hui il les recèle encore, mais avec toutes sortes d'objets jetés pêle-mêle et que l'on ne devrait voir qu'à la sacristie.

Deux reliquaires seulement sont renfermés dans le Trésor. Le premier est une croix en vermeil qui contient un fragment de la vraie Croix sur laquelle Jésus-Christ a expiré. Ce reliquaire est nul comme objet d'art. — Nous demandons à nos lecteurs la permission de leur dire ici la croyance populaire au Moyen-Age sur la vraie Croix : rien de plus naïvement curieux. On prétendait, d'après certains rabbins, qu'Adam envoya un jour Séth aux portes du Paradis demander à l'ange une branche de l'arbre de vie ; et de cette branche enfoncée en terre, il naquit un bel arbre, qui fournit successivement la verge d'Aaron, celle de Moïse, le bois que Moïse jeta dans les eaux de Mara pour les rendre douces, et le support qui soutint le serpent d'airain. Plus tard le tronc de cet arbre servit dans les constructions du temple de Salomon ; toutefois il n'y resta pas longtemps, et on le plaça sur un ruisseau où il servit de pont; mais la reine de Saba ne voulut point mettre le pied dessus, parce qu'elle savait que le Messie devait y souffrir. Les Juifs le jetèrent alors dans un égout, lequel devint la piscine miraculeuse dont parle l'Évangile. Retiré de là, il servit enfin à faire la croix sur laquelle Jésus-Christ a été cloué pour le salut du monde [1].

Le second reliquaire est la *sainte Châsse;* elle se compose d'un coffret et d'un édicule soi-disant gothique qui sert comme de tente, de baldaquin pour recouvrir le coffret. Ce baldaquin en bronze doré a été fait en 1822; au moyen des offrandes données par S. E. le cardinal Latil, alors évêque de Chartres, et par les fidèles du diocèse; « il forme, dit le procès-verbal dressé par
» ordre du même prélat, un monument gothique, soutenu par
» huit pilastres, surmontés d'ogive en bronze doré et enrichi de
» médaillons peints sur émail, représentant les douze apôtres [2]:
» au-dessus des ogives règne une galerie formant un pourtour
» garni de pierres bleues et rouges, au milieu duquel s'élève une
» tour carrée à jour, surmontée d'une flèche ou petit clocher
» terminé par une croix : ledit clocher est décoré sur ses côtés de
» quatre grosses topazes, et garni dans son pourtour de pierre-
» ries semblables à celles de la susdite galerie. Deux inscriptions
» en latin... sont gravées sur les deux faces latérales inférieures
» de la dite tour, dans l'intérieur de laquelle est placée une
» image de la très-sainte Vierge en argent doré. La dite châsse,
» longue à sa base de 19 pouces sur environ 12 de largeur, porte
» 3 pieds de hauteur, depuis son socle ou sa base, jusqu'à la

---

[1] Voyez l'*Histoire de la pénitence d'Adam*, traduit en français par Colard-Mansion, typographe de Bruges; — le *Thesaurus hymnologicus* de Daniel, tome II, page 80; — et les *Poésies populaires latines du Moyen-Age*, éditées par M. du Méril, page 320.

[2] Ces médaillons sont en porcelaine; l'un d'eux figure Judas (reconnaissable à la bourse qu'il tient à la main), avec le nimbe, attribut de la sainteté. On n'aurait pas dû souffrir une telle canonisation de l'avare et traître disciple : les hérétiques Cérinthiens seuls l'ont honoré comme un saint. Nous savons qu'au XIe et XIIe siècle on a quelquefois donné le nimbe à Judas; mais alors le nimbe n'avait pas la même signification qu'aujourd'hui, puisque l'on nimbait le démon.

» croix placée sur le clocher : dans l'intérieur, à la hauteur des
» ogives, elle est revêtue de verres bleus. » — Le coffret est
aussi en bronze doré, enrichi de filigranes, d'émaux et de cabochons; il a été fait par M. Cahier, orfèvre à Paris, et donné
par feu mademoiselle de Byss, bienfaitrice de la Cathédrale; sur
le couvercle il y a deux cœurs en or unis ensemble. C'est dans
ce coffret que se trouve la précieuse relique, gloire de l'église
de Chartres; pour la faire connaître, nous n'avons qu'à transcrire
ici le procès-verbal de la dernière translation, faite le 1er août
1849.

« Claude-Hippolyte Clausel de Montals, par la miséricorde
» divine et l'autorité du Saint-Siége apostolique, évêque de
» Chartres, — savoir faisons que la commission par nous ins-
» tituée le 9 juillet dernier [1], a fait l'ouverture du coffret renfer-
» mant le précieux vêtement appelé *tunique* et plus tard *chemise*
» de la bienheureuse vierge Marie, mère de Dieu, et qu'elle a
» trouvé cette sainte Relique dans un état de conservation très-
» satisfaisant; elle se compose de deux morceaux de la même
» étoffe de soie blanche écrue, dont l'un est long de deux mètres
» douze centimètres, sur quarante centimètres de largeur; et
» l'autre, long de vingt-cinq centimètres sur vingt-quatre de
» large. A cette tunique de la bienheureuse Mère de Dieu, telle
» qu'elle est décrite dans les procès-verbaux de nos prédécesseurs
» Monseigneur Charles-François de Mérinville, du 13 mars 1712
» et de Monseigneur J.-B.-Joseph de Lubersac, du 8 mars 1820,
» se trouve joint un voile d'une étoffe plus légère et plus claire,
» qui est désigné dans les procès-verbaux susdits comme l'enve-
» loppe de la Tunique de la sainte Vierge, et qu'on croit avoir
» été un voile de l'impératrice Irène. Ce voile, remarquable par
» plusieurs ornements byzantins qui le terminent aux deux extré-
» mités, a été copié et dessiné avec soin par M. Paul Durand,

---

[1] Cette commission était composée de Mgr Pie, alors vicaire-général,
de M. Sureau, vicaire-général, de M. Olivier-Dengihoul, chanoine se-
crétaire-général, de M. Vilbert, chanoine secrétaire-adjoint, de M.
Germond, chanoine secrétaire de Mgr, et de M. Baret, chanoine et premier vicaire de la Cathédrale.

» docteur-médecin et artiste archéologue, de notre ville épisco-
» pale, qui a été admis à l'ouverture de la sainte Châsse ou cof-
» fret susdit [1].

» Cette première opération terminée, le saint vêtement de la
» bienheureuse Mère de Dieu et l'enveloppe qui y était jointe, ont
» été pliés soigneusement et placés sur un coussin de drap d'or,
» de manière que le vêtement de la sainte Vierge formant plu-
» sieurs plis gradués et placé au-dessus, fût facilement visible, et
» que l'enveloppe pliée par-dessus laissât apercevoir une partie
» des franges et ornements byzantins dont nous parlons plus haut.
» Cette sainte relique est assujettie par six cordons d'or liés deux
» à deux pardessus et terminés par de petits glands d'or. Le tout
» a été déposé dans un petit coffret de bois de cèdre préparé
» exprès, long de 35 centimètres, haut de 12, et large de 10
» centimètres, garni à l'intérieur de soie blanche, et pourvu de
» six ouvertures, trois de chaque côté, ayant la forme de trèfles
» à quatre feuilles, du genre de ceux du Moyen-Age. Ce coffret
» qui a été béni avant le dépôt de la sainte Relique, a été du sceau
» de nos armes apposé en trois endroits sur de la cire rouge,
» aux points de réunion des rubans de soie rouge qui en empê-
» chent l'ouverture. Et le dit coffret de bois a été placé dans le
» nouveau coffret de cuivre ciselé et doré en forme de reliquaire
» du Moyen-Age, que notre Cathédrale doit à la munificence de
» Mademoiselle de Byss, etc. »

Cette précieuse Tunique a été donnée à l'église de Chartres par Charles-le-Chauve, vers 876. Depuis dix siècles elle y a toujours été l'objet de la plus fervente dévotion des fidèles, et de nombreux miracles ont confirmé leur confiance en cette *Tutèle* de Chartres [2].

— Autrefois la Sainte-Châsse n'était exposée que dans les circons-

---

[1] Le dessin de M. Durand sera reproduit par la gravure et publié dans la *Monographie de la Cathédrale*. Le même voile est figuré dans les *Monuments inédits*, de Willemin, pl. 16.

[2] Nous ne disons rien ici de l'histoire de cette précieuse et sainte Relique ; notre intention est de publier sur ce sujet un travail particulier, avec ce titre : *Recherches historiques sur la sainte Tunique de la Mère de Dieu, et sur le pèlerinage de Notre-Dame de Chartres*.

tances les plus solennelles; il fallait une permission du Chapitre pour la montrer à des particuliers, et un chanoine en étole et surplis était présent à cette exhibition. Aujourd'hui tout est bien changé, les sacristains laïcs font voir la Sainte-Châsse à tous les curieux!

Le Trésor contient encore quelques vases sacrés en vermeil, parmi lesquels on remarque un calice donné par Henri IV, un autre calice avec ses burettes et son plateau en style Louis XIII; le reste ne mérite pas qu'on en fasse mention. — Enfin, on y voit une charmante navette; c'est-là vraiment une œuvre d'art; elle a la forme d'un petit navire armé de ses agrès et dont la coque est une belle nautille nacrée; elle est portée sur un pied délicatement ouvragé et enrichi de filigranes; sur ce pied, il y a deux anges tenant un écusson aux armes du donateur avec la date de 1540, et on y lit : *Des biens de Monseigneur Mile d'Illiers évesque de Luçon, doyen de Chartres et nepveu de Messyeurs Mile et René d'Illiers évesques de Chartres.*

C'est-là tout ce qui reste de l'antique Trésor de la Cathédrale de Chartres, l'un des plus riches et des plus célèbres de la chrétienté. Il n'entre pas dans notre plan d'en détailler ici les innombrables merveilles, qui ont disparu lors des dévastations sacrilèges de 1793.

Les Bas-reliefs du chœur. — La clôture du chœur est décorée à l'intérieur de huit tableaux de marbre blanc sculptés en relief par Bridan; ils sont placés quatre par quatre de chaque côté du chœur, et complètent le dossier des stalles. Au point de vue de l'art, comme au point de vue de l'esthétique chrétienne, ces tableaux sont fort médiocres, pour ne pas dire fort mauvais : rien de divin, d'inspiré dans les figures; tout y est matérialisé, tout y est vulgaire, tout y est froid. Ces tableaux ont remplacé de magnifiques tapisseries. « Ce fut M. de Thou, évêque de Chartres, qui les donna à cette Église; et l'on peut dire que hors celles du Roy, il n'y en a point de plus belles. [1] »

---

[1] *Entretien sur les vies et les ouvrages des plus excellents peintres*, par André Félibien, de Chartres; 2ᵉ édit., tome I, page 325.

En commençant à gauche, près de la grille du chœur, on trouvera :

1° *Le signe donné à Achaz* [1]. Le prophète Isaïe avec son fils Jasub est allé au-devant du roi Achaz; il lui annonce d'abord que les rois de Syrie et d'Israël qui assiègent Jérusalem, ne pourront la prendre. Achaz ne veut pas croire le prophète : *Demandez un signe au Seigneur votre Dieu,* dit alors Isaïe. Achaz répondit : *Je ne demanderai point de signe, je ne tenterai pas le Seigneur.* Et Isaïe dit : *Le Seigneur vous donnera un signe. Voici, une vierge qui concevra et enfantera un fils qui sera appelé Emmanuel.* C'est le moment que le sculpteur reproduit dans le tableau que le lecteur a devant les yeux. Le prophète est grossièrement drapé dans une tunique et un manteau; il ouvre les bras et indique du doigt un tronc d'arbre; son fils Jasub tient les mains jointes. Le roi de Juda est richement vêtu et porte turban et couronne; il est accompagné d'un page et de deux officiers.

2° *L'Adoration des Bergers de Bethléem.* La divine Marie est à genoux devant son Enfant nu et couché sur la paille; elle le montre en souriant aux trois bergers : deux sont prosternés pour adorer le Sauveur; le troisième, qui est debout, porte sur l'épaule un agneau suspendu au bout de sa houlette et montre du doigt les anges qui chantent dans le ciel. Saint Joseph se tient debout derrière Marie. Le bœuf traditionnel mange au ratelier; l'âne a été oublié.

3° *La Purification de Marie.* Le vieillard Siméon, en costume sacerdotal, tient Jésus dans ses bras et lève ses yeux au ciel. Marie est à côté de Siméon et regarde amoureusement son Fils. La prophétesse Anne s'est jetée à genoux et joint les mains. Saint Joseph parle avec un lévite; un second lévite tient un livre et un calamus pour écrire. Derrière Marie, on voit un jeune garçon agenouillé et tenant deux tourtereaux.

4° *Le Concile d'Ephèse.* On sait que ce saint Concile anathématisa, en 431, l'impie Nestorius, qui osait enseigner que Marie n'est pas Mère de Dieu. Saint Cyrille, qui préside la vénérable assemblée, est assis sur une espèce de trône; il est entouré de douze

---

[1] Isaïe vii. 1-25.

évèques. Le Saint-Esprit, sous la figure d'une colombe, plane au-dessus d'eux. Un diacre debout lit la sentence d'anathème contre Nestorius, qui au même instant est frappé par la foudre, qui le renverse et brise sa crosse. Il nous parait difficile de rendre d'une manière plus ridicule une scène si imposante et si terrible; les évèques ont tous des figures grotesques, et des costumes fort bizarres.

Retournons maintenant à l'entrée principale du chœur pour étudier les quatre tableaux placés à droite.

1° *L'Immaculée conception.* La pensée de ce tableau est heureuse; mais l'exécution en est fort médiocre. On voit Marie debout, la tête couronnée de douze étoiles, les bras étendus, les pieds posés sur la lune, et écrasant de son talon le serpent infernal. Le Père éternel se montre assis sur des nuages et entouré de chérubins; il pose sa main droite sur la tête de la Vierge immaculée, et il indique du doigt le reptile auquel il semble dire : *Une femme l'écrasera la tête.* Dans un coin du tableau, un ange armé d'un glaive étincelant chasse du paradis Adam et Eve.

2° *L'Adoration des Mages.* Jésus assis sur les genoux de sa tendre Mère, reçoit les présents mystérieux des trois rois, vêtus de riches et bizarres costumes. L'étoile miraculeuse brille à travers les nuages. Saint Joseph s'est placé derrière sa chaste épouse, et s'appuie sur un bâton. Derrière les Mages, on voit un page et un chameau.

3° *Mater dolorosa.* Jésus est descendu de la croix; son corps inanimé repose sur les genoux de sa Mère désolée, qui ouvre les bras et regarde le ciel. Jean et Madeleine pleurent amèrement; Marie de Cléophas soutient la Mère de Dieu. Le corps du Sauveur est une étude d'anatomie, où vous pouvez compter tous les muscles, mais où vous ne trouverez pas la plus légère trace d'une souffrance divine.

4° *Le Vœu de Louis XIII.* Le lecteur sait que, par un édit solennel daté du 10 février 1638, ce pieux monarque mit le beau royaume de France sous le patronage spécial de la très-sainte Vierge : c'est le sujet de ce tableau. La bienheureuse Vierge Marie est assise sur des nuages; Jésus est sur ses genoux et porte une palme en guise de jouet. Louis XIII est prosterné devant la Mère de Dieu et lui offre sa couronne et son sceptre. Derrière le roi, on reconnaît Condé et Richelieu avec deux autres personnages; il y a aussi un hallebardier qui se tient debout. Sur le sol, gît un écusson royal dont les fleurs de lys sont effacées. Dans un coin, on lit : *Bridan*, 1789.

Pour en finir avec le chœur, nous mentionnerons les cent dix-sept stalles, disposées sur deux rangs; elles sont assez commodes, mais elles n'ont aucun mérite artistique. A la première stalle de gauche on lit la signature du menuisier qui les a faites : *Lemarchant*, 1788. — Le trône épiscopal, qui se trouve à l'extrémité des stalles, a été exécuté en 1822 par Guittard, le froid menuisier de la chaire.

Nous demandons à nos lecteurs la permission de leur citer ici des paroles qui semblent avoir été écrites pour les anciens chanoines de Chartres, après la prétendue réforme artistique et liturgique qu'ils firent dans le vaste chœur de leur sublime Cathédrale. « Non contents de l'envahissement des statues et des tableaux
» païens sous de faux noms, on les vit substituer à l'antique
» liturgie, à cette langue sublime et simple, que l'Église a inventée
» et dont elle a seule le secret, des hymnes nouvelles, où une
» latinité empruntée à Horace et à Catulle, dénonçait l'interruption
» des traditions chrétiennes [1]. On les vit ensuite défoncer les plus
» magnifiques vitraux, parce que sans doute il leur fallait une
» nouvelle lumière pour lire dans leurs nouveaux bréviaires : puis
» encore abattre les flèches prodigieuses qui semblaient destinées
» à porter jusqu'au ciel l'écho des chants antiques qu'on venait
» de répudier. Après quoi, assis dans leurs stalles nouvelles,
» sculptées par un menuisier classique, il ne leur restait plus qu'à
» attendre patiemment que la révolution vînt frapper aux portes
» de leurs Cathédrales, et leur apporter le dernier mot du
» paganisme ressuscité, en envoyant les prêtres à l'échafaud,
» et en transformant les églises en temples de la Raison. Mais
» grâce pour leur ombre! ils avaient l'excuse de s'être laissés
» entraîner par le torrent qui a entraîné la société tout entière
» depuis les soirées platoniciennes des Médicis, jusqu'aux

---

[1] On connaît le dicton si juste que fit naître cette métamorphose ; *Accessit latinitas, recessit pietas.*

» courses de char ordonnées par la Convention au Champ-de-
» Mars [1]. »

§ 8. — *Les Chapelles.*

La Cathédrale de Chartres comptait autrefois cinquante-deux chapelles ou autels, savoir : trente-neuf dans l'église supérieure, et treize dans la crypte ou église souterraine. Toutes ces chapelles et tous ces autels avaient été fondés, au XIIIe et au XIVe siècle, ou par Saint-Louis et ses successeurs, ou par des évêques et des chanoines de Chartres, ou par des personnages de haut rang [2]. Cette série d'autels sur lesquels s'immolait chaque jour la divine Victime, augmentait encore la gravité religieuse et vénérable de la basilique. Un grand nombre d'autels furent enlevés en **1661**, *pour dégager l'église;* les autres disparurent en **1791**. Toutes les chapelles furent, à cette dernière époque, brutalement déshonorées par le vandalisme restaurateur de l'évêque conventionnel Bonnet.

Il n'entre pas dans notre plan de décrire ici les anciennes chapelles, nous ne parlerons que de celles qui existent encore, au nombre de onze. Toutes sont fermées par des grilles en fer plus ou moins mauvaises ; les autels de mauvais goût qui décorent ces chapelles proviennent des églises de Chartres supprimées en **1791**. Nous devons dire que cette rocaille du XVIIIe siècle a été trouvée admirable par les hommes *éclairés* d'alors ! Nous sera-t-il donné de voir un jour disparaître les monstrueux placages qui défigurent toutes nos chapelles ?

Le XIXe siècle a voulu marcher sur les traces de son devancier : il a changé les vocables de toutes les chapelles, pour les baptiser de noms plus jeunes, plus sonores, plus en vogue. Monseigneur l'évêque de Paris a fait rechercher quels étaient au XIIIe les titulaires des chapelles de sa Cathédrale ; et ces chapelles vont être rendues à leurs anciens et vénérés patrons. Pourquoi ne ferait-on pas de même à Chartres ?

---

[1] *Du Vandalisme et du Catholicisme dans l'art*, par M. de Montalembert, page 191.

[2] *Parthénie*, première partie, pages 135-144.

Disons maintenant quelques mots sur les chapelles actuelles.

Première chapelle. — Cette chapelle est sous le clocher-neuf; elle a été érigée en 1837, sous le vocable de Notre-Dame-des-Sept-Douleurs. Auparavant, ce c'était qu'un passage pour se rendre dans la crypte, dont l'entrée est cachée par le lambris qui revêt le bas des murs. Ce lambris, et l'autel avec son tabernacle et son rétable, ont la prétention d'être en style gothique ; toute cette décoration est l'œuvre de M. Bravet, menuisier de Chartres. Au rétable on voit un tableau peint sur toile ; les connaisseurs disent qu'il est sorti du pinceau du Carrache ; il représente une *Pieta*, comme disent les Italiens ; il a été donné par Madame Bouton et son fils. Cinq autres toiles sont pendues à divers endroits de la chapelle. Sur le mur de droite, il y a le groupe en plâtre de Notre-Dame-des-Sept-Douleurs, donné par M. Dubucquoy de Dottignies. Près de l'entrée de la chapelle se trouvent les fonts baptismaux en marbre de Languedoc.

Pour l'archéologue, il n'y a dans cette chapelle que les chapiteaux romans des piliers et des colonnes. La voûte, qui date du XIIe siècle, n'est formée que d'une seule croisée d'ogive avec des nervures toriques.

Deuxième chapelle (dans le transsept septentrional). — C'est la chapelle de la *Transfiguration*. Elle n'existait pas autrefois ; il y avait seulement près du mur un petit autel appelé « *l'autel des* » *Vierges*, fondé (en 1259) par sainct Louis par le moïen de ce » qu'il remit et quitta au sieur évesque de Chartres, le droict de » giste qu'il lui devoit [1]. » La chapelle a été construite en 1791 ; pour cela on condamna une porte du transept, on exhaussa le sol, et l'on défonça une verrière peinte, bouchée aujourd'hui avec du mortier. Toute sa décoration est dans le *style monstrueux*, selon l'expression de M. de Montalembert ; l'autel provient de l'ancienne église de Sainte-Foi (convertie en théâtre) ; pour rétable, il y a un grand tableau qui représente la Transfiguration de Jésus-Christ. Sur les deux piliers qui sont à l'entrée de la chapelle, il y a deux statues : à gauche, c'est saint Fiacre, patron des jardiniers ; à droite, sainte Barbe debout près de sa tour tradition-

---

[1] *Parthénie*, première partie, page 140.

nelle. Cette chapelle est une de celles qui défigurent l'architecture intérieure de notre Cathédrale : il faut espérer qu'elle disparaîtra bientôt.

Troisième chapelle. — Ce n'est pas proprement une chapelle; mais c'est là que les fidèles vénèrent la statue miraculeuse de la *Vierge-Noire-du-Pilier.* Cette statue date des premières années du XVIe siècle; elle est peinte et dorée; on ne peut en voir que le visage, parce qu'elle est toujours couverte d'un vêtement assez singulier : sans ce vêtement elle serait plus vénérable encore. Marie est assise sur un trône fort simple; elle est figurée dans toute la grâce de la jeunesse; son visage noir-brun offre l'expression de la bonté et de la candeur; ses cheveux sont dorés; un petit voile jaune couvre le haut de sa noble tête; sa main droite tient une poire, et sa gauche soutient son Enfant assis sur ses genoux. Son vêtement consiste en une double robe et un manteau royal : la robe intérieure d'azur et d'or ne montre que ses manches étroites; la seconde robe est toute d'or avec des dessins de couleur rouge de feu, bordée d'azur et doublée de noir; cette robe est retenue par une ceinture rouge-pourpre; le manteau jeté sur les épaules revient gracieusement se replier sur les genoux, et trouve pour attache, au milieu de la poitrine, une belle agrafe losangée; il est d'azur parsemé de fleurs d'or et doublé d'écarlate; sa bordure est aussi d'or et porte une inscription trois fois répétée, sans doute pour indiquer que chaque personne de l'auguste Trinité adresse ces paroles à la bienheureuse Vierge : *Tota pulchra es, amica mea, et macula non est in te.* Ses chaussures noires ont les extrémités arrondies. — Jésus, qui est assis sur les genoux de sa tendre Mère, bénit de la main droite, et sa gauche s'appuie sur le globe terrestre, sa tête est nue; son visage est gracieux et plein d'intelligence; il est vêtu d'une robe d'or bordée de rouge et doublée de vert. La sculpture et la peinture de cette belle statue sont irréprochables.

Cette sainte image fut d'abord placée devant le jubé, comme nous l'apprennent tous les historiens de l'Église de Chartres :
» Au-devant d'icelui (jubé), du côté septentrional, est un hault
» throsne eslevé, sur lequel et dessus une couloumne ronde de
» pierre fort dure, est posée l'image de Nostre-Dame, entourée
» de couloumnes et traverses de cuivre. Feu maistre Vastin des

» Fugerets, en son vivant chanoine de la dicte Église, y ha cent
» ans environ (en 1514), fit ériger ladicte Image, afin que sans
» troubler le divin service du chœur, elle fust librement exposée
» à la vénération de tout le peuple [1]. »

Après la destruction du jubé, en 1763, les chanoines firent placer la Vierge-Noire, qu'ils nommaient leur *Vierge stationnale*, près d'un des gros piliers du transept, où elle demeura jusqu'en 1793 ; à cette funeste époque, elle fut violemment arrachée de son pilier, et jetée avec toutes sortes de débris dans un coin de la crypte. Vers 1806, elle fut placée par l'abbé Maillard, alors curé de la Cathédrale, dans l'endroit où nous la voyons encore.

La *Vierge-Noire-du-Pilier* était, après la *Nostre-Dame de Soubsterre*, la plus célèbre des Vierges de la Cathédrale. C'est de la Vierge-Noire-du-Pilier, que Rouillard disait en 1608 : « L'affluence
» y est si commune, et la dévotion si grande que la coulomne de
» pierre, qui soutient la dicte Image, se void cavée des seuls
» baisers des personnes dévotes et catholiques [2]. » Cette colonne, cavée par les baisers, a été brisée en 1793 ; la colonne sur laquelle repose actuellement la miraculeuse Madone, est une des dix colonnes de l'ancien jubé. — La boiserie soi-disant gothique qui l'entoure et que le vulgaire a la bonté d'admirer, a été faite en 1831, par M. Bravet.

La dévotion envers la Vierge-Noire, quoique beaucoup refroidie, y est encore bien vive : à toute heure du jour, on voit de pieux fidèles allumer des cierges et prier devant cette image de la Mère de Dieu. Un prêtre garde constamment la sainte Madone, depuis cinq heures du matin, jusqu'à neuf heures du soir.

Avant de passer outre, nous devons dire que parmi les divers vêtements dont on revêt cette belle et vénérée Statue, deux sont fort riches : l'un en broderie a été donné par le vénérable abbé Olier, fondateur de la Congrégation de Saint-Sulpice ; l'autre en drap d'or est un don fait, il y a quelques années, par les fidèles de Chartres. Un grand nombre de cœurs en argent, en or ou en

---

[1] *Parthénie*, première partie, page 135.
[2] *Ibid.*, ibid.

vermeil, sont appendus autour de la Madone, le jour des grandes fêtes. Enfin deux lampes y brûlent constamment.

Quatrième chapelle. — Elle est la première des sept chapelles qui rayonnent autour du chœur. Nos pères l'avaient consacrée à saint Julien, dont la légende est racontée par les vitres peintes de la fenêtre absidale de cette chapelle. Aujourd'hui elle se nomme la chapelle de l'*Ecce-Homo*, à cause d'un mauvais tableau qui représente cette scène de la passion de Jésus-Christ.

Cinquième chapelle. — Aujourd'hui elle est sous l'invocation du *Sacré-Cœur de Marie;* autrefois c'était la *chapelle de Saint-Étienne* ou *des Martyrs :* en effet les cinq fenêtres de la chapelle racontent les glorieux combats de plusieurs Martyrs. « En cette
» chapelle les pénitenciers ont pris leur siége, et oient les confes-
» sions, dont pour l'heure est plus communément appelée la cha-
» pelle des Pénitenciers [1]. » Nous n'avons rien à dire de sa pitoyable décoration.

Sixième chapelle. — C'est celle du rond-point de l'abside. Ordinairement la chapelle absidale était consacrée à la très-sainte Vierge par les architectes du Moyen-Age; mais chez nous, elle a toujours été, depuis le XIIIe siècle, dédiée aux *saints Apôtres*. Il y avait autrefois plusieurs fondations; l'une était « fondée par
» Monsieur Bureau de la Rivière et aultres Chevaliers, pour une
» victoire obtenue en Cypre du temps de nos Croisades : pour
» ceste cause est-elle vulgairement appelée, la Chappelle des Che-
» valliers : autrement se nomme la Chappelle des enfants de Chœur,
» pource qu'elle se devoit célébrer par leur Maistre, et chanter à
» note par les Enfans; et y avait des Indulgences apostoliques pour
» ceux qui la vouldroient ouir. La fondation d'icelle estoit grande,
» pour ce qu'il se trouve un admortissement de cent livres parisis
» pour icelle. La plus part estoit perceptible sur la grange de
» Jenville [2]. » Cette chapelle se nomme aujourd'hui la *chapelle de la Communion;* elle a été *décorée* en 1791 avec des ornements qui provenaient de l'oratoire des Visitandines; le tableau du rétable représente la Visitation de la très-sainte Vierge. A l'entrée de la

---

[1] *Parthénie*, première partie, pages 142 et 143.
[2] *Ibid.*, page 143.

chapelle, il y a deux mauvaises statues de marbre blanc dues au ciseau de Bridan : elles figurent Jésus apparaissant à Marie-Madeleine après sa résurrection. Avant 1792, elles formaient le rétable de l'autel du grand séminaire de Beaulieu.

Septième chapelle. — Elle est maintenant dédiée au *Sacré-Cœur de Jésus;* autrefois c'était la *chapelle de Saint-Nicolas* ou *des Confesseurs.* La décoration moderne fait pitié, comme celle des autres chapelles ; le rétable de l'autel est un mauvais tableau représentant Jésus qui montre son cœur enflammé d'amour pour les hommes.

Huitième chapelle. — Elle est aujourd'hui baptisée du nom de *Chapelle de tous les Saints;* nous ne savons trop pourquoi. Deux tableaux peints sur bois et représentant le martyre de saint Pierre et saint Paul, font partie de sa pauvre décoration ; ils proviennent de l'église abbatiale de Saint-Pierre. Autrefois c'était la chapelle *de sainct Loup et sainct Gilles* [1].

Neuvième chapelle. — Cette chapelle, qui défigure l'architecture du transept, est une construction faite en 1791, comme la chapelle de la Transfiguration, qui lui fait pendant. Jadis, il y avait près du mur un petit autel dédié à *Notre-Dame-des-Neiges*, et qui y avait été placé en 1661. Aujourd'hui elle porte le nom de *chapelle du Lazare*, parce que le rétable de l'autel est orné d'un mauvais tableau représentant la résurrection du saint ami de Jésus ; ce tableau a été substitué en 1793 à celui du martyr de saint André, peint pour le maître-autel de l'église de Saint-André, par Bourdon ; la voix publique a accusé Sergent-Marceau de s'en être emparé. Un autre mauvais tableau surmonte le pauvre confessionnal qui s'y trouve. L'autel en marbre provient de l'ancienne église paroissiale de Saint-Saturnin ; sur le devant de l'autel, on voit encore le chiffre du saint entre deux palmes en sautoir. — Les deux piliers de l'entrée portent les statues de saint Clair et de sainte Christine ; le jour de leurs fêtes, un grand nombre de fidèles y viennent en pèlerinage [2].

---

[1] *Parthénie*, première partie, page 144.

[2] Saint Clair, prêtre, est un célèbre martyr de la Normandie ; il fut mis à mort le 4 novembre 894 ; mais on célèbre plus communément sa fête le 18 juillet, jour de la translation de ses reliques. On vient surtout

Dixième chapelle. — Elle est pratiquée hors œuvre entre les deux contre-forts de la cinquième travée de la nef méridionale, et elle est connue sous le nom de *Chapelle de Vendôme*, parce qu'elle fut construite en 1413 par Louis de Bourbon, comte de Vendôme, pour accomplir un vœu qu'il avait fait à la très-sainte Vierge. Le noble et pieux prince dota richement cette chapelle et la dédia à Marie *annonziata,* comme disent les Italiens. Autrefois on voyait *sur l'autel l'Image de l'Annonciation de Nostre-Dome, et vis-à-vis contre la muraille la statue relevée en bosse de Louis Comte de Vendôme, et l'effigie de sa femme*[1], Blanche de Roucy. — Le comte de Vendôme mourut en 1446; son cœur fut déposé dans cette chapelle.

L'architecture de la chapelle est celle du temps où elle fut bâtie : on y reconnaît partout le style ogival tertiaire ou flamboyant; la voûte est formée d'une seule croisée d'ogives, et la clef offre les armoiries du comte de Vendôme.

La décoration actuelle est pauvre comme celle des autres chapelles de la Cathédrale; cependant on voit sur l'autel un des plus beaux triptyques que le XIII° siècle nous ait légués; nous le décrirons ici avec quelques détails, après avoir dit qu'avant 1793 il appartenait à l'église de Saint-Aignan, où il servait de reliquaire; aujourd'hui il sert de tabernacle.

Ce triptyque a la forme d'un édicule avec pignon et toit, surmonté d'une crête métallique; il est en chêne recouvert de cuivre doré et émaillé.

1° *L'extérieur du triptyque.* La porte est ornée d'une double main divine, et des douze apôtres en bronze doré; les mains divines ne sont pas nimbées, et comme si c'étaient deux soleils vivants; elles laissent échapper des rayons rouges de feu, exprimant sans

---

à son pèlerinage pour la cécité et les maux d'yeux. (Voyez son histoire dans les *Fleurs des vies des Saints*, au 18 juillet.) — Sainte Christine est une vierge et martyre de Toscane; l'Eglise célèbre sa fête le 24 juillet. On l'invoque pour être préservé de la morsure des bêtes venimeuses et pour obtenir la guérison de graves blessures. (Voyez sa merveilleuse histoire dans les *Fleurs des vies des Saints*, au 24 juillet.)

[1] *Parthénie*, première partie, page 146.

doute les faveurs et les grâces répandues sur les apôtres; en effet au-dessus de chacun d'eux, on voit un rayon rouge. Les douze apôtres sont assis dans des niches aux arcades trilobées et appuyées sur des colonnettes; ils sont tous vêtus de la tunique et du manteau, tous sont nimbés, tous portent un livre à la main, et tous ont les pieds nus : saint Pierre, qui est chauve, tient les deux clefs symboliques; saint Paul a l'épée, et saint Jean est imberbe; rien ne distingue les neuf autres apôtres. Les deux faces latérales et le toit sont recouverts de plaques en cuivre doré, sur chacune desquelles il y a un ange inscrit dans une gloire circulaire. 2° *L'intérieur du triptyque.* Les vantaux de la porte représentent à gauche la glorification de Marie, et à droite la glorification de Jésus : la très-sainte Vierge est placée au centre d'une auréole ovoïdale tenue par quatre anges; un cinquième ange descend du ciel et encense Marie; Jésus est également au centre d'une gloire ovoïdale; il a la tête chauve, le nimbe crucifère, le livre des Évangiles en ses mains, et il est entouré des quatre animaux évangéliques nimbés et tenant un livre; au sommet du vantail, il y a un ange thuriféraire. Le fond du triptyque est occupé par la scène du Calvaire : Jésus est cloué sur la croix, sa pauvre Mère et le Disciple sont debout près de la croix; deux figures allégoriques, l'Église et la Synagogue, accompagnent aussi le Sauveur mourant; l'Église, qui ne porte ici ni nimbe, ni couronne, tient l'étendard et le calice; la Synagogue a les yeux couverts d'un bandeau, et son étendard se brise : afin de n'être pas trop long, nous sommes forcés de ne pas dire ici le mystérieux symbolisme caché sous ces deux figures. On remarquera que l'image de Jésus-Christ est moderne; celle que l'habile artiste du XIIIe siècle avait ciselée, a disparu au dernier siècle. Au-dessus de la tête du Sauveur, on lit cette inscription semi-grecque : $\overline{\text{IHS}}$ — $\overline{\text{XPS}}$, et un peu plus haut, on voit une main divine au nimbe crucifère; au sommet, un ange étend les bras et les ailes; au pied de la croix, l'artiste a placé Adam sortant du tombeau; à l'extrémité de chaque bras de la croix, il y a deux anges dont l'un porte le soleil et l'autre tient la lune. Les faces latérales du triptyque sont ornées de quatre losanges en émail et de seize triangles en cuivre doré : chaque triangle offre un ange gravé au trait; les deux losanges supérieurs renferment deux anges aux bras ouverts et aux ailes étendues; quant aux losanges inférieurs, celui de gauche montre saint Pierre avec les clefs en sautoir devant le coq perché sur une colonne [1], et celui de droite offre saint Thomas à genoux et mettant la main dans la plaie ouverte de la poitrine du Seigneur. Nous nous sommes peut-être trop étendu sur ce beau meuble ; c'est que son importance iconographique nous a séduit.

Deux toiles médiocres sont appendues sur les murs de la chapelle : l'une a la prétention de figurer la Vierge druidique avec la célèbre inscription : *Virgini pariturœ*; l'autre veut nous représenter la mort de la sainte Mère de Dieu. Vraiment on s'indigne devant la vulgarité toute humaine des types admis par les deux peintres de ces tableaux.

Dans une grande armoire pratiquée dans le mur sous la fenêtre de la chapelle, il y a deux châsses, longues de six pieds, en bois d'ébène et garnies de glaces et de divers ornements d'argent.

La première châsse contient tous les sacrés ossements de saint Piat, prêtre et martyr ; les reliques de saint Piat ont été apportées de Seclin à Chartres vers 880, afin de les soustraire à la fureur des Normands. — Depuis bien longtemps Chartres et Seclin se disputent l'honneur de posséder le corps de saint Piat : dans une vie du saint Martyr écrite au XIIe siècle par Hériman, abbé de saint Martin de Tournay, on voit déjà « qu'une très-grande question » était agitée, parce que les Seclinois *disaient* que le corps de » saint Piat avait été reporté au lieu de son martyre à Seclin ; » tandis que les Chartrains, au contraire, *affirmaient* qu'il était » conservé chez eux jusqu'à ce jour [2]. » Au XVIIe siècle, les Bollandistes ont pris parti pour les Seclinois et ont essayé de réfuter le bon Rouillard [3]. En 1816, M. Hérisson a publié un savant mémoire où il prouve que Chartres possède véritablement les sacrés

---

[1] Ce panneau, de mauvaise exécution, est très-moderne et remplace l'ancien qui a été perdu ou volé pendant la Révolution probablement.

[2] *Spicilegium* de Dachéry, tome XII, pages 358, 407 et suivantes.

[3] Voyez les *Bollandistes*, au 1er octobre ; — *Parthénie*, première partie, pages 181-184.

restes de saint Piat [1]. — Depuis un temps immémorial, on expose la châsse qui renferme les reliques de saint Piat pour obtenir le beau temps dans les années pluvieuses; rien de plus édifiant que de voir alors les populations des villages voisins de la ville venir en procession solennelle invoquer le saint Martyr, qui les exauce toujours [2].

La seconde châsse contient quelques ossements de saint Taurin, évêque d'Évreux, et les différentes reliques qui avaient été brutalement profanées et enfouies en 1793. On expose cette sainte châsse pour demander de la pluie durant les sècheresses.

Une troisième châsse en bois doré est exposée sur une console près de la fenêtre; elle renferme le chef de saint Castrin, martyr, dont le martyrologe fait mention au 1er septembre.

Il nous reste à dire un mot de l'extérieur de cette chapelle. La fenêtre qui embrasse toute la largeur, a son tympan divisé par des meneaux flamboyants avec des quatre-feuilles, et se termine en un fronton surélevé qui porte la statue de Jésus bénissant. Sur les jambages de la fenêtre, il y a quatre niches dont chacune renferme une statue entre socle et dais: les deux statues supérieures représentent la très-sainte Vierge et l'archange Gabriel, qui lui annonce qu'elle sera Mère de Dieu; plus bas sont les statues de Louis de Bourbon et de Blanche de Roucy, sa femme; l'un et l'autre ont les mains et les yeux levés vers Jésus; ils sont vêtus des costumes de leur époque, celui de la comtesse est fort curieux.

Onzième chapelle. — C'est la *chapelle du Calvaire*, établie en 1830 sous le clocher-vieux, pour recevoir la grande croix de la Mission de 1826. Cette croix avait été d'abord plantée dans le cloître, près de l'horloge; mais la crainte des profanations dont elle pouvait être l'objet, la fit rentrer dans l'intérieur du temple. La décoration de la chapelle est due à M. de Meaussé, chanoine de la Cathédrale, qui la fit faire avec plus de zèle que de goût.

---

[1] Le travail de M. Hérisson est intitulé : *Notice historique sur saint Piat, apôtre de Tournay et martyr, conservé depuis près de mille ans en l'Eglise de Notre-Dame de Chartres, inhumé en 1793 et exhumé en 1816.*

[2] Voyez les Bréviaires de Chartres, au 1er octobre.

Nous espérons que ce *passage* sera bientôt rendu à sa destination primitive.

§ 9. — La chapelle de Saint-Piat.

La grande chapelle de Saint-Piat, bâtie en hors d'œuvre, derrière l'abside de la Cathédrale, est une belle et solide construction du XIV siècle ; on y arrive par un escalier de vingt-neuf marches commençant dans l'ancienne petite chapelle de Saint-Piat.

« Le chapitre de Chartres ha esté le premier fondateur de la-
» dicte Chappelle environ l'an 1349, que le corps dudict S. Piat
» par la dévotion que les gens de bien y avoient, florissoit en
» miracles. Cause qu'on y arrivoit de toutes parts, et s'y fai-
» soient de grandes aulmosnes et oblations, desquelles ladicte
» Chapelle auroit este presque toute bastie. Et portent les tiltres
» de ladicte fondation, en datte que dessus, que Messire Aimeri
» de Chasteau-Luisant, lors évêque de Chartres,... aïant ouï la
» renommée des dévotions qui se faisoient audict miraculeux
» corps de S. Piat, en l'église de Chartres : et que les Chanoines
» d'icelle, lui faisoient bastir une Chappelle excellente, après
» s'estre informé du tout par gens féables, envoïez par exprès,
» fonda douze Chanoines en icelle Chappelle de S. Piat, dont y en
» auroient huict prebstres, deux diacres et deux soubs-diacres [1]. »
Toutes ces chanoinies et toutes les autres fondations de la chapelle ont été violemment supprimées en 1793.

ARCHITECTURE. — La chapelle de Saint-Piat a la forme d'un parállélogramme parfait, comptant dans œuvre 15 mètres 40 centimètres de longueur et 7 mètres 20 centimètres de largeur ; elle est flanquée de deux tours rondes recouvertes en ardoises, et appuyée contre six contreforts assez lourds et massifs. Elle a perdu en 1793 une flèche élégante qui s'élevait au milieu du comble, et qui donnait beaucoup de grâce à l'édifice.

La voûte est formée de quatre croisées d'arêtes dont les nervures offrent des tores très-saillants et allongés en dos de carpe ; elles reposent sur les chapiteaux des demi-colonnes adossées au

---

[1] *Parthénie*, première partie, page 144.

mur de la chapelle. Les chapiteaux sont riches de feuillages délicatement ciselés ; les clefs de voûte ont la même délicatesse et le même fini. Les murs latéraux sont percés de six fenêtres qui offrent toute l'élégance et toute la variété du style ogival rayonnant : chacune est divisée par des meneaux réunis au moyen de trilobes pointus ; le tympan offre des trèfles, des quatre-feuilles, des roses à cinq pétales, dont les angles rentrants sont garnis de feuillages.

Le mur oriental est percé d'une large fenêtre, qui malgré un peu de lourdeur est digne d'attention. Elle est formée d'une grande ogive divisée en trois autres, avec une rose à sept pétales ; l'ogive secondaire centrale se subdivise en deux compartiments aux trilobes aigus et surmontés d'un quatre-feuilles ; chacune des deux ogives secondaires latérales est également partagée par un meneau relié avec des trilobes surmontés de deux trèfles et d'un quatre-feuille. Tout cela forme une riche disposition.

Un seul autel existe dans cette chapelle ; c'est un meuble moderne et indigne de se trouver en si beau lieu. A droite de l'autel, on voit une piscine fort élégante, qui est malheureusement un peu mutilée. Les murs supérieurs et la voûte de la chapelle étaient couverts de peintures polychromes ; depuis 25 ans, un épais et ignoble badigeon de couleur blanche ou ocrée a sali le gracieux édifice, laissé aujourd'hui dans l'abandon et le dénuement. — Dans chacune des deux tours rondes qui flanquent la chapelle, on a établi une sacristie.

Deux portes donnent entrée dans la chapelle. La première est au bas de l'escalier qui y conduit ; elle forme « un gracieux portique que ses formes élancées, mais sans maigreur, et sa décoration pleine de richesse, quoique sans surcharges, peuvent faire considérer comme l'un des types les plus caractéristiques de la belle architecture du XIVe siècle [1]. » De chaque côté se voit un pilastre terminé par un pinacle élancé et chargé de ciselures ; ces deux pilastres portent un ange à leur extrémité supérieure et sont reliés par une riche et élégante balustrade. La porte est ornée de cinq archivoltes en retraite, et elle est couronnée par

---

[1] *Texte des Monuments français*, de Willemin, page 71, planche 121.

un fronton aigu délicatement découpé en trèfles et quatre-feuilles et orné de feuilles de choux sur ses ados; il se termine par un piédestal qui porte la statue de Jésus-Christ, dont les deux mains sont brisées. L'ange de gauche tient la lance et la couronne d'épines; l'ange de droite porte la croix et les clous. Au milieu du tympan de la porte se dresse une belle statue de la Vierge-Mère avec son Enfant sur le bras gauche; Marie est richement vêtue et couronnée; elle porte le sceptre royal dans sa main droite; Jésus est vêtu d'une tunique et joue avec un oiseau qu'il tient dans ses mains. Deux anges en pierre se voyaient autrefois à droite et à gauche de cette statue. — Les deux vantaux de la porte sont en bois sculpté à jour et du temps de Henri IV. Ils ont été placés ici vers 1835. A cette occasion on brisa les deux petites consoles en pierre sculptée qui ornaient les deux angles supérieurs de l'ouverture de la porte.

La seconde porte, qui est au sommet de l'escalier, est plus simple : elle est ornée de plusieurs archivoltes en retraite, soutenues par un pareil nombre de colonnettes; l'arcade extérieure a ses ados hérissés de feuilles de choux; elle repose sur des animaux fantastiques taillés avec beaucoup d'art. Le tympan est décoré d'un trèfle à folioles pointues, et dont le centre a une console aujourd'hui veuve de sa statue, qui sans doute représentait saint Piat.

Vitraux. — Les vitraux de cette chapelle appartiennent à deux époques, au XIVe et au XVe siècle; ils se composent de grisailles et de figures coloriées. Quoique de beaucoup inférieurs à ceux de la Cathédrale, ils méritent pourtant d'attirer les regards de l'archéologue. S'ils paraissent ternes tout d'abord, qu'on veuille bien l'attribuer au cruel malheur qui leur est arrivé, il y a une vingtaine d'années : un peintre ignorant a couvert ces vitraux d'une épaisse couche de badigeon huileux de quatre couleurs, bleu, rouge, jaune et lie de vin; tous les ornements les plus délicats ont disparu sous cet ignoble travestissement. Nous avons nettoyé nous-mêmes les portions les plus maltraitées, afin de déchiffrer le sujet qu'elles figuraient. Avant le badigeon, le vandalisme avait passé par-là et avait enlevé plusieurs panneaux. Nous allons rapidement décrire ce qui reste encore; comme toujours, nous commençons à gauche, en entrant dans la chapelle.

I. Dans le bas, on voit saint Denis portant sa tête dans ses mains, et saint *Lorant* (sic) tenant son gril : ces deux figures sont du XIV⁰ siècle. Le reste de la fenêtre date du XV⁰ siècle. Je mentionne pour mémoire un fragment de saint Gilles avec sa biche. Les trois quatre-feuilles du tympan offrent : 1° La Géométrie avec équerre et compas; puis quatre anges qui chantent *O Gloriosa excelsa*, etc., etc. 2° La Dialectique qui tient deux serpents, l'Arithmétique qui pose des chiffres sur une tablette, la Rhétorique qui écrit dans un livre, la Philosophie figurée par un philosophe qui enseigne; ce quatre-feuille montre aussi le donateur. 3° La très-sainte Vierge enlevée au ciel par deux anges.

II. Cette fenêtre a perdu presque toute sa vitrerie peinte : il ne reste qu'un seul panneau de grisailles, une Annonciation, et deux anges thuriféraires, placés dans les quatre-feuilles.

III. Cette verrière figurait le martyr de saint Etienne; on ne voit plus que les deux juifs qui jettent des pierres.

IV. C'est la fenêtre absidale; dans chacun des six compartiments inférieurs, il y a la figure d'un saint ou d'une sainte placée dans une niche peinte et enrichie de toute l'ornementation architecturale de l'époque : 1° Saint Turiaf en costume épiscopal et bénissant; 2° Sainte Cécile tenant un livre; 3° Saint Piat en costume *sacerdotal*, portant un livre dans sa main gauche et *bénissant* de la droite; 4° Un saint Pape en habits pontificaux; il a perdu son nom; 5° Un saint Évêque bénissant; 6° Un autre saint Évêque.
— Le tympan de la fenêtre offre la scène du Jugement dernier. Jésus est assis sur un arc-en-ciel, au centre de la rose; autour du Juge suprême, on voit sept anges, dont cinq portent les instruments de la passion et les deux autres sonnent de la trompette, qui doit éveiller les morts. A la droite de son Fils, Marie demande humblement grâce pour les pécheurs; à la gauche de Jésus, le disciple bien-aimé unit ses prières à celles de Marie. Plus bas, dans les quatre trèfles, les morts sortent de leurs tombeaux; enfin dans le quatre-feuilles inscrit, saint Michel pèse les âmes dans la balance du Jugement.

V. Dans le bas, on voit Marie tenant son fils, et un ange thuriféraire. Dans la rose supérieure, une trinité, le Père éternel tient la croix où pend son Fils unique, une colombe est entre les deux.

VI. Il y a deux panneaux de grisailles. Dans les quatre-feuilles inférieurs du tympan, on voit Goliath armé de sa lance et David avec sa fronde.

VII. Trois panneaux de grisailles, et les armes du Chapitre sont les seuls fragments qui restent en verres peints.

§ 10. — La Sacristie.

La sacristie n'est pas indigne de la cathédrale; c'est une élégante construction des dernières années du XIIIe siècle. Voici ses dimensions dans œuvre : 11 mètres 30 centimètres de longueur; 8 mètres 20 centimètres de largeur; 15 mètres 20 centimètres de hauteur. Elle est voûtée de deux croisées d'arêtes à nervures toriques en dos de carpe; ces nervures s'appuient sur des faisceaux de colonnettes. Les bases des colonnettes sont carrées avec des moulures circulaires et des scoties peu profondes; les chapiteaux manquent de tailloir et sont ornés de feuilles qui n'y semblent que piquées et comme attachées seulement par leurs pétioles : ils sont peu gracieux. Les deux clefs de voûte sont simples, ornées seulement de feuilles lancéolées.

Quatre belles et larges fenêtres ogivales d'une courbe élégante et d'un heureux dessin occupent tout l'espace compris entre les contreforts. Elles sont divisées en plusieurs compartiments par de légères colonnettes, et leurs tympans sont coupés par des meneaux toriques qui se courbent en trèfles, en quatre-feuilles, en roses de cinq ou huit pétales. Ces belles fenêtres, nos pères les avaient garnies de grisailles; mais les vandales du XVIIIe siècle ont défoncé les grisailles pour les remplacer d'un côté par du verre blanc, et de l'autre par un mur en plâtre! Les mêmes vandales ont recouvert toutes les surfaces d'une épaisse couche de badigeon.

La partie inférieure du mur oriental était ornée d'une série d'arcades aveugles dont les retombées reposaient sur d'élégantes colonnettes, et dont le tympan était décoré de meneaux à moulures : tout cela a été détruit pour y établir de méchantes armoires.

Nous n'avons rien à dire sur les onze tableaux peints sur bois ou sur toile qui sont appendus dans la sacristie : aucun d'eux ne mérite une mention honorable. Nous nous taisons aussi sur les meubles en bois : tout est l'œuvre d'un froid menuisier du XIXᵉ siècle.

La sacristie n'offre plus aujourd'hui, comme avant l'orage révolutionnaire, un vaste musée de chefs-d'œuvre d'orfèvrerie sacrée en or et en argent enrichis de pierreries et dus à la pieuse munificence des rois, des évêques, des chanoines ou de quelques riches particuliers : croix, livres, chandeliers, encensoirs, joyaux, châsses, reliquaires, ostensoirs, calices, ciboires, vêtements sacerdotaux, tableaux en broderie, etc., tout a été pillé ou jeté dans le creuset sacrilège de 1793. Ces chefs-d'œuvre attiraient de nombreux visiteurs, dont les offrandes formaient un des revenus de l'œuvre. Aujourd'hui la sacristie ne renferme rien qui mérite d'attirer les regards du pèlerin ou de l'archéologue.

Un large couloir voûté conduit de la sacristie à la Cathédrale ; une grande fenêtre éclaire ce couloir ; elle est garnie d'une assez belle grisaille datant du XIVᵉ siècle.

A l'extérieur, la construction est simple, unie. La corniche seule a quelques ornements sculptés ; ils se composent d'un double rang de feuilles recourbées en crosse, motif qui est presque toujours employé dans tout le cours du XIIIᵉ siècle. — Une tourelle carrée qui renferme un escalier à vis, flanque l'angle sud-ouest de la sacristie.

CHAPITRE IV.

DESCRIPTION DES VITRAUX.

La vitrerie peinte de la Cathédrale de Chartres est sans contredit la première du monde. La peinture sur verre garnit 125 grandes fenêtres, 3 roses immenses, 35 roses moyennes et 12 petites roses ; presque toute cette peinture date du XIIIᵉ siècle ; toutefois on compte 6 fenêtres et 2 roses moyennes en verres du XIVᵉ siècle, une fenêtre en verres du XVᵉ, et 2 petites roses en verres du XVIe siècle-Renaissance. Il y a aussi 3 grandes fenêtres peintes au XIIe siècle ; elles sont placées sous la grande rose occidentale ; c'est d'elles que M. Lassus a dit : « Chartres » possède trois magnifiques verrières qui font pâlir tous les vitraux » dont le XIIIe siècle a enrichi cette admirable cathédrale [1]. »

« La cathédrale de Chartres, dit M. de Lasteyrie, offre au » peintre-verrier un des plus parfaits modèles qu'il puisse étudier, » et si, comme exécution de détail, on a été beaucoup plus loin, » il n'existe, j'ose le dire, rien de plus complet, rien de plus ad-» mirable comme décoration et entente des effets. Chartres est » un type, et un type parfait, et comme tel nous devons en faire » l'objet d'une étude minutieuse et approfondie. Et d'abord jetons » un coup-d'œil sur l'effet général de la vitrerie. Cet effet n'est » pas le simple résultat du jeu de la lumière à travers l'assem-» blage fortuit des verres colorés. C'est un effet produit sciem-» ment et savamment cherché par l'artiste : tout est rationnel et » symbolique. Voyez l'obscurité pieuse qui règne au seuil du tem-» ple; elle se dissipe légèrement en approchant du centre de la » croix, emprunte des couleurs plus vives à la palette du peintre en » tournant autour du chœur; puis enfin, fait place, dans le sanc-» tuaire, aux tons vifs et brillants qui s'échappent de la voûte. » Que de poésie dans cette immense gamme de tons si habilement » ménagés, admirable symbole de la lumière chrétienne, qui » s'échappe à grands flots du sommet de la croix, et jette encore » une lumière amoindrie sur ceux qui s'en éloignent!

» Pour produire ces effets qui nous frappent, l'artiste ne s'est » servi que de moyens fort simples. Dans les nefs latérales, » des verrières aux tons froids sont chargées de nombreux sujets » dont les personnages se pressent en foule dans des cadres fort » rétrécis. Les fonds eux-mêmes, couverts de divers ornements, » sont formés d'un nombre infini de morceaux de verre, dont les » joints rapprochés ajoutent encore à l'obscurité de la teinte gé-» nérale. C'est une habile application du style légendaire, et le » choix même des sujets se trouve ici d'accord avec la place qu'ils » occupent. Les mêmes tons dominent dans les hautes fenêtres

---

[1] *Annales archéologiques*, tome 1er, page 82.

» de la nef centrale ; mais là les figures plus grandes et les fonds
» plus unis livrent au jour plus d'accès, et laissent une lumière
» vague circuler sous la voûte.

» Lorsqu'on arrive au centre de la croix, le bas des ailes laté-
» rales est également plongé dans une obscurité que la masse des
» portails rend plus complète. Mais des roses placées au sommet
» des transepts, une lumière harmonieuse et irisée descend obli-
» quement jusqu'à l'entrée du chœur, pour s'y confondre avec
» les teintes mystérieuses de la nef; et la galerie qui règne au-
» dessous de ces roses semble elle-même destinée à établir une
» transition entre leurs parties diaphanes et les masses opaques
» qui les supportent.

» Autour du chœur sont les chapelles. Là règne encore une
» lumineuse obscurité. Là nous trouvons encore les vitres légen-
» daires aux fonds si richement ornés; mais le ton général du
» tableau n'est déjà plus le même; il se colore de teintes plus
» chaudes, et là, le peintre a répandu à profusion la topaze,
» l'émeraude et le rubis, immortelle couronne destinée à briller
» au front du roi des Cieux, représenté par son Eglise. Au milieu
» de l'auréole de ces saintes chapelles, s'élève le sanctuaire
» éblouissant de clarté, comme Jésus radieux au milieu des
» apôtres, et des torrents de lumière chaudement colorée des-
» cendent dans le chœur, à travers les figures gigantesques qui
» couvrent ses verrières. Il semble ici que l'artiste ait dérobé
» un rayon de lumière divine pour animer son œuvre ; rayon
» éblouissant d'abord, et dont l'harmonie décroissante vient
» mourir à l'entrée du sanctuaire, comme pour indiquer la place
» où le chrétien entre en communication avec son Dieu.

» Mais de si simples paroles ont peine à rendre les prodigieux
» effets dont l'œil est frappé sous les voûtes de Chartres, comment
» pourraient-elles rendre la pieuse impression que l'âme éprouve
» à cette vue? Comment pourraient-elles rendre les nuances tou-
» jours nouvelles d'un tableau qui varie à toutes les heures du
» jour, selon toutes les circonstances de lumière et de saisons? »

Nous n'ajouterons rien à ces brillantes paroles sur les effets
généraux que produisent nos incomparables verrières.

Nous pouvons dire ici ce qu'un vieil historien de la cathédrale
de Tournay disait des vitraux de son église : « La plupart des ver-

» rières ont deux singularités, à sçavoir, qu'elles sont excellem-
» ment damassées en diverses manières, et qu'elles ne sont pas
» transparentes ny en couleur ny à la lueur du soleil, c'est-à-dire,
» que quelque soleil brillant qu'il puisse faire, les rayons du
» soleil n'éblouissent aucunement ceux qui les regardent direc-
» tement ; et les couleurs des verrières ne paraissent point sur le
» pavé ny sur autre chose à l'opposite d'icelles : qui sont deux
» grandes et rares commodités pour tous ceux qui se trouvent en
» prières dans ladite église [1]. »

On remarquera la variété infinie qu'offrent les armatures des fenêtres inférieures. Toutes ces bandes de fer qui forment comme le squelette du vitrail, se tordent en dessins riches et avec un art qui produit le plus heureux effet.

Nos magnifiques verrières sont des dons faits à la Cathédrale par la foi vive et généreuse de nos pères. La plupart de celles qui garnissent les fenêtres supérieures sont dues à la pieuse muni-ficence de saint Louis, de saint Ferdinand, de Blanche de Castille, des chanoines de Chartres, et d'un grand nombre de seigneurs français : leurs vieux blasons, hiéroglyphes de la féodalité, y brillent encore. Les verrières de l'étage inférieur ont été données par les corporations d'arts et métiers de la ville de Chartres au XIIIe siècle.

L'auteur d'une description de la procession générale faite le 18 juin 1681, dit, après avoir nommé les trente-neuf corps de métiers dont les membres assistaient à la procession *avec un gros cierge à la main garni des images des patrons et des armes de la corporation* : « Ce n'est pas la première marque de la dévotion
» des ouvriers et artisans de cette ville envers l'innocente Marie :
» il y en a d'aussi anciennes que l'église, puisque l'on voit qu'il
» se trouve fort peu de corps de métiers considérables en icelle
» qui n'ayent pas voulu avoir la gloire de contribuer de quelque
» chose à l'ornement de ce fameux temple. On n'a qu'à jeter les

---

[1] Cousin, cité par M. d'Anstaing en ses *Recherches sur la cathédrale de Tournay*, tome I, page 324. — La cathédrale de Tournay est l'édifice religieux le plus remarquable de la Belgique. Ses nefs et son beau transept ont été construits vers la fin du XIIe siècle ; le chœur, si savamment rendu à sa beauté primitive, date de la seconde moitié du XIIIe.

» yeux sur les vitres d'icelui, *et ipsa patrum monumenta pro-*
» *bant;* et l'on y verra les marques de la piété de leurs anciens
» maitres dépeintes [1]. »

Du reste, voici le tableau exact des divers donateurs et du nombre des verrières données :

Rois	13	verrières.
Princes et seigneurs	32	—
Ecclésiastiques	14	—
Drapiers et pelletiers.	5	—
Orfèvres et changeurs	5	—
Cordonniers et savetiers.	4	—
Tanneurs et corroyeurs	4	—
Bouchers et charcutiers.	3	—
Boulangers	3	—
Sergiers et tixiers en toile	3	—
Charpentiers, charrons et tonneliers . . .	3	—
Imagiers, maçons et tailleurs de pierre . .	3	—
Pâtissiers	2	—
Tourneurs	2	—
Vignerons et taverniers	2	—
Laboureurs.	2	—
Maîtres-éviers ou porteurs d'eau	1	—
Épiciers ou pharmaciens	1	—
Armuriers	1	—
Maréchaux et forgerons	1	—
Portefaix.	1	—
Vanniers	1	—

Tels sont les donateurs des admirables vitraux de notre glorieuse Cathédrale. Mais quels sont les artistes qui les ont exécutés ? Aucun d'eux n'a voulu signer les chefs-d'œuvre qui sortaient de leurs pinceaux : un épais mystère règne aujourd'hui sur les noms de ces hommes de génie et de foi.

M. Félix Bourquelot ne donne, pour le XIIIe siècle, que le

---

[1] *La Bausse desséchée* ou Discours sur la procession générale faite à Chartres le 18 juin 1681, contenant plusieurs antiquitez de l'église et autres choses curieuses, par Jacques Anquetin, greffier de cette ville.

nom de deux peintres-verriers, Balard et Clément: « Le nom de
» *Ballardus* est peint sur une verrière du chœur de la Cathédrale
» de Chartres. Cicognara parle d'un abbé qui fit réparer son église
» en 1249 par un peintre nommé Balard. On lit de plus dans une
» inscription: *Doctaque manu Bailardi*. Il y a tout lieu de croire
» que ces mentions se rapportent au même artiste vivant au XIIIe
» siècle. — *Clément*, natif de Chartres, travailla vers le règne
» de Philippe-le-Hardi, aux vitraux du pourtour du chœur de la
» Cathédrale de Rouen. On lit dans une de ces verrières: *Clemens*
» *vitrearius Carnutensis*. [1] ». Nous devons d'abord faire remarquer que le nom de *Ballardus* ne se trouve pas sur une de nos
verrières; il y a seulement PETRUS BAI..., c'est le nom du diacre
donateur du vitrail: il n'en est pas le peintre. Quant à Clément,
il a probablement travaillé pour notre Cathédrale, avant que d'aller
à Rouen. En effet nous avons cru reconnaître son pinceau dans
le vitrail de Saint-Martin; il y a dans le faire de ce vitrail une certaine ressemblance avec le faire des vitraux de la Cathédrale de
Rouen.

Il existe deux *descriptions* des vitraux de la Cathédrale de Chartres. La première est manuscrite et se trouve à la bibliothèque
publique de la ville; elle a été faite par Pintard. Rien de plus embrouillé que cette description: les légendes des Saints y sont interprétées comme s'il était question de quelque héros de l'Inde; les
faits bibliques mêmes ne sont guère mieux traités. Cependant tel
qu'il est, ce manuscrit nous a été utile pour les vitraux qui ont
été défoncés. — La seconde description n'est pas supérieure à la
première: c'est plutôt une nomenclature sèche et aride qu'une
description; elle est due à M. F. de Lasteyrie et se trouve en son
Histoire de la Peinture sur verre.

La description que nous publions nous-même aujourd'hui, ne
sera qu'une exposition rapide et tout-à-fait sommaire; nous nous
proposons seulement de rendre quelque peu lisibles ces tableaux
immenses, ces belles images qu'un concile d'Arras appelait le
Livre des Laïques, et que les anciens Catéchismes recommandaient

---

[1] *Histoire de la Peinture et des Arts du dessin*, par M. Félix Bourquelot, dans la *Patria*, col. 2,258.

de regarder *en récitant le chapelet durant la messe* [1]. Pour le moment, nous laisserons de côté les détails historiques et les mille remarques qu'il y aurait à faire sur les usages et les costumes du XII° et du XIII° siècle, sur les couleurs et l'art des admirables peintres-verriers qui ont travaillé dans notre Cathédrale.

La vitrerie peinte de Chartres a perdu plusieurs tableaux au siècle dernier; ils ont été remplacés par du verre blanc. Dans ceux qui existent encore, un certain nombre de panneaux ont été, à diverses époques, mutilés, démembrés, retournés, déplacés par le fait de vitriers ignorants et maladroits. L'ordre chronologique est souvent interverti; ce qui rend parfois l'interprétation très-difficile. On a coupé des personnages à la tête, au ventre, aux pieds; les inscriptions ont aussi beaucoup souffert. Un remaniement général est donc devenu chose nécessaire.

Nos vitraux ne sont point placés dans un ordre symétrique; tout a été laissé au caprice des donateurs. Il n'y a d'exception que pour les vitraux qui garnissent les jours des quatre extrémités de la croix. Ceux-ci offrent le sujet exigé par la symbolique du XIII° siècle [2], c'est-à-dire qu'à l'occident on a mis le *Jugement dernier*; au nord, la *Glorification de la très-sainte Vierge*, comme Refuge des pécheurs; au midi, la *Glorification de Jésus-Christ*, comme Docteur du monde; à l'orient, la *Glorification de Marie*, reproduite une seconde fois, parce qu'elle est la patronne de l'Eglise. Nous commençons par décrire rapidement ces grands et magnifiques sujets.

§ 1. — *Les grandes Roses.*

Nous n'avons pas à dire ici toute la délicatesse des compartiments dont se composent les trois grandes roses de la Cathédrale; nous ne parlerons que des vitres peintes qui les garnissent; ces

---

[1] *Catéchisme* en usage dans les diocèses de Cambrai, de Liège et de Namur, avec des explications par Henry, 1782, tome I, page 146.

[2] Voyez sur ce point la Symbolique chrétienne, un savant article du R. P. Cahier, en ses *Mélanges d'archéologie*, tome I, pages 78-84.

vitres datent du XIIIᵉ siècle. Le lecteur sait déjà que le diamètre des trois roses est de douze mètres environ.

Rose occidentale. — Le *Jugement dernier* est le sujet traité dans cette magnifique rose. Jésus, le Juge suprême, est assis sur des nuages au centre d'une auréole quadrifoliée; de ses cinq plaies coulent des flots de sang. Il est entouré de deux chérubins, de huit anges, de dix apôtres, des quatre animaux évangéliques. Dans le haut deux anges montrent les instruments de la Passion, et quatre autres anges sonnent la trompette du jugement. A droite et à gauche on voit les morts sortir de leurs tombeaux pour paraître devant leur Juge. On voit aussi saint Michel peser les âmes dans la terrible balance : les unes sont menées par les anges dans le sein d'Abraham, et les autres sont conduites par d'affreux démons dans l'enfer à la gueule béante et enflammée; parmi les damnés on en voit un avec une bourse pendue au cou; c'est la personnification de l'avarice. — Sous le cercle central, un panneau a été enlevé par un boulet lancé contre la Cathédrale lors du siège de 1590; ce panneau a été récemment remplacé par quelques débris d'un vitrail défoncé à la fin du XVIIIᵉ siècle.

Sous la rose occidentale se trouvent trois splendides verrières du XIIᵉ siècle. Les sujets qui y sont figurés, devaient, dans la pensée du peintre, se rapporter à la grande scène qu'il aurait traitée dans la rose, c'est-à-dire à la *Glorification de Jésus-Christ*. C'est en effet une loi fidèlement observée par les artistes du Moyen-Age, de reproduire deux fois à chaque portail le même sujet; de sorte que la peinture sur verre est toujours la reproduction de la statuaire, pourvu que l'une et l'autre soient de la même époque. Aujourd'hui les trois grandes fenêtres du portail occidental n'ont qu'une signification incomplète, parce que l'artiste qui a peint la rose au XIIIᵉ siècle, n'a pas compris, ou plutôt n'a pas voulu suivre la pensée de son prédécesseur.

La première fenêtre à droite montre un magnifique *Arbre de Jessé* ou tige généalogique de Jésus-Christ. Dans le bas du vitrail, le vieux Jessé est couché sur un lit; de sa poitrine sort l'arbre de la généalogie divine; les branches de l'arbre se croisent et se recroisent plusieurs fois, et entre les branches s'échelonnent les rois de Juda, ancêtres charnels de Marie et de Jésus : comme la place manquait, quatre rois seulement, David, Salomon, Roboam et Abias, sont figurés; après Abias vient la très-sainte Vierge couronnée comme une reine; enfin au sommet de la tige, Jésus paraît entouré des sept dons du Saint-Esprit sous la forme de sept colombes blanches; elles portent un nimbe uni et sont inscrites dans une auréole, autour de laquelle on lit dans l'ordre suivant:

Sapientia,

Intellectus,	Consilium,
Fortitudo,	Scientia,
Pietas,	Timor.

C'est la traduction littérale de cette prophétie : « Et il sortira » un rejeton de la tige de Jessé, et une fleur naîtra de sa racine. » Et l'Esprit du Seigneur se reposera sur lui, l'esprit de sagesse » et d'intelligence, l'esprit de conseil et de force, l'esprit de ». science et de piété, et l'esprit de crainte du Seigneur le rem- » plira [1]. » De chaque côté de la tige se dressent les ancêtres spirituels du Sauveur, c'est-à-dire les prophètes qui l'ont annoncé ou figuré. A gauche, on trouve en allant de bas en haut : *Nahum*, *Samuel*, *Ezechiel*, *Zacarias*, *Moyses*, *Ysaias*, et *Abacuc*; à droite, on voit : *Osée*, *Amoonn* (pour *Amos*), *Micheas*, *Joheel* (pour *Joel*), *Balaam*, *Daniel*, et *Sophonias*. Tous avec leur titre de propheta ajouté à leur nom sur la banderolle qu'ils tiennent à la main.

La fenêtre centrale rappelle les principaux traits de l'enfance de Jésus. On y voit l'Annonciation, la Visitation, la Naissance de Jésus, le Réveil des Bergers, l'Adoration des Mages, le Massacre des Innocents, la Chandeleur, la Fuite en Egypte, la Chute des idoles, le Retour à Nazareth; puis il y a le Baptême de Jésus et son entrée triomphale à Jérusalem; on remarquera que le Sauveur porte ici une palme. Dans le haut du vitrail, Marie assise porte sur ses genoux le petit Jésus bénissant; elle a un sceptre fleuri dans chaque main; à ses côtés, sont deux anges profondément inclinés.

La troisième fenêtre, offre les scènes principales de la passion et de la résurrection du Seigneur Jésus. Il y a la Transfiguration,

---

[1] Isaie, xi.

la dernière Cène, le Lavement des pieds, la Trahison de Judas, la Flagellation, la Crucifixion, la Mise au Tombeau, la Résurrection, l'Apparition à la très-sainte Vierge, l'Apparition à Madeleine, le Voyage avec les disciples d'Emmaüs, et le Souper avec les mêmes disciples.

Rose septentrionale. — Cette rose est appelée *rose de France*, parce qu'elle a été donnée par saint Louis, roi de France. Le sujet qui s'y trouve peint, est la *Glorification de la très-sainte Vierge* : c'est le même sujet sculpté au porche.

Au centre de la rose, Marie est assise sur un trône et tient dans ses bras le Sauveur du monde. Trois cercles de douze médaillons sont remplis de figures rendant leurs hommages à la Mère de Dieu. Le premier cercle offre quatre *Colombes* divines au nimbe crucifère, quatre *Trônes* à six ailes et les pieds posés sur une roue, et quatre *Anges* qui encensent ou éclairent. Le second cercle se compose de douze médaillons carrés, contenant les rois de Juda, ancêtres charnels de Marie; voici leurs noms tels que l'indiquent les inscriptions : *David, Salomon, Abia, Josapht* (sic), *Ozias, Achaz, Manases, Ezechias, Joatam, Joram, Asa,* et *Roboam*. Le troisième cercle a douze médaillons semi-circulaires qui renferment les douze petits prophètes, ancêtres spirituels de la Mère de Dieu : *Osias, Amos, Jonas, Naum, Sepanias* (pour *Sophonias*), *Zacarias, Malacias, Ageus, Abbacuc, Micheas, Abdias,* et *Johel*. — Entre les prophètes et les rois, il y a douze quatre-feuilles aux armes de France, *d'azur aux fleurs de lys d'or sans nombre*.

Les cinq grandes fenêtres qui se voient sous la rose, en forment l'appendice : elles offrent Marie entourée des personnages figuratifs de l'ancien Testament; faute de place, le peintre n'a représenté que les quatre principaux : Melchisedech et Aaron, figures du sacerdoce de Jésus-Christ; David et Salomon, types de sa royauté. — Dans la fenêtre centrale, on voit sainte *Anne* debout, portant un sceptre d'or d'où s'échappent trois fleurs blanches; elle tient sur ses bras la petite Marie qui porte le livre de la Sagesse; l'inscription est : sancta anna; au-dessous, il y a un écusson aux armes de France.

Dans les deux fenêtres qui sont à la droite de sainte Anne, on a figuré : 1° *David*, en costume royal et tenant sa harpe; sous

David, il y a *Saul* qui se perce la poitrine avec une large épée. 2° *Melchisedech* vêtu pontificalement, portant la tiare et la couronne; il tient un encensoir dans la main droite; dans sa gauche, il a un calice couvert de sa patène et d'un petit pain rond. Dans le bas, *Nabuchodonosor* adore la statue formée d'or, d'argent, de fer et d'argile.

Aux deux fenêtres de gauche, on voit: 1° *Salomon*, en tunique et manteau royal, avec couronne et sceptre. Sous lui, *Jéroboam* adore les deux veaux d'or de Béthel et de Dan. 2° *Aaron*, en costume de grand-prêtre, le rational sur la poitrine, la tiare pointue sur la tête; dans ses mains il tient la verge fleurie et le livre de la loi. Au-dessous, *Faraon* (sic) monté sur son cheval est englouti dans la mer Rouge. (Un panneau renversé par la maladresse du vitrier rend aujourdhui le sujet presque indéchiffrable.)

Huit ouvertures d'inégale hauteur placées dans les angles qui restent sous la rose, ont des vitres aux lys de France et aux châteaux de Castille.

Rose méridionale. — Cette rose, donnée par le comte de Dreux, redit la *Glorification de Jésus-Christ*, sculptée déjà au porche occidental. Les médaillons sont à peu près disposés comme ceux de la rose septentrionale. Au centre, Jésus est assis sur un siége entre deux flambeaux, et donne sa bénédiction au monde; dans sa main gauche, il tient un large calice. Le premier cercle de médaillons présente les quatre *Animaux* évangéliques et huit *Anges* thuriféraires; les deux autres cercles renferment les vingt-quatre *Vieillards* de l'Apocalypse assis sur des trônes et tenant des instruments de musique et des vases remplis de parfums; c'est la traduction de ce verset de l'Apocalypse: « Et tous les Anges » se tenaient debout devant le Trône, les Vieillards et les quatre » Animaux [1]. » — Douze quatre-feuilles sont vitrés aux armes de Dreux-Bretagne, *échiquetées d'or et d'azur à la bordure de gueules et au franc quartier d'hermine*.

Cinq grandes fenêtres sont placées sous cette rose et en complètent le sujet: on y voit Jésus porté sur les bras de sa divine

---

[1] Apocalypse, VII.

Mère et entouré des quatre grands prophètes et des quatre évangélistes. Ceux-ci sont portés sur les épaules de ceux-là, comme sur une base puissante, et figurent que la nouvelle loi repose sur l'ancienne. — Les donateurs de ces vitraux sont représentés à genoux, dans le bas de chaque fenêtre, suivant l'usage du temps. Voici le détail des cinq fenêtres.

Dans la fenêtre centrale, Marie est debout, richement vêtue, double robe rouge et verte, manteau bistre doublé de blanc, couronnée et portant un petit sceptre ; elle présente aux fidèles son divin Fils. Au-dessous il y a un écusson aux armes de Dreux-Bretagne. — A la droite de Marie, on voit : 1° *Isaïe* portant *saint Matthieu* sur ses épaules ; au-dessous est Alix de Thouars, duchesse de Bretagne, mariée en 1212 à Pierre Mauclerc ; elle mourut en 1226. 2° *Jérémie* supportant *saint Luc* ; dans le bas, il y a Yolande de Bretagne, fiancée en 1228 à Jean de France, frère de saint Louis. — A la gauche de Marie, on trouve : 1° *Ezéchiel* portant *saint Jean* ; au bas du vitrail, Pierre Mauclerc, comte de Dreux. 2° *Daniel* ayant *saint Marc* sur ses épaules ; au-dessous, Jean de Bretagne, dit le Roux ou le Mauvais, marié en 1237 à Blanche de Champagne.

Abside. — Les sept grandes verrières de l'abside forment aussi un seul sujet ; elles sont consacrées à Marie, ou plutôt Marie est le point vers lequel convergent tous les autres personnages de ces splendides vitraux. Ces personnages sont, pour la plupart, les mêmes que nous avons vus se dresser sur les parois de la porte centrale du porche-nord. — Entrons dans quelques détails.

Le vitrail central rappelle trois épisodes de la vie de la très-sainte Vierge : d'abord, on voit l'archange Gabriel qui annonce à Marie qu'elle sera la mère de son Dieu ; Gabriel porte en main le lys d'or de la virginité ; au-dessus de la tête de Marie plane l'Esprit-Saint au nimbe vert et uni. Ensuite, Marie visite sa chère cousine Elisabeth : les deux heureuses mères vont s'embrasser ; Elisabeth a placé amoureusement sa main sur l'épaule de Marie ; toutes deux sont richement vêtues et portent le livre de la Sagesse. Enfin au troisième étage, Marie en robe blanche et verte et manteau bistre, assise sur un trône et couronnée comme une reine, présente son divin Fils à l'adoration des fidèles; Jésus bénit de la main droite, et porte la boule du monde dans sa main gauche. Au bas du vitrail on voit les donateurs; ce sont des boulangers : ils portent des pains dans un grand panier.

Les trois grandes fenêtres qui sont à la droite de celle que nous venons de décrire, renferment plusieurs personnages, figures du Christ, rendant leurs hommages à Marie.

La première fenêtre offre Aaron et un ange thuriféraire : Aaron, en robe et manteau, la mître épiscopale sur la tête, est assis et tient dans sa main gauche sa verge fleurie; l'ange encense la très-sainte Vierge. Ce vitrail a été donné par GAUFRIDUS, seigneur d'Illiers: il est figuré debout, les mains jointes, priant la Mère de Dieu; avec lui on voit sa femme *Adelina* et ses deux fils *Guillelmus* et *Gaufridus*; le premier porte une bannière blanche sur laquelle est peinte une chausse rouge; le second, qui est clerc, a revêtu l'aube blanche et tient en ses mains l'encensoir et la navette (sa tête manque : elle est remplacée par une autre du XVᵉ siècle).

La seconde fenêtre, qui a été donnée par la corporation des bouchers, renferme : 1° *Ezéchiel*, assis et le bonnet juif sur la tête; 2° *David*, en costume royal; il porte la couronne et le sceptre; on lit près de sa tête : REX DAVID; 3° un *séraphin* debout, orné de six ailes, dont les deux médianes sont couvertes d'yeux.

La troisième fenêtre a son vitrail consacré à saint Pierre : 1° il reçoit de Jésus les clefs du royaume des Cieux; 2° il est délivré de prison par un ange; il a les fers aux pieds, et l'on voit les gardes endormis à la porte de la prison; 3° ici Pierre est vêtu en pape et rencontre à la porte de Rome Jésus-Christ tenant une croix; le divin Sauveur bénit son Vicaire et lui annonce son prochain martyre. — Ce vitrail a été donné par les changeurs ou monnayeurs, qui étalent leur argent sur une table.

Les trois grandes fenêtres de gauche offrent la suite des prophètes qui ont figuré ou annoncé le Messie.

La première a trois personnages : Moyse, Isaïe et un ange thuriféraire en robe verte et manteau bistre. 1° *Moyse* a sur le front des cornes proéminentes; il se déchausse le pied pour parler au Seigneur qui lui apparaît au milieu d'un buisson ardent; une chèvre mange les feuilles vertes du buisson. 2° *Isaïe* en robe et manteau violet, est assis et tient dans sa main droite la tige fleurie de Jessé; de la corolle s'élance Jésus bénissant. Ce vitrail est encore un don fait à la Cathédrale par les boulangers du XIII° siècle.

Dans la seconde fenêtre, il y a : 1° *Daniel* assis et la tête couverte du bonnet juif; 2° *Jérémie*, assis, tête nue, une banderolle à la main; 3° un *Séraphin* à six ailes. Les donateurs de ce vitrail sont les drapiers et les pelletiers ou peaussiers figurés dans le bas.

La troisième fenêtre rappelle trois traits de l'histoire du précurseur de Jésus : 1° La naissance de Jean est annoncée par un ange à Zacharie ; celui-ci est nimbé et porte l'encensoir devant l'autel des parfums ; 2° saint Jean est debout avec deux de ses disciples ; il tient l'Agneau divin inscrit dans une auréole, et il dit : *Ecce Agnus Dei*. Au-dessus, dans des médaillons semi-circulaires, on voit deux anges ; 3° saint Jean-Baptiste, Jésus-Christ ; le Sauveur est plongé dans les eaux du *Jour* et du *Dain*, personnifiés par deux hommes presque nus et tenant des urnes d'où s'échappent les flots qui remontent ; Jean verse de l'eau sur la tête du Messie ; un disciple est témoin du baptême. Le Saint-Esprit au nimbe uni plane au-dessus de la tête du Christ, et le Père éternel paraît dans le haut du vitrail, pour dire : *Voici mon Fils bien-aimé ; écoutez-le*. Le peintre l'a figuré avec les traits du Fils ; car le Père et le Fils sont un, et celui qui voit l'un voit l'autre. — Ce vitrail a été donné par les changeurs ou monnayeurs ; un panneau provient du martyre de saint Eustache.

§ 2. — *Les Vitraux de l'étage supérieur.*

Nous l'avons déjà dit, les fenêtres supérieures, au nombre de 68, sont d'immenses lancettes géminées et couronnées d'une rose élégante. Les vitraux représentent généralement les figures colossales des Prophètes, des Apôtres, et d'un grand nombre de Saints et de Saintes ; on y voit aussi quelques scènes évangéliques et légendaires. — Pour les décrire, nous commencerons à gauche près du clocher-neuf, en continuant jusqu'au sanctuaire ; puis nous reviendrons du sanctuaire au clocher-vieux.

1. Le premier vitrail supérieur offre, dans trois médaillons, la

triple tentation de Jésus-Christ au désert : 1° Le démon à la figure horrible et cornue demande au Sauveur de changer des pierres en pain ; Jésus est vêtu d'une tunique verte et d'un manteau bistre ; il a le nimbe crucifère. 2° Le démon a transporté le Fils de Dieu sur le pinacle du temple et lui dit de se jeter en bas. 3° Après l'avoir porté jusque sur le sommet d'une montagne, Satan est mis en fuite ; deux anges descendent des nues pour servir Jésus-Christ.

II. Le second vitrail est composé de trois médaillons ovales qui renferment trois prophètes assis, nimbés, vêtus de la tunique et du manteau, tenant en leurs mains un lambel avec leurs noms : JONAS, DANIEL, ABACUC.

Dans la rose, il y a un saint évêque, qui a perdu son nom ; il est en habits pontificaux, bénit de la main droite et tient un livre dans sa gauche ; à ses côtés sont deux hommes en posture de suppliant.

III. La grande figure représente saint *Laurent*, diacre de l'Église romaine ; il tient le livre des Évangiles sur la poitrine, et il a des chaussures bleues ; l'inscription est : S. LAURENCIUS. Plus bas, on voit le martyre du saint diacre : il est étendu nu sur un gril enflammé, et il dit à Décius : *Ce côté est assez rôti ; fais-moi retourner de l'autre, tyran, et mange-s-en.* Deux bourreaux armés de crocs s'apprêtent à retourner le valeureux martyr, et deux autres bourreaux activent le feu avec des soufflets.

IV. Ce vitrail est consacré à saint *Étienne*, premier martyr ; il est vêtu en diacre ; il porte la palme de la victoire dans sa main droite, et le livre des Évangiles dans la gauche ; on lit : S. STE-PHANUS. Sous sa figure colossale, il y a la lapidation du saint diacre ; cinq Juifs lui jettent des pierres ; il est à genoux et il aperçoit Jésus qui le bénit et qui lui offre une couronne. — Ce sont les tisserands qui ont donné cette verrière : l'un d'eux tisse à son métier ; deux autres tiennent des peignes en leurs mains ; et une femme prépare les petites bobines de la navette. Nous aurions voulu entrer dans quelques détails sur les différents arts et métiers peints sur nos verrières ; mais l'espace nous manque ici ; nous réservons cela pour la *Monographie*.

La rose renferme la figure de saint *Lubin ;* il est assis, bénit de la main droite, et de la gauche il tient la crosse et le livre ;

à ses côtés, deux jeunes taverniers lui offrent deux vases pleins de vin : ce sont les donateurs du vitrail. L'inscription porte : s. LEOBIN.

V. La cinquième verrière se compose de six médaillons semi-circulaires; dans les quatre médaillons supérieurs, il y a quatre apôtres, nimbés, vêtus de la tunique et du manteau, les pieds nus; ils conversent deux à deux. Dans les médaillons inférieurs, sont peints les pelletiers et les drapiers, donateurs du vitrail.

VI. Il y a ici une grande figure de saint *Nicolas*, archevêque de Myre, aux vêtements pontificaux; il bénit de la main droite; l'inscription porte: s. NICOLAUS. Les mégissiers ont donné ce vitrail; ils y sont figurés dans le bas, fabriquant des escarcelles et préparant des peaux.

La rose offre saint *Thomas de Cantorbéry*, vêtu en archevêque et assis entre deux guerriers en cotte de mailles qui le prient en joignant les mains; on lit sur l'inscription : s. TOMAS.

VII. Six apôtres, en tunique et manteau, pieds nus, sont assis dans des médaillons quadrifoliés; ils semblent s'entretenir deux à deux.

VIII. Un apôtre d'une stature colossale; il est vêtu d'une tunique blanche, d'une robe verte et d'un manteau brun, les pieds nus; il regarde le ciel; dans sa main il tient un volume roulé. Ce vitrail a été donné par la corporation des changeurs ou monnoyeurs, que l'on voit vidant des sacs de monnaies sur une table.

La rose offre un sujet fort curieux; c'est Marie tenant sur ses genoux les sept dons de l'Esprit-Saint : la *Sagesse* est figurée par Jésus renfermé au centre d'une auréole circulaire; l'*Intelligence*, le *Conseil*, la *Force*, la *Science*, la *Piété* et la *Crainte* sont symbolisés par des colombes blanches reliées à l'auréole divine par des rayons rouges; elles portent le nimbe uni [1] et sont inscrites dans une auréole rouge.

IX. La figure grande représente saint *Gilles* : s. EGIDIVS; il est revêtu d'habits sacerdotaux, il bénit de la main droite, et tient la crosse dans sa main gauche. Dans le bas, saint Gilles dit la sainte

---

[1] M. Didron se trompe quand il affirme que les six colombes portent le *nimbe crucifère*. (*Iconographie chrétienne*, page 100.)

Messe; un ange lui montre sur une banderolle le péché caché du roi; celui-ci assiste au sacrifice. Un panneau inférieur appartient au vitrail numéro XIV. Au bas de la bordure, il y a deux portefaix chargés d'un ballot : ce sont les donateurs du vitrail.

X. Saint Georges de Cappadoce, en stature colossale; il est vêtu en guerrier du XIIIe siècle; son costume est fort riche et fort curieux. Dans le bas du vitrail, le saint, dépouillé de ses vêtements, est attaché sur une roue garnie de quatorze épées tranchantes; deux bourreaux le torturent [1].

Dans la rose, on voit saint Georges à cheval terrassant un long serpent; l'inscription est fruste : s. .....vs [2].

XI. Jésus-Christ : il est vêtu d'une robe blanche et d'un manteau bistre; il est décoré du nimbe crucifère; il bénit de la main droite, et dans sa gauche il tient une petite croix blanche. La partie inférieure du corps a été enlevée et remplacée par du verre blanc afin d'éclairer les orgues; cet acte de vandalisme a été commis au XVIIIe siècle. — Dans le bas, se voit le sacrifice d'Abraham : Isaac est à genoux, les mains liées; Abraham lève l'épée; un ange descend du ciel et l'arrête; un bélier blanc se trouve derrière le père des croyants.

XII. Les grandes figures de cette verrière représentaient le sacrifice d'Abraham; mais six panneaux ont été défoncés et rendent la scène fort incomplète. Dans le haut, le peintre a représenté Jésus en buste; le Sauveur tient dans sa main gauche un livre ouvert, qu'il indique avec la main droite; on y lit : DOMINE; près de la tête de Jésus, il y a l'alpha et l'oméga. — Parmi les panneaux remplacés, on en voit deux qui proviennent, l'un de la chapelle absidale, et l'autre de la chapelle de Vendôme.

La rose représente une scène d'Agriculture : il y a trois personnages et une charrue attelée de deux chevaux; l'un des trois personnages tient le manche de la charrue et laboure; l'autre conduit les chevaux; le troisième, qui paraît être le maître, parle au premier. On lit cette inscription : NOVIGECV.. MEI DAT HĀC VITREA.

---

[1] *Miroir historial*, lib. XII, cap. 151 et 132.

[2] Voyez dans la *Légende dorée*, le curieux récit de la mort du serpent.

XIII. Ce vitrail a deux figures ; la première représente un saint assis et tenant une palme ; la seconde est saint Martin vêtu en archevêque avec le pallium ; il est debout et bénissant. On lit : s. martinvs. Six panneaux ont aussi été enlevés et remplacés par du verre blanc.

XIV. Le quatorzième vitrail raconte deux traits de la vie de saint Martin, archevêque de Tours. 1° Martin, monté sur un cheval, coupe avec son épée la moitié de son manteau pour le donner à un pauvre. 2° Il dort sur un lit, et le Seigneur Jésus lui apparaît revêtu du manteau donné au pauvre. Jésus est assis ; il bénit de la main droite, et dans sa gauche, il tient une croix à double croisillon. Ce vitrail est coupé dans son milieu par six panneaux de verre blanc.

Dans la rose, on voit Marie en robe bistre et jaune et manteau rouge, tenant son Enfant vêtu d'une robe verte ; à ses côtés il y a le donateur et la donatrice en posture suppliante. On y lit avec difficulté l'inscription suivante :

VIRI : TVRONV̄ DED
ERV̄T : HAS III

c'est-à-dire : *des hommes de Tours ont donné ces trois verrières.*

XV. (Dans le transsept septentrional.) Vitrail de la sainte Vierge. Au premier tableau, Marie meurt entourée des Apôtres éplorés ; son âme s'est envolée dans les bras de Jésus qui bénit le corps virginal de sa Mère : Jésus enfant avait été porté par Marie ; Marie en âme est portée par Jésus ! — Au second tableau, une gloire ovoïdale est tenue par deux anges qui enlèvent au ciel le corps ressuscité de la Mère de Dieu ; Marie est au centre de cette gloire qui lui sert comme d'un lumineux vêtement ; elle tient la palme de l'immortalité dans la main droite. — Au troisième tableau, Marie est assise sur un trône à la droite de Jésus-Christ qui vient de couronner sa Mère et qui la bénit amoureusement. Dans le bas de ce vitrail, il y a comme raccommodage un panneau de vitre peinte au XVI° siècle. La bordure de ce vitrail est en verre blanc depuis 80 ans ; on lit en effet dans les registres capitulaires, au 3 décembre 1768 : « M. le Doyen dit » que Messieurs de la Commission à la décoration s'assemblèrent » hier, que leur ayant été proposé par le sieur Berruer, sculpteur,

» de donner du jour à son ouvrage de l'entrée du chœur, ils
» avaient été d'avis de faire faire des bordures de verre blanc aux
» quatre croisées qui répondent aux deux côtés de l'entrée du
» chœur ; qu'il en pourra coûter environ 120 livres par croisée.
» — Messieurs de la Commission authorisés de faire faire les dites
» bordures. »

XVI. Au premier tableau, deux anges émergeant des nues annoncent aux bergers de Bethléem la naissance du divin Sauveur ; des brebis broutent l'herbe. Au second tableau, le vieillard Siméon et Marie tiennent le petit Jésus sur l'autel de Jérusalem ; c'est la présentation au Temple. Au sommet deux anges descendent du ciel ; ils encensent leur Roi caché sous les voiles de l'humanité. Dans le bas du vitrail. Philippe de Boulogne est à genoux, tenant les mains jointes devant un croix posée sur un autel ; il est revêtu d'une cotte blasonnée, on y lit : PH : CONTE DE BOLONE.

Dans la rose ou voit Philippe, comte de Boulogne, fils naturel de Philippe-Auguste et d'Agnès de Méranie ; il est vêtu en guerrier, monté sur un cheval blanc, et portant un écu blasonné de France au lambel de cinq pendants de gueules. C'est le donateur du vitrail.

XVII. Ce vitrail est encore consacré à la très-sainte Vierge. 1° Gabriel annonce à Marie qu'elle sera Mère de Dieu ; l'Esprit-Saint, sous la forme d'une colombe blanche, parle à l'oreille de Marie ; Marie et Gabriel sont debout. 2° La visitation : Marie ouvre les bras pour recevoir sa chère cousine ; Elisabeth place sa main droite sur l'épaule de Marie ; sa gauche exprime son admiration mêlée d'étonnement ; elle semble dire : *Et d'où me vient ce bonheur, que la Mère de mon Seigneur descende jusqu'à moi ?* — Au bas, MAHAUT, femme de Philippe de Boulogne ; elle est vêtue d'une robe aux armes de son mari, et sa tête est coiffée de la barette ; elle est la donatrice du vitrail.

XVIII. Ce vitrail a été détruit en 1791 et remplacé par du verre blanc. D'après le Manuscrit de Pintard il y avait : « 1° Saint Joa-
» chim et sainte Anne auxquels deux anges parlent ; à leurs pieds
» sont des moutons. 2° Saint Joseph et la sainte Vierge ; une tour
» entre eux. » L'auteur se trompe : c'est Joachim et Anne qui se rencontrent à la Porte-Dorée. Dans le bas, « une femme à genoux
» comme la précédente devant une croix ; sur la robe sont les
» précédentes armes, avec cette inscription : IEHENNE. » ; c'est

Jeanne, fille de Philippe et de Mahaut, mariée en 1245 à Gaucher, comte de Chartres, et morte en 1252.

La rose a perdu sa vitrerie du XIIIe siècle; elle n'est garnie aujourd'hui que de verre blanc, et au centre elle a une Vierge en grisaille du XIVe siècle. Cette rose est la seule qui ait été défoncée.

XIX et XX. Ces deux fenêtres et la rose sont garnies de grisailles du XIIIe siècle; elles ont des bordures aux lys de France et aux châteaux de Castille.

(Vient ensuite la grande rose septentrionale décrite plus haut, page 191.)

XXI. Deux grandes figures d'apôtres : 1° Saint Thomas, en robe bistre bordée de pierreries, en manteau vert, tient un livre fermé en sa main droite; il a les pieds nus; on lit : s : tomas. 2° Saint Barnabé vêtu d'une robe verte et d'un manteau bleu; sa main droite joue dans les cordelettes du manteau, et sa gauche relève un peu ses vêtements; l'inscription porte : s : barn.... Dans le bas du vitrail, on voit le donateur : c'est un prêtre à genoux devant un autel chargé d'un large calice d'or; il est vêtu d'un amict jaune, d'une aube blanche et d'une chasuble bleue.

XXII. Deux apôtres, saint Judde et saint Thomas, en tunique et manteau, avec ces inscriptions : s : ivdavs, s : tomas. Les panneaux inférieurs représentent le donataire; c'est le même ecclésiastique qu'au vitrail précédent.

La rose offre Jésus assis sur un siège, entre le soleil et la lune; il bénit de la droite, et dans sa main gauche il tient la boule du monde *blasonnée aux armes de Castille*, pour rappeler sans doute que la reine Blanche est la donatrice du vitrail.

XXIII. Deux apôtres, saint Philippe et saint André, en robe et manteau; sous leurs pieds on lit : s : filipvs, s. andreas. Dans le bas, le même ecclésiastique.

XXIV. Encore deux apôtres vêtus comme les précédents; les inscriptions sont s: jvdas, s : philippvs. Ce vitrail a été donné par le même prêtre; cet ecclésiastique, si pieusement libéral envers Notre-Dame de Chartres, ne nous a pas transmis son nom; est-ce *Jefroi, Gaufridus,* dont on trouve le nom sur deux verrières du croisillon méridional? C'est probable.

Dans la rose, c'est encore le même ecclésiastique; il est debout devant l'autel; pour vêtements, il a l'amict vert et paré, l'aube blanche avec des poignets d'or bordés de rouge, et la chasuble violette; derrière lui, il y a une porte ouverte.

On remarquera que les figures des quatre vitraux précédents sont peintes d'après un même carton. Le dessin est identique, et il n'y a de différence que dans les couleurs et les inscriptions : c'était sans doute par économie; car les cartons coûtaient fort cher, même au XIIIe siècle. On sait qu'avant de peindre sur verre, il fallait arrêter les dessins en couleur sur des planches de la grandeur dont ils devaient être exécutés, et les profiler avec une telle exactitude, que les pièces innombrables dont chaque vitrail devait être composé, pussent remplir parfaitement l'espace donné, lorsqu'elles étaient réunies par le plomb. Le travail du carton est extrêmement long, puisqu'il doit être triple : le premier pour servir de modèle dans l'exécution; le second pour être découpé en autant de parties que les figures ou ornements demandent de morceaux de verre taillés de différentes formes; et le troisième pour établir ces morceaux dans leur ordre, suivant les contours du dessin.

XXV. Vitrail de saint Eustache : 1° au milieu d'une partie de chasse, Eustache encore païen rencontre un grand cerf entre les cornes duquel paraît Jésus qui lui parle; le saint est descendu de cheval et s'est jeté à genoux; il dit : *Révèle-moi qui tu es, afin que je croie en toi*. 2° Eustache est baptisé par l'évêque de Rome; on le voit plongé jusqu'à mi-corps dans la cuve baptismale, et l'évêque lui verse de l'eau sur la tête avec une fiole; sa femme et ses deux enfants sont à côté de lui, attendant leur tour d'être baptisés. 3° L'empereur Adrien a mené Eustache devant une idole d'or et l'engage vivement à sacrifier; l'intrépide chrétien refuse et répond : *Je n'adore que Jésus-Christ, et je ne sacrifierai à nul autre*. — Le donateur du vitrail est vêtu en guerrier et monté sur un cheval au galop; son bouclier est blasonné : il est gironné d'argent et de gueules, de douze pièces, au lambel de cinq pendants d'azur brochant sur le tout. Ce personnage nous est inconnu.

XXVI. Il y a un triple tableau : au premier, on voit l'*Annonciation* : Gabriel a le bâton de héraut; Marie est assise; un vase avec le lys de la virginité est placé entre elle et l'archange; derrière elle, un dattier montre ses feuilles plissées et ses fruits rouges. *La Naissance de Jésus* est peinte sur le second tableau :

Marie est couchée dans son lit ; Jésus dort dans la crèche, et se trouve réchauffé par l'âne et le bœuf ; saint Joseph est assis au pied du lit où repose sa pudique épouse. Au troisième tableau les Mages adorent l'Enfant-Dieu : les Mages sont couronnés comme des rois et offrent leurs présents symboliques ; Jésus les bénit en souriant ; Marie est assise et porte la couronne et le sceptre royal. Dans le bas, une dame est vêtue d'une robe verte retenue par une ceinture d'or, d'un manteau rouge doublé d'hermine ; sa barette et ses gants sont blancs ; une porte est ouverte devant elle ; et derrière elle on voit un blason semblable à celui de son mari, dans le vitrail précédent.

Dans la rose, on voit Jésus assis sur un siège, comme aux numéros XXI-XXII.

XXVII. (C'est le premier vitrail du chœur, à gauche.) Il offre Marie assise sur un trône ; elle porte la couronne ornée de pierreries et le sceptre d'or étoilé ; sur ses genoux, Jésus, vêtu d'une tunique blanche et d'un manteau d'azur, bénit de la main droite et tient le livre dans sa gauche. Au-dessus de Marie, se voit le Saint-Esprit orné du nimbe crucifère. Au bas du vitrail, il y a un écusson, au premier de Bar qui est d'azur à deux barbeaux d'or adossés, semé de croix recroisetées de même ; et au second, de gueules à cinq annelets d'or, 2, 1 et 2. Nous ignorons le personnage à qui appartient ce blason. La bordure, comme celle de tous les vitraux du chœur, est en verre blanc depuis 1757 ; voici ce qu'on lit aux registres capitulaires :

Lundi 8 août 1757. « M. le chefcier, l'un de Messieurs commis
» à l'œuvre, dit qu'une personne a dessein de faire ôter les vitraux
» peints du ceintre des douze formes de chaque costé du chœur
» au-dessus des stalles, pour les faire mettre en verre blanc de la
» même épaisseur, afin d'éclairer le chœur, et de payer cette
» dépense ; que sous le bon plaisir présumé de la compagnie, ils
» ont fait commencer une forme pour en voir l'effet ; que si la
» compagnie l'improuve, les vitraux peints seront remis aux frais
» de ladite personne. — Messieurs de l'œuvre priés de faire con-
» tinuer. »

10 octobre 1757. « M. le chefcier, l'un de Messieurs commis à
» l'œuvre, représente que les bordures des six croisées du chœur
» sont faites ; que la personne qui s'était engagée de les faire

» faire à ses frais et dépens, consent encore faire faire à ses frais
» et dépens les deux bordures des deux autres croisées, si la
» compagnie veut le permettre. — Acte. Ledit sieur, remercié ;
» et permis à lui de faire mettre à ses frais et dépens les bor-
» dures des deux autres croisées. »

XXVIII. Voici deux groupes de pèlerins. Le premier groupe est composé de quatre personnages court vêtus, comme les hommes du peuple au XIIIe siècle ; deux se frappent dans la main pour établir une gageure. Au second groupe, il n'y a que deux pèlerins dont l'un est debout et porte des coquilles de saint Jacques ; l'autre est assis ; ils s'entretiennent vivement : ils se racontent peut-être les nombreux miracles arrivés à Chartres dans les premières années du XIIIe siècle. Dans le bas, Robert de Bérou, sous-diacre et chancelier de l'église de Chartres, est agenouillé devant un autel ; il tient en mains un sceau? sur lequel sont les lettres suivantes : IHIOISIAINVSPESON ; Robert est vêtu d'un amict rouge d'une aube blanche et d'un manipule bistre ; l'inscription porte : ROBERTVS DE BEROV : CARN : CANCELARIVS.

Dans la rose, Jésus-Christ est sur son trône ; près de sa tête, il y a l'alpha et l'oméga ; de sa main droite il bénit, et de sa gauche il tient la boule du monde à moitié éclairée ; sur la partie éclairée on a peint une seconde fois l'alpha et l'oméga ; aux côtés du trône, on voit deux chandeliers à trois branches.

XXIX. Vitrail de saint Jean-Baptiste ; il est remplacé par du verre blanc depuis 1788 ; on lit dans les registres capitulaires, au 8 novembre 1788 : « M. le Prévôt d'Auvers dit que M. Bridan
» désirerait que la compagnie voulût bien faire mettre en verres
» blancs les deux croisées du chœur qui sont au-dessus des deux
» arcades du milieu. — MM. commis à l'œuvre authorisés aux fins
» que dessus. » Avec quelle déplorable facilité le Chapitre laissait-il enlever les vitraux, gloire de sa splendide Cathédrale?

D'après le manuscrit de Pintard il y avait deux tableaux : « 1°
» Saint Jean baptise Notre-Seigneur ; 2° saint Jean dans sa prison
» prêt à être décapité. Au-dessus de sa tête une main divine
» sortant des nuages. » Dans le bas on voyait la donatrice : « Saint
» Jean assis ; devant lui est une femme ceinte d'une couronne cre-
» nelée au sommet de tours, on y lit cette inscription : DOMINA
» IOHANNES BAPTISTA. » C'était Jeanne de Dammartin, deuxième

femme de saint Ferdinand de Castille et qui mourut en 1279.

XXX. Ce vitrail est aujourd'hui en verre blanc. Il y avait autrefois : « 1° Saint Jacques assis devant Notre-Seigneur, lequel lui
» présente un bourdon. 2° Un roi couronné (saint Ferdinand,
» donateur du vitrail), parlant à saint Jacques; avec cette ins-
» cription : REX CASTILIÆ. 3° Un écu de gueules chargé d'une
» tour, etc. »

Dans la rose, saint Ferdinand de Castille, vêtu de la cotte de mailles, coiffé du casque et de la couronne, est monté sur un cheval brun; un levrier blanc l'accompagne; un large cimeterre pend à sa droite; il porte un bouclier aux armes de Castille, de gueule, au château sommé de trois tours d'or, ajouré et maçonné de sables; son guidon a les mêmes armoiries.

XXXI. Vitrail de saint Martin. Au premier tableau le saint archevêque de Tours guérit un paralytique en le prenant par la main et en lui ordonnant de se lever. Au second tableau, saint Martin guérit une femme muette en lui touchant le bout de la langue. Dans le bas, on voit agenouillé Jean de Castillon Ier, comte de Chartres, en 1218; devant lui sont ses armoiries, d'azur semé de croix pommelées d'or à la bande d'argent coticée d'or.

XXXII. Autre vitrail de saint Martin. 1° Saint Martin monté sur un cheval blanc donne la moitié de son manteau à un mendiant presque nu. 2° Martin est couché sur son lit; une lampe éclaire sa chambre durant son sommeil, Jésus lui apparaît; il tient dans ses mains la moitié du manteau; deux anges accompagnent le Sauveur; ils le prient en tenant les mains jointes. Dans le bas, Jean de Châtillon, en robe verte et surtout rouge, est à genoux devant une croix placée sur un autel; derrière lui est son blason.

La rose représente le même Jean; il monte un cheval blanc, est vêtu de la cotte de mailles et d'un surtout d'azur semé de croix d'or; on n'aperçoit que le revers du bouclier; son guidon porte ses armoiries.

XXXIII. C'était un vitrail donné par saint Louis et dédié à saint Denis, premier évêque de Paris. On y voyait : 1° « Saint Denis
» exposé aux lions qui le lèchent; derrière, un homme regarde le
» saint par une fenêtre; 2° Saint Denis à qui Notre-Seigneur donne
» la communion dans une prison. » Dans le bas se trouvait « un
» homme à genoux avec les armes de France, vêtu d'une robe de

» chambre ; devant lui est un chandelier [1]. » Cet *homme* était saint Louis! Aujourd'hui, cette fenêtre est garnie de verre blanc; c'est d'elle et des trois suivantes qu'il est question dans ce passage des Registres capitulaires, au 21 avril 1773. « M. d'Archambault,
» l'un de MM. commis à la décoration, s'est mis au bureau et a
» dit : qu'il demandait si suivant le désir de M. Bridan, il serait
» fait en verre de Bohême deux croisées de chaque costé au-
» dessus des portes collatérales pour mieux éclairer le groupe de
» l'Assomption. — Acte. Les vitrages seront faits ainsi qu'il est
» cy-dessus expliqué. » Le vitrier Roussel reçut 900 livres pour avoir garni ces quatre fenêtres en verre blanc.

XXXIV. Ce vitrail représentait aussi deux épisodes du martyre de saint Denis. « 1° Un bourreau tenant une hache décapite saint
» Denis, dont les compagnons décapités sont couchés à terre.
» 2° Saint Denis tenant un pain dans une écuelle vernissée (sans
» doute, il y a ici une erreur de Pintard; le panneau devait figurer
» saint Denis portant sa tête), et un ange tenant un encensoir;
» une main venant du ciel le conduit. » Dans le bas on voyait « Louis de France, fils de saint Louis, mort en 1260; il a un re-
» liquaire posé sur un des genoux. »

La rose représente saint Louis couvert de son armure de guerre; il monte un cheval blanc et porte le guidon d'azur parsemé de lys d'or. Tous les pétales de la rose sont aux lys de France.

(Viennent ensuite les sept grandes fenêtres de l'abside, décrites plus haut, page 195.)

XXXV. La grande figure de cette verrière représentait saint Barthélemy, apôtre; au-dessous, on voyait Guillaume de la Ferté-Hernaud, à genoux comme un suppliant; derrière lui, un écuyer armé de la lance tenait un cheval et un écusson de gueules à trois besans d'argent 2 et 1; on y lisait : WILLEMUS DE....

XXXVI. Cette verrière offrait la très-sainte Vierge tenant un sceptre fleuri. Dans le bas, il y avait un écusson diapré d'or à la bande d'argent coticé d'or, au lambel de cinq pendants de gueules.

---

[1] Ce panneau a été reproduit par le P. de Montfaucon, en ses *Monuments de la Monarchie française*, tome II, planche 21, fig. 5.

Dans la rose, Amaury, comte de Montfort et connétable de France, vêtu en guerrier, est monté sur un cheval blanc et porte un écu de gueules au lion d'argent grimpant et à la queue fourchue.

XXXVII. Vitrail de saint Vincent, diacre de Sarragosse. Au premier tableau, le tyran Dacien a fait lier une meule au cou du courageux athlète de Jésus-Christ; « alors vinrent des mariniers » qui portèrent le corps de Vincent à la mer et qui le jetèrent » dedans; mais le corps fut repoussé sur la rive avant que les » mariniers stupéfaits du prodige fussent de retour [1] ». Au second tableau le peintre-verrier a commis un anachronisme; saint Vincent avec une meule au cou gît sur la terre; un aigle et un lion venus pour le dévorer se regardent avec une sorte d'étonnement; une main divine et bénissante sort des nuages; c'est la traduction du fait suivant arrivé avant que la dépouille sacrée de Vincent fût jetée à la mer : « Vincent mourut; et Dacien voyant la foule baiser » respectueusement les plaies du saint, s'écria : Puisque je n'ai » pu le vaincre en son vivant, je le punirai mort; et si je n'ai pu » remporter la victoire, je me rassasierai de son opprobre. Que » l'on jette son corps au milieu des champs, que son cadavre » reste sans sépulture, afin qu'il soit dévoré par les oiseaux et » les bêtes. Le corps sacré fut ainsi exposé; mais il fut aussitôt » gardé par les anges, et il fut préservé des bêtes qui ne purent » y toucher [2] ». Dans le bas, la bordure est faite d'un fragment du bœuf ardent de saint Eustache, et d'un fragment de la roue de saint Georges.

XXXVIII. La grande figure représente saint Paul; il est vêtu d'une robe verte et d'un manteau violet; il tient en ses mains une épée nue; sa tête est chauve, et ses pieds sont nus. Dans le bas se trouvent les tanneurs et corroyeurs, donateurs du vitrail : ils passent du cuir mouillé dans une boucle.

Dans la rose, on voit encore Amaury de Montfort, comme dans la précédente, avec cette seule différence, qu'il monte un cheval brun.

---

[1] *Miroir historial* de Vincent de Beauvais, lib. XII, cap. 28.

[2] *Ibid.*

XXXIX. Cette fenêtre n'a plus que des vitres blanches; autrefois elle offrait deux traits de saint Eustache : 1° « Saint Eustache » auquel Notre Seigneur apparaît en forme d'un homme, à mi-» corps entre les cornes d'un cerf; 2° saint Eustache dans le » bœuf. » Au bas, se trouvait « Pierre de Courtenay, armé en » guerre, à genoux devant une croix ; derrière lui, un écu d'or à » trois tourteaux de gueules, 2 et 1, et au lambel de cinq pen-» dants d'azur brochant sur le tout. »

XL. Ce vitrail était dédié à saint Georges. D'après le manuscrit de Pintard, il y avait : 1° « Un cavalier en poursuit un autre et » le perce d'un javelot (saint Georges terrassant le dragon qui » désolait la ville de Silène); 2° un martyr brûlé sur un gril » en présence d'un roi (c'est saint Georges tourmenté sur la roue » garnie d'épées par ordre du proconsul Dacien); il est couché » sur le ventre auquel aboutissent douze ou treize pointes d'épées » qui le percent. Ces épées sont attachées par les gardes à un » centre auquel les pieds et les mains du martyr sont liés. » — Dans le bas, était représenté Raoul de Courtenay, frère du précédent; un troisième membre de cette famille était à la même époque doyen du chapitre de Chartres.

Dans la rose, Pierre de Courtenay monte un cheval blanc; il porte un écu avec les armoiries et une lance ornée d'une flamme rouge.

XLI. Deux tableaux : 1° Saint Jean et saint Jacques-le-Majeur, debout; saint Jean est vêtu d'une robe blanche et d'un manteau brun; il tient un livre; pieds chaussés. Saint Jacques, son frère, a une tunique et un manteau bistre coquillagé. L'inscription présente cette inversion : ENGELISTA S. IOHES EV, pour *S. Johanes evangelista*. 2° L'Adoration des Mages; les trois Mages portent la couronne royale; deux se tiennent debout; le troisième, à cause de son grand âge, est assis; il offre son présent au divin Jésus qui bénit et sourit. Marie est assise; elle porte la couronne et le sceptre. Dans le bas se voit le donateur à genoux; derrière lui sont les anciennes armes de Montmorency, d'or croisé de gueules avec quatre colombes d'azur ; c'est peut-être Bouchard de Marly, cadet de cette maison, qui passa un accord avec le Chapitre de la Cathédrale, au mois de juillet 1212. Un panneau étranger se trouve près de la bordure inférieure du vitrail.

XLII. Au tableau inférieur, le donateur et sa femme jouent aux dés sur un échiquier; ils tiennent de vastes cornets rouges au fond desquels se trouvent les dés; au-dessus de leurs têtes se trouve l'inscription :

VITREA : COLINI : D

E CAMA REGIS,

que M. de Lasteyrie rétablit de cette manière : *Vitrea Colini de camera Regis;* *Vitre de Colinus de la chambre du Roi.* Ce Colinus est sans doute le même dont parle une charte de Hugues, datée de 1225, laquelle fait connaître que *Colinnus de Mannoi* a donné à Robert Foart une terre située à Marchéville [1]. — Au second tableau, c'est la Naissance de Jésus : Marie dort dans son lit; Jésus tout emmaillotté repose dans la crèche; l'âne et le bœuf le réchauffent avec leur haleine; saint Joseph est assis et s'appuie sur son bâton, au pied du lit de sa virginale compagne; deux lampes éclairent l'étable de Bethléem. Le troisième tableau figure la Fuite en Egypte : Marie tenant son Enfant emmaillotté est monté sur un âne blanc; le bon et cher saint Joseph tient la bride, et de plus porte sur un bâton les petites provisions de voyage; sa tête n'est point nimbée; une Main divine émerge des nuages. Le lecteur sait que cette Main représente Dieu le Père.

Dans la rose, Robert de Beaumont est monté sur un cheval brun et porte un écu d'or à deux lions passants de gueules; son guidon est blasonné de même.

XLIII. (Dans le transsept méridional.) Deux grandes figures : 1° Saint Christophe, en robe jaune foncé et en manteau bleu, tient un livre; une inscription semi-grecque porte : s. ΧΡΟFΟR. 2° Saint Nicaise, en robe verte et manteau bleu, avec un livre; on lit : s. NICHASIVS. Dans le bas, se voit le donateur du vitrail, le prêtre Geoffroi, *Gaufridus*, ou comme le porte l'inscription : IEFROI ; il est debout et joint les mains devant un autel chargé d'une grande croix bleue; ses vêtements sacrés sont l'amict vert, l'aube blanche, la dalmatique jaune et la chasuble bleue.

XLIV. Deux grandes figures : 1° Saint Denis, en habits pontificaux, donne l'oriflamme à Henry Clément, dit le Petit-Maréchal;

---

[1] Voyez le *Cartulaire de Saint-Père*, tome II.

2° Henry Clément est vêtu d'une cotte de mailles d'or et d'un surtout bleu blasonné. Dans le bas, se voient les armoiries de Henry Clément entre deux chandeliers.

Dans la rose, saint Jean-Baptiste, en tunique de peau verte et en manteau bistré, tient l'Agneau divin, et dit : *Ecce Agnus Dei.* Un pétale contient les armes de Henry Clément, d'azur à la croix ancrée d'argent et à la bande de gueules brochant sur le tout.

XLV. Deux grandes figures : 1° Saint Protais, en robe blanche et manteau bleu foncé, tient une épée et un livre, s. protasivs. 2° Saint Gervais vêtu de la robe jaune et du manteau vert, avec un livre ; s. gervasivs. Dans le bas, le même prêtre Geoffroi ; sur l'autel il y a une croix et un calice couvert du purificatoire.

XLVI. Deux grandes figures : 1° Saint Côme qui a pour vêtements une robe verte et un manteau bistre ; un livre dans les mains ; s. cosma. 2° Saint Damien en robe rouge et en manteau bleu de ciel ; s. damianvs. Dans le bas, encore le même ecclésiastique avec cette inscription : iefoi.

La rose représente la très-sainte Vierge assise et tenant Jésus sur ses genoux ; derrière elle, un ange qui éclaire ; à sa droite une dame en robe bleue, barette et voile blanc, et en manteau rouge doublé d'hermine, est en posture de suppliante ; Jésus la bénit.

XLVII. La grande figure a perdu son nom ; c'est un saint en robe verte et en manteau jaune d'or. Dans le bas, Jean de Bretagne est à genoux et porte une robe blasonnée en Dreux-Bretagne.

XLVIII. Le prophète Osée ; il est revêtu d'une tunique violette et d'un manteau bleu, il porte le nimbe ; dans sa main gauche il tient une banderolle ou se trouve : osee. Dans le bas, il y a un écusson aux armes de Dreux-Bretagne.

Dans la rose, la sainte Vierge est assise sur un trône et vêtue d'une robe violette et d'un manteau ; Jésus enfant se tient debout sur les genoux de sa tendre Mère et bénit de la main droite ; pour vêtement il a une tunique blanchâtre.

(Grande rose méridionale décrite plus haut, page 194).

XLIX. La grande figure représente le prophète Malachie, en robe bistre richement bordée et en manteau d'azur ; le nimbe est bleu foncé ; on lit : malachies. p. Dans le bas, un écusson aux armes de Dreux-Bretagne.

L. Ce vitrail figure le prophète Michée ; pour vêtement il a une robe blanche et un manteau bistre doublé d'azur ; à la main il tient une banderolle où se trouve écrit : michee. Au-dessus de sa tête, on lit : zacharias pfete. Au bas du vitrail, la donatrice, Iolande de Bretagne, est à genoux et joint les mains ; elle est vêtue d'une robe blasonnée.

La rose renferme le donateur, Pierre Mauclerc, monté sur un cheval et armé de toutes pièces. Tous les pétales de la rose et les quatre-feuilles sont aux armes de Dreux-Bretagne.

LI. Les vitres peintes ont été remplacées en **1786** par du verre blanc pour éclairer le chœur provisoire établi au centre du transept, durant les travaux de la décoration du chœur. D'après le Manuscrit de Pintard, il y avait deux prophètes ou deux saints en tunique et manteau ; dans le bas, on voyait un écusson aux armes de Dreux-Bretagne.

LII. Deux grandes figures : 1° Un saint en robe d'azur et en manteau jaune ; 2° Saint Antoine vêtu d'une robe violette et d'un manteau blanc, tenant un livre ; sous ses pieds, on lit : sent oein, pour saint Ouen ? Le donateur est représenté debout au bas de son vitrail ; c'est un diacre revêtu de l'amict, de l'aube blanche et de la dalmatique rouge ; il joint les mains devant la croix posée sur un autel.

La rose représente un saint archevêque, probablement saint Ambroise ; il est debout, en habits pontificaux ; il bénit de la main droite et porte un livre dans la gauche ; deux flambeaux brillent à ses côtés. Un pétale de cette rose est garni d'un panneau provenant de la chapelle absidale.

LIII. Saint Paul ; il est chauve, vêtu d'une robe et d'un manteau bistre ; il tient le livre et l'épée. La bordure en verre blanc a été placée en **1769**.

LIV. Saint Pierre en robe blanche et manteau d'azur, la chevelure et la barbe blanches ; il est nimbé de bleu ; dans ses mains, il tient les clefs. Bordure en verre blanc.

Dans la rose, se trouve le donateur du vitrail ; c'est un diacre vêtu d'un amict jaune, d'une aube blanche et d'une dalmatique bistre ; il porte le livre des évangiles sur la poitrine.

LV. (Dans la nef.) Ce vitrail a été défoncé en **1786** pour éclairer le chœur provisoire ; la grande figure représentait saint Symphorien debout avec la palme ; cette figure est placée aujourd'hui dans la fenêtre de la chapelle de Vendôme. Dans le bas, se voyait le martyre de saint Symphorien : on lui tranchait la tête avec une hache.

LVI. Cette verrière est en partie cachée par le buffet des orgues. Elle contient les figures de deux saintes dont les noms se lisent trop incomplètement pour les déterminer avec une entière certitude. 1° Sainte Justine debout, tête voilée, nimbée de rouge, longue robe violette et manteau blanc; elle tient un livre fermé; on lit avec peine : s. iv...n.... 2° Sainte Colombe assise, tenant un livre ouvert où se trouvent des lettres indéterminables; elle est vêtue d'une robe bistre.

La rose montre le grand saint Hilaire, évêque de Poitiers; il est assis sur un siège. Il bénit de la main droite, et tient la crosse dans la gauche; à ses côtés sont deux fidèles qui le supplient en joignant les mains; on lit : sanctus ilarivs.

LVII et LVIII. Ces deux fenêtres ont perdu leurs vitraux depuis 1648; elles sont aujourd'hui bouchées avec une grossière maçonnerie. Dans la rose, saint Grégoire-le-Grand est assis sur un trône; il est vêtu pontificalement, la tiare pointue sur la tête; il bénit de la main droite, et tient la croix pastorale dans sa main gauche; on lit : s. gregorivs. Le panneau du centre est renversé.

LIX. Deux grandes figures assises : 1° Saint Barthélemy, apôtre; il est vêtu d'une robe verte et d'un manteau jaune; dans sa main droite il a le couteau de son martyre, et dans sa gauche un livre; on lit cette inscription : s. bartolomevs. 2° Moïse, en robe blanche et manteau bistre; il porte le nimbe vert et de longues cornes, et tient en ses mains une banderolle jaune; on lit : moyses. Ce vitrail et le suivant ont été donnés par la corporation des tourneurs; l'on voit ici un tourneur qui travaille sur son tour; de légers copeaux tombent de la pièce de bois qu'il façonne.

LX. La grande figure est saint Calétric, évêque de Chartres; il a de riches habits pontificaux; il bénit de la main droite et tient sa crosse dans la gauche; l'inscription porte, s. caletricvs. Dans le bas, un tourneur vêtu d'une blouse; il est devant son tour, sur lequel il ajuste une pièce de bois.

La rose offre saint Augustin, en habits pontificaux; il est assis, et bénit de la main droite; à ses côtés deux anges l'encensent; l'inscription porte : s. avgvstinvs.

LXI. Saint Philippe, apôtre, debout et tenant un livre; il est vêtu d'une robe verte et d'un manteau bistre, et nimbé de rouge. Dans le bas, un prophète est assis sur un siége; il porte le bonnet juif et le nimbe rouge; dans sa main gauche, il tient une banderolle où se lit: IEREMIAS PRA.

LXII. Saint Jacques-le-Mineur placé dans une niche coquillagée; il tient une palme d'or à la main; et pour vêtements il a une tunique blanche et un manteau d'azur; on lit: S. IACOBUS. Dans le bas, se voient les donateurs, probablement les *Gaufridus*, avec la bannière chargée d'une chausse rouge; ils sont à peu près figurés comme dans la verrière du rond-point du chœur.

La rose représente saint Jérôme, SANCTVS GERONIMVS; il est en habits sacerdotaux, et assis entre deux tables; l'une porte un livre sur lequel il écrit, l'autre a un long *volume* déroulé; c'est encore pour nous redire que saint Jérôme a traduit l'ancien Testament, a pris la science de la Synagogue pour la donner à l'Église catholique. Le saint docteur tient une plume dans sa main droite et un canif dans sa gauche.

LXIII. Ce vitrail est consacré à sainte Foi, vierge d'Agen, et dont les actes nous ont été transmis par notre illustre Fulbert. La grande figure représente cette courageuse Vierge, debout, tenant un sceptre fleuronné dans la main droite et un livre dans la main gauche; pour vêtements, elle a une robe violette avec deux bandes d'or et de pierreries, et un manteau rouge doublé de blanc; l'inscription porte: SA. FIDES. Dans le bas on voit son martyre : la sainte est couchée sur un gril enflammé; deux bourreaux activent le feu avec des soufflets; deux autres bourreaux versent de la graisse sur le feu; le proconsul Dacien tenant l'épée haute assiste au spectacle des tortures qu'il fait subir à une jeune vierge; saint Caprisius se voit aussi près de la sainte. Au-dessus, une colombe blanche descend du ciel tenant au bec une riche couronne d'or et de gemmes, qu'elle doit poser sur la tête de sainte Foi[1].

LXIV. La grande figure représente la très-sainte Vierge debout et tenant son Enfant; elle a une riche couronne sur la tête, et

---

[1] *Miroir historial*, lib. XII, cap. 133.

elle est vêtue de la robe violette et du manteau vert; elle tient à découvert le sein droit; le petit Jésus bénit, comme à l'ordinaire; l'inscription est : SANCTA MARIA. Sous la grande figure de Marie, il se trouve une scène évangélique : Jésus apparaît à Madeleine après sa résurrection ; il lui dit : *Ne me touchez point ;* Madeleine est agenouillée et joint les mains. Au bas de la bordure, on voit deux femmes debout avec les mains jointes; ce sont probablement les donatrices du vitrail.

Dans la rose, on voit saint Solemne assis et bénissant, entre deux jeunes Saints au nimbe jaune et blanc; l'inscription est un peu fruste : S. SOLLE...S.

LXV. Saint Pierre, S. PETRVS, en robe verte et en manteau bleu; il a la tête chauve et il tient en mains les clefs et le livre de la Doctrine. Ce vitrail et le suivant ont été donnés par les pâtissiers; ici on voit l'un d'eux vendre des galettes ou gâteaux.

LXVI. La grande figure représente saint Jacques-le-Majeur, S. IACOBVS; il tient une petite croix dans ses mains; sa tunique est jaune et son manteau bleu est coquillagé d'argent. Les panneaux inférieurs offrent deux scènes : 1° Un pâtissier travaillant au milieu de ses moules et autres ustensiles; 2° Deux garçons pâtissiers transportent, dans un panier, les gâteaux sortant du four.

Dans la rose, Jésus-Christ, en robe blanche et manteau bleu, bénit de la main droite et porte le globe du monde dans la gauche; près de sa tête, il y a l'alpha et l'oméga ; à ses côtés, deux anges thuriféraires.

LXVII. Saint Laumer, abbé, en habits sacerdotaux; il bénit de la main droite, et dans sa gauche il porte une crosse simple; l'inscription est incomplète : SAINO..ARVS. Au bas du vitrail, saint Laumer est couché sur son lit; il est malade à la mort, et reçoit la visite de saint Malard, évêque de Chartres, qui bénit le saint abbé; saint Malard est accompagné de deux clercs.

LXVIII. Le dernier vitrail est consacré à sainte Marie l'Egyptienne, S. EGIPTIACA; en commençant par le bas on trouve : au premier tableau, Marie assise; sur ses genoux, elle a le manteau de Zozime; elle raconte l'histoire de sa vie; saint Zozime est assis et écoute avidement. Au second tableau, est figurée la sépulture de sainte Marie l'Egyptienne; voici comme ce fait est ra-

conté par Jacques de Voragine : « Tandis que le vieillard essayait
» de creuser la terre, mais qu'il ne pouvait y parvenir, il vit
» venir un lion très-doux, et lui dit : Cette sainte m'a commandé
» de l'ensevelir, et je ne puis creuser la terre, car je suis vieux,
» et je manque des instruments nécessaires. Toi donc, creuse
» cette terre, et gratte tant que nous puissions ensevelir le corps.
» Et le lion commença aussitôt à creuser et fit une fosse suffi-
» sante ; et lorsque le corps y fut déposé, il s'en retourna aussi
» paisible qu'un agneau ; et le vieillard revint à son monastère en
» glorifiant Dieu. » Ici le lion aide saint Zozime à mettre dans la
fosse le corps de la sainte pénitente. Le haut de ce vitrail est occupé par une grande figure de sainte Marie égyptienne, vêtue
d'une robe bleue : dans la main gauche elle tient un sceptre fleuri.

Dans la rose, le peintre-verrier a figuré une seconde fois saint
Laumer ; le saint est vêtu de la chasuble, de la dalmaticelle et de
la tunicelle comme un évêque ; dans sa main droite il tient un
livre ; dans sa gauche il porte la crosse. A ses côtés sont deux
moines assis, vêtus d'une tunique verte et tenant un livre ouvert ;
l'inscription est fruste : ERONMS.

§ 3. — *Les Vitraux de l'étage inférieur.*

Les vitres peintes de l'étage inférieur offrent avec profusion les
scènes de la Bible, de la vie des Saints et de l'histoire ecclésiastique. Cinq verrières seulement sont ce que les savants auteurs de
la *Monographie de Bourges* appellent des *verrières théologiques,*
présentent les grandes vues du symbolisme chrétien ; ces compositions théologiques sont les vitraux de Noé, de Joseph, de la
Nouvelle-Alliance, de l'Enfant prodigue et du Samaritain.

De tous ces splendides vitraux, nous ne donnerons aujourd'hui
qu'une légère esquisse, nous contentant de décrire rapidement
chaque panneau. Pour avoir des détails sur les faits des verrières
légendaires, on peut consulter : le *Miroir historial* par Vincent,
évêque de Beauvais et précepteur des enfants de saint Louis ; la
Légende dorée, par Jacques de Voragine, archevêque de Gênes ;
le *Catalogue des vies des Saints*, par Pierre de *Natalibus*, évêque
d'Equilin ; la *Chronique* de saint Antoine, archevêque de Florence ;

les *Vies des Saints*, par le milanais Monbrizio; les *Vies des Saints*, par Lippomani, évêque de Bergame; les *Vies des Saints*, par le chartreux Surius; les *Fleurs des vies des Saints*, par le jésuite Ribadeneira; les *Annales ecclésiastiques* du cardinal Baronius; les *Acta Sanctorum*, par les Bollandistes belges; les *Acta sincera Martyrum* du bénédictin Ruinart; on peut aussi consulter deux hagiographes grecs : les *Vies des Saints*, par Siméon Métaphraste, et l'*Histoire ecclésiastique*, par Nicéphore Calliste. Tous ces écrivains se distinguent par la fidélité avec laquelle ils reproduisent la substance des actes primitifs, où nos pieux peintres-vitriers ont puisé leurs inspirations.

Dans les vitraux de l'étage inférieur, il y a beaucoup de panneaux déplacés ou retournés; ces déplacements proviennent quelquefois du peintre qui s'est trompé; mais le plus souvent ils sont dus à l'inadvertance du poseur et du vitrier-raccommodeur. Nous décrirons chaque panneau à la place qu'il devrait chronologiquement occuper, sans que nous en avertissions chaque fois le lecteur; nous comptons sur son intelligence.

Pour lire un vitrail, il faut commencer en bas et aller de gauche à droite, comme pour lire un livre; c'est la méthode presque exclusivement suivie par les artistes du Moyen-Age.

Nous décrirons d'abord le vitrail placé près du clocher-neuf; puis nous continuerons en faisant le tour de l'église et en nous arrêtant au clocher-vieux.

I. *Vitrail de Noé*. — Au premier médaillon losangé, Dieu annonce à Noé qu'il va perdre la terre et lui ordonne de construire une arche. Dans les médaillons voisins, on voit la femme et les enfants de Noé, et plusieurs personnages qu'il est difficile de déterminer. — Noé construit l'arche; ses fils lui aident. — Des animaux de toute chair, chevaux, chameaux, éléphants, lions, tigres, moutons, oiseaux, se rendent dans l'arche. — L'arche flotte sur les eaux; et les médaillons voisins offrent une foule d'hommes et d'animaux qui périssent dans les eaux. — Il y a déjà plus de onze mois que le déluge a commencé; Noé ouvre la fenêtre de l'arche et lâche une colombe blanche qui revient bientôt après, portant à son bec un rameau vert. — D'après l'ordre de Dieu, Noé fait sortir de l'arche tous les animaux qui y étaient renfermés; puis il sort lui-même avec toute sa famille. — « Or, Noé éleva un

» autel au Seigneur; et prenant de tous les animaux et de tous
» les oiseaux purs, il offrit un holocauste sur l'autel. Et l'odeur
» en fut agréable au Seigneur » qui se montre porté sur l'arc-en-ciel, signe de l'alliance qu'il conclut avec Noé. — Noé plante la vigne. — Il fait la vendange. — Il est assis, tient une coupe que son fils remplit de vin : il s'enivre. — Dans l'avant-dernier médaillon losangé, Noé assis apprenant ce qu'avait fait le plus jeune de ses fils, dit : « Que Chanaan soit maudit! qu'il soit l'esclave des esclaves de ses frères! » Et il bénit Sem et Japhet. Tel est l'exposé rapide de tous les médaillons qui composent cet immense tableau. En l'exposant à nos regards, le peintre-verrier voulait avant tout nous rappeler ce qui, d'après les saints Docteurs, est caché dans l'histoire du second père de l'humanité, histoire toute figurative et qui ne trouve toute sa réalité que dans Jésus-Christ.

En effet, Noé qui signifie repos ou consolation; l'arche qu'il bâtit pour le déluge, où il entre et d'où il sort; la colombe, avec son rameau d'olivier, qui lui annonce la paix du ciel; le sacrifice qu'il offre; la satisfaction avec laquelle Dieu l'agrée; la bénédiction qu'il répand sur Noé et sur toute sa race; l'éternelle alliance qu'il contracte avec lui et avec elle : tout cela s'est accompli plus réellement encore dans le Christ. Il est le vrai Noé, notre vraie consolation et repos; il a bâti une autre arche, son Église, pour nous transporter de la mort éternelle à l'éternelle vie; il est entré dans les eaux du Jourdain avec le monde coupable, et il en est sorti avec le monde régénéré; l'Esprit de sainteté et de grâce descend sur lui en forme de colombe, et une voix se fait entendre du ciel : C'est ici mon Fils bien-aimé; il offre un sacrifice d'un prix infini; il s'offre lui-même, et nous avec lui; Dieu se réconcilie avec nous, nous comble de ses bénédictions, nous aime en lui d'un amour ineffable, et nous adopte pour ses enfants à jamais.

Le vitrail de Noé a été donné par les ouvriers en bois, charpentiers, charrons et tonneliers; on les voit travaillant de leur état dans les trois médaillons inférieurs.

II. *Vitrail de saint Lubin* [1]. — Le fenestrage ou l'ossature de

---

[1] Les actes de saint Lubin, évêque de Chartres, ont été publiés par les Bollandistes d'après d'anciens Mss recueillis par André du Chesne; voyez le tome II du mois de mars.

ce vitrail se compose de trois médaillons circulaires entourés de quatre lobes, et de deux médaillons semi-circulaires accompagnés de deux lobes. Les médaillons ont été réservés pour les donateurs du vitrail, et les lobes racontent la vie de saint Lubin; c'est par celle-ci que nous commençons.

Les deux panneaux inférieurs offrent une scène difficile à déterminer; on y voit des gens à cheval suivis de laïcs, de prêtres avec une croix, qui viennent de sortir d'une église. — Plus haut, Lubin, vêtu en pâtre, sort de Poitiers et conduit son troupeau. — Il reçoit d'un prêtre à cheval, l'alphabet tracé sur sa ceinture de berger. — Un moine lui donne des leçons, en présence de son père. — Il étudie sa leçon en gardant ses moutons. — Il entre au monastère de Noailles, près de Poitiers. — L'abbé vêtu d'une tunique verte lui donne la tonsure et le froc. — Lubin est visité par le diacre Carileffus et un moine; un livre ouvert est placé sur un prie-Dieu pour indiquer son grand amour pour la lecture. — Accompagné des deux moines Enfronius et Rusticus, il retourne vers saint Avit. — Ils sont reçus par saint Avit qui les bénit. — Saint Lubin est fait célérier du monastère : pour lui conférer cette charge, saint Avit lui donne des clefs. — Saint Lubin est sacré évêque de Chartres. — Vêtu pontificalement et monté sur un cheval, il sort de Chartres pour aller visiter son diocèse. — Dans les deux lobes supérieurs, saint Lubin en habits pontificaux, mître et crosse, bénit une grande urne en présence de trois individus. Nous pensons que c'est une allusion au trait suivant : « Une maison située dans un faubourg de Chartres était
» infestée par les démons et ébranlée jusqu'en ses fondements
» par de fréquentes pluies de pierres. Les voisins effrayés abandonnèrent leurs demeures, et vinrent trouver saint Lubin. Le
» serviteur de Dieu les encouragea, leur donna de l'eau qu'il
» avait sanctifiée par un signe de croix, et leur enjoignit d'en
» jeter sur les endroits les plus tourmentés. Aussitôt que cela fut
» fait, l'ennemi effrayé prit la fuite et la maison fut délivrée de
» ses maléfices [1]. »

Les médaillons circulaires et la bordure représentent les dona-

---

[1] Voyez les *Acta sanctorum*, tome II de mars, page 353.

teurs, les marchands de vin : dans le bas du vitrail, un marchand de vin ou tavernier sort de sa maison, qui porte un cerceau pour enseigne, et donne à boire à un individu assis sur un petit siège. — Au second médaillon, un tavernier monté sur son cheval blanc mène un tonneau de vin placé sur une charrette. — Un tavernier tire du vin à un tonneau. — Au quatrième médaillon, la scène s'élève pour montrer que le vin se change au sang adorable de Jésus-Christ; les taverniers du XIII⁰ siècle ont voulu que le peintre représentât un prêtre offrant le saint sacrifice de la Messe; le prêtre est assisté par un ecclésiastique qui tient les burettes. — Au sommet, le peintre a figuré Jésus qui est le Vin qui fait germer les Vierges, *Vinum germinans Virgines;* Jésus est assis et bénissant. — Dans la bordure, il y a dix-huit petits taverniers qui tiennent des coupes pleines de vin.

III. *Vitrail de saint Eustache* [1]. — L'histoire merveilleuse de saint Eustache se déroule sur cette magnifique verrière, qui a été donnée par les drapiers et les pelletiers; ils se sont fait figurer dans les quatre petits cercles qui entourent le second médaillon losangé. — Presque tous les médaillons sont déplacés; ce qui rend le vitrail très-difficile à lire.

Eustache et ses compagnons, accompagnés de leurs chiens, sont à cheval et poursuivent un troupeau de cerfs; l'un des cerfs se distingue par sa taille et sa beauté; dans les petits médaillons voisins, quatre veneurs tiennent des chiens en laisse, ou les excitent à la poursuite du gibier. — Le grand cerf s'est arrêté sur un rocher; il porte, au milieu de ses cornes, l'image de la sainte croix; Eustache est descendu de cheval et écoute à genoux Jésus-Christ qui lui parle par la bouche du cerf; on lit : PLACIDAS; c'était le nom d'Eustache avant son baptême. — Eustache est baptisé par l'évêque de Rome; sa femme Theopista et ses deux fils, Agapitus et Théopistus, attendent aussi le baptême. — Après avoir perdu tous ses biens, il part de Rome, avec sa femme et ses enfants. — Il demande le passage sur un navire qui se rend en Égypte. — Il monte sur le navire avec sa famille. — Arrivé en Égypte et n'ayant

---

[1] *Miroir historial,* lib. x, cap. 58, 59, 60, 61 et 82. — Baronius, tome II, *Annalium,* ad ann. 103.

pas de quoi payer le prix du passage, Eustache est obligé de laisser sa femme au capitaine du navire. Tout désolé, il descend du navire avec ses deux fils. — Il est au milieu d'un fleuve; un loup accourt, saisit Théopistus qu'il emporte dans sa gueule, mais dés laboureurs le poursuivent de leurs clameurs. Un lion emporte Agapitus, que des bergers vont délivrer. — Deux soldats envoyés par l'empereur Trajan à la recherche d'Eustache, se disent : « Comme » notre hôte ressemble à celui que nous cherchons. » — Ils reconnaissent leur ancien général. — Trajan assis écoute les aventures d'Eustache. — On amène à Eustache ses deux fils, comme recrues. — Les deux frères s'embrassent et se reconnaissent. — Théopista sort de chez elle, pour aller trouver Eustache. — Eustache reconnaît sa femme et ses deux fils qu'il croyait perdus. — L'empereur Adrien exhorte Eustache à sacrifier à Apollon ; le généreux chrétien refuse. — Adrien adore Apollon, en action de grâces de la victoire remportée par Eustache. — « Cependant » l'empereur ordonna de chauffer un bœuf d'airain, et de les y » renfermer vivants. Les martyrs y étant entrés, supplièrent les » bourreaux de leur donner un instant pour prier; et étendant les » mains ils demandèrent au Seigneur d'ordonner que ce feu les » fît mourir. Ensuite ils se livrèrent avec joie au feu dont l'ardeur » les étouffa bientôt. Trois jours après, l'empereur les fit tirer du » bœuf, et ils furent trouvés intacts; leurs cheveux n'étaient pas » même brûlés [1]. » Au sommet, on voit Eustache et sa famille dans le bœuf d'airain.

IV. *Vitrail de Joseph* [2]. — Joseph est couché sur un lit, et il voit en songe le soleil, la lune et onze étoiles qui l'adorent; on lit : IOSEP. — Jacob assis dit à Joseph : « Allez à Sichem, et voyez si » tout va bien pour vos frères et pour les troupeaux. » Joseph porte un vase et des pains. — Les frères de Joseph, au milieu de leurs troupeaux, l'arrêtent avec violence. — Ils le descendent dans une citerne. — Ils le vendent à des marchands ismaélites. — Des bergers envoyés par eux montrent à Jacob la robe de Joseph, et

---

[1] *Miroir historial*, lib. x, cap. 82.

[2] GENÈSE, chap. XXXVII-L. — Le vitrail de Joseph se retrouve à Bourges ; voyez la *Monographie des Vitraux de Bourges*.

ils lui disent : Nous avons trouvé cela ; voyez si ce n'est pas la robe de votre fils. — Les marchands ismaélites vendent Joseph à Putiphar; l'inscription porte : pvtifar. — Le chaste Joseph refuse de consentir aux infâmes propositions de la femme de Putiphar. — Celle-ci l'accuse devant son mari, qui est assis sur un siège, tenant un sceptre en main. — Putiphar condamne Joseph à la prison; un valet tire Joseph avec force. — Joseph est jeté dans une prison, où l'on voit déjà deux officiers de la cour ; le geolier lève un bâton pour frapper Joseph. — Le peintre a figuré ici les songes de ces deux officiers : l'échanson presse une grappe de raisin dans une coupe d'or ; le pannetier porte sur sa tête une corbeille remplie de pains qu'un oiseau becquette ; Joseph est au milieu. — Pharaon tout vêtu et couronné dort sur son lit ; il voit en songe sept vaches grasses et sept vaches maigres et décharnées. — Joseph est présenté à Pharaon et lui explique à genoux ses deux songes ; on lit : pharaon. — Les Egyptiens vannent le blé qu'ils recueillent durant les sept années d'abondance. — Ils emplissent de blé les greniers publics pour servir de nourriture durant les sept années de famine. — Jacob envoie une seconde fois ses fils en Egypte, pour y chercher du blé ; Benjamin est avec eux. — Ils sont en marche, montés sur des ânes ou des mulets. — Joseph les reçoit avec bonté et il demande des nouvelles de son père Jacob. — Joseph leur donne un festin ; et ses frères boivent et se réjouissent avec lui. — Cependant ils sont déjà sortis de la ville avec leurs sacs de blé ; l'intendant de Joseph les a atteints, et, ayant examiné leurs sacs, il retrouve la coupe d'or dans le sac de Benjamin ; l'inscription porte : bengemmin. — Les frères de Joseph montés sur des chameaux sont revenus de l'Egypte et annoncent à Jacob que son fils Joseph vit encore et règne en Egypte. — Jacob monté sur un cheval part pour l'Egypte avec toute sa famille. — Joseph est venu à la rencontre de son père et l'embrasse tendrement ; les inscriptions portent : iacob, ioseph. — Au sommet du vitrail, Jésus est assis entre deux flambeaux ; il bénit de la main droite ; sa figure est un raccommodage du XVIe siècle.

Ce vitrail a été donné par les changeurs ou monnayeurs, qui, dans les deux médaillons inférieurs, pèsent des pièces d'or et d'argent.

V. *Vitrail de saint Nicolas* [1]. — Jeanne vient de mettre au monde son fils unique, Nicolas; elle est couchée dans son lit, et une servante lui présente un breuvage. — Le petit Nicolas est lavé dans un baquet par deux sages-femmes; il se dresse dans le bain. — Il refuse le sein de sa mère. — Il apprend à lire dans une école. — Ayant appris qu'un père voulait livrer ses trois filles à l'infamie, Nicolas jette secrètement, par la fenêtre, de quoi doter les trois filles. — Le malheureux père s'est éveillé au bruit de l'argent qui tombait, et il a couru après Nicolas qui fuyait; il s'agenouille en terre et il veut lui baiser les pieds. — Nicolas entrant dans l'église, est arrêté à la porte; on lui déclare qu'il sera évêque de Myre; un évêque est à genoux devant un autel. — Saint Nicolas est sacré évêque; ce sujet se trouve, par déplacement, vers le haut du vitrail. — Les trois étudiants parlent avec un hôtellier armé d'une hache. — L'hôtellier, aidé de sa femme, assassine les trois étudiants. — Une femme présente à saint Nicolas le petit enfant qu'elle a obtenu du ciel par les prières du saint. — Quand cet enfant eut grandi, le père et la mère avec leur fils se sont embarqués pour aller à l'église de saint Nicolas; en puisant de l'eau avec la coupe d'or, l'enfant tombe dans la mer. — Le père et la mère désolés prient dans l'église de saint Nicolas; en même temps leur fils apparaît portant en ses mains la coupe d'or; saint Nicolas l'avait préservé de tout mal. — Des mariniers qui menaient des navires chargés de blé, donnent une partie de leur chargement pour soulager le peuple de Myre. — Saint Nicolas parle aux trois patrices, Népotien, Orsin et Apolin, qui sont assis. — Un homme ayant emprunté à un juif une somme d'argent, jure sur l'autel du glorieux saint Nicolas qu'il le rendra. — L'emprunteur de mauvaise foi ayant mis cette somme dans un bâton creux, prie le juif de tenir son bâton et prête serment devant la statue du saint qu'il lui a rendu plus qu'il ne lui avait prêté. — L'emprunteur est puni de son parjure : s'étant endormi dans un carrefour, un chariot l'écrase. — Un vandale qui avait mis tous ses biens, sous la garde d'une statue de saint Nicolas, bat cruellement

---

[1] *Miroir historial*, lib. XIII, cap. 67-81. — Voyez aussi, dans la *Monographie de Bourges*, l'explication du vitrail de saint Nicolas.

l'image du saint évêque, parce que des voleurs ont dévasté sa maison.

Ce vitrail a été donné par les épiciers ou les pharmaciens représentés dans les trois médaillons inférieurs : 1° Un homme assis tenant une ceinture; sur une table, il y a deux sortes de graines. 2° Une femme tenant une balance s'apprête à peser ce que lui achète un homme; dans sa boutique, on voit pendus des paquets de cierges, des ceintures, etc. 3° Un homme assis pile dans un mortier; à côté de lui, il y a un vase au long col.

VI. *Vitrail de la Nouvelle-Alliance.* Ce sujet est un des plus savants, des plus grandioses, que le Moyen-Age ait traité; aucun n'offre une signification mystique plus étendue; c'est le plus vaste ensemble d'idées qu'ait réalisé la peinture sur verre. On peut voir ce sujet expliqué avec un savoir profond par le R. P. Cahier; il y a consacré cent trente-deux pages de la *Monographie de Bourges*. Quant à nous, nous n'essaierons même pas de donner une idée des significations mystérieuses qui y sont cachées; nous nous contenterons de désigner le sujet de chaque médaillon. Pour avoir l'ordre chronologique, il faut commencer par le haut du vitrail, qui a perdu en 1816 sept panneaux remplacés par du verre blanc.

Au sommet du vitrail, on voyait *Dieu le Père dans un nuage* [1]. — *La crucifixion; on vient d'élever la croix sur laquelle est cloué le Fils de Dieu;* à droite Marie et les saintes Femmes pleurent; à gauche deux bourreaux, dont un tient une échelle, et l'autre une épée. — Jésus est couronné d'épines par deux bourreaux. — Il est attaché tout nu à une colonne, et deux bourreaux le battent cruellement. — *Caleb et Josué portent sur un bâton une grappe de raisin. — Un ange apparaît à Gédéon. — Jésus meurt sur la croix;* à sa droite est l'Eglise couronnée comme une reine; dans ses mains elle tient un petit temple et une croix hastée; à la gauche de Jésus, se voit la Synagogue aux yeux bandés; elle perd son étendard et sa couronne, et un petit diable lui décoche un trait dans les yeux. Sous la croix de Jésus, *Adam tenait un calice pour*

---

[1] Voyez la *Description des vitraux*, Ms de Pintard. Tous les sujets que nous écrivons en italique, manquent et sont remplacés par du verre blanc.

recevoir son sang. — Moïse montre le serpent d'airain aux Israélites. — Les juifs immolent l'agneau pascal, et avec son sang marquent les poteaux des portes. — Jacob bénit les deux fils de Joseph ; le patriarche croise les bras. — Jésus est descendu de la croix. — Abraham tenant un vase enflammé et Isaac portant le bois du sacrifice se rendent à la montagne de Moria. — Abraham lève le glaive pour immoler Isaac ; un ange l'arrête. — Un pélican se déchire la poitrine pour nourrir ses petits ; David est assis et tient une banderolle sur laquelle est écrit : FACTUS SUM SICUT PELICANO. — Elysée ressuscite le fils de la Sunamite : ELISEVS. — Elie demande un peu de pain à la veuve de Sarepta ; cette veuve tient deux morceaux de bois en forme de croix ; son fils est derrière elle. — *Jonas sort de la ville de Tarse.* Jésus est placé dans sa sépulture par Joseph d'Arimathie et d'autres disciples. — David déchire un ours. — Samson emporte les portes de Gaza.

Les maréchaux et les forgerons sont les donateurs de cette verrière ; ils sont figurés dans l'exercice de leur métier : 1° Deux hommes versent du combustible dans les fourneaux de la forge. 2° Un maréchal ferre un cheval placé dans un travail. 3° Deux forgerons battent le fer sur une enclume.

VII. (Dans le transsept nord.) *Vitrail de l'Enfant prodigue* [1]. — Le peintre-verrier a quelque peu brodé sur le thème fourni par l'Evangile. Le lecteur en jugera par l'exposé rapide que nous lui offrons ici.

Le prodigue demande à son père la portion de son héritage. — Le père la lui donne ; il est devant un coffre-fort d'où il tire un vase d'or et des pièces de monnaie ; un serviteur qui garde les bœufs, est témoin éloigné de cette scène. — Le prodigue, monté sur un cheval et accompagé d'un valet de pied, quitte la maison paternelle. — Il continue sa route. Deux courtisanes l'engagent à entrer dans leur demeure. — Le prodigue festine avec les deux courtisanes ; l'une d'elles le baise au front ; à droite et à gauche de ce tableau, on voit des valets et des servantes préparer les mets, les apporter sur des plats, etc. — Les deux courtisanes couronnent de fleurs le prodigue et l'embrassent. — Le prodigue est couché

---

[1] Voyez l'explication de ce vitrail dans la *Monographie de Bourges*.

sur son lit; deux joueurs viennent lui offrir une partie d'échecs.
— Le prodigue presque nu (il ne s'est pas donné le temps de se
vêtir) joue aux échecs; l'échiquier est posé sur les genoux des
joueurs. — Deux adolescents (probablement les joueurs) et une
courtisane dépouillent le prodigue et le battent sans pitié. — Une
courtisane chasse de sa maison le prodigue ruiné; elle est armée
d'un bâton. — Elle écoute à sa porte les plaintes du prodigue
presque nu. — Le prodigue va s'offrir à un homme riche pour
garder ses troupeaux. — Il garde les pourceaux, et abat des glands.
— Au milieu de ses pourceaux, il paraît profondément triste; il
prend la résolution de retourner vers son père. — Il s'est mis en
route pour aller à la maison paternelle. — Il obtient le pardon de
ses fautes; son père l'a relevé et le tient par la main. — Son père
le revêt d'une belle robe. — Il fait tuer le veau gras. — On fait
cuire le veau gras; le festin s'apprête. — Le père explique à son
fils aîné la cause de sa joie; l'aîné porte un fer de charrue, pour
rappeler qu'il revient des champs. — Le père festine avec ses deux
fils; un musicien joue du violon, et un enfant tient devant lui un
cahier de musique; un jeune serviteur apporte une coupe d'argent,
et un autre tient un grand vase plein de vin. — Au sommet du
vitrail, on voit Jésus bénissant et tenant la boule du monde; à ses
côtés sont deux anges adorateurs.

VIII. *Vitrail de saint Laurent.* — Ce vitrail a disparu lors de la
construction de la chapelle de la Transfiguration, en 1791; il a été
remplacé par du verre blanc, afin de donner plus de jour à la chapelle. La bordure existe encore, et contient vingt-un *anges* thuriféraires. Jadis il y avait au pied de ce vitrail un *autel des Saints Anges*, fondé en 1258 par le roi saint Louis.

IX. *Vitrail des Vierges.* — Ce vitrail a été défoncé en 1791, et
l'ouverture de la fenêtre a été maçonnée. D'après le manuscrit de
Pintard, on y voyait les dix vierges de l'Évangile; on lisait : VIRGINES PRUDENTES. Dans le haut paraissait Marie tenant son divin
Fils; il y avait cette inscription : REGINA VIRGINUM. Au sommet du
vitrail et au-dessus de Marie, Jésus bénissait de la main droite.

X. (Dans le bas-côté du chœur.) *Vitrail inconnu.* — Malgré
toutes nos recherches, nous n'avons jamais pu trouver le nom
du saint évêque, qui est le héros des tableaux composant ce
vitrail : nous l'abandonnons à plus savant ou plus heureux que

nous. — Le donateur est *Gaufridus Chardonnel*, chanoine de Chartres et archidiacre du Dunois en 1242 [1]; il est revêtu de vêtements pontificaux; on lit : GAVFRID' CHARDONE.

XI. *Vitrail de saint Nicolas.* — Ce vitrail a été donné par le cardinal Étienne, évêque de Palestrine, vers 1240; il est figuré dans le bas; il porte l'aube blanche, l'étole verte et la chape bistre; il est à genoux devant une image de la très-sainte Vierge. Dans un autre médaillon, on voit le frère et la nièce du cardinal également agenouillés devant une image de Marie. On lit l'inscription : STEPH : CARDINALIS DEDIT HĀC VITREĀ. — Dans les seize tableaux du vitrail on voit les sujets suivants :

Les habitants de Myre adorent la statue de Diane. — Saint Nicolas vêtu pontificalement, la mître sur la tête, est dans une chaire carrée; un clerc tient la crosse; le saint évêque prêche son peuple et l'éloigne de l'idolâtrie. — Saint Nicolas renverse avec sa crosse la statue de Diane; on lit : DIANA. — Trois magiciens parlent à un démon qui leur commande de préparer une huile infernale appelée le *Mydiaton*. — Ils la préparent sur un fourneau. — Ils la transvasent. — Ils la donnent au démon. — Des pèlerins descendent d'un navire. — Le démon sous la figure d'une femme dévote leur donne du Mydiaton pour l'offrir à saint Nicolas. — Le Saint paraît sur le navire au milieu des pèlerins et leur recommande de jeter dans la mer cette huile infernale. — L'huile jetée dans la mer y allume un grand incendie. — Jetron va entrer dans l'église de saint Nicolas, pour lui demander un fils. — De nombreux pèlerins se trouvent en danger sur un navire. — Ils descendent de leur navire et reçoivent à genoux la bénédiction du saint évêque.

Dans la petite rose, Jésus assis bénit le monde; il est entouré des quatre animaux évangéliques : lion, bœuf, aigle et homme.

XII et XIII. Ces deux fenêtres sont garnies de magnifiques grisailles; l'une a sa bordure ornée de châteaux de Castille, sans doute pour nous dire que la reine Blanche est la donatrice du vitrail.

Dans la rose, on voit Jésus avec les animaux évangéliques.

XIV. C'est encore une belle grisaille avec une bordure aux châteaux de Castille.

---

[1] *Gallia christiana*, tome VIII, col. 1393.

XV. Cette fenêtre est aussi garnie de vitraux en grisaille rehaussés de filets courants en couleur bleue et rouge. Dans le bas, on voit un médaillon circulaire où l'on a peint le martyre de saint Laurent : le saint diacre est placé sur un gril en losange; deux bourreaux soufflent le feu; un troisième retourne avec un croc le courageux martyr, et un quatrième jette du sel sur ses plaies. Le cruel Dacien est là debout et commandant aux bourreaux. Autrefois il y avait, près de ce vitrail, « l'Autel de sainct Laurent, au- » quel sont aussi les images saincte Cécile et saincte Apolline; » cet Autel est des dix anciens, qui ont leur revenu en commun [1]. »

La rose offre Jésus bénissant et accompagné de deux archanges avec sceptre, et de deux anges thuriféraires.

XVI. *Vitrail de saint Thomas* [2]. — Ce vitrail est assez difficile à lire parce qu'un grand nombre de panneaux ont été déplacés. — Dans le premier tableau, Thomas met sa main dans la plaie du cœur de Jésus-Christ; à côté, il y a deux panneaux aux armes de France [3]. — Jésus apparaît à Thomas, comme l'apôtre était à Césarée; il lui ordonne de suivre le prévôt Abanès, chez le roi des Indes. — Jésus donne Thomas à Abanès, en lui disant que l'apôtre est très-habile en architecture. — Thomas et Abanès s'en vont aux Indes par mer; ils montent un navire. — Ils descendent du navire, et s'arrêtent à Andrinople, où le roi célébrait les noces de sa fille. — Ils assistent au repas de noce; l'échanson frappe l'apôtre. — L'échanson en allant puiser de l'eau est dévoré par un lion; un chien lui arrache la main, et la porte dans la salle du festin. — Enfin Abanès et Thomas sont arrivés aux Indes; ils paraissent devant le roi Gondoforus. — Le roi remet à l'apôtre de grandes richesses pour qu'il bâtisse un palais magnifique. — Le roi s'en va dans une autre province; il est suivi d'un cavalier qui porte un faucon sur le poing. — Le palais se construit; Thomas parle aux ouvriers. — L'apôtre distribue aux pauvres tous les trésors du roi. — Le roi est revenu; il fait enfermer Thomas dans une prison. —

[1] *Parthénie*, 1re partie, page 142.

[2] *Miroir historial*, lib. IX, cap. 62-66. — Voyez le chap. II de la *Monographie de Bourges*.

[3] Toute cette zône inférieure de la fenêtre est du XIVe siècle.

Le prince Gad, le frère du roi, meurt; un ange reçoit son âme. — Thomas est délivré de prison; six autres prisonniers sont derrière les barreaux. — L'apôtre et Abanès sont devant Gondoforus. — Le roi est à genoux devant l'apôtre; en même temps une vive clarté descend du ciel. — Cependant saint Thomas s'est rendu dans l'Inde supérieure; mais le roi l'a fait dépouiller de ses vêtements et l'oblige de marcher sur du fer ardent. — Il est jeté dans une fournaise enflammée, qui se refroidit bientôt. — Le roi veut lui faire adorer l'image d'or du soleil. — L'apôtre fléchit un genou devant l'idole, qui tombe en morceaux. — Le pontife du temple frappe l'apôtre avec le glaive. — Les chrétiens donnent à l'apôtre une honorable sépulture. — Le tombeau de saint Thomas est figuré au sommet du vitrail; c'est un monument fort riche, élevé dans la ville d'Edesse; il est éclairé par six lampes. Au-dessous on voit deux personnes renversées. Dans les deux médaillons voisins, des fidèles regardent le ciel.

XVII. *Vitrail de saint Julien-l'Hospitalier* [1]. — Les donateurs du vitrail sont les ouvriers en bois, charpentiers, charrons et tonneliers; ils y sont figurés dans l'exercice de leur état. — Les deux premiers tableaux sont difficiles à déterminer; nous renonçons à leur trouver une signification appuyée sur l'histoire du saint, telle que nous la donnent les hagiographes du XIIIe siècle. — Julien s'est engagé au service d'un châtelain, *castellano servivit*, dit Vincent de Beauvais; il le sert à table. — Le châtelain est malade à mourir; Julien lui soutient la tête, pendant qu'un prêtre lui donne le saint viatique; la châtelaine pleure. — Le châtelain vient de mourir; il est étendu sur son lit funèbre; sa femme, Julien et un autre valet le pleurent. — Un prince offre un sceptre à Julien; il le crée chevalier; en même temps il lui promet de lui donner pour femme la veuve de son premier maître. — Un prêtre revêtu de l'aube et du pluvial bénit le mariage de Julien avec la châtelaine; deux témoins assistent à la cérémonie. — Ce médaillon nous offre le festin des noces; un musicien joue du violon. — Saint Julien à la tête de plusieurs cavaliers va faire

---

[1] *Miroir historial*, lib. IX, cap. 115; — La *Legende dorée*, de sancto Juliano; — voyez aussi tous les anciens hagiographes.

la guerre sainte contre les infidèles. — Il défait les Sarrazins, reconnaissables à leurs casques pointus ; ils fuient à toute bride. — — Au retour de la guerre, Julien, suivi d'un cavalier, frappe à la porte d'un château-fort, et demande l'hospitalité. — Il repose tranquillement étendu sur un lit établi sous une espèce de tente. — Un jeune écuyer lui offre son cheval. — Julien, monté sur un cheval, arrive le matin à la porte de son château. — Il est entré chez lui, et trouvant dans sa chambre deux personnes qui dormaient ensemble, il les tue. — Il sort de chez lui tenant son épée ensanglantée ; il rencontre sa femme, et lui demande quels sont ceux qu'il a trouvés dans son lit. Et elle dit : « C'est votre père » et votre mère, qui vous ont cherché si longtemps, et je les ai » mis en votre chambre. » — Julien est dans le plus cruel désespoir ; il se lamente devant les cadavres de ses chers parents. — Il fait placer la dépouille mortelle de son père et de sa mère dans un beau mausolée ; un prêtre préside la cérémonie. — Julien et sa femme s'en vont ensemble vers un très grand fleuve, où beaucoup de gens périssaient. — Ils montent dans une barque pour traverser ce fleuve. — Ils bâtissent, près du fleuve, un hôpital pour faire pénitence et pour porter de l'autre côté de l'eau ceux qui voudraient passer. — Tous les pauvres sont admis dans cet hôpital ; ici Julien en introduit deux ; sa femme est à la porte pour les recevoir. — Julien et sa femme lavent les pieds de trois malheureux. — Jésus accompagné d'un ange thuriféraire appelle Julien, afin de passer le fleuve. — Julien, sans le savoir, passe Jésus dans sa barque ; sa femme à la porte de sa maison tient une lampe pour éclairer les passagers, car ceci se passe durant une nuit obscure de l'hiver. — Julien et sa femme étendus sur un lit, meurent ; et deux anges emportent, sur une nappe blanche, leurs belles âmes dans le ciel.

XVIII. Cette fenêtre est garnie d'une fort belle grisaille rehaussée par des filets courants en couleurs.

XIX. Ce vitrail est le premier de la chapelle du Sacré-Cœur de Marie. Il est dédié aux deux premiers apôtres de Chartres, à *saint Savinien* et *saint Potentien*, et à *sainte Modeste*. — Ce vitrail, comme on l'a imprimé plus d'une fois, n'a pas été donné par les maçons, mais par les tisserands ; l'un d'eux est figuré dans le vitrail ; il lisse, et un enfant fait de petites bobines. Dans le panneau qui fait le pendant de celui du tisserand, on voit un autel, et sur l'autel un tronc, où des pèlerins viennent déposer des pièces de monnaie. Ce médaillon rappelle sans doute que les offrandes des fidèles ont aussi contribué à payer ce vitrail. — Cette verrière est divisée en trois parties : la première se compose de tous les médaillons de gauche et renferme l'histoire de saint Savinien ; la seconde est formée de tous les médaillons de droite et raconte l'histoire de saint Potentien ; le troisième, qui n'a que les trois médaillons du tympan, offre trois épisodes de la vie de sainte Modeste. — Un grand nombre de panneaux sont déplacés.

1° *Histoire de saint Savinien* [1]. — Jésus bénit saint Savinien et saint Potentien, qui sont agenouillés ; saint Pierre est debout. — Saint Pierre vêtu pontificalement bénit saint Savinien, saint Potentien et saint Edoald. — Saint Savinien accompagné de quatre saints missionnaires se dispose à entrer dans la ville de Chartres. — Des maçons construisent une chapelle. — Saint Savinien consacre la chapelle qu'il a fait bâtir à Chartres, sur l'emplacement de la Cathédrale actuelle. — Saint Pierre et saint Paul apparaissent à saint Savinien durant son sommeil ; le saint archevêque est vêtu pontificalement et couché sur son lit. — Saint Savinien avec saint Potentien et saint Edoald instruit Victorin et sa famille. — Entouré de tous ses saints compagnons, Savinien baptise Victorin. — Saint Savinien et ses compagnons sont devant le proconsul Quirinus. — Sur plusieurs tableaux, on lit : SAVINIANVS.

2° *Histoire de saint Potentien.* — Saint Potentien avec Altin et Aventin entre dans la ville de Chartres. — Potentien avec ses compagnons est monté dans une chaire carrée ; il prêche devant un nombreux auditoire. — Potentien vêtu pontificalement et accompagné de saint Altin et de saint Edoald. — Potentien baptise deux néophytes ; Altin et Edoald assistent au baptême. — Potentien et Edoald sont devant le proconsul de Sens. — Un bourreau tranche la tête de saint Potentien ; le saint pontife a les yeux bandés. — On lit plusieurs fois POTENTIANVS.

---

[1] *Miroir historial*, lib. IX, cap. 41. — Voyez surtout les anciens bréviaires et les différentes histoires de Chartres, parmi les mss. de la bibliothèque de la ville. — Voyez aussi Surius, au 31 décembre.

3° *Histoire de sainte Modeste.* — Sainte Modeste porte la nourriture à saint Potentien, saint Altin et saint Edoald. — Son père, le proconsul Quirinus, lui fait trancher la tête. — Un saint retire du puits des Saints-Forts les reliques de sainte Modeste; deux lampes sont suspendues à la voûte. — L'interprétation de ces trois tableaux nous paraît fort problématique : que le lecteur veuille bien ne pas y attacher plus d'importance que nous.

XX. *Vitrail de saint Cheron* [1]. — Il a été donné par les sculpteurs, les maçons et les tailleurs de pierre, que l'on aperçoit travaillant dans les médaillons inférieurs.

Saint Cheron, petit enfant, est mené à l'école d'un célèbre grammairien par son père et sa mère; on lit sur une inscription incomplète : ....RAMA... — Il apprend sa leçon; le maître est assis sur un faldistoire, et tient en main un paquet de verges. — On présente à saint Cheron une jeune vierge, fille d'un sénateur romain; ses parents et ses amis le pressent vivement de l'épouser; mais enflammé d'un saint amour pour l'angélique virginité, Cheron refuse avec une admirable constance. — Par un signe de croix, il rend la parole à un jeune homme muet et aveugle. — Il guérit un aveugle en lui frottant les yeux avec de la salive. — Un saint assis instruit saint Cheron et une foule de chrétiens qui l'écoutent avidement. — Cheron rencontre une voiture que monte un petit diable; le cheval s'abat; le conducteur s'est jeté à genoux, et saint Cheron le bénit. — Trois voleurs assassinent le saint, qui est agenouillé; l'un d'eux lève le glaive sacrilège. — Le saint Martyr tient sa tête dans ses mains, et marche entre deux anges, dont l'un le conduit, et l'autre l'encense. — Saint Cheron jette sa tête dans un puits. — Deux anges portent son âme sur une nappe. — Un évêque assisté de deux diacres et d'un lévite lui donne une sépulture honorable. Une foule de malades, de boiteux, de muets, d'aveugles et de possédés assistent à ses funérailles et sont guéris miraculeusement. — Le vénérable abbé Aper est en

---

[1] *Miroir historial*, lib. x, cap. 24. — Voyez dans les Bollandistes, tome V du mois de mai, l'histoire de saint Cheron, d'après un vieux manuscrit du Chapitre, qui datait du Xe siècle. — Voyez aussi l'*Histoire de l'abbaye de Saint-Cheron*, ms. de la bibliothèque de Chartres, pages 1-9. — Baronius, ad ann. 98.

prière pour demander à Dieu où se trouvent les reliques de saint Cheron ; le saint lui apparaît et lui indique avec un bâton l'endroit où se trouve sa dépouille sacrée. — Un roi assis écoute un jeune homme présenté par deux autres ; nous ne savons quel fait le peintre a voulu figurer ici. — Le fils du roi Clotaire, malade et accompagné de Léodégésil, est agenouillé devant le tombeau du saint qui lui apparaît et le bénit ; le prince recouvre la santé ; on y lit : FILIVS REGI. Deux médaillons représentent la suite du prince ; ses gens sont à cheval ; un écuyer tient le cheval du prince et celui de Léodégésil ; un autre valet tient un faucon sur le poignet. — Un prêtre tient en mains un calice, qui provient de l'église de saint Cheron, et que l'évêque Pabolus a pris, en promettant d'en donner un autre. — L'évêque est malade et étendu sur son lit ; on lui rapporte le calice, qu'il se hâte de faire rendre à l'église de saint Cheron ; il recouvre ensuite la santé.

XXI. *Vitrail de saint Étienne* [1]. — Dans les médaillons inférieurs, le peintre-verrier a représenté les cordonniers, donateurs du vitrail ; les uns travaillent, et les autres présentent le modèle de la fenêtre.

Saint Étienne est ordonné diacre par saint Pierre assisté d'un autre apôtre. — Étienne, inspiré par le Saint-Esprit et accompagné d'un ange, dispute contre six docteurs juifs en présence du roi ; un petit diable inspire les docteurs. — Il est mené devant le juge, par deux faux témoins qui accusent Étienne d'avoir proféré des blasphèmes de quatre façons différentes. — Étienne se justifie devant ceux qui doivent le juger ; en même temps des rayons de lumière descendent du ciel sur Étienne, dont le visage paraît resplendissant comme celui d'un ange. — On le mène violemment hors de Jérusalem pour le lapider. — Étienne est agenouillé, et des rayons célestes descendent sur lui, tandis que les juifs le lapident ; Saul est assis sur les vêtements des deux faux témoins qui devaient jeter la première pierre. — Gamaliel, Nicodème et Abibas donnent à Étienne une sépulture honorable. — Julienne, femme d'Alexandre, sénateur de Constantinople, est aux genoux du pa-

---

[1] *Miroir historial*, lib. VII, cap. 21, et lib. XIX, cap. 7-9. — Voyez le vitrail de saint Étienne, dans la *Monographie de Bourges*.

triarche de Jérusalem, qui est vêtu comme un pape; elle lui demande la permission d'emporter le corps de son mari [1]. — Elle se trompe; elle prend le corps de saint Étienne et le dépose dans un coffre d'or. — Elle a mis le coffre sur un chariot, et emmène la précieuse relique. — Le coffre est déposé dans un navire — Les démons cherchent à mettre le feu au navire. — Le navire arrive heureusement à Constantinople; le peuple accourt au rivage et de nombreux malades sont guéris; des morts même ressuscitent. — Le coffre qui contient le corps sacré, est porté sur les épaules; l'évêque et son clergé va au-devant des précieuses reliques. — L'empereur Théodose est couché sur son lit; un démon lui dit que sa fille Eudoxie ne sera point délivrée, si Étienne ne va pas à Rome. — Théodose est à cheval; plusieurs cavaliers l'accompagnent. — Au sommet du vitrail, deux anges portent l'âme de saint Étienne placée au centre d'une gloire de feu.

XXII. *Vitrail de saint Quentin* [2]. — Le diacre, Nicolas Lescine, est le donateur du vitrail; il est à genoux devant une image de la très-sainte Vierge; on lit : NICOLAVS LESCINE.

Saint Quentin reçoit des leçons d'un magicien, qui lui offre une fiole. — Saint Quentin est instruit dans la foi chrétienne par un saint prêtre. — Il est baptisé par ce même prêtre revêtu des habits sacrés; un diacre tient les saintes Huiles. — Il fait périr un horrible dragon en faisant sur la bête un signe de croix. — Il guérit un aveugle en le signant sur les yeux. Il guérit un paralytique. — Il est mené devant le proconsul Rictius-Varus; celui-ci porte le sceptre et la couronne. — Le saint est jeté en prison. — Il est plongé dans une chaudière d'huile bouillante. — Il est attaché à une croix de Saint-André, battu et brûlé avec des torches. — Il est exposé aux bêtes féroces, qui le caressent. — Il est torturé sur une roue. — Il est jeté dans une fournaise ardente. — Jeté une seconde fois en prison, il est visité par un ange. — Il est nu sur le bord de la Somme; Jésus-Christ le visite et l'encourage. — Il est ramené devant Rictius-Varus. — Un bourreau le frappe avec

---

[1] Voyez la *Légende dorée*, De inventione sancti Stephani.

[2] *Miroir historial*, lib. XII, cap. 136-139, — et tous les anciens hagiographes.

un bâton. — En présence du proconsul, le feu du ciel tombe sur un païen et le renverse; saint Quentin est ici nu et agenouillé. — Saint Quentin est encore devant Rictius-Varus. — Il va trouver un saint évêque assis et entouré de plusieurs personnages. — Un chrétien brise les idoles. — Le saint évêque suivi de Quentin et de plusieurs chrétiens parle à Rictius-Varus. — L'évêque est décapité avec plusieurs chrétiens. — Les fidèles ensevelissent ces martyrs. — Saint Quentin reparaît devant le proconsul romain. — En allant au supplice, il guérit des aveugles qui se trouvent sur son passage. — Il a fait sa prière à genoux; deux soldats vont lui donner le coup mortel; une colombe divine émergeant des nues lui parle et lui promet l'éternelle récompense. — Deux bateliers jettent son corps sacré dans la Somme; une meule est liée à son cou. — Deux anges portent son âme sur une nappe; deux autres anges l'encensent respectueusement. — Au sommet du vitrail, Jésus, roi des Martyrs, bénit de la main droite, et tient le monde dans sa gauche; à ses côtés sont deux anges adorateurs.

XXIII. *Vitrail de saint Théodore et de saint Vincent.* — Les six premiers tableaux racontent l'histoire de saint Théodore; les autres renferment l'histoire du saint diacre de Sarragosse. — Ce vitrail a été donné par les confrères de saint Vincent, par les tisserands, que l'on voit représentés dans deux petits médaillons. On lit cette inscription très confuse :

> TERA : A CEST ' AVTEL : TES : LES : MESSES :
> QEN : CHARE : SONT : OCOILLI : EN : TON
> ERET : CESTE VERRIERE CENT . CIL : QVI DO
> LI : CONFRERE : SAINT : VIN.

que M. de Lasteyrie propose de lire ainsi : *A cet autel toutes les messes qui en charge sont accueillies... et cette verrière sont ceux qui donnent les confrères de saint Vincent.*

1° *Histoire de saint Théodore* [1]. — Saint Théodore met le feu au temple de Diane; il est vêtu de la cotte de mailles, et sa tête est couverte d'un casque. — Il est mené devant le proconsul Publius, qui porte le sceptre et la couronne royale. — Il est jeté

---

[1] *Miroir historial*, cap. 93 et 94.

en prison. — Jésus l'y visite et l'encourage. — Il est déchiré avec des ongles de fer par deux bourreaux; pendant ce supplice, il ne cesse de répéter : *Je bénirai le Seigneur en temps, et toujours sa louange sera sur mes lèvres.* — Il est assis sur un bûcher, pieds et mains liés; un bourreau le retourne avec un croc.

2° *Histoire de saint Vincent.* — Vincent est ordonné diacre par saint Valère, évêque de Sarragosse. — Valère et Vincent sont devant le proconsul Dacien; Vincent porte la parole. — Il est jeté en prison. — Il est étendu sur le chevalet et battu de verges par deux bourreaux. — Les bourreaux viennent rendre compte de leur mission à Dacien. — Deux bourreaux frappent saint Valère avec des bâtons; puis il est envoyé en exil. — Vincent est encore tourmenté : ses pieds et ses mains sont mis dans des étreintes de bois. Dacien gourmande les bourreaux sur leur mollesse. — On prépare un grand feu; un gril est placé dessus. — On amène Vincent. — On le place sur le gril; un bourreau souffle le feu, et trois autres bourreaux regardent; Dacien préside au supplice. — Vincent est jeté dans une prison; il est presque nu. — Il est visité par un ange; il repose sur des fleurs et chante avec les esprits bienheureux. Les geoliers regardent à travers les fenêtres, et ils se convertissent à la foi. — Vincent est porté sur un lit et il repose dans des draps très-moelleux : il meurt, et son âme est reçue par les anges. Un bourreau est présent. — Deux geoliers annoncent à Dacien la mort de Vincent. — Le corps sacré du saint diacre est exposé au milieu des champs; trois anges le gardent. — Un corbeau chasse un loup qui était venu pour dévorer le corps de Vincent. — Dacien ordonne que le corps du saint soit jeté dans la mer, afin que les monstres marins le dévorent. — Deux mariniers jettent dans la mer le corps de Vincent qui a une meule au cou. — Bientôt le corps est repoussé sur le rivage : une dame pieuse et cinq autres personnes lui donnent une sépulture honorable.

XXIV. *Vitrail de saint Charlemagne et de saint Roland*[1]. — Ce vitrail a été donné par les marchands de fourrures, qui étalent des robes d'hermine et de vair. — On lit souvent : KAROLVS ou CAROLVS, ou bien encore : CARROLVS.

---

[1] *Miroir historial*, lib. XXIV, cap. 1-25.

Saint Charlemagne couronné et nimbé est assis entre deux évêques. — L'empereur Constantin est averti par un ange durant son sommeil de demander secours à Charlemagne pour délivrer les lieux saints de la Palestine. Au pied du lit, on voit un grand guerrier monté sur un cheval et armé de pied en cap; c'est Charlemagne montré en songe à Constantin. — Charlemagne est reçu par Constantin aux portes de Constantinople. — Il combat les Sarrazins et les met en fuite. — L'empereur grec donne à Charlemagne trois châsses pleines de précieuses reliques, et entre autres, de la sainte tunique de Marie [1]. — Charlemagne donne ces trois châsses à l'abbé et aux moines d'Aix-la-Chapelle. — Charlemagne assis; un personnage richement vêtu lui parle; un autre personnage assiste à l'entretien. — Charlemagne est couché sur son lit; saint Jacques lui apparaît et lui ordonne de délivrer l'Espagne du joug des Sarrazins. — L'empereur part pour l'Espagne avec l'archevêque Turpin et plusieurs cavaliers. — Il s'est jeté à genoux en présence de son armée, et supplie le Seigneur de bénir ses armes. — Il s'empare de Pampelune. — Il fait construire une église en l'honneur de saint Jacques; il est à cheval et parle aux ouvriers. — Il est retourné une seconde fois en Espagne; il combat les Sarrazins d'Aigoland. — Saint Roland [2] demande à son oncle, saint Charlemagne, la permission de se mesurer en combat singulier contre le géant Féroual ou *Feracutus,* comme l'appelle Vincent de Beauvais. — Roland et Féroual, tous deux montés à cheval, se battent vaillamment. — Roland renverse de cheval son terrible adversaire et le transperce de son épée. — Charlemagne, avec les siens, est en marche pour retourner en France; le traître Gannelon lui parle. — Le saint et valeureux Roland au désespoir veut briser sa durandal contre un rocher; le rocher cède, et l'épée reste intacte [3]. Il sonne de son

---

[1] Cette sainte tunique se voit encore aujourd'hui à Aix-la-Chapelle.

[2] Nous prions le lecteur de remarquer que Roland est toujours nimbé dans ce vitrail; or au XIII siècle le nimbe est toujours l'attribut de la sainteté. Du reste tous les anciens hagiographes consacrent tous une notice à *saint Roland*.

[3] *Miroir historial*, lib. XXIV, cap. 19.

oliphant, pour appeler à son secours; il le sonne avec tant de force qu'il se brise les veines du cou. — L'archevêque Turpin offre le Saint-Sacrifice; au moment de la consécration, il est ravi en extase, et un ange lui annonce que Roland est dans le paradis. Charlemagne assis sur un faldistoire assiste à la Messe. — Théodoric trouve son frère expirant; il lui donne à boire dans un casque. Dans le médaillon placé vis-à-vis, on voit un grand nombre de guerriers dormant pêle-mêle sur la terre nue; leurs lances fichées dans le sol, ont reverdi et fleuri, signe de leur mort prochaine.

C'est en décrivant ce vitrail que nous avons plus vivement regretté que notre plan ne nous permît pas d'entrer dans les détails; rien n'est plus intéressant que l'histoire du grand et saint empereur, telle qu'elle est racontée par Vincent de Beauvais et reproduite ici sur verre par un artiste du XIII° siècle.

XXV. *Vitrail de saint Jacques* [1]. — Ce vitrail est encore un don fait à la Cathédrale par les pieux drapiers et pelletiers du XIII° siècle. — On lit sur plusieurs médaillons : s. iacobvs. almogines. filetvs.

Saint Jacques s'est assis dans son découragement; Jésus accompagné d'un ange lui apparaît, le reconforte et le bénit. — Le célèbre docteur et magicien Almogène envoie son disciple Philétus, afin de convaincre Jacques, en présence des Juifs, que sa doctrine était fausse. — Saint Jacques dispute avec Philétus devant de nombreux assistants; il tient un calice en main. — Il enseigne à Philétus les mystères de la foi chrétienne. — Philétus est revenu vers son maître; il lui annonce qu'il veut se faire disciple de l'apôtre. — Almogène irrité le lie par ses sortilèges, de sorte qu'il lui est impossible de faire un mouvement. — Un valet vient en avertir saint Jacques, qui fait passer son manteau à Philétus; un diable le tient contre terre. — Trois personnes mettent le manteau sur Philétus, qui est délivré à l'instant. — Almogène plein de courroux fait venir les démons et leur ordonne de lui amener Jacques et Philétus. — Les deux démons sont venus trouver Jacques, disant : Jacques, apôtre de Dieu, aie pitié de nous.

[1] *Miroir historial*, lib VIII, cap. 3-6.

Saint Jacques répond : Retournez à celui qui vous a envoyé et amenez-le moi. — Les diables prennent Almogène et lui attachent les mains derrière le dos. — Ils l'amènent devant l'apôtre et lui demandent la permission de venger sur lui leurs injures. Philétus est à côté de Jacques qui lui dit : Almogène t'a attaché, délivre-le, afin de rendre le bien pour le mal. — L'apôtre instruit Almogène dans la foi du Christ. — Almogène brûle ses livres de magie. — Il brise une idole en présence de l'apôtre. — Il prêche avec grand zèle la parole de Dieu. — Jacques et Philétus se disposent à entrer dans une barque. — On reproche à saint Jacques d'avoir converti Almogène ; Jacques répond, et il convertit beaucoup de monde ; un juif s'est jeté à genoux devant l'apôtre. — Le grand-prêtre Abiathar excite une sédition parmi le peuple ; Jacques est arrêté. — Il est jeté en prison. — Deux juifs visitent l'apôtre dans sa prison. — Il est conduit devant Hérode. — On lui a attaché une corde au cou, et on le mène au supplice ; il guérit un paralytique, qui était couché sur le chemin. — A la vue de ce miracle, le scribe Josias se jette à ses pieds et dit qu'il veut être chrétien. — Josias est arrêté, et on l'amène avec saint Jacques, pour être décapité ensemble. — Jacques est décapité. — Josias est décapité en présence d'Hérode.

XXVI. (Dans la chapelle de l'abside.) Cette fenêtre est garnie d'une grisaille d'un dessin très-simple ; sa bordure est aux armes de Castille.

XXVII. *Vitrail de saint Simon et de saint Judde* [1]. — Ce vitrail est un don fait à la Cathédrale par Henri Noblet, diacre de l'église de Chartres. Il est figuré dans les médaillons inférieurs ; au premier médaillon, il est debout et joignant les mains devant Marie assise, qui tient son divin Fils ; au second, il se trouve aux pieds de Jésus assis et bénissant.

Saint Simon et saint Judde disputent contre trois magiciens, Zaroës, Arphaxat et un troisième dont le nom est inconnu. On lit : SANCTVS : SIMON : SANCTVS : IVDAS. — Les deux devins sacrifient à une idole ; l'un égorge un agneau ; l'autre verse le sang. — Zaroës et Arphaxat consultent l'idole pour Varardac, général du roi

---

[1] *Miroir historial*, lib. IX, cap. 78-82.

de Babylone ; ils ne peuvent obtenir de réponse. — Les deux apôtres reçoivent la visite de plusieurs pères de famille qui apportent leurs enfants pour qu'ils les bénissent. — Zaroës et Arphaxat consultent leur idole, et prédisent qu'il y aura de grandes guerres dans l'avenir. — Varardac a mené les apôtres vers l'idole ; ils lui disent : « Ne crains rien ; la paix est entrée avec nous, et demain, » à la troisième heure, les envoyés des Indiens arriveront à toi » et t'annonceront qu'ils sont prêts à se soumettre. » — Le général commande de garder les apôtres jusqu'au lendemain. — On les met en prison. Les envoyés indiens sont montés sur leurs chevaux ; ils viennent vers Varardac. — Ils sont debout devant le général, et se soumettent sans condition. — Le roi de Babylone ayant tout appris, fait mettre les magiciens sur un bûcher. — Les apôtres demandent grâce au général pour ces malheureux, disant qu'ils n'étaient pas venus pour occasionner la mort aux vivants, mais pour rendre la vie aux morts. — Un ange leur a dit de la part du Seigneur : « Choisissez une de ces deux choses, ou » que ces gens meurent, ou que vous soyez martyrs. » Les apôtres se sont jetés à genoux, et ils supplient le Seigneur de leur donner la palme du martyre. Une Main divine les bénit. — On avait mené les apôtres dans le temple du Soleil. « Dans ce temple il y avait du » côté de l'Orient, un char en or massif, traîné par des chevaux, » dans lequel brillait l'image du soleil aussi en or ; dans la partie » occidentale, on voyait un autre char en argent que traînaient » des bœufs et qui portait l'image de la lune également en ar» gent [1]. » Ces deux chars sont figurés dans les deux médaillons supérieurs du vitrail.

XXVIII. *Vitrail du seigneur Jésus.* — Le bas du vitrail a été défoncé en 1791, lors de la prétendue décoration de la chapelle ; neuf médaillons ont été enlevés ; on les retrouve placés dans différentes fenêtres de la Cathédrale. Les donateurs du vitrail sont les boulangers, qui étaient figurés dans les panneaux inférieurs. — Voici la description rapide des tableaux qui existent encore aujourd'hui.

Jésus et saint Philippe s'entretiennent ; on lit : s. p̄lipvs. —

---

[1] *Miroir historial*, cap. 82.

Jean-Baptiste dit à ses disciples en leur montrant Jésus : « Voilà » l'Agneau de Dieu qui efface les péchés du monde. » — Jésus se dispose à entrer dans Capharnaum. — Jésus se tient debout derrière son précurseur et bénit trois hommes plongés dans le Jourdain ; Jean les baptise. — Jésus appelle André et Pierre. — Suivi de ces deux premiers disciples, il s'avance vers la barque des fils de Zébédée, qu'il appelle aussi. — Jésus est assis et Philippe lui présente Nathanaël. — Ce médaillon représente la pêche miraculeuse ; les filets se rompent à cause de la multitude des poissons ; Pierre se jette aux pieds de Jésus. — Jésus marche sur les flots ; Pierre veut le suivre. — Jésus s'entretient avec Nathanaël, un figuier les sépare. — Il prêche ses disciples. — Les apôtres et une multitude de disciples le suivent ; les apôtres sont tous nimbés. — Jésus prédit sa passion à ses apôtres. — Jésus fait la Cène avec ses disciples ; Judas est accroupi, et saint Jean appuie sa tête juvénile sur la poitrine du Seigneur. — Jésus lave les pieds de ses apôtres. — Il prie au jardin des Oliviers ; Pierre, Jean et Jacques dorment. — Jésus est arrêté par la soldatesque conduite par Judas ; les apôtres se désolent au loin. —. Jésus est ressuscité ; il se trouve au milieu de ses apôtres, il dit à Thomas : « Mettez votre main dans la plaie de mon cœur. » Thomas y porte la main. — Il monte au ciel ; un nuage le cache déjà à demi ; Marie et les apôtres sont debout et regardent le ciel. — La Pentecôte : le Saint-Esprit plane sous la forme d'une colombe blanche ; et une langue de feu brille sur la tête de chaque disciple. — Au sommet du vitrail, Jésus bénit et porte le monde ; à ses côtés sont deux flambeaux.

XXIX. *Vitrail de saint Pierre.* — Ce vitrail a perdu plusieurs panneaux à une époque déjà reculée, peut-être lors de la construction de la chapelle de saint Piat. Les vingt médaillons qui restent, renferment plusieurs sujets auxquels il nous a été parfois impossible de donner un sens précis. Nous serons peut-être plus heureux, lorsque nous publierons la *Monographie générale*.

Saint Pierre, accompagné de deux disciples, s'entretient avec un pauvre debout à la porte d'une ville ou d'une maison. — Pierre accompagné d'un autre apôtre donne une tunique rouge à un pauvre presque nu. — Pierre donne la communion à un fidèle, qui se tient à genoux. — Il fait le signe de croix sur un serpent enlacé autour d'un arbre ; une femme est derrière l'apôtre. — Un adolescent renversé par terre semble ressusciter ; une main divine laisse descendre sur lui des rayons de feu ; une femme prend la main de l'adolescent pour lui aider à se relever ; trois personnes, témoins de ce fait, en paraissent fort étonnées. — Il y a ici une scène indéterminable : un apôtre est couché ; un second le bénit, et en même temps il aide un autre apôtre à gravir une colline. — Pierre est assis et prêche les chrétiens de Rome. — Par la prière, il ressuscite le jeune homme que Simon n'a pu faire revivre ; le jeune homme est encore enveloppé du linceul funèbre ; une main divine laisse descendre des rayons de lumière [1]. — On arrête l'apôtre, tandis qu'il prie en joignant les mains. — On le voit dans la prison, à la porte de la prison ; on voit trois soldats armés de haches, qui lui parlent. — Il est devant le gouverneur Agrippa, qui le condamne a être crucifié. — On l'a dépouillé de ses vêtements, et il fait sa prière à genoux ; deux soldats sont près de lui. — On le lie sur une croix horizontale ; le gouverneur Agrippa et d'autres personnes assistent au supplice. — Saint Pierre expire sur la croix horizontale ; son âme, placée dans une auréole de feu, est portée au ciel par deux anges. — Des chrétiens trouvent son corps sacré gisant sur le sol. — Au sommet du vitrail, Jésus bénit de la main droite, et tient une croix dans sa gauche ; à ses côtés, on voit deux anges thuriféraires.

XXX. *Vitrail de saint Pierre et de saint Paul.* — Le bas de ce vitrail a eu le sort du précédent ; une maçonnerie grossière remplace les vitres peintes. Voici le sujet des médaillons que l'on voit encore.

Saint Pierre aidé d'un jeune clerc baptise Corneille. — Un ange conduit Pierre vers un moribond ; l'apôtre tient un petit vase dans les mains. — Il baptise le moribond en lui versant sur la tête l'eau contenue dans le petit vase ; le malade est couché sur son lit. — Saint Paul debout prêche l'Evangile à des Romains qui se tiennent assis. — Saint Paul prêche sur la place publique ; le jeune Patrocle, échanson de Néron, ayant monté sur une fenêtre

---

[1] *Miroir historial*, lib IX, cap. 12-15.

pour mieux entendre l'apôtre, tombe et se tue [1]. — Les assistants rapportent le cadavre de Patrocle. — Paul le ressuscite en faisant sur lui un signe de croix; saint Pierre est témoin de cette résurrection. — Les deux apôtres baptisent Patrocle, et les deux ministres de Néron, Barnabé et Juste. — Les deux apôtres sont devant Néron et lui dénoncent tous les sortilèges de Simon. — Pierre et Paul jettent un pain d'orge bénit aux deux chiens infernaux évoqués par Simon. — Soutenu par deux diables, Simon volait dans l'air; les deux apôtres prient le Seigneur, et l'imposteur tombe et se fracasse la tête. On voit le Capitole romain, sous la forme d'un château crénelé du XIIIe siècle. — Pierre sort de Rome pour fuir la persécution. — Paul est arrêté par un soldat. — Néron le condamne a être décapité. — Comme on le conduit au supplice, il rencontre une dame nommée Plautille; et lui dit : « Je te salue, Plautille, prête-moi le voile qui couvre ta tête, afin » que je bande mes yeux, et je te le rendrai ensuite. » — Saint Paul est à genoux; il a les yeux bandés, et il tend la tête pour être décapité. — Après sa décapitation, l'apôtre apparait à Plautille, et lui rend le voile. — L'apôtre apparait aussi à Néron, et lui dit : « César, je suis Paul, soldat du Roi éternel et invincible. Main- » tenant tu peux croire que je ne suis pas mort, mais vivant. » Toi, malheureux, tu es dévoué à la mort éternelle, parce que » tu fais périr injustement les saints de Dieu. » Un ange thuriféraire se trouve derrière l'apôtre pour l'honorer.

XXXI. Ce vitrail, qui ne date que du XIVe siècle, est placé au-dessus de la belle porte qui mène à la chapelle de Saint-Piat; c'est une grisaille enrichie de médaillons aux fleurs de lys d'or; au centre de la grisaille, on voit la figure de saint Piat, debout, vêtu sacerdotalement et tenant un livre en ses mains. Ce vitrail a été donné par Aimeri de Chateau-Luisant, évêque de Chartres.

XXXII. *Vitrail de saint Sylvestre* [2]. — Ce vitrail a pour dona-

---

[1] *Miroir historial*, lib. IX, cap. 16-20.

[2] *Miroir historial*, lib. 12, cap. 46-49, 52 et 56. — *Histoire ecclésiastique* de Nicéphore, lib. 7, cap 45. — Les *Annales* de Baronius, ad ann. 312-324. — Voyez aussi le bréviaire romain et les anciens bréviaires de Chartres, au 31 décembre.

teurs les maçons, ou plutôt les ouvriers en pierre; on y voit un sculpteur qui dégrossit sa statue, un tailleur de pierre, un appareilleur qui pose les pierres sculptées et taillées, deux manœuvres qui portent des pierres. Un médaillon renferme une équerre, un niveau, un marteau et autres outils de maçons et de tailleurs de pierres. — On lit en divers endroits : S. TIMOTHEVS, MELCIADES, PAVLVS, S. SILVESTER, CONSTANTINVS. Dix petits médaillons circulaires renferment des rois avec des banderolles où se trouvent des lettres dont l'assemblage n'offre aucun sens. Dans le vitrail de l'Enfant-prodigue, à Bourges, des rois semblables sont figurés dans de petits médaillons circulaires [1].

Sa mère Justa confie le petit Sylvestre au prêtre Cyrin qui l'instruit avec soin. — Sylvestre prend par la main Timothée et le fait entrer chez lui, pour le mettre à l'abri de la persécution. — Timothée à genoux est décapité, pour avoir prêché avec fermeté la foi de Jésus-Christ. — Le pape Melchiade assisté de quatre clercs, parmi lesquels se trouve Sylvestre, donne la sépulture à saint Timothée. — Le gouverneur Tarquinien veut par la menace forcer Sylvestre à sacrifier à une idole d'or. Sylvestre lui répond : « Insensé que tu es, tu mourras cette nuit. » — Tarquinien en dînant a avalé une arête de poisson; sa femme lui tient la tête pour l'aider à vomir; mais l'arête ne put être retirée et le persécuteur mourut à minuit. — Après la mort de Tarquinien, Melchiade et deux clercs vont délivrer Sylvestre, qui sort de sa prison par la fenêtre. — Sylvestre est ordonné prêtre par Melchiade. — On vient lui dire qu'il est élu évêque de Rome. — Un des trois envoyés met un genoux en terre. — Il est sacré pape par l'évêque d'Ostie. — L'empereur Constantin veut faire adorer une grande idole d'or. — Sylvestre et ses deux diacres fuient la persécution. — Constantin, pour se guérir de la lèpre, avait, d'après l'avis des prêtres des idoles, résolu de faire tuer trois mille enfants, afin qu'il se baignât dans leur sang frais et chaud. Ici les mères éplorées viennent demander leurs enfants; Constantin les écoute, et il dit à ceux qui l'entourent: « Écoutez-moi, vous tous seigneurs et chevaliers..., il vaut mieux » que je meure en épargnant la vie de ces innocents. » — Des

---

[1] Voyez la *Monographie de Bourges*, vitrail du prodigue.

soldats s'apprêtent à égorger des enfants au-dessus d'un grand vase ; un messager vient leur dire de ne faire aucun mal aux enfants. — Les pauvres mères ramènent leurs petits enfants, et elles s'en vont pleines de joie. — Saint Pierre et saint Paul apparaissent à Constantin et lui disent : « Comme tu as eu crainte de verser le sang innocent, le Seigneur Jésus nous envoie vers toi pour te donner conseil. Appelle l'évêque Sylvestre qui est caché dans les montagnes, et il indiquera la piscine où tu devras te laver trois fois pour être guéri de la lèpre. » — Deux envoyés à cheval arrivent auprès de Sylvestre, pour le chercher au nom de Constantin ; le saint est en habits pontificaux et tient une croix pastorale. — Il est devant Constantin, qui lui raconte le songe qu'il a eu. — Il baptise Constantin ; celui-ci est plongé nu dans les eaux baptismales. — Constantin a pris une bêche, et il creuse la terre en présence de Sylvestre, pour faire les fondements d'une basilique. — Un char transporte la terre enlevée pour ces fondements ; Constantin et Sylvestre sont près du char. — On amène un taureau furieux, que l'on ne peut contenir qu'à grand peine. Ce taureau va tomber mort sous les paroles magiques de Zambri, un des douze savants docteurs juifs envoyés par Hélène. — Saint Sylvestre s'est endormi paisiblement dans le Seigneur ; on le dépose dans un sépulcre ; un évêque préside la cérémonie funèbre ; deux anges descendent du ciel et encensent la dépouille mortelle du saint Pontife.

XXXIII. Cette fenêtre est garnie d'une grisaille de la fin du XIIIe siècle ; sa bordure est encore aux armes de Castille. Au milieu se trouve une figure de saint Nicolas qui date du XIVe siècle : saint Nicolas est revêtu de ses habits pontificaux ; près de lui on voit, dans un coffre carré, trois enfants nus, pour rappeler les trois étudiants assassinés par un hôtellier et ressuscités par saint Nicolas.

XXXIV. *Vitrail de saint Rémy* [1]. — Le petit Rémy est sur les genoux de sa mère Céline, et il oint avec le lait maternel les yeux d'un vieil ermite aveugle, qui recouvre la vue. — Il est assis dans sa cellule, et deux voleurs lèvent la hache pour le frapper. —

---

[1] *Miroir historial*, lib. XX, cap. 100, et lib. XXI, cap. 8. — *Les Fleurs des Vies des saints*, au 1er octobre.

Ayant été élu archevêque de Reims, il refuse d'accepter l'épiscopat; mais une clarté céleste l'environne. — Un évêque vient le prendre pour le sacrer. — Il est sacré évêque. — On lui amène un possédé qu'il délivre par un signe de croix; le démon sort par la bouche. — Une noble dame lui parle. — Il part à cheval pour visiter son diocèse; un clerc porte la croix devant lui. — Il est descendu de cheval; il bénit un adolescent amené par sa mère. — Il éteint par un signe de croix l'incendie qui dévore sa ville épiscopale. — Il est à table chez une dame, à qui le vin va manquer; il fait le signe de croix sur trois tonneaux, et aussitôt le vin se répand partout. — Il prêche Clovis et une foule de peuple. Sainte Clotilde prie avec ferveur au pied d'un autel. — Saint Rémy prie également pour demander la conversion du roi. — Il baptise le roi; une colombe tient une petite ampoule au-dessus de la tête de Clovis. — Celui-ci est sacré roi par saint Rémy; la sainte ampoule est encore au-dessus de la tête du roi. — Le roi et l'archevêque s'entretiennent ensemble. — Saint Rémy montre une femme à Clovis. — Rémy meurt; les témoins en sont désolés. — Son âme nue [1], avec la mitre seulement, est portée sur une nappe blanche par un ange.

Le donateur du vitrail, vêtu d'une robe verte et d'un manteau bistre, est assis et prie devant une image de Marie tenant Jésus.

XXXV. *Vitrail de saint Nicolas.* — Que le lecteur ne soit pas étonné de voir trois grandes verrières légendaires consacrées à nous redire l'histoire du grand et saint archevêque de Myre. C'était le saint le plus populaire à Chartres durant tout le Moyen-Age; trois églises lui furent dédiées, et presque toutes les corporations des arts et métiers l'avaient pris pour leur patron. — Ce vitrail a perdu plusieurs panneaux au commencement de ce siècle; on les a remplacés par de la maçonnerie.

Le mercredi et le samedi, il refuse de prendre plus d'une fois le sein maternel. — Il est à l'école. — Il jette par une fenêtre de quoi doter les filles d'un homme pauvre. — Il est agenouillé; deux clercs lui parlent. — Les deux clercs le forcent de le suivre

---

[1] M. Didron s'est trompé, en affirmant que l'âme de saint Rémy était ici tout habillée. *(Iconographie chrétienne, page 104.)*

à l'église, où les évêques sont assemblés pour élire l'évêque de Myre. — Il est à genoux au pied d'un autel ; il fait son offrande ; une main divine le bénit. — Il est sacré évêque. — Il apparaît à des matelots en danger ; il calme la tempête. — L'hôtellier tue les trois étudiants. — Nicolas les ressuscite par un signe de croix ; la femme de l'hôtellier se jette aux pieds du saint évêque. — Des voleurs s'introduisent dans la maison d'un vandale, et lui enlèvent toutes ses richesses. — Dans son dépit, le vandale bat la statue de saint Nicolas. — Un juif prête une bourse pleine d'or à un chrétien qui jure devant l'image du saint qu'il la lui rendra le plus tôt possible. — Le chrétien use de fourberie : il a mis l'argent emprunté dans le creux d'un bâton, qu'il donne au Juif ; alors il lève la main devant la statue de Nicolas pour jurer qu'il a rendu la somme prêtée. — Le chrétien est puni de son parjure : s'étant endormi dans un carrefour, il est écrasé par un char. — Le Juif est baptisé. — L'enfant tombe à la mer, en voulant puiser de l'eau avec le vase d'or. — Saint Nicolas rend l'enfant à ses parents désolés.

XXXVI. *Vitrail de sainte Catherine et de sainte Marguerite*. — Ce vitrail a pour donateurs deux guerriers ; l'un porte un écu de gueules à la bande d'argent, accompagnée de six merlettes de même ; l'autre a un écusson de gueules fretté d'or de trois traits ; près de celui-ci, on voit un débris d'inscription : ....ECABINDEF... Nous ignorons quels sont ces guerriers. Un troisième donateur est à genoux devant une image de Marie.

1° *Histoire de sainte Marguerite* [1]. — Quatre médaillons inférieurs racontent cette histoire à grands traits. Armée d'une croix, elle étouffe un dragon infernal qui se jetait sur elle pour la dévorer. — Elle prend le diable par la tête, et le frappe en disant : « Tremble, ennemi superbe, tu es vaincu par une femme. » Un ange est derrière elle. — Elle est amenée devant le gouverneur Olybrius, qui la condamne à toutes sortes de tortures. — Elle est décapitée.

2° *Histoire de sainte Catherine* [2]. — Catherine va au palais de

---

[1] *Miroir historial*, lib. XIII, cap. 27 et 28.

[2] *Ibid.*, cap. 5-7. — *Les Fleurs des Vies des Saints*, au 25 novembre.

l'empereur Maxence. — Elle est devant l'empereur et lui reproche son idolâtrie. — Assistée par un ange, elle dispute contre lui et contre les cinquante docteurs les plus habiles de l'empire; elle confond tous les docteurs, qui disent enfin à Maxime : « Nous avouons hardiment que si tu n'as pas de meilleures raisons à donner en faveur des dieux que nous avons adorés jusqu'à présent, nous nous convertissons tous à la foi chrétienne. » — Le tyran, plein de rage, les fait tous jeter dans une fournaise ardente. — Catherine est cruellement battue de verges. — Elle est enfermée dans un cachot obscur, pour y rester douze jours sans nourriture. — Deux anges lui portent des aliments. — Jésus-Christ lui-même visite sa courageuse servante, lui dit : « Reconnais, ma fille, ton Créateur, pour le nom duquel tu as soutenu un rude combat; sois constante, car je suis avec toi. » — Jésus lui donne la sainte Communion. — L'impératrice et sa suivante prient en joignant les mains. Un bourreau se tient derrière elles. — Maxence a fait mettre Catherine sur la roue; mais un ange et le feu du ciel brisent cette roue et la font éclater avec tant de force que ses débris tuent un grand nombre de Gentils. — Cependant l'impératrice [1] a repris l'empereur de sa cruauté; Maxence, plein de rage, lui ordonne de sacrifier; elle s'y refuse. — Le tyran lui fait arracher les mamelles avec des tenailles de fer; un diable inspire Maxence. — L'impératrice est décapitée. — Elle est ensevelie par Porphyre et sa suivante. — Le peintre-vitrier n'avait plus de place pour continuer la merveilleuse histoire de sainte Catherine; il s'est donc arrêté au martyre de l'impératrice. Ne point se gêner est un principe généralement admis durant tout le Moyen-Age.

XXXVII. *Vitrail de saint Thomas de Cantorbéry* [2]. — Ce vitrail a été donné par les tanneurs, figurés dans trois médaillons : 1° un tanneur retourne les peaux dans une cuve; 2° il vend son cuir à deux acheteurs; 3° il râcle une peau sur le chevalet.

---

[1] Nous pensons que le peintre-verrier s'est trompé ici; au lieu de figurer sainte Catherine, comme il l'a fait, il devait peindre l'impératrice : nous nous sommes permis de le corriger.

[2] *Miroir historial*, lib. XXIX, cap. 14-20.

Saint Thomas est sacré évêque ; les spectateurs du sacre sont dans un médaillon voisin. — Thomas parle au roi, qui l'écoute assis sur son trône. — Il revient à Cantorbéry, monté sur un cheval et suivi d'un serviteur. — Il est devant le roi Henri, qui veut le forcer à approuver des coutumes contraires à la liberté de l'Église ; le roi est inspiré par un petit diable. — Un individu armé d'une massue met la main sur l'épaule de l'archevêque ; il veut sans doute exécuter le cri que poussaient les méchants contre le saint : « Prenez le voleur, prenez le traître. » — Il quitte l'Angleterre pour venir en France ; il est monté sur une barque et bénit la multitude qui l'a accompagné jusqu'au rivage. — Il est arrivé à Sens ; il explique toute son affaire au pape Alexandre. — Renvoyé de Pontify par les abbés de Citeaux, il est monté à cheval avec les siens, et se rend auprès du roi de France. — Il est favorablement accueilli par le roi Louis, avec qui il s'entretient de ses persécutions. — Cependant le roi Louis a supplié le pape Alexandre d'arranger l'affaire : Louis est assis sur son trône ; le pape est à sa droite, et saint Thomas à sa gauche. — Saint Thomas prend congé du roi de France. — Le clergé français conduit saint Thomas jusqu'au vaisseau qui doit le ramener en Angleterre. — Le saint archevêque paraît devant le roi anglais, qui se montre tout affligé ; deux autres personnages parlent avec saint Thomas. Il défend les droits de l'Église contre des seigneurs anglais qui sont venus disputer avec lui. — Saint Thomas est près de sa cathédrale : deux chevaliers du roi lui crient qu'ils sont venus tout armés pour le tuer ; il leur répond : « Je suis prêt à mourir pour la cause de Dieu et la liberté de son Église. Mais si vous cherchez ma tête, je vous commande, au nom du Seigneur, et sous peine d'anathème, de ne faire aucun mal à ceux qui sont ici avec moi. » — Un des chevaliers du roi lui tranche la tête avec le glaive ; le saint est à genoux près de l'autel. — Le saint est étendu dans son tombeau ; deux anges l'encensent ; des malades viennent à sa tombe et obtiennent leur guérison.

XXXVIII. *Vitrail de saint Martin* [1]. — Martin donne la moitié de son manteau à un pauvre d'Amiens. — Jésus vêtu de ce man-

---

[1] *Miroir historial*, lib. XVII, cap. 10-19 ; lib. XVIII, cap. 19-34.

teau lui apparaît durant son sommeil. — Martin est baptisé. — Il guérit un paralytique. — Saint Hilaire l'ordonne acolyte. — Il tombe au milieu d'une troupe de voleurs; ils le lient à un arbre, et l'un d'eux va lui fendre la tête d'un coup de hache; mais un autre brigand retient son bras. — Par un signe de croix, il fait tomber un arbre du côté opposé où il devait tomber; l'arbre écrase des païens endurcis. — Il est sacré évêque; de nombreux fidèles assistent à cette cérémonie. — Il chasse un démon qui se cachait dans un tombeau honoré comme celui d'un martyr; c'était celui d'un voleur. — Il ressuscite un enfant mort que sa mère lui présente. — Il est descendu de son âne à la porte de Paris, et il embrasse un lépreux qu'il guérit. — Il prêche devant un nombreux auditoire; il a la mître sur la tête; un clerc tient la croix, un autre a le livre, et deux autres clercs paraissent sans fonctions. — Il guérit une femme sourde et muette; deux médaillons voisins renferment les témoins du prodige. — Il est en voyage avec ses clercs, ils montent tous des chevaux; Martin guérit un énergumène en faisant sur lui un signe de croix. — Il guérit un possédé : il lui met le doigt dans la bouche, et à l'instant un diable vert sort par l'orifice postérieur. — Il est à table; un serviteur laisse tomber un vase de verre plein d'une huile bénite par le saint; le vase ne se brise pas [1]. — Il vient de mourir; il est étendu sur son lit; le démon dispute contre un ange pour prendre le saint évêque; quatre anges l'encensent. — Son âme est portée au ciel par deux anges [2]. — Ceux de Tours font passer son corps par une fenêtre. — Ils l'ont mis dans une barque, et le transportent dans leur ville. — L'évêque et un nombreux clergé vont au-devant du corps de saint Martin, porté par deux hommes. — Au sommet du vitrail, Jésus bénissant est assis entre deux anges adorateurs.

Ce vitrail a été donné par les cordonniers figurés dans quatre petits médaillons quadrifoliés. — Clément, peintre-verrier de Chartres, est probablement l'auteur du vitrail.

---

[1] *Miroir historial*, cap. 28.

[2] Il est à remarquer que l'âme de saint Martin ne porte point la mître sur la tête, comme l'affirme M. Didron; voyez son *Iconographie chrétienne*, page 104.

XXXIX et XL. Ces deux fenêtres sont des grisailles du XVII⁰ siècle. Les rinceaux qui formaient les fonds, sont presque complètement effacés ou détruits: les bordures sont mieux conservées.

XLI. Grisaille du XIVᵉ siècle. Au bas, se voient deux blasons soutenus par des anges; ils proviennent de la chapelle de Vendôme.

XLII. Grisaille du XIVᵉ siècle. La bordure est fleurdelisée. Au milieu du vitrail, il y a une Annonciation; Marie et l'ange sont debout; celui-ci tient une banderolle où se lit: AVE MARIA GRATIA. Un vase d'or contient le lys de la virginité.

Dans la petite rose, Jésus bénit de la main droite; sa gauche tient un livre et une croix; autour de lui, il y a les quatre animaux évangéliques.

XLIII. *Vitrail du zodiaque et des mois.* — Ce vitrail paraît avoir été donné par Thibaud, comte de Chartres, à la prière de Thomas, comte du Perche, tué en 1217 à la bataille de Lincoln: dans un médaillon au bas de la fenêtre, le comte Thibaud est à cheval et porte un écu d'azur à la bande d'argent; trois personnes l'implorent à genoux. L'inscription porte: COMES TEOBALDVS DAT HO... VESPO... VINERVS AD PRECES COMITIS PTICENCIS; *Le comte Thibaud donne ce........ à la prière du comte du Perche.*

Dans le médaillon qui correspond à celui-ci, plusieurs personnages sont occupés à piocher la terre et à tailler la vigne? — Tout-à-fait au bas du vitrail, d'autres personnes tournent une machine à vis qui doit être un pressoir.

Les signes du zodiaque et les mois sont placés dans l'ordre que nous suivons encore aujourd'hui (voyez la note page 55). Chacun des douze mois est donc ici représenté d'une double manière: par le signe du zodiaque d'abord, et ensuite par l'occupation principale ou habituelle de chacune de ces parties de l'année.

Janvier. — *Le Verseau.* . . . . Un homme à triple visage se présente à l'entrée d'un petit édifice: il semble ouvrir les deux battants de la porte; on lit: IANVARIVS.

Février. — *Les Poissons*: PISCES. . . Un homme se chauffe devant un grand feu: FEBRVS.

Mars. — *Le Bélier*: ARIES. . . . . . Un vigneron taille sa vigne: MARCIVS.

Avril. — *Le Taureau* : taurvs. . . . Un personnage entre deux arbres fleuris, et tenant un bouquet de chaque main : aprilis.

Mai. — *Les Gémeaux* : gemini. . . . Un jeune guerrier armé d'une lance fait paître son cheval : maivs.

Juin. — *Le Cancer* : cancer. . . . . Un homme fauche un pré : ivlivs (sic).

Juillet. — *Le Lion* : leo. . . . . . . Un moissonneur coupe le blé avec une faucille : ivnivs.

Août. — *La Vierge* : virgo. . . . . . Un homme bat des épis avec un fléau : avgvstvs.

Septembre. — *La Balance* : libra. . . On foule des raisins dans la cuve : septenber.

Octobre. — *Le Scorpion* : scorpio. . . On remplit un tonneau.

Novembre. — *Le sagittaire* : sagitarivs. On tue un cochon.

Décembre. — *Le Capricorne.* . . . . Un homme assis devant une table chargée de mets : decenber.

Tout en haut de la fenêtre, Dieu assis sur un trône entre deux flambeaux et entre l'Alpha et l'Oméga : il bénit de la main droite et tient un livre de la gauche.

XLIV. *Vitrail de sainte Anne et de la sainte Vierge.* — Ce vitrail a été donné par le même Thibaud, donateur du précédent vitrail. — Un médaillon représente des vignerons taillant leurs vignes.

Le grand-prêtre refuse les offrandes de Joachim et d'Anne. — Joachim au milieu de ses troupeaux reçoit la visite d'un ange. — Anne occupée à filer reçoit la visite du même ange. — Joachim et Anne se rencontrent à la porte Dorée. — Ils sont assis sur un siége. — Anne vient d'accoucher; une sage-femme tient la petite Marie. — Deux femmes lavent la petite Marie. — Anne et Joachim conduisent la petite Marie à un maître de grammaire, qui reste assis. — Marie avec d'autres enfants apprend à lire; le maître armé de son faisceau de verges préside. — Marie est devant Joseph, qui porte une palme verte; il est suivi de deux jeunes hommes qui ont des bâtons. Un autel sépare Marie et Joseph. — Joseph épouse Marie; un prêtre unit leurs mains; les deux témoins ont la tête nimbée comme des saints. — Gabriel annonce à Marie sa maternité divine. — Marie visite sa chère cousine Elisabeth. — Marie est couchée dans son lit; elle vient de mettre au monde son Enfant, qu'elle a emmaillotté et posé dans une crèche; saint Joseph est debout auprès du lit; l'âne et le bœuf traditionnels sont à côté de leur Maître. — Un ange réveille les bergers de Bethléem. — La Présentation : Siméon et Marie tiennent l'Enfant sur l'autel; Joseph et Anne sont là. — Hérode avec les docteurs de la loi répond aux Mages. — Les Mages adorent Jésus et lui offrent leurs présents. — Hérode ordonne le massacre des innocents. — Le massacre de ces pauvres enfants. — La fuite en Egypte. — Jésus bénit la foule agenouillée.

Dans la rose, Jésus est cloué sur la croix; sa Mère et son disciple bien-aimé sont debout près de lui; on y voit aussi plusieurs anges.

XLV. *Notre-Dame de la Belle-Verrière.* — C'est le nom que le peuple donne à une image de Marie, qui est la principale figure du vitrail. Cette image de la sainte Vierge date du XIIIe siècle; au premier aspect elle semble plus ancienne : c'est probablement la reproduction d'un ancien type.

Marie est assise sur un trône; elle est vêtue d'une double robe d'azur richement bordée; un voile blanc et une magnifique couronne couvrent sa noble tête; le Saint-Esprit plane au-dessus de la Mère de Dieu. Elle tient Jésus entre ses genoux; le Sauveur a pour vêtements une robe blanche et un manteau bistre; il porte le nimbe crucifère; sa main droite bénit, et sa gauche tient un livre sur lequel sont des lettres qui ne présentent aucun sens.

Quatorze anges rendent leurs hommages à la Reine des cieux : six l'encensent, deux l'éclairent, deux la prient en joignant les mains, et quatre supportent avec des colonnes le trône sur lequel elle est assise. — Notre-Dame de la Belle-Verrière était jadis l'objet d'une grande vénération de la part des fidèles; ils allaient prier devant cette image comme devant la Vierge-Noire-du-Pilier; aujourd'hui quelques habitants de la campagne seulement y vont faire leur prière et allumer leur cierge.

Pour nous rappeler le pouvoir de Marie, le peintre-verrier a représenté, sous l'image de la Notre-Dame de la Belle-Verrière, le miracle de Cana obtenu par les prières de cette Vierge-Mère.

Il y a cinq tableaux : 1° Jésus avec ses disciples se rend aux noces de Cana ; 2° Marie dit à Jésus : « Ils n'ont plus de vin ; » 3° Elle dit aux serviteurs : « Faites tout ce qu'il vous dira ; » 4° Jésus bénit trois grandes urnes pleines d'eau, et change l'eau en vin ; 5° Le maître d'hôtel apporte aux jeunes mariés le vin miraculeux.

Dans les trois médaillons inférieurs, on voit la triple tentation de Jésus-Christ par Satan : 1° Le démon montre des pierres à Jésus et lui dit : Faites que ces pierres deviennent du pain. 2° Satan a transporté Jésus sur le pinacle du temple ; un ange accompagne le Fils de Marie. 3° Enfin Satan a placé Jésus sur une haute montagne ; Jésus le renvoie avec un geste de sa main divine ; la montagne, qui a la forme d'un pain de sucre, est placée entre Jésus et Satan. — En plaçant ici la triple tentation de Jésus, le peintre nous enseigne que dans nos tentations nous devons avoir recours à Marie et la supplier de nous fortifier contre les ruses de l'enfer.

XLVI. *Vitrail de saint Antoine* [1]. — Le vitrail a été donné par les vanniers, représentés dans les médaillons inférieurs.

Antoine et sa sœur entrent dans une église, au moment où le diacre chante : « Si tu veux être parfait, va et vends tout ce que tu as, et donne-le aux pauvres. » — Les deux sœurs d'Antoine veulent le retenir avec elles ; un valet court-vêtu assiste à cette scène. — Antoine distribue tout son bien aux pauvres. — Il va se présenter à un ermite qui le reçoit pour son disciple. — Il bêche la terre, près de son ermitage. — Le diable lui apparaît et lui dit : « Tu m'as vaincu. » — Une courtisane vient le tenter. — Antoine est assis et dit à un homme qui lui a demandé ce qu'il devait faire pour plaire à Dieu : « En quelque lieu que tu sois, aie toujours Dieu devant toi et devant tes yeux. » — Antoine s'est réfugié dans un sépulcre ; deux diables lui parlent à l'entrée du sépulcre. — Ils le battent cruellement. — Un de ses frères l'emporte sur ses épaules dans un hôpital. — Ceux qui sont là, le pleurent comme mort ; le saint est étendu sans mouvement. — Antoine reprend ses sens, et prie deux de ses frères de le reporter au sépulcre. — Il est allé visiter saint Paul ; et pendant qu'ils

---

[1] *Miroir historial*, lib. XIII, cap. 91-93.

s'entretiennent ensemble, une colombe blanche leur apporte un pain [1]. — Ils prient à genoux devant un autel. — Paul est assis et il lit la Bible posée sur un pupitre. — Antoine aperçoit l'âme de saint Paul emportée par deux anges dans une auréole de feu. — Paul est mort; un lion est venu du désert; il creuse la fosse, où Antoine déposera la dépouille mortelle du saint ermite. — Saint Antoine est couché sur son lit; il donne son manteau à l'un de ses moines. — Il meurt, et son âme est reçue par deux anges.

Dans la rose, Marie debout tient son Fils bénissant; le sein droit est découvert; à côté il y a deux anges thuriféraires.

XLVII. (Dans le transsept méridional.) *Vitrail de saint Blaise.* — Ce vitrail a été défoncé en 1791, et remplacé par une maçonnerie, pour recevoir l'autel moderne du Lazare.

XLVIII. Cette fenêtre est aujourd'hui garnie de vitres en verre blanc, avec une bordure en verres colorés. Avant 1792, il y avait une grisaille et les images de saint Michel, de saint Lubin et de saint Martin.

XLIX. *Vitrail de saint Appollinaire* [2]. — La partie inférieure de cette verrière a été coupée et remplacée par des figures en grisaille, au XIVe siècle, ainsi que l'indique l'inscription qui se voit au milieu et que nous donnons plus loin. Ce changement eut lieu à l'occasion de la fondation d'un autel au-dessous de cette fenêtre, en 1328. La tradition fait connaître que cet autel était sous le vocable de saint Mathurin et de sainte Juliette. Les figures peintes dans cette grisaille forment cinq groupes qui sont, en commençant par la gauche :

1° *Saint Cyr,* enfant (il fut martyrisé à l'âge de trois ans), donnant la main à *sainte Juliette,* sa mère. Saint Cyr porte une palme, sa mère tient un livre; leurs noms devaient se lire au-dessous; ils ont disparu dans une restauration qui a intercalé ici un panneau d'ornements en grisaille du XIIIe siècle.

2° *Saint Maur et sainte Radegonde.* Saint Maur, abbé (la tête manque), vêtu de la robe monacale, tient une crosse et un livre;

---

[1] *Miroir historial*, lib. XI, cap. 86-88.

[2] *Ibid.*, lib. X, cap. 7

sainte Radegonde, vêtue en abbesse et tenant aussi une crosse et un livre. On lit au-dessous : s. MOR. SAINTE ARAGONDE.

3° *La sainte Vierge* debout, portant *l'enfant Jésus* qui bénit Guillaume Thierry, donateur de cette grisaille : ce chanoine est à genoux, les mains jointes devant ses divins protecteurs.

4° *Saint Sulpice et saint Mathurin.* Saint Sulpice, archevêque de Bourges, revêtu d'habits pontificaux : saint Mathurin, est devant lui en costume de berger au milieu d'un troupeau. On lit au-dessous : .....VPPLISE. S. MATERIN.

5° *Saint Liphard* perçant avec une béquille le monstre infernal qui causait de grands ravages. On lit : s. LIPHART.

Au-dessous du groupe du milieu on lit l'inscription suivante :

```
        MONSEIGN : G : TVERRI : CHANOINE : DE
        CEANS : SEIGN DE : LOY : Q : FONDA : CE
        ST : AUTEL : EN : LANEUR : DE NRE : DAME : ET
        AINS : ET DES : SAINTES : QI : CI : S.....
        ONT : L'AN DE GRACE : MIL : CCC : XX : VIII)
            LE JOUR DE : TOVZ : SEINS : P : II :
                CHAPELAINS : PERPETUES.
```

Toute cette partie du vitrail, dessinée avec une rare perfection par M. Paul Durand, va paraître dans la cinquième livraison de la *Monographie*.

Saint Apollinaire, évêque de Ravenne, guérit un enfant possédé du démon, en faisant sur lui le signe de la croix. — Il guérit la femme du tribun de Ravenne. — Il paraît devant le gouverneur Saturnius, qui le condamne à être battu de verges. — Deux bourreaux le battent cruellement. — A Padoue, il guérit une fille possédée du démon, qui criait : « Sors d'ici, serviteur de Dieu; car nous te ferons jeter, pieds et poings liés, hors de la ville. — Il arrive chez le patricien Rufus, qui l'a appelé pour guérir sa fille. — Il ressuscite la fille de Rufus, en la prenant par la main. — Il baptise Rufus. — Il est conduit devant le préfet du prétoire, Messalinus; le préfet a le sceptre et la couronne, comme un roi. — On a jeté le saint évêque dans une prison; le quatrième jour, un ange vient le visiter et le fortifier; un bourreau armé d'un bâton regarde par la fenêtre. — Le préfet a fait embarquer Apollinaire, pour l'envoyer en exil. — On l'a conduit au temple d'Apollon; il se met à genoux, et à l'instant les idoles se brisent. — Le saint évêque est mort; un prêtre et deux diacres lui donnent la sépulture, les fidèles pleurent la mort de leur premier pasteur.

Dans le haut du vitrail, se voit la hiérarchie presque complète des saints Anges [1] : 1° Six *Anges* portent ou le livre, ou le flambeau, ou l'encensoir; 2° deux *Archanges* perçant avec la croix deux démons; 3° deux *Puissances*, avec le sceptre; 4° deux *Vertus*, portant le sceptre et la couronne; — 5° deux *Dominations*, au centre d'une auréole de feu, et tenant un sceptre; — 6° deux *Chérubins* ou *Séraphins*, à six ailes et les pieds sur un globe.

L. (Dans le bas-côté méridional.) *Vitrail des Miracles*. — Ce vitrail racontait les principaux miracles que la sainte Vierge daigna faire en faveur des pèlerins de Chartres; il redisait aussi la légende, si célèbre au XII° et au XIII° siècle, du moine Théophile. Quinze médaillons ont été remplacés par du verre blanc; de sorte qu'il ne reste d'entier qu'un seul sujet.

La statue d'or de Marie tenant son fils est posée sur un pilier; un grand nombre de pèlerins l'entourent et lui adressent leurs supplications. Dans les médaillons on voit deux chars traînés par des hommes et montés par d'autres pèlerins portant des bannières et venant apporter à Marie leurs hommages et leurs offrandes. Cette scène rappelle ces vers de Jehan le Marchant, lequel parlant de la reconstruction de la Cathédrale, au XIII° siècle, dit :

> Lors vindrent gens de totes pars
> Qui en charrestes et en chars,
> Grans dons a liglise aportoient
> Qui a leuvre mestier auoient [2].

Au-dessus de sa statue, Marie elle-même se montre avec son Fils bénissant, et accepte pour elle-même les honneurs rendus à son image; Marie est accompagnée de deux anges thuriféraires.

Nous ne décrirons pas ici les panneaux enlevés, ni les tableaux incomplets qui restent encore; nous traiterons longuement tout cela dans notre *Monographie générale*.

---

[1] Voyez plus haut, page 107.
[2] *Poème des Miracles*, page 40.

Ce vitrail a été donné par les bouchers ou charcutiers; trois médaillons leur sont consacrés : 1° un boucher écorche un veau; il dépèce un veau, pour le vendre à des acheteurs; un chien attend sa curée; 2° un veau est pendu dans la boutique; 3° un charcutier tue un porc.

LI. Cette fenêtre, qui embrasse toute la largeur de la chapelle de Vendôme, a perdu la plupart des vitres peintes que le fondateur de la chapelle y avait fait placer au XVe siècle. Parmi les parties de cette époque, on remarque : 1° Saint Louis, saint Denis et saint Jean-Baptiste, tous trois mutilés, et deux anges avec des écus. 2° Saint Jean l'évangéliste, avec le calice d'où sort un dragon ailé; une sainte à genoux sur un coussin, deux anges lui posent une couronne sur le front. 3° Marie assise sur un trône très-élégant; un prêtre à genoux, vêtu d'une soutane rouge et d'un surplis à larges manches. Au milieu de tout cela on a intercalé des panneaux du XVIe et du XIIIe siècle : parmi ces derniers, il y a un Saint Symphorien provenant des hautes fenêtres de la nef, et de petits sujets provenant de la chapelle absidale.

Le tympan de la fenêtre a conservé ses vitraux primitifs; ils représentent : 1° *La crucifixion :* trois anges reçoivent dans des calices le sang précieux du Sauveur en croix, et d'autres anges désolés volent dans les airs. A la droite de Jésus, on voit sa Mère, Salomé, Jean, et Madeleine, à sa gauche, des prêtres juifs; le costume du grand-prêtre est fort singulier; une inscription porte : VERÈ FILILIUS DEI EST HIC. — 2° *Le Jugement dernier :* Jésus est assis sur un arc-en-ciel; deux anges tiennent les instruments de sa passion; deux autres sonnent la trompette du jugement. Marie et Jean intercèdent pour les pécheurs. Les morts ressuscitent et sortent de leurs tombeaux; parmi eux, on distingue un pape, un roi, un moine et une religieuse.

LII. *Vitrail de la sainte Vierge.* — Ce vitrail a pour donateur les cordonniers du XIIIe siècle; il sont figurés dans les médaillons inférieurs : 1° Un bourgeois achète des chaussures à un cordonnier; 2° Un cordonnier semble peindre ou polir des chaussures; 3° Un cordonnier achète du cuir à un tanneur ; Pintard a vu dans ce groupe *deux personnages tenant des ballots de papiers !* et M. de Lasteyrie y voit *un boucher ouvrant un veau !* Deux cordonniers se trouvent encore au bas de la bordure.

Le vitrail est divisé en quatre tableaux qui se composent chacun de quatre ou de six médaillons. Tableaux et médaillons ont été déplacés.

Au premier tableau, Marie meurt entourée des apôtres, des disciples et des saintes femmes; son âme s'est envolée dans les bras de Jésus; deux anges accompagnent le Sauveur.

Au second tableau, le corps de Marie déposé dans un cercueil est porté par les apôtres dans la vallée de Josaphat; Jean porte le rameau vert; les apôtres, les disciples et les saintes femmes pleurent. Deux anges descendus du ciel encensent le corps virginal de leur Reine.

Au troisième tableau, les apôtres déposent le corps immaculé de Marie dans un sépulcre tout neuf, comme Jésus l'a ordonné; Pierre encense. — Un ange descend du ciel et ouvre les mains. — Marie est enlevée au ciel dans une gloire ovoïdale que tiennent deux anges; quatre autres anges encensent leur Reine.

Au quatrième tableau, Marie est couronnée par son Fils; tous les deux sont assis sur des trônes. A côté il y a deux anges qui tiennent des banderolles sur lesquelles on lit : TE DEUM LAUDAMUS; on voit aussi quatre anges thuriféraires.

LIII. *Vitrail du bon Samaritain.* — Ce vitrail offre un des plus beaux sujets théologiques traités par les savants artistes du Moyen-Age. Nous ne pouvons entrer ici dans les détails; nous devons renvoyer nos lecteurs à la *Monographie de Bourges*. Nous nous contentons de décrire ici fort rapidement chaque tableau, comme nous l'avons fait pour les autres verrières. — On lit assez souvent les inscriptions suivantes : PHARISEVS, SAMARITANVS, PEREGRINVS.

Au premier médaillon, Jésus raconte à deux juifs la parabole du Samaritain. — Le voyageur sort de Jérusalem pour se rendre à Jéricho. — Il tombe entre les mains des voleurs qui le dépouillent et le battent cruellement. — Le voyageur est gisant à demi-mort; un prêtre et un lévite voient cet homme et passent outre. — Un Samaritain arrive près de ce voyageur et le panse avec soin. — Après l'avoir pansé, il l'a mis sur son cheval; il est à la porte d'une hôtellerie. — Le pauvre voyageur est couché sur un lit; le Samaritain prend soin de lui et le console. — Dieu crée Adam; un souffle sort de la bouche divine pour animer le premier homme. — Adam est assis au milieu du paradis terrestre.

— Dieu lui défend de manger des fruits de l'arbre de la science du bien et du mal; cet arbre est un pommier avec son beau feuillage vert et ses fruits rouges. — Adam et Ève s'entretiennent ensemble; Ève tient une branche fleurie. — Ils écoutent le serpent et mangent du fruit défendu. — Dieu émergeant des nues appelle Adam et Ève, qui se sont assis sur un banc placé sous un arbre. — Ils sont chassés du paradis par un ange. — Dieu les a condamnés au travail : Adam bêche péniblement la terre; Ève file à la quenouille. — Au sommet du vitrail, Dieu est assis sur un arc-en-ciel; il bénit et porte le monde.

Les donateurs du vitrail sont les cordonniers : 1° Un cordonnier coupe son cuir; 2° Deux cordonniers travaillent; 3° Six cordonniers à genoux tiennent le modèle du vitrail; on lit : SUTORES.

LIV. *Vitrail de sainte Madeleine*[1]. — Ce vitrail paraît avoir été donné par les porteurs d'eau, les *aquarii* du XIIIe siècle; en effet il y a dans les petits médaillons trois hommes presque nus et portant des urnes renversées d'où l'eau s'échappe.

Madeleine arrose les pieds de Jésus avec ses larmes et les essuie avec ses cheveux. — Lazare est mort; il est étendu sur un lit funèbre, dans une chapelle ardente; deux prêtres juifs consolent ses deux sœurs. — Deux autres juifs les consolent. — Un *évêque!* assisté d'un lévite donne la sépulture à Lazare; il jette de l'eau bénite avec un goupillon. — Marthe et Madeleine conduisent Jésus vers le sépulcre de leur frère. — Jésus ressuscite Lazare en présence des Juifs. — Madeleine est allée au tombeau de Jésus-Christ; un ange lui parle. — Après sa résurrection, Jésus apparaît à Madeleine, et lui dit : « Ne me touchez point. » — Les apôtres sont assemblés avant de se disperser par toute la terre; saint Pierre parle à Madeleine. — Madeleine débarque à Marseille; elle descend d'un navire qui a ses mâts et ses voiles. — Lazare, évêque de Marseille, instruit son peuple. — Sainte Madeleine vient de mourir; elle est étendue sur son lit; saint Maximin bénit son corps. — Il lui donne une sépulture honorable. — Jésus assis sur son trône reçoit la petite âme de Madeleine, qui lui est présentée

---

[1] Voyez sur sainte Madeleine le savant et admirable travail de M. l'abbé Faillon : *Monuments inédits sur l'apostolat de sainte Madeleine*, etc.

par un ange sur une nappe blanche; un autre tient une couronne et deux autres anges encensent.

LV. Vitrail de saint Jean. — C'est ici le dernier vitrail qui nous reste à décrire; nous voulons le faire avec plus de détails que les autres, et l'offrir à nos lecteurs avec tous les développements que nous donnerons pour tous les vitraux, dans notre *Monographie générale*. — Nous transcrivons d'abord l'histoire de saint Jean l'évangéliste, telle que la raconte Vincent de Beauvais et Jacques de Vorragine [1]; nous abrégeons parfois leur récit, et nous passons sous silence presque tous les faits que le vitrail ne reproduit pas. Le premier alinéa est tiré des *Fleurs des Vies des Saints*.

« Le bienheureux apostre, évangéliste, vierge et martyr sainct
» Jean, estait de Galilée, natif de Bethsaïde. Son père s'appelait
» Zébédée, sa mère Marie Salomé, son frère aisné S. Jacques-le-
» Grand. S. Matthieu dit de S. Jean, que son frère S. Jacques et
» lui estaient pescheurs, du mestier de leur père Zébédée. Sainct
» Hiérôme dit qu'ils estoient nobles, et que S. Jean estoit connu
» du grand prestre Caïphe, à cause de sa noblesse, et fut ce qui
» luy donna entrée et moyen d'introduire S. Pierre en la maison
» de Caïphe.... Quelques Docteurs, entre autres Béda et Rupert,
» disent que sainct Jean estoit l'époux des nopces de Cana en
» Galilée, ausquels la Vierge et son Fils très-bénit avec ses disci-
» ples furent conviés : que Nostre-Seigneur le choisit et éleut à
» l'apostolat, honorant d'un costé les nopces par sa présence, et
» d'autre part faisant voir que la virginité est préférable au ma-
» riage [2]. »

« Saint Jean avait toujours vécu dans la virginité. Après la Pentecôte, lorsque les Apôtres se dispersèrent, il alla à Éphèse. Il fonda en Asie sept églises dans sept villes importantes. L'empereur Domitien, ayant entendu parler de lui, le fit arrêter par le

---

[1] *Miroir historial*, lib. x, cap. 14, 39, 40, 43, 44 et 49. — *Légende dorée*, de sancta Joanne evangelista.

[2] Voyez sur ce point, Bède, *In præf. in Joann.*; — Rupert, *Lib. II in Joann.*; — Baronius, *tom. 1, pag. 106 annalium*. — Maldonat. *In 1 cap. Joann.*; — Salmeron, *tract. VI in Joan.*

proconsul d'Éphèse et amener *à Rome;* là il le fit jeter, près la porte Latine, dans une chaudière d'huile bouillante : Jean en sortit sans avoir éprouvé aucun mal. Quand l'empereur vit que rien ne le ferait renoncer à la prédication, il le relégua dans l'île de Pathmos pour y travailler aux mines. Jean y écrivit son *Apocalypse,* livre divin qui renferme plus de choses que de mots. Peu de temps après, l'empereur fut tué à Rome, et Nerva rappela de l'exil tous ceux que Domitien avait bannis. Jean fut reconduit à Éphèse avec honneur. Tous les chrétiens vinrent au-devant de lui, et ils disaient : « Béni soit celui qui vient au nom du Seigneur! » Comme il entrait dans la ville, il rencontra le convoi funèbre de Drusienne, femme pieuse, qui avait toujours brillé parmi ses plus fervents disciples. Les pauvres, les veuves et les orphelins criaient en pleurant : « O père Jean, ayez pitié de Drusienne, votre disciple; docile à vos instructions, elle nous fournissait à tous la nourriture, et elle servait Dieu dans la chasteté et l'humilité, soupirant chaque jour après votre retour. Oh, disait-elle, puissé-je voir l'apôtre de Dieu, avant de mourir! Hélas! vous êtes revenu parmi nous et ses vœux n'ont pu être exaucés! » Et alors Jean ordonna de poser le corps par terre et de le délier; puis il dit à haute voix : « Que le Seigneur te ressuscite, ô Drusienne; lève-toi, retourne dans ta demeure et apprête-moi un festin. » Aussitôt elle se leva et s'en retourna dans sa maison, exécuter les ordres de l'apôtre avec tant d'empressement que l'on aurait dit qu'elle sortait, non des bras de la mort, mais d'un simple sommeil.

» Le lendemain, un philosophe nommé Craton haranguait le peuple réuni sur la place du marché, et exposait comment toutes les choses de ce monde étaient dignes de mépris; il avait décidé deux jeunes gens, qui étaient frères, à vendre tous leurs biens, puis à en convertir la valeur en pierres précieuses. Ensuite il leur commanda de détruire ces pierreries devant tous les assistants. Or, il arriva que l'Apôtre passait en ce moment par là; il reprit le philosophe et le somma d'embrasser la foi : il démontra que ce fastueux mépris du monde était condamnable pour trois raisons : 1° il est loué des hommes, mais il n'est pas béni de Dieu; 2° il est sans vertu, puisqu'il ne guérit pas du péché, et que vain est le remède qui ne surmonte pas la maladie; 3° enfin, pour être récompensé de Dieu en renonçant aux biens du monde, il faut les donner aux pauvres, car il est écrit : « Si tu veux être parfait, va et vends tout ce que tu possèdes et donne-le aux pauvres. » Alors Craton dit : « Si ton maître est le vrai Dieu, fais que ces pierres qui viennent d'être brisées redeviennent entières, afin que le prix de l'or qu'elles ont coûté puisse être donné aux pauvres. » Saint Jean prit les pierres, il pria, et elles redevinrent entières comme auparavant. Les deux jeunes gens et le philosophe crurent en Dieu ; ils vendirent ces pierres et ils en distribuèrent le prix aux pauvres.

» Deux autres jeunes gens, touchés de cet exemple, vendirent tout ce qu'ils possédaient, l'employèrent en aumônes et suivirent l'Apôtre. Or, ils virent un jour ceux qui avaient été leurs serviteurs couverts de riches habits, tandis qu'eux-mêmes n'avaient qu'un méchant manteau, et ils se laissèrent aller à la tristesse. Comme ils étaient sur le rivage de la mer, saint Jean leur dit de ramasser quelques morceaux de bois et quelques menus cailloux, et il les changea en or et en pierres précieuses. Il dit ensuite à ces gens d'aller les montrer aux orfèvres et aux lapidaires. Après sept jours les disciples revinrent et dirent : « Tous les orfèvres et joailliers se sont accordés à dire qu'ils n'avaient jamais vu un or plus pur ni des gemmes plus précieuses. » Alors l'apôtre leur dit : « Allez racheter vos terres, car vous avez perdu la grâce de Dieu ; soyez somptueusement vêtus, afin d'être mendiants pour toujours. » Et saint Jean leur rappela la parabole de Jésus-Christ sur le riche Epulon et le pauvre Lazare et leur exposa comment six choses devaient nous détourner de la convoitise désordonnée des richesses.....

» Or, comme Jean disputait contre les richesses, voici que l'on portait en terre un homme mort, marié seulement depuis trente jours ; et alors vinrent la mère de sa femme et autres personnes qui le pleuraient ; elles se mirent aux pieds de l'Apôtre, en le priant de le ressusciter au nom de Jésus-Christ, comme il avait ressuscité Drusienne. Et alors l'Apôtre pleura beaucoup : il pria, et aussitôt le mort ressuscita. Et saint Jean lui ordonna de raconter à ces deux jeunes gens quelle peine ils avaient encourue et quelle joie ils avaient perdue : il raconta beaucoup de choses de la joie du paradis et des peines qu'il avait vues, et il dit : « O malheureux que vous êtes! j'ai vu les anges commis à votre garde qui pleuraient, et les démons qui se réjouissaient. » Et il leur dit qu'ils avaient perdu les palais célestes, qui sont faits de pierres précieuses et resplendissants d'une merveilleuse et éternelle clarté, qu'ils s'étaient exposés aux peines de l'enfer qui sont vers, ténèbres, feu, tourments, pleurs, confusion du péché et visions de diables. Et l'homme qui venait d'être ressuscité et les deux jeunes gens se jetèrent aux pieds de l'Apôtre et le conjurèrent d'avoir pitié d'eux, et l'Apôtre leur dit : « Faites pénitence durant trente jours et priez, et les petits morceaux de bois et les cailloux redeviendront ce qu'ils étaient. » Et au bout des trente jours, l'Apôtre dit : « Rapportez-les sur le rivage où vous les avez pris »; et aussitôt les morceaux de bois et les cailloux redevinrent ce qu'ils étaient avant d'être ramassés, et les jeunes gens recouvrèrent la grâce des vertus qu'ils avaient auparavant.

» Quand le bienheureux Apôtre eut prêché dans toute l'Asie, les prêtres des idoles soulevèrent le peuple contre lui, et ils le traînèrent au temple de Diane, voulant le forcer à sacrifier. Or Jean leur fit cette proposition : « Priez Diane de détruire l'Église de Jésus-Christ, et si elle le fait, je lui offrirai des sacrifices ; de mon côté je prierai le Seigneur Jésus de détruire le temple de Diane, et s'il est détruit, vous croirez en Jésus-Christ. » Et comme l'on souscrivit à cet accord, tous sortirent du temple ; l'Apôtre pria, le temple s'écroula, et l'image de Diane fut mise en pièces. Alors Aristodème, pontife des idoles, suscita une grande émeute parmi le peuple. L'Apôtre dit à Aristodème : « Que veux-tu que je fasse pour apaiser ce tumulte? » Aristodème répondit : « Si tu veux que je croie en ton Dieu, je te donnerai du poison à boire, et s'il ne te fait point de mal, tu auras montré que ton Dieu est véritable. » L'Apôtre lui dit : « Fais ce que tu voudras. » Et Aristodème reprit : « Je veux que tu voies mourir d'autres gens avant toi. » Et il alla trouver le gouverneur ; il lui demanda deux hommes condamnés à mort, qui lui furent accordés. Il leur donna le poison en présence de tout le peuple, et aussitôt qu'ils l'eurent bu, ils tombèrent morts. Alors l'Apôtre prit la coupe, fit le signe de la croix, but tout le venin, et il n'eut aucun mal. Et le peuple se mit à louer Dieu et à crier que le Christ était le Dieu véritable. Mais Aristodème dit : « J'ai encore quelques doutes ; toutefois je croirai, si tu ressuscites ces morts. » Alors l'Apôtre lui donna son manteau et le faux pontife lui demandant pourquoi, Jean lui dit : « C'est pour te confondre et pour te faire revenir de ton endurcissement. Va et pose mon manteau sur les morts, en disant : L'Apôtre de Jésus-Christ m'a envoyé vers vous, afin que vous ressuscitiez au nom du Seigneur Jésus. » Aristodème le fit, et les morts ressuscitèrent aussitôt. Et l'Apôtre baptisa le pontife, ainsi que le gouverneur de la ville et une grande multitude de peuple : sans compter les femmes et les enfants, douze mille hommes furent régénérés par le baptême.

» Lorsque Jean eut atteint l'âge de quatre-vingt-dix-neuf ans, sous le règne de Trajan, le Seigneur lui apparut et lui dit : « Viens à moi, mon bien-aimé, car il est temps que tu t'assoies à ma table avec tes frères. » Alors saint Jean se leva, et Jésus ajouta : « Tu viendras dimanche me rejoindre. » Et quand le dimanche fut venu, l'Apôtre assembla tout le peuple dans l'église à laquelle on avait donné son nom, et il prêcha et il exhorta les fidèles à demeurer fermes dans la foi et à observer les commandements de Dieu. Et après cela il fit faire une fosse toute carrée au pied de l'autel et il fit jeter la terre hors de l'église. Il se plaça ensuite dans la fosse, les mains jointes, et il dit : « Invité à votre festin, ô Seigneur Jésus, je vous rends grâce de ce que je suis tel qu'il faut être pour partager semblable nourriture, et vous savez que je le désirais de tout mon cœur. » Et quand il eut fini sa prière, une si vive clarté l'environna que nul ne pouvait en soutenir la vue; et quand cette splendeur disparut, la fosse fut trouvée toute pleine de manne, et encore aujourd'hui y trouve-t-on de la manne qui sort du fond de cette fosse, comme d'une fontaine; c'est pourquoi plusieurs pensent que Jean a été enlevé au ciel en corps et en âme [1]. »

Tel est le résumé de ce que nous offrent Vincent de Beauvais et Jacques de Voragine sur la vie de saint Jean l'Évangéliste. C'est dans ces récits si naïfs et si attachants que le peintre-verrier du XIIIe siècle s'est inspiré pour exécuter le vitrail de saint Jean [2].

---

[1] Voyez, sur les circonstances de la mort de saint Jean l'évangéliste, de curieux détails dans l'*Histoire ecclésiastique* de Nicéphore, page 107.

[2] Voyez le vitrail de saint Jean, dans la *Monographie de Bourges*

— 267 —

Les sujets peints dans les panneaux qui représentent cette vie de saint Jean ne se suivent pas dans l'ordre voulu. Le dessin ci-dessous a été fait pour restituer cet ordre et pour faciliter les recherches. On remarquera qu'il offre l'ensemble exact du fenestrage ou de l'armature de fer qui partage la surface de la fenêtre en médaillons de diverses formes séparés par un fond de mosaïque et encadré par une bordure qui suit tout le contour de la fenêtre.

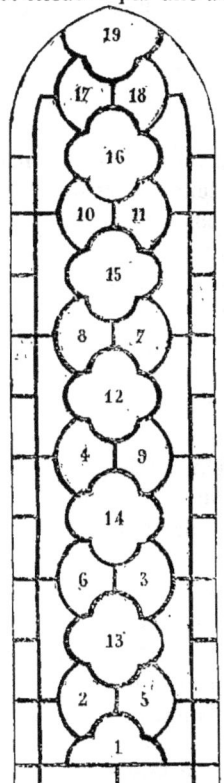

1. La fuite en Égypte. Ce panneau n'a aucun rapport avec la vie de saint Jean : il a été mis ici comme racommodage, ainsi qu'on peut s'en convaincre en remarquant que toutes les figures sont rognées à leur partie inférieure.

Les armuriers sont les donateurs de ce beau vitrail : ils sont représentés dans les deux numéros suivants :

2. Deux armuriers assis : l'un travaille à achever un bouclier, l'autre frappe sur un petit objet avec un ciseau et un marteau.

3. On voit encore des armuriers : l'un debout et court vêtu forge sur l'enclume un étrier qu'il tient avec des pinces; l'autre assis, est occupé à polir à l'aide d'une lime un étrier qu'il serre dans des tenailles.

4. Saint Jean est monté dans une barque; il revient de l'île de Pathmos et se rend à Éphèse; l'apôtre est vêtu d'une robe jaune et d'un manteau bistre; on remarquera que dans tous les médaillons, saint Jean porte toujours le même manteau; la robe seule varie de couleur. On lit : scs. iohs.

5. L'apôtre est assis sur un siège; il écrit son évangile sur une longue banderolle, où se lit : IN PRINCIPIO ER... Autour de saint Jean sont les sept églises d'Asie figurées par sept clochers pyramidaux surmontés d'une croix; ces clochers varient de couleur, blanc, vert, jaune, brun, rougeâtre. On lit : scs. iohannes.

6. Saint Jean ressuscite Drusienne; il est debout et bénit sa

fervente disciple, qui est couchée dans son cercueil, et qui joint les mains pour remercier saint Jean.

7. Craton enseigne la philosophie à une foule d'auditeurs, qui sont tous revêtus de la tunique et du manteau.

8. Les deux jeunes hommes, disciples du philosophe Craton, brisent les pierres précieuses, valeur de tous leurs biens ; ils se servent du marteau et frappent sur une sorte d'enclume. Craton est assis et préside à cette opération fastueuse.

9. Saint Jean somme Craton d'embrasser la foi chrétienne ; en même temps il remet les pierres brisées en leur état primitif. On lit : scs. IOHANNES.

10. Saint Jean, par un signe de croix, convertit en or des morceaux de bois que lui présente l'un de ses deux jeunes disciples.

11. Le jeune homme fait éprouver le bois changé en lingot d'or ; l'orfèvre est assis devant sa table de changeur.

12. Un jeune époux marié depuis trente jours seulement, meurt ; son âme sort de sa bouche sous la forme d'un petit corps humain tout nu : un démon s'en saisit. Sa femme et ses enfants le pleurent, saint Jean va le ressusciter bientôt : le peintre a commis ici une erreur : au lieu d'un jeune homme, il a représenté un homme paraissant déjà assez âgé.

13. Saint Jean est debout devant Aristodème ; celui-ci est assis sur un siège, vêtu de la robe et du manteau, un bonnet pointu sur la tête, un sceptre dans la main droite ; derrière lui on voit un méchant qui l'inspire. On lit : scs. IOHANNES.

14. L'apôtre avale le poison : un pharmacien écrase des vipères et autres serpents dans un mortier pour en préparer un breuvage mortel ; deux criminels qui ont bu de ce poison, gisent sans vie ; saint Jean vide la coupe pleine du même poison et ne ressent aucun mal ; Aristodème est assis et regarde l'apôtre avec étonnement. On lit : scs. IOHANNES.

15. Jésus apparaît à son disciple bien-aimé et lui annonce qu'il mourra bientôt ; Jésus et Jean sont debout entre deux arbres revêtus de leur feuillage. Ces deux arbres sont-ils là, comme sur les peintures des Catacombes [1], pour nous dire que Jean va jouir des

---

[1] Voyez le savant ouvrage de Buonarruoti sur les *anciens cimetières de Rome*, page 125.

PLAN DE LA CRYPTE.

Echelle d'un Millimètre pour Mètre.

Lith d'Ad^n L'anglois, Pap Lib à Chartres

délices du paradis? Dans l'art chrétien primitif, l'arbre orné de ses feuilles est le symbole de l'éternelle félicité, et encore celui des justes dont cette félicité est la récompense, ainsi que le fait observer Hermas [1]. « Car, dit-il, dans l'hiver de cette vie, les justes ne se distinguent point des pécheurs, parce qu'en cette saison rien ne fait discerner les arbres secs d'avec les arbres vivants; mais dans l'autre vie, qui est un perpétuel printemps, on connaîtra les justes, arbres pleins de vie et de vigueur, parce qu'ils seront ornés de leurs feuilles, tandis que les impies resteront secs. » On lit : scs. ıoнs. — xp̄s.

16. Saint Jean est assis dans la fosse qu'il a fait creuser, ou plutôt dans un cercueil posé sur des colonnes; il joint les mains et adresse au Seigneur sa prière : « Je vous rends grâces, ô Seigneur Jésus, etc. » Des rayons de feu descendent sur lui.

17 et 18. Ces deux médaillons renferment quatre anges thuriféraires.

19. Deux anges tendant leurs mains ouvertes vers saint Jean.

CHAPITRE V.

DE LA CRYPTE.

La Crypte de la Cathédrale est fort célèbre dans nos annales; notre plan ne nous permet pas de retracer ici les faits dont elle fut témoin. Nous avons déjà raconté son origine druidique; nous avons dit aussi que la Crypte actuelle est l'œuvre de l'illustre Fulbert, et qu'elle a été construite en deux années, de **1020** à **1022**. Toutefois, après l'incendie de **1194**, on ajouta quatre chapelles et quelques autres constructions que nous mentionnerons plus loin.

---

[1] Hermas, *De similit.*, lib. III, cap. 3 et 4.

La Crypte chartraine est la plus vaste et la plus remarquable qui existe en France; elle s'étend sous toutes les parties des bas-côtés et des chapelles; elle compte 110 mètres de longueur totale, ou 200 mètres de circuit, sur une largeur moyenne de 5 ou 6 mètres. Elle est bâtie en moyen appareil et blocage, avec une solidité qui peut encore affronter bien des siècles. La voûte est formée de voûtes partielles à plein-cintre, divisées par carrés de 5 à 6 mètres de côté; les arceaux se croisent et vont retomber, avec les arcs-doubleaux, sur des pilastres fort larges et fort simples. Les trois chapelles absidales qui datent du XIe siècle, ont des voûtes en berceau. — Les fenêtres sont étroites et en plein-cintre. Les portes sont d'une grande simplicité; une seule, qui date du XIIe siècle, est décorée de colonnes et d'archivoltes; c'est celle qui se trouve au midi, près de la maîtrise.

« Il y a dans cette sainte Grotte des Chapelles et Autels fort
» bien pavés, ornés et accommodés. L'on descend dans ces lieux
» par quatre beaux Escaliers de pierre de taille; et sitôt que l'on
» y est entré, l'on se sent surpris d'une agréable horreur et d'une
» dévotion extraordinaire, qu'inspire dans les cœurs, mesme les
» moins tendres, la majesté de cette Caverne ou de cette sainte
» Grotte. Ce lieu est clair presque partout, à cause qu'il est percé
» et vitré en plusieurs endroits, par où le soleil darde ses rayons,
» qui empêce que cette Grotte ne soit relente ny humide et n'ait
» aucune mauvaise odeur. [1] »

La Crypte fut entièrement dévastée en 1793, tous les autels furent renversés, tous les ornements furent pillés, les vitres des fenêtres furent défoncées, le pavé fut détruit, il ne resta debout que les murs; ensuite on vit ce lieu si saint et si vénérable tomber entre les mains des tonneliers et des marchands de vin qui y établirent leur magasin. Aujourd'hui la Crypte est retirée de leurs mains; mais elle se trouve dans le même état de dévastation où 1793 l'a laissée. Espérons toutefois qu'elle sera bientôt rendue au culte : le principe en a été admis par le Gouvernement. D'ailleurs il suffirait d'une somme peu considérable pour réaliser ce projet, qui a été reçu avec tant de joie par toute la ville.

---

[1] *Histoire de Chartres*, par Sablon, page 46.

On y comptait jadis treize chapelles ; nous donnerons leurs noms tels que le donne le plan de la Crypte, dressé en 1678, par Félibien ; ces noms diffèrent de ceux que l'on trouve dans la *Parthénie*. D'après Rouillard, les chapelles ou autels étaient :
« L'Autel de Nostre-Dame soubs-terre, des Saincts Forts autre-
» ment de Saincte Savine et Potentienne, de Sainct Jehan Bap-
» tiste, de Sainct Denis, Sainct Christofle et Sainct Pierre aux
» Liens, l'Autel de la bienheureuse Trinité, de S. Thomas, de
» S. Clément, de Saincte Catherine, ou de la Magdeleine, de S.
» Pol, ou Saincte Marguerite, avec deux aultres, qui font treize
» en tout. [1] »

(Nous écrivons en italique tout ce que nous empruntons au plan de Félibien, conservé à la Bibliothèque publique de Chartres.)

1. *Chapelle de la Vierge placée dans l'endroit où les Druides faisaient leurs assemblées et leurs sacrifices et où ils eslevèrent la figure qui se voit, qu'ils dédièrent à une Vierge qui devait enfanter,* Virgini Pariturœ. — Cette chapelle n'existe plus ; « elle
» est, disait Sablon, en 1697, la première et la principale, con-
» sacrée par saint Potentien, à l'autel où était l'image des anciens
» Druides. Cette chapelle qui a esté jusqu'en nos jours dans une
» simplicité qui ressentoit encore celle des anciens, est à présent
» riche et ornée autant que chapelle du monde. Toutes ses mu-
» railles sont revêtues de marbre, et son balustre est de la même
» matière ; ce n'est que jaspe et peinture à l'entour de l'autel, et
» le lieu où le peuple se met pour prier la sainte Vierge est orné
» de belles peintures, qui couvrent haut et bas toutes les mu-
» railles, et même toute la voûte [2]. » Ces peintures, faites vers 1640, existent encore ; sur les murs on voit quatre grands tableaux représentant l'Ascension de Jésus, la Pentecôte, la mort et l'Assomption de Marie ; sur la voûte, on voit, en des médaillons, le Signe donné à Achaz, l'Annonciation de Marie, la Naissance de Jésus, l'Adoration des Bergers, l'Adoration des Mages, la Purification de la sainte Vierge, Jésus perdu dans le temple, le vœu de Louis XIII, etc. — « La plus grande dévotion des Char-

---

[1] *Parthénie*, 1re partie, pages 116 et 117.

[2] *Histoire de Chartres*, page 47.

» trains et des Pélerins est à ce saint Autel, que l'on appelle
» l'*Autel de Nostre-Dame sous-terre*. Il ne sera point hors de pro-
» pos de dire icy, comme est représentée la Vierge que nos an-
» ciens Druides avaient élevée sur cet Autel : elle est assise dans
» un trône, tenant son Fils ; elle est représentée d'une couleur
» noire ou moresque [1], comme le sont toutes les images qui la
» représentent dans la ville de Chartres, et l'on croit que les
» Druides l'ont ainsi dépeinte, parce qu'elle devait être d'un
» pays plus exposé au soleil que le nôtre. » Cette image, ajoute
Pintard, « est de bois de poirier, de 28 pouces et 9 lignes de
» hauteur. » Elle fut brûlée en 1793 devant la porte royale, à la
grande désolation des Chartrains. Il se voyait toujours devant
l'autel de la *Nostre-Dame-soubs-terre* dix ou douze lampes qui
brûlaient continuellement [2].

A. *Puits des Saints Forts dans lequel une grande quantité de martyrs ont esté jettés ; il est à présent comblé et couvert du marche-pied de l'autel.* — « Autrefois, dit le chanoine Souchet, l'autel de
» la Vierge estoit devant le puids, mais ayant esté reculé pour
» rendre la chapelle plus grande, il est présentement derrière ce
» puids lequel se trouve sous le marche-pied de l'autel, du costé
» de l'épitre, il est comblé [3]. » Voici l'origine du puits des Saints
Forts : « Ayant espié l'heure que les chrétiens de Chartres fai-
» soient leurs prières accoutumées dans la grotte, le gouverneur
» Quirinus se vint furieusement jetter dans icelle avec ses satel-
» lites ; il fit massacrer sa fille appellée Modeste, avec beaucoup
» d'autres, de l'un et de l'autre sexe, forts et fermes en leur foi :
» et furent leurs corps jettez dans le puits, attenant à l'autel de
» la Vierge, qui toujours du depuis en a esté nommé le *Puits des*
» *SS. Forts* [4]. » Des fouilles ont été faites en 1849 pour retrouver

---

[1] *Histoire de Chartres*, page 47.

[2] *Ibid.*, par Souchet, page 208.

[3] *Ibid.*, page 208. — Une note ajoutée aux Mss de Pintard dit : « Ce puy a esté comblé à cause des vapeurs dont il remplissait ces lieux souterrains *(Histoire de Chartres*, page 707). — En 1608, le puits était comblé et treillissé de ballustres. (*Parthénie*, page 119.)

[4] *Parthénie*, 1re partie, page 117.

ce puits si célèbre dans les annales de notre église; elles n'ont eu aucun résultat.

2. *Chapelle de saint Savinien*, dit le plan de 1678; mais Rouillard la nomme : *Autel des Saincts Forts, autrement de saincte Savine et Potentienne*[1]. La voûte est encore couverte des peintures qui ont été exécutées vers 1640.

3. *Chapelle de sainte Véronique*, convertie vers 1620 en *sacristie*. Cette chapelle est une des quatre qui ont été construites immédiatement après l'incendie de 1194; ses fenêtres sont ogivales; sa voûte l'est aussi avec des nervures à vives arêtes; la clef est ornée de folioles allongées. Dans l'ébrasement d'une ouverture qui communiquait avec la chapelle suivante, on voit des peintures murales du XIII° siècle, représentant Jésus et deux anges thuriféraires. On voit aussi une pierre qui fermait l'entrée *f* du grand caveau n° 13; cette pierre offre, grossièrement sculpté, un personnage vêtu de la robe et du manteau.

4. *Chapelle de Saint-Charles-Borromée.* — Avant 1661, elle était dédiée à saint Christophe. Ses parois, sa voûte en berceau, les ébrasements et les pendentifs de la fenêtre absidale sont couverts de peintures murales du XIII° siècle; il y a entre autres figures celles de saint Christophe et de saint Jacques-le-Majeur [2].

5. *Chapelle de saint Martin.* — Elle a été construite à la fin du XII° siècle; elle est ogivale dans toutes ses parties comme les chapelles n°s 3, 7 et 9.

6. C'est la chapelle absidale de la crypte; en 1661, elle fut mise sous le vocable de l'*Annonciation*.

7. *Chapelle de sainte Catherine.* — Après avoir, pendant six cents ans, servi aux divins Mystères, elle est aujourd'hui convertie en cave à l'usage de la maîtrise.

8. *Chapelle de saint Pierre-aux-Liens ou de sainte Véronique.* — Elle sert aujourd'hui de magasin pour les tentures de l'église.

9. *Chapelle de sainte Madeleine.* — C'est là que l'on voit aujourd'hui tous les fragments brisés et informes de l'ancien jubé.

10. *Chapelle de Notre-Dame de Bon-Secours*, ainsi appelée en

---

[1] *Histoire de Chartres*, 1re partie, page 117.

[2] Voyez la planche 57 de la *Monographie de la cathédrale de Chartres*.

1661. — C'est une construction de 1194 et qui sert aujourd'hui de musée pour les sculptures assez bien conservées de l'ancien jubé, collection digne d'être visitée avec intérêt par l'archéologue [1].

11. *Chapelle de saint Clément.* — Cette chapelle, qui date des premières années du XIIIe siècle, a sa paroi septentrionale couverte de peintures à fresques, consistant en six statues colossales placées dans six niches aux arcades à plein cintre; en commençant à gauche, on trouve : 1° saint Vincent tenant une banderolle où on lit vinc., 2° un saint archevêque vêtu du pallium, tenant un livre, 3° un apôtre tenant un livre, 4° saint Jacques avec un manteau couvert de coquilles, 5° saint Nicolas en habits pontificaux et la crosse, 6° enfin un saint évêque avec les mains jointes. Au-dessus des niches, on voit deux hommes qui se battent avec la massue et le bouclier, et de nombreux oiseaux qui luttent entre eux [2].

12. *Chapelle du Saint-Esprit.* — Un autre plan également conservé à la Bibliothèque publique désigne cette chapelle comme *cave moyenne.*

Entre l'entrée de cette chapelle et celle de la cave n° 18, on voit une piscine curieuse du XIe au XIIe siècle; malheureusement elle a été dégradée et profanée en 1840 par les ouvriers qui travaillaient à la couverture de l'église. Au-dessus de la piscine, il y a un tableau mural peint au XIIIe siècle et représentant la naissance de Jésus : Marie est couchée toute vêtue dans un lit recouvert d'une étoffe bleue; elle tient son Enfant emmailloté et bandeletté; saint Joseph est assis au pied du lit; au-dessus il y a deux anges thuriféraires. — Au-dessus de ce tableau on voit Jésus assis, nimbé, pieds nus.

La treizième chapelle a été supprimée vers 1620; « elle estait
» près des fonts baptismaux, au milieu du passage; il y a encore
» à la voûte une branche de fer où s'attachait le dessus de l'autel.
» A cet autel les chapelains appelés des dix autels chantaient
» leurs obits et fondations [3]. »

13. *Grand caveau.* — Ce caveau est l'ancien *Martyrium* ou la

---

[1] Cette collection n'est pas encore ouverte au public.

[2] Voyez la planche 56 de la grande *Monographie de la cathédrale.*

[3] *Histoire de Chartres,* par Pintard, page 708.

Confession des premières basiliques de Chartres. Jusqu'au X⁵ siècle, les autels s'élevaient toujours au-dessus d'un *Martyrium*, ainsi appelé parce qu'il était destiné à contenir les reliques des Martyrs. Agrandi par Fulbert, il servit de caveau pour recevoir durant les guerres les richesses du *trésor* de la Cathédrale. On n'y descendait autrefois que par l'escalier *c*, qui commence sous les marches du sanctuaire; plusieurs portes de fer en fermaient les différentes issues. La voûte, haute de 5 mètres, est soutenue par cinq piliers[1]; au rond-point, on voit cinq niches pratiquées dans le mur et qui servaient comme d'armoires pour serrer les objets du trésor. — *d. caveau fermé d'une porte de fer, et basse-fosse dans laquelle on cachait la sainte Châsse.* — Ce caveau a été témoin d'un miracle arrivé lors de l'incendie de 1149 et raconté dans tous ses détails par Jehan le Marchant [2]. — *f*. C'est l'entrée actuelle du caveau; cette entrée n'existait pas autrefois, aussi n'est-elle pas figurée sur le plan de 1678.

14. *Cave au vin*, dit le plan de Félibien. — Bâtie en 1194, elle servit de sacristie jusqu'au XVII⁵ siècle. Aujourd'hui c'est le bûcher de l'église. — b. *Prison ou basses-fosses où saint Savinien a esté mis.* Cette fosse ne peut avoir eu la destination que le plan lui donne, car elle est postérieure de treize siècles à saint Savinien. Elle a été déblayée en 1849; des terres, poteries et ossements d'animaux la remplissaient depuis assez longtemps.

15. *Passage derrière la chapelle de la Vierge pour aller aux autres chapelles.* — Ce passage paraît une construction faite vers 1640, lorsqu'on décora la chapelle de *Nostre-Dame soubs-terre*.

16. *Lieu du chenil où l'on retirait autrefois pendant le jour les chiens pour la garde de l'église la nuit.* — « Le chapitre, dit Sou-
» chet, ordonna vers 1360 aux marguilliers d'avoir deux bons
» chiens pour garder l'église; mais on fut contraint de les ôter
» pour le grand bruit qu'ils faisaient la nuit et empêchaient de
» dormir ceux qui dormaient dans l'église pour la garder [3]. »

---

[1] Plusieurs de ces piliers ont été ajoutés pour supporter le groupe de l'Assomption placé au-dessus de cet endroit.

[2] Voyez le *Poème des Miracles*, pages 28-30.

[3] *Histoire de Chartres*, page 356.

17. Cave au vin de la sacristie ; c'est une construction du XIVᵉ siècle.

17 *bis*. C'est une cave actuellement sans usage ; elle contient, dit le plan de Félibien, *une cuvette en maçonnerie en forme de grand saloir*.

18. *Quatre longues caves* solidement construites immédiatement après l'incendie de 1194 ; leurs voûtes sont en pierres de taille. L'une d'elles est louée à un marchand de vin : nos pères qui les ont construites en seraient sans doute fort étonnés, peut-être même scandalisés.

19. *Salle capitulaire sous la chapelle de saint Piat.* — C'est une belle et noble construction du XIVᵉ siècle ; elle forme un parallélogramme de 11 mètres de longueur et 7 mètres de largeur ; ses quatre fenêtres sont ogivales et à lancettes simples ; sa voûte gothique, élégamment soutenue par des arcs-doubleaux et des nervures toriques, est composée de petites voûtes partielles en arêtes et dont les arcs doubleaux et les nervures toriques reposent sur des colonnes sans chapiteau ; les trois clefs de la voûte sont chargées de feuillages bien sculptés. De la Cathédrale, les chanoines descendaient dans leur salle capitulaire par un escalier en pierre qui aboutissait à l'entrée de la chapelle de la communion ; cet escalier a été supprimé, depuis que la salle elle-même a perdu sa destination première. Cette belle salle est aujourd'hui toute délabrée et contient, confondus dans le pêle-mêle et dans la poussière, une foule d'objets qui faisaient autrefois partie de la statuaire ou du mobilier de la Cathédrale. Parmi ces objets, on distingue une tapisserie du commencement du XVIIᵉ siècle. On y voit aussi la tombe de saint Chalétric, évêque de Chartres.

La tapisserie représente : 1° Dieu donnant sa loi sur le mont Sinaï ; 2° Marie visitant sainte Élisabeth ; on y voit aussi les armes du donateur et du Chapitre. Cette tapisserie ornait le chœur avant que celui-ci ne fût *restauré*. La tombe de saint Chalétric est un curieux monument du VIᵉ siècle, digne de l'attention et du respect de l'archéologue chrétien ; sur le couvercle on lit :

† HIC REQUIESCIT CHALETRICUS EPS CUJUS DULCIS MEMORIA PRIDIE NONAS SEPTEMBRIS (551) VITAM TRANSPORTAVIT IN CÆLIS.

Les deux tours rondes que l'on voit de chaque côté de la salle capitulaire avaient leur destination : celle de gauche (du nord) servait à mettre les papiers, les archives du Chapitre; celle de droite (du midi) servait de prison pour les officiers de l'église : on l'appelait *Painchaud*.

20. Escalier qui commence au porche septentrional et qui mène dans la crypte.

21. *Deux autres escaliers* pour descendre dans la crypte.

22. Lieux communs.

23. Fonts baptismaux du XIIe siècle; ils servaient « au tems
» passé pour baptiser les cathécumènes et enfants des officiers
» de l'Église ou des parens des chanoines ou autres qui demeu-
» roient chez eux, estant paroissiens de l'Église. On les bénit
» encore tous les ans la veille de Pasques et de Pentecôte, et
» durant l'octave de Pasques les chanoines i vont en procession
» après vespres [1] ».

Ces fonts sont composés d'une grande cuve ronde ornée de moulures et cantonnée de quatre colonnes aux fûts cannelés et perlés et aux chapiteaux élégants.

24. Deux escaliers en pierre de taille pour descendre dans la crypte; l'un aboutit sous le clocher-vieux et l'autre sous le clocher-neuf.

25. *Lieux où demeurent les sœurs pour la garde des Sts Lieux;* ce sont les termes du plan de Félibien. Ces appartements construits en bois se composaient d'une cellule à gauche, et de six autres cellules à droite (Pintard, 705). Au XIIIe et au XIVe siècle, c'étaient des prêtres « qui gardoient ce s. lieu, lesquels cou-
» choient et logoient dans icelui. Depuis y furent mises des *Filles*
» *dévotes*, qui s'appelloient *les Filles des s.s. Lieux forts*. A pré-
» sent y a une seule fille ou veuve dévote, qui a des servantes
» soubs elle, et gardent assiduellement ensemble, lesdits SS.
» *Lieux*, faisant leur perpétuelle résidence esdictes chambrettes
» destinées à cet effet. Elle est vulgairement nommée *la Dame*
» *des SS. Lieux forts ou des Grottes,* et a un fort beau revenu de
» fondation, pour sa nourriture et entretenement. »

« Je trouve par les anciennes chartres (sic), que lesdictes per-
» sonnes étoient commises à la garde desdictes grottes, aussi

---

[1] *Histoire de Chartres*, par Souchet, page 208.

» pour y recevoir les pellerins et malades, qui y alloient en dévo-
» tion, comme on y ha toujours abordé de tous les coings du
» monde. Et pour cette cause, la dicte *Grotte* auroit été qualifiée
» *L'hospital du s. lieu Fort*, comme appert par un tiltre du
» 3 octobre 1403, auquel sont nommées les sœurs du dit Hos-
» pital, en cette sorte, Perrine la Martinelle, Maistresse, Jehanne
» Laffidée, Laurence la Verrière, et Juliotte la Herberelle, *sœurs*
» *de l'hospital du s. lieu Fort*, en l'Église de Chartres [1]. » Cet
hopital était « pour recevoir les malades du feu sacré qui courait
» fort en ce tems-là, que l'on appelait la *maladie des ardents*. Ces
» malades étaient retenus durant neuf jours pour faire leurs dé-
» votions, puis ils s'en retournaient guéris [2]. »

[1] *Parthénie*, 1ʳᵉ partie, pages 124 et 125.
[2] *Histoire de Chartres*, par Souchet, page 208.

ÉGLISE S.T PIERRE

Vue Intérieure

Lith Brunignon Pass B^d l Abbé Paris

ÉGLISE DE SAINT-PIERRE.

L'Église de Saint-Pierre n'a pas la célébrité qu'elle mérite; elle est cependant, après la Cathédrale, le monument le plus remarquable de la province; on peut la regarder comme une des plus belles églises secondaires que possède la France; plusieurs de nos cathédrales lui sont même inférieures. Après avoir été longtemps la basilique d'une célèbre abbaye, elle est devenue, depuis le Concordat de 1801, l'église paroissiale de cette partie de Chartres nommée la basse-ville. L'abbaye elle-même sert aujourd'hui de caserne militaire.

L'abbaye de Saint-Pierre, vulgairement de *Saint-Père*, appartenait à l'institut bénédictin, si célèbre dans l'univers catholique par ses prédications, ses missions étonnantes, sa science, sa haute destinée religieuse, agricole et littéraire, qui nous a laissé en France, avant de mourir, les trésors de son savoir et les prodigieux monuments de saine érudition et de patient labeur auxquels le XIXe siècle tout entier a peine à ajouter une seule pierre.

Tous nos anciens historiens nous apprennent qu'une église a été fondée à Chartres en l'honneur de saint Pierre par saint Savinien et saint Potentien ses disciples, du temps même que le prince des apôtres occupait la chaire pontificale de Rome. Cette église s'élevait-elle sur l'emplacement actuel? c'est plus que probable; quoi qu'il en soit, au VIe siècle de l'ère chrétienne un temple s'y élevait bien certainement, puisque dès-lors il fut érigé en abbaye par Clovis Ier; et cette abbaye fut richement dotée par sainte Clotilde [1].

L'église et l'abbaye éprouvèrent bien des désastres; elles furent détruites une fois par les Normands, et à diverses reprises elles devinrent la proie des flammes. Enfin un dernier incendie vint les détruire encore une fois, le 5 septembre 1134, sous l'abbé Udon, qui rebâtit l'abbaye.

Le successeur d'Udon, l'abbé Foulque ou Foucher, entreprit de reconstruire l'église abbatiale, et il chargea un de ses moines, Hilduard, d'en diriger les travaux, qui furent commencés vers 1150, à l'époque où l'ogive venait de s'introduire dans l'architecture religieuse. « Le moine Hilduard travailla tellement à la » solidité du chœur de l'église de Saint-Père, qu'il y employa » tout l'argent qu'on avait amassé de la charité des fidèles chré- » tiens, en sorte que n'ayant plus moyen de continuer son dessein » et de bâtir la nef, il fut obligé de faire un mur du côté d'occi- » dent pour clore le chœur et borner son ouvrage [2]. » En creusant les fondations de ce mur, on rompit une voûte en forme de chambrette, dans laquelle se trouvait le corps de saint Gilduin [3], en-

---

[1] *Histoire de l'abbaye de Saint Père*, par D. Bernard Aubert, prieur de ladite abbaye, chapitre 1er; manuscrit de la bibliothèque de Chartres. — On trouvera dans ce manuscrit tous les renseignements qu'on peut désirer sur l'antique et célèbre abbaye. — Une notice sur l'abbaye et église de Saint Père a été publiée par Chevard dans l'*Annuaire* d'Eure-et-Loir de 1808 : cette notice est un tissu d'erreurs et d'inexactitudes.

[2] *Histoire de l'Abbaye*, chap. 141.

[3] Gilduin était fils de Rudalenus, seigneur de Dol, et neveu, par sa mère, du baron du Puiset, près de Janville; jeune encore il fut nommé chanoine de l'église archiépiscopale de Dôle; son rare mérite le fit bientôt connaître, et il fut élu par le clergé et le peuple de Dôle pour être leur archevêque. Le saint n'y voulut jamais consentir; il se rendit même à Rome pour faire agréer son refus par le pape saint Grégoire VII. A son retour il s'arrêta à Chartres, où il passait les jours à prier dans la cathédrale, devant la sainte Châsse; il tomba malade, il fut transporté dans l'abbaye de Saint-Père, et il y mourut le 27 janvier 1076 ou 1077.

veloppé d'une dalmatique, d'une tunique et d'un cilice. Hilduard ayant fait tailler une tombe en pierre, devant l'autel de la chapelle de saint Nicolas, le corps du saint y fut transporté et déposé en grande cérémonie le 9 mai 1165.

Cependant de nombreux miracles s'opérèrent bientôt sur le tombeau de saint Gilduin; les fidèles y vinrent en foule et firent de riches offrandes qui permirent de reprendre, vers 1215, les travaux interrompus de l'église. On construisit alors la nef et ses bas-côtés, qui durent être achevés vers 1230. L'église abbatiale fut dès-lors complète. Toutefois vers la fin du règne de saint Louis, les moines de Saint-Père reconstruisirent le chœur de leur église; soit que celui de Hilduard fût jugé indigne de la nef, soit qu'il menaçât déjà ruine. L'abside du chœur ne fut même terminée que dans les premières années du XIVe siècle. Ces diverses édifications sont certaines. Il est vrai que tous nos historiens prétendent que l'église actuelle appartient tout entière au XIIe siècle; mais les règles de la critique monumentale ruinent absolument cette opinion erronée. On comprend en effet qu'élevée avec lenteur, l'église abbatiale doit nécessairement présenter les signes architectoniques des siècles qu'elle a traversés : or ces signes, évidents pour l'archéologue le moins exercé, démontrent sans réplique que l'édifice n'est pas d'un seul jet, mais appartient aux quatre époques que nous avons indiquées plus haut.

Ainsi, de nombreuses générations de moines ont apporté à ce beau temple le tribut de leur patience et de leurs travaux. Ce n'est pas ici l'ouvrage d'une société fugitive qui s'épuise en brillantes improvisations pour se procurer, en passant, les jouissances du présent; c'est celui qu'une famille qui a conscience de sa durée, consacre à une religion immortelle.

Pleine de vigueur et de majesté dans son ensemble, l'église de Saint-Pierre se développe en parallélogramme irrégulier avec rond-point, sur les proportions suivantes :

On l'enterra à l'entrée du chœur de l'église. Les reliques du saint se trouvent maintenant dans la petite église de Champhol, où le curé actuel, M. l'abbé Bazalgète, a fait arranger une ancienne crypte pour recevoir le trésor sacré.

	Mètres.	Cent
Longueur hors œuvre, en y comprenant la tour. .	82	»
Longueur dans œuvre, avec la tour.	78	»
Longueur de la nef, sans la tour.	28	»
Longueur du chœur.	28	50
Largeur totale prise au bas de la nef. . . .	20	60
Largeur totale prise au chœur.	21	80
Largeur de la nef.	10	80
Largeur moyenne des bas-côtés	5	»
Largeur moyenne d'une travée.	3	»
Hauteur des voûtes de la nef	20	55
Hauteur des voûtes du chœur.	22	80
Épaisseur de la voûte de la nef.	0	29
Épaisseur de la voûte du chœur	0	32

Extérieur. — Avant d'entrer dans quelques détails sur l'intérieur de l'église, esquissons à grands traits son extérieur. Le monument se présente sous des formes graves et majestueuses. Trente contreforts avec doubles arcs-boutants se dressent pour contenir les voûtes; les quatorze contreforts de la nef offrent quatre retraits peu prononcés, et ils sont surmontés d'un pinacle et d'une tête-gargouille. Les contreforts de la nef méridionale « sont fondés dans un côté du cloître; mais au lieu de lui nuire, » lui donnent un ornement très-beau, car chaque pilier est sup- » porté par quatre petites colonnes de pierre ornées de bases et » de chapiteaux, qui par leur ordre embellissent le cloître [1] » — Les seize contreforts du chœur sont plus hauts et plus légers que ceux de la nef; leurs retraits sont plus prononcés; des animaux-gargouilles rampent ou se contournent au dernier retrait; et le tout est surmonté par des clochetons qui forment, autour du sanctuaire, de petites tourelles élégantes, comme autant de sentinelles préposées à sa garde. — On remarquera que les six contreforts de l'abside n'ont été terminés que vers 1310; leur architecture le démontre évidemment.

Les charpentes de la nef et du chœur sont parfaitement construites, et méritent d'être visitées; elles sont recouvertes de tuiles.

---

[1] *Histoire de l'Abbaye*, ch. 89.

La tour carrée, placée à l'occident de l'église, est lourde et massive; elle est très-ancienne; elle remonte au moins jusqu'aux premières années du XIe siècle; et peut-être date-t-elle de la reconstruction de l'église par l'évêque Aganon, vers 940. Cette tour a été voûtée au commencement du XIIIe siècle. Cent quatorze marches permettent de monter jusqu'au beffroi qui est d'une excellente construction; les quatre belles cloches qui y étaient suspendues, ont été jetées dans le creuset révolutionnaire en 1793. La tour ne domine point l'église avec cette tranquille majesté qui produit toujours un effet imposant et religieux; elle n'a pas non plus une de ces flèches aériennes qui portent jusqu'aux nues le signe de la croix, et qui forment le complément nécessaire de la tour gothique; sa toiture en ardoise est courte et ramassée. — Il entrait, dans le plan de l'architecte de la nef, de faire disparaître cette tour antique et vénérable : « Espérant » augmenter la longueur de la nef, il fit fonder et élever du côté » du cloître, vis-à-vis du gros clocher, deux contreforts, et leur » donna autant de hauteur que les voûtes des basses-ailes, dont » il fit faire quelque partie contre les murs dudit clocher, et laissa » les pierres d'attente pour achever le reste. Mais il n'acheva pas, » car nous voyons encore cet ancien gros clocher qui termine la » nef et lui sert de pignon, dont les murs sont si épais, qu'ils ont » dix pieds de largeur au-dessus des voûtes de la nef. Cette épais- » seur a fait subsister ce bâtiment, qui a beaucoup souffert par » plusieurs incendies, car ses murs sont brûlés en divers en- » droits, notamment du côté qui termine la nef. A cause que ce » clocher n'a été abattu, la nef n'a de longueur que quatorze » toises [1]. »

A la courbure absidale du midi « se voit une petite tourelle, » qui occupe un espace de vitres du rond-point. Dans cette tou- » relle est un escalier de pierre par lequel on va sur les entable- » ments de dessus la galerie et sur ceux des hautes formes. Cette » tourelle n'a aucun fondement, prenant seulement sa naissance » sur la voûte des basses-ailes, et a sa liaison par des barres » de fer [2]. »

---

[1] *Histoire de l'Abbaye*, ch. 89. — [2] *Ibid.*

Un pauvre petit clocher en bois est placé sur le faîte du comble choral, et renferme trois clochettes, les seules qu'il y ait maintenant dans cette église pour appeler les fidèles aux offices divins.

Enfin sur la face septentrionale, il y a un détestable porche-auvent qui cache une gracieuse porte du XIII° siècle. Nous espérons qu'on le fera bientôt disparaître.

Intérieur. — L'intérieur de l'église de Saint-Pierre impressionne vivement, quand on y entre pour la première fois. On demeure surtout stupéfait devant l'élégance architectonique et les vitraux étincelants du chœur et du sanctuaire. Mais entrons dans quelques détails, et étudions séparément les quatre types archéologiques qui s'y remarquent.

La plus ancienne construction remonte au XII° siècle : elle comprend les bas-côtés du chœur et les chapelles absidales. C'est tout ce qui nous reste de l'œuvre de Hilduard.

La nef avec ses bas-côtés est un beau et élégant travail que les premières années du XIII° siècle nous ont légué. Dix pilastres et dix piliers en forment l'ordonnance. Les cinq piliers de gauche sont carrés et cantonnés de quatre colonnes et de quatre colonnettes taillées aux arêtes; les cinq piliers de droite sont ronds et cantonnés de quatre colonnes. Les chapiteaux offrent une collection complète de feuilles indigènes, sculptées avec élégance. Les arcades sont en tiers-point équilatéral et ornées de tores. Au-dessus des arcades règne le *triforium* ou galerie; elle est composée d'arcades trilobées et soutenues par des colonnettes; entre les archivoltes, il y a des quatre-feuilles alternativement aveugles et à jour. Les fenêtres inférieures sont à lancettes simples; les fenêtres supérieures sont à lancettes géminées surmontées d'une petite rose. Enfin s'élèvent les voûtes ogivales d'une construction savante avec leurs nervures toriques et leurs clefs admirablement ciselées.

Le chœur, ainsi que nous l'avons déjà dit, est une gracieuse construction de la fin du XIII° siècle. Les colonnes sont très-élancées et groupées en faisceau; celle qui occupe le milieu du faisceau est prismatique; elles sont accolées aux lourds piliers de Hilduard. Leurs chapiteaux sont à feuillages et à volutes. Au-dessus des arcades apparaît le *triforium*, galerie à jour, très-légère et formant autour du chœur une ceinture éblouissante; il est composé de deux grandes ogives, qui se subdivisent en compartiments trilobés, sur lesquels se trouve un quatre-feuilles; la balustrade est formée par une suite de quatre-feuilles habilement groupés. Au-dessus du *triforium* viennent les grandes fenêtres ogivales au nombre de dix; chacune est divisée en quatre compartiments surmontés de deux cercles et d'une rose à huit pétales; toutes ces ouvertures sont encore garnies de leurs vitres peintes de la fin du XIII° siècle. La voûte ogivale du chœur est plus élevée que celle de la nef; ses nervures sont à tores simples et ses clefs n'ont pas d'ornements sculptés. — Le rond-point est postérieur de quelques années à la première partie du chœur; il offre tous les caractères architectoniques du XIV° siècle : tores et colonnes alongés en cœur, chapiteaux à feuillages maigres de dessin, fenêtres ornées de quatre-feuilles, clef de voûte surchargée de ciselures, etc. — Si la véritable beauté d'un édifice ne consiste pas dans la masse ni dans l'immensité de l'étendue, mais dans cet heureux ensemble, cette grâce, qui ravit au premier aspect, nous ne craignons pas de ranger la partie supérieure du chœur de Saint-Père à côté des œuvres les plus remarquables et les plus gracieuses de la période ogivale; c'est un tout d'une harmonie ravissante; on voit que l'architecture est parvenue à une grande perfection de légèreté et d'élégance, ce qui donne tant de charmes aux monuments de cette période du Moyen-Age.

Au fond du sanctuaire s'élève maintenant un autel sans grandeur, sans dignité; ses côtés sont ornés de deux mauvaises statues représentant saint Pierre et saint Paul. Avant les spoliations sacrilèges de 1793, on voyait un magnifique autel construit par Jean Benardeau et François Marchand. « En l'an 1543, dit D. Aubert,
» les figures d'albâtre qui sont au grand autel furent achevées
» avec la maçonnerie. Jean Benardeau, maître maçon d'Orléans,
» fit la maçonnerie, les colonnes et corniches de tout le grand
» autel. François Marchand, maître-imagier, de la même ville
» d'Orléans, fit les trois pièces de relief ou basses tailles qui
» représentent les mystères de la passion de Jésus-Christ et font
» la contre-table du grand-autel, la figure de la vierge Marie qui
» tient de son bras gauche son petit fils Jésus, et celles des apô-
» tres saint Pierre et saint Paul, le tout d'albâtre. Ces ouvrages

» sont si merveilleux que si à présent (**1671**) ils étaient à faire,
» un ouvrier qui pourrait les bien faire, voudrait plus de **4,000**
» livres [1]. »

Les stalles que l'on voit aujourd'hui n'ont aucune valeur artistique. Avant la révolution, il y avait des stalles fort remarquables, exécutées en **1531** par Jacques Bourdon et Denis Mont-Audoien, maîtres menuisiers de Chartres, pour le prix de 550 livres. « Ces
» stalles sont parfaitement belles et enrichies de très-belles sculp-
» tures et panneaux au-dessus de leur berceau [2]. »

Un riche jubé, mystérieuse clôture, fermait autrefois le chœur, aujourd'hui ouvert à tous les regards. Il avait été construit en **1543** par J. Benardeau et F. Marchand; l'ornementation sculpturale se composait de cinq grandes statues représentant la très-sainte Vierge, saint Pierre, saint Paul, saint Benoît et saint Christophe; de neuf bas-reliefs d'environ un mètre carré, figurant les principaux traits de la vie de saint Pierre et de saint Paul. Le jubé a été démoli en **1793**, et les bas-reliefs mutilés furent transportés au musée des Petits-Augustins, à Paris, d'où on les a tirés pour en décorer la deuxième chapelle de la nef septentrionale de l'église royale de Saint-Denis : on les y voit encore aujourd'hui.

Au fond de la nef et contre le mur de la grosse tour, il y avait jadis un orgue digne de l'église abbatiale. Il fut posé et reçu au mois d'août **1771**; il coûta plus de **10,000** livres. Il avait été fabriqué par J. Thierry, facteur d'orgues de Paris ; le buffet était l'ouvrage de Riollet, menuisier et sculpteur de La Ferté-Vidame.

Au fond de la nef latérale du nord et dans l'embrasure d'une fenêtre murée, on voit la statue de saint Christophe : il porte Jésus sur ses épaules ; ses pieds plongent dans l'eau, et pour bâton il tient un palmier [3]. C'est une allusion à un fait ainsi raconté par Jacques de Voragine, dans sa *Légende dorée :* « Après sa conver-
» sion, Christophe, qui avait une taille très-élevée et un aspect

---

[1] *Histoire de l'Abbaye*, ch. 126. — [2] *Ibid.*

[3] « En Grèce, dit M. Didron, on représente ordinairement saint Christophe comme une divinité égyptienne, avec une tête de loup ou de chien. J'en ai plusieurs fois demandé l'explication, et l'on n'a jamais su me la donner. » (Guide de la peinture, page 325.)

» terrible, alla trouver un ermite, qui lui dit... *Ne connais-tu pas*
» *tel fleuve où périssent beaucoup de ceux qui essayent de le*
» *passer ?* Et Christophe répondit : *Je le connais.* Et l'ermite lui
» dit : *Si tu passais les voyageurs, tu ferais une chose fort agréable*
» *à Jésus-Christ, que tu désires servir, et j'espère qu'il se manifes-*
» *terait à toi.* Et Christophe lui répondit : *Voilà un service auquel*
» *je puis me consacrer.* Il alla donc près de ce fleuve, il s'y
» construisit une demeure, et il se mit à passer sans relâche tous
» les voyageurs, s'étant muni d'un bâton avec lequel il se soute-
» nait dans l'eau. Et bien des jours s'étant passés, comme il était
» à se reposer dans sa demeure, il entendit comme la voix d'un
» enfant qui l'appelait et qui disait : *Christophe, viens dehors et*
» *passe-moi.* Et Christophe sortit, mais il ne trouva personne, et
» rentrant dans sa cellule, il lui arriva la même chose une seconde
» fois. Appelé une troisième fois, il trouva un enfant sur le bord
» de l'eau, qui le pria de lui faire passer la rivière. Et Christophe
» ayant mis l'enfant sur ses épaules et s'étant muni de son bâton,
» entra dans l'eau. Et l'eau s'élevait peu à peu, et l'enfant pesait
» sur les épaules de Christophe d'une manière excessive et son
» poids augmentait toujours, de sorte que Christophe commença
» à avoir peur. Et quand enfin il eut passé la rivière et qu'il eut
» déposé l'enfant sur la rive, il lui dit : *Tu m'as mis dans un*
» *grand péril, enfant, et tu m'as surchargé d'un si grand poids,*
» *qu'il me semblait que si j'avais le monde entier sur mes épaules,*
» *je n'aurais pas eu un plus lourd fardeau.* Et l'enfant répondit :
» *Ne t'en étonne pas, Christophe, car non-seulement tu as eu sur*
» *tes épaules le monde entier, mais encore celui qui a créé le*
» *monde ; car je suis le Christ, celui pour lequel tu accomplis*
» *l'œuvre que tu as entreprise ; et afin que je te donne un témoi-*
» *gnage de ma parole, plante ton bâton dans le sable, et demain*
» *tu verras qu'il s'est couvert de feuilles et de fleurs.* Et aussitôt
» il disparut. Christophe enfonça son bâton dans le sable, et le
» lendemain il le vit fleuri comme un palmier et couvert de
» dattes. » Le Moyen-Age a singulièrement affectionné ce naïf
récit ; il l'a reproduit partout dans la statuaire et la peinture de
ses édifices religieux. — Cette statue de saint Christophe, qui a
été sculptée en 1543 par F. Marchand, se trouvait jadis sur le
jubé.

Autrefois le sol de l'église abbatiale était pavé en grandes dalles et jonché des pierres sépulcrales des abbés, des moines et des nombreux bienfaiteurs de l'église. Sous le pavé du chœur se trouvait la sépulture de plusieurs évêques de Chartres, entre autres celle de l'illustre Fulbert; les abbés de Saint-Père y étaient aussi enterrés. Mais la fureur des révolutions a détruit toutes ces pieuses sépultures, placées sous la sauve-garde du sanctuaire et consacrées par les bénédictions de la religion; avec elles se perdirent ces traditions touchantes des aïeux, que le chrétien retrouvait dans le temple, et qu'il associait à ses vœux et à ses prières. Deux tables de marbre placées sur les deux piliers des portes latérales du chœur nous indiquent le lieu de quelques-unes de ces sépultures. Sur la table de gauche, on lit :

Hic jacet sub medio majoris altaris Ragenfredus episcopus Carnotensis [1] restaurator hujus monasterii, cui 12 prebendas in majori ecclesiâ concesserat; obiit anno 955. — Ad illius lævam quiescit Guancelinus episc. Carnotensis: Deinde B. Fulbertus ex monacho Sti Petri-in-valle cancellarius ac tandem antistes ecclesiæ Carnotensis, quam combustam mirificère ædificavit; obiit sanctitate ac doctrinâ conspicuus anno 1028. — Ibidem jacet propè murum Clemens de Vitriaco Dolensis episcopus; obiit anno 1244.

Sur la table de droite, il y a :

Hic jacet ad dexteram Ragenfredi episc. Theodoricus episc. Carnotensis qui ecclesiam cathedralem complevit; obiit anno 1048. — Ibidem jacet Aganus episc. Carnotensis hujus cœnobii restaurator, cujus ecclesiam anno 940 ædificavit, quam combustam de novo splendidam construxit, anno 1165 abbas Fulcherius ante majus altare jacens cum aliis abbatibus et doctore Lamberto canonico Carnotensi piissimo. Propè Aganum quiescunt Gislebertus, Aimericus et Agobertus episcopi carnotenses.

Le sol de l'église est aujourd'hui recouvert de simples carreaux de terre cuite; et en outre ce sol a été exhaussé d'une manière si

---

[1] On voit dans l'ouvrage de Wilmin la représentation d'une crosse *émaillée*, que l'on croit avoir appartenu à Rogenfroi; on y lit cette inscription indiquant le nom de l'artiste : *Frater Willemus me fecit.*

inintelligente que les bases des piliers et des colonnes ont à peu près disparu.

Nous ne parlons pas du mobilier de l'église, pour n'avoir pas à tout critiquer : autels, tabernacles, chaire, confessionnaux, stalles, orgue, lutrins, fonts baptismaux, chemin de la croix, bénitiers, tout est indigne d'un temple si magnifique en son architecture. Le banc-d'œuvre seul, quoique assez moderne, a quelque valeur artistique; il provient de l'église de saint Aignan.

Chapelles. — Six chapelles sont disposées autour du chevet de l'église. On sait que dans la symbolique chrétienne, ces chapelles rayonnantes sont comme la couronne glorieuse qui ceint la tête du Sauveur de nos âmes. Au centre de ce rayonnement, se voit la riche chapelle de Marie, comme pour soutenir la tête inclinée de son Fils mourant. Le grand autel, où s'offre chaque jour le divin sacrifice, représente cette tête auguste, dont la nef et les transsepts rappellent le corps et les bras étendus.

Ces six chapelles étaient richement décorées; toute leur ornementation a disparu en 1793. Aujourd'hui leurs murs ont été enduits de badigeon; leurs colonnes sont marbrées de jaune et de rouge; leurs chapiteaux sont peints de vert bronzé ! Et pour compléter cette affreuse décoration, on a bouché la fenêtre absidale de chaque chapelle. C'est ainsi que le XIXe siècle, le siècle des lumières, corrige l'art *barbare* du Moyen-Age ! [1] — Décrivons rapidement ces chapelles.

La première chapelle, en commençant à gauche, était dédiée à saint Nicolas; nous avons déjà dit que les reliques de saint Gilduin y furent déposées le 9 mai 1165; elles y restèrent jusqu'en 1666. La chapelle sert maintenant de sacristie pour les chantres.

La seconde chapelle n'a pas conservé le titre de saint Benoît qu'elle porta pendant six siècles; le XIXe siècle l'a placée sous le vocable de saint Étienne, premier diacre. Le rétable de l'autel est

---

[1] Quand nous parlons du vandalisme restaurateur du XIXe siècle, nous n'accusons pas M. le curé de St-Pierre ni ses deux vicaires : ce sont des ecclésiastiques instruits, amis de l'art chrétien et incapables de commettre un crime de lèse-archéologie, s'il est permis de parler ainsi.

un bas-relief en plâtre représentant la lapidation du saint martyr. Deux autres plâtres sont posés contre le mur de la chapelle : ce sont les modèles qui ont servi à Bridan pour sculpter les bas-reliefs du chœur de la Cathédrale.

La troisième chapelle, qui est la plus grande et la plus belle, est consacrée à la sainte Vierge, depuis le XIIe siècle : le Moyen-Age ne croyait pouvoir trop honorer celle qui, après Dieu, est tout notre espoir. « Cette chapelle fut en 1622 revêtue d'une fort
» belle menuiserie et enrichie de plusieurs tableaux et d'un autel
» orné de colonnes, chapiteaux et cadre de bois doré et d'un
» balustre qui en fait la cloture ; le tout aux frais de Guillaume-
» Lemasle, prêtre et religieux profès de Saint-Père, *qui se retran-
» cha sur son pain et son vin* pour payer ces ouvrages [1]. » Touchant témoignage de dévotion envers la glorieuse Mère de Dieu ! — La décoration moderne de la chapelle se compose de quelques dépouilles arrachées, il y a cinquante ans, aux églises et oratoires de la ville. Ainsi la statue de marbre qui surmonte le tabernacle et qui représente la très-sainte Vierge, provient de l'oratoire du palais épiscopal ; cette statue est due au ciseau de Bridan. Le tabernacle en marbre blanc et rouge avec des ornements en bronze doré, était autrefois placé à la chapelle de Notre-Dame-sous-terre de la Cathédrale ; la balustrade qui forme la table de communion, a la même origine. Les émaux qui ornent les parois, décoraient jadis la chapelle du château d'Anet. Ces émaux sont magnifiques, et que de fois nous les avons contemplés avec délices ! Quoiqu'ils n'appartiennent pas au Moyen-Age, le dessin en est hardi et savant ; nous les regardons volontiers comme un des chefs-d'œuvre de cette époque admirable aussi pour les arts et qu'on désigne sous le nom de *Renaissance*. Ces émaux ne sont pas l'œuvre de Bernard de Palissy, comme on l'a dit et imprimé : ils sont signés du célèbre Léonard Limousin [2], et portent la date

---

[1] *Histoire de l'Abbaye*, ch. 134.

[2] Léonard, né à Limoges en 1480, a travaillé pendant tout le règne de François 1er ; c'est ce prince qui le surnomma *Limousin*, pour le distinguer de Léonard de *Vinci*. — La signature de Léonard de Limoges (LL) est peinte sur le pommeau de l'épée de saint Paul.

de 1547. Ils représentent les douze apôtres avec leurs emblèmes caractéristiques ; les apôtres sont ici placés pêle-mêle, et non dans l'ordre des grandes litanies que le Moyen-Age a toujours suivi. A gauche et en commençant près de l'autel, on voit saint Pierre avec sa clef, saint André avec sa croix en sautoir, saint Jean imberbe, bénissant le calice, saint Thomas armé de son équerre, saint Philippe tenant sa petite croix de roseau, et saint Jacques-le-Majeur portant le livre, le bourdon et le chapeau à coquilles sur l'épaule. A droite, il y a saint Paul tenant une épée nue, saint Jacques-le-Mineur avec un livre et une massue, saint Matthias avec la hache, saint Matthieu armé de la pique, saint Barthélemy portant le couteau et le livre, et saint Simon tenant la scie. Chaque apôtre est encadré par des ornements composés de génies, de vases, d'animaux fantastiques, de guirlandes de fleurs, etc.; on y voit aussi le chiffre et la salamandre de François Ier. — Les deux statues placées à l'entrée de la chapelle et représentant la Foi et l'Humilité, sont les modèles en plâtre des deux médiocres statues de Berruer qui ornent l'entrée du chœur de la Cathédrale.

La quatrième chapelle était autrefois dédiée à saint Marc, évangéliste et disciple de saint Pierre; il ne reste plus aucun vestige de la décoration faite en 1626 aux frais de Chrétien Marie, prêtre et religieux de l'abbaye. — Depuis un demi-siècle, on a dépossédé l'ancien titulaire de la chapelle, pour la donner à saint Jérôme. On voit, en effet, au rétable de l'autel, le saint Docteur presque nu et écoutant avec effroi la trompette du Jugement dernier : ce bas-relief en plâtre est très-médiocre. — Sur l'autel, il y a un reliquaire moderne en cuivre doré, ayant la forme d'un édicule ogival du XIVe siècle; il contient les reliques de saint Pierre et de saint Paul; il a été donné par M. l'abbé Baret, chanoine honoraire et vicaire de la Cathédrale. Je ne parle pas d'une espèce de cage en mauvaise menuiserie qui recouvre le reliquaire.

La cinquième chapelle avait autrefois pour patron saint Étienne, premier martyr; elle fut ornée en 1664 de divers ouvrages d'art dont il ne reste plus trace, et on y déposa le corps de saint Gilduin le 9 mai 1666. — Elle sert aussi de sacristie pour les enfants de chœur. Son architecture romano-byzantine attire les regards de l'archéologue.

La sixième chapelle est dédiée depuis 1847 à Notre-Dame-des-Sept-Douleurs; elle ne contient rien qui mérite d'être signalé, sinon l'épitaphe suivante, que l'on voit voit gravée sur une plaque de marbre à côté du grand crucifix.

Hic jacet Robertus, filius Richardi primi ducis Normanniæ, primus comes Ebroïcensis et archipræsul ecclesiæ Rothomagensis quam à fundamentis magnificam construxit; obeit anno 1037.

Cette chapelle date du XIIᵉ siècle; elle était alors sous le vocable de la Conception de Marie. Au XVIᵉ siècle elle fut richement décorée. « Ce furent J. Benardeau et F. Marchand, qui firent la
» chapelle de la Conception de la très-pure Vierge, et ce fut frère
» Christophe de la Chaussée qui donna cet ouvrage, et paya à
» Jean Benardeau pour maçonnerie, colonnes, corniches, frises,
» architrave de pierre de Vernon et de pierre de liais, et autres
» besognes, excepté les images, la somme de 350 livres, qui
» était le prix du marché passé le 8 novembre 1543; et paya à
» F. Marchand, pour quinze images et trois sibylles, toutes de
» pierres de raiasse, et pour les figures qui sont sur la contre-
» table de la chapelle, la somme de cent écus d'or soleil, qui ne
» valaient en ce temps-là que deux cent vingt-cinq livres : en
» sorte que tout l'ouvrage de cette chapelle, avec les figures, ne
» coûtaient que 575 livres; et maintenant (1671) ce serait un ou-
» vrage de 3,000 livres ¹. » Il va sans dire que les vandales du XVIIIᵉ siècle n'ont pas laissé trace de cette décoration.

VERRIÈRES. — Si la cathédrale de Chartres a la gloire de posséder la plus étonnante série de vitres peintes du XIIIᵉ siècle, l'église abbatiale de Saint-Père peut se vanter d'avoir une très-remarquable collection de verrières du XIVᵉ siècle. On y compte trente-six grandes lancettes garnies de vitraux colorés de cette époque. — Les verrières qui brillent aux fenêtres latérales du chœur appartiennent à la fin du XIIIᵉ siècle, ainsi que les grisailles du triforium.

Les fenêtres inférieures sont maintenant vitrées en verre blanc;

¹ *Histoire de l'Abbaye*, ch. 126.

elles ont été dégarnies de leurs verrières peintes, lors des troubles révolutionnaires ; les fenêtres des chapelles avaient des vitraux placés au XIIe siècle par l'abbé Étienne. — Presque toutes les fenêtres supérieures ont conservé leurs peintures transparentes ; il n'y manque que des panneaux en grisailles. On n'y voit pas, comme à la Cathédrale, que les corporations des arts et métiers aient donné des verrières ; parmi les donateurs on ne trouve qu'un cardinal, un archevêque, deux évêques, deux abbés de Saint-Père et un chanoine de Chartres.

Les sujets n'y sont pas non plus jetés pêle-mêle, comme à la Cathédrale ; tout est rangé dans un ordre parfait pour parler au peuple, pour lui offrir la connaissance et des mystères et des faits de la Religion. Ainsi dans la nef, le côté gauche ou septentrional nous montre les apôtres et les faits évangéliques ; le côté droit offre les saints confesseurs et les faits de la légende et du martyrologe. — Dans le chœur, toute la hiérarchie des Bienheureux, prophètes, apôtres, martyrs, confesseurs entourent Jésus-Christ : le Sauveur est ici l'étoile polaire, vers laquelle se tournent, comme des aimants, tous ces saints personnages. Jésus est porté, petit enfant, sur les bras de sa Mère, et homme sur l'arbre de la Croix : pensée divine, de montrer le crucifiement comme un triomphe glorieux !

En contemplant les œuvres du Moyen-Age, on est forcé d'avouer que ses artistes ont su, au plus haut degré, donner à leurs compositions un caractère de naïveté et un sentiment religieux qui en feront à jamais des modèles admirables ; ils avaient compris que l'histoire religieuse et les mystères catholiques se graveraient bien mieux dans l'esprit des fidèles en les leur présentant par des scènes mises en actions, plutôt que par des descriptions fugitives. De là ces belles peintures transparentes qu'ils étalaient aux fenêtres de leurs églises : ainsi les yeux ne pouvaient se lever sans rencontrer une leçon de dogme ou de morale !

Pour procéder avec méthode, nous étudierons d'abord les verrières de la nef ; nous commencerons à gauche, près de la tour. Que nos lecteurs daignent se rappeler que nous nous contentons de leur donner ici une légère esquisse de ces belles verrières ; les détails sont réservés pour la *Monographie générale*.

1. La première verrière offre deux apôtres entre deux larges

bandes de grisailles ; il en est de même dans presque toutes les fenêtres, des bandes grisaillées encadrent les figures peintes. Les deux apôtres sont saint Jacques-le-Mineur avec sa massue et saint Matthias tenant une épée nue.

2. Saint Judde et saint Barnabé.

3. Vitrail de saint Jean-Baptiste : le Précurseur baptise Jésus ; la fille d'Hérodiade danse devant Hérode ; un bourreau coupe la tête de saint Jean ; la fille d'Hérodiade présente à sa mère la tête du saint ; Jean-Baptiste tient l'Agneau divin et le montre à deux disciples.

4. Vitrail aussi consacré au saint Précurseur : un ange apparaît à Zacharie, père de saint Jean ; Elisabeth met au monde saint Jean-Baptiste ; Zacharie écrit sur des tablettes le nom de Jean ; saint Jean se présente devant Hérode et lui reproche son adultère ; saint Jean prêche ses disciples.

5. Saint André avec un livre et saint Jean l'évangéliste tenant un livre et une plume.

6. Saint Barthélemy tenant son couteau et saint Jacques avec un livre.

7. Vitrail de saint Pierre ; plusieurs sujets n'occupent pas leur rang chronologique : saint Pierre rencontre Jésus aux portes de Rome ; saint Pierre et saint Jean sont avec deux disciples ; saint Pierre et saint Jean guérissent un aveugle-né à la porte du temple ; saint Pierre prêche les Juifs ; il est délivré de prison par un ange. Dans le bas, on voit les donateurs de cette verrière.

8. Autre vitrail du prince des Apôtres : saint Pierre s'entretient avec saint Paul ; il guérit un malade ; il reçoit les clefs, symbole de sa puissance ; saint Pierre et saint Paul devant Néron ; Simon-le-Magicien tue un bélier ; saint Pierre le fait tomber des nues en présence de Néron ; saint Pierre est crucifié ; un ange emporte l'âme vêtue du saint apôtre ; Jésus la reçoit.

9. Saint Thomas tenant un livre et une équerre, et saint Philippe avec un livre et une pique.

10. Saint Matthieu portant un livre, et saint Jacques avec une hache.

11. Cette verrière et la suivante sont consacrées à Jésus-Christ : Jésus entre en triomphe à Jérusalem ; il fait la cène avec ses apôtres ; il est trahi par Judas ; il est élevé sur la croix ; à ses côtés

il y a sa tendre Mère et son disciple bien-aimé, et aussi l'Église et la Synagogue; les trois saintes Femmes trouvent Jésus ressuscité et son tombeau vide; le Sauveur défend à Marie-Madeleine de le toucher.

12. Jésus est à table avec les disciples d'Emmaüs; saint Thomas touche les plaies du Sauveur; Jésus monte au ciel; le Saint-Esprit descend sur les apôtres; Jésus-Christ est assis pour juger les vivants et les morts.

A droite, les vitraux offrent des personnages et des faits de l'histoire ecclésiastique; nous commençons près de la grosse tour.

1. Deux saints abbés en crosse; le premier a perdu son nom, le second est saint Maur.

2. Deux saints abbés en crosse qui ont perdu leurs noms.

3. Vitrail de sainte Agnès : la chère sainte vierge Agnès refuse d'épouser le fils du proconsul Aspasien; elle est menée toute nue aux lieux de prostitution, *mais Jésus fit que ses cheveux devinssent si épais qu'elle était mieux couverte de ses cheveux qu'elle ne l'aurait été de ses vêtements* [1]; le fils du proconsul avec d'autres jeunes gens, se rendent aux lieux de prostitution, mais ils trouvent Agnès revêtue des vêtements apportés par l'ange du Seigneur; on la jette dans un grand feu, mais la flamme se divise en deux et brûle les spectateurs; Aspasien commande qu'on lui enfonce une épée dans la poitrine.

4. Vitrail de sainte Catherine : la vierge d'Alexandrie dispute contre l'empereur Maximin; elle dispute contre les philosophes en présence de l'empereur; les philosophes convertis par la savante vierge sont jetés dans les flammes; Catherine est agenouillée, et une main divine au nimbe crucifère la bénit; Catherine est visitée par l'impératrice; elle est décapitée; deux anges enlèvent son corps et le portent sur le Sinaï; deux autres anges emportent son âme dans le ciel; enfin deux autres anges l'encensent.

5. Deux saints évêques dont l'inscription a disparu.

6. Saint Lubin, évêque de Chartres, et saint Martin.

---

[1] Voyez l'histoire de sainte Agnès dans le *Miroir historial* de Vincent de Beauvais, lib. XVII, cap. 29, 30 et 31. — Voyez aussi la *Légende dorée*.

7. Vitrail de saint Denis; cette verrière est dans un fort mauvais état; on en a enlevé dix panneaux qu'on a placés dans une fenêtre inférieure de l'abside, à côté de la chapelle de la très-sainte Vierge; on détermine avec peine les différents sujets; voici ceux que nous avons cru reconnaître: saint Denis et saint Rustique devant le proconsul Fescenna; il encourage ses prêtres et ses diacres; il est battu de verges; on le décapite; le reste de la verrière est indéchiffrable.

8. Vitrail de saint Clément, pape. Cette verrière a éprouvé le même sort que la précédente; on en a enlevé dix panneaux qu'on a placés dans une fenêtre absidale; en recomposant la verrière par la pensée, on trouve: saint Clément accompagné d'un évêque, d'un prêtre et d'un diacre se rend au port où il doit s'embarquer pour l'exil; monté dans une barque il vogue vers la Chersonèse; il prie avec les fidèles pour obtenir que le ciel leur indique une source d'eau vive; l'Agneau divin au nimbe crucifère montre du pied la source d'eau; saint Clément est jeté dans la mer avec une ancre au cou; Dieu reçoit son âme, qui lui est présentée sur une nappe par deux anges.

9. Saint Grégoire et saint Sylvestre, papes, en costume pontifical.

10. Marie tenant Jésus dans ses bras; dans le bas, on voit le donateur à genoux, c'est un ecclésiastique; près de sa tête, on lit: *Magister Laurentius capicerius Carnotensis.*

11. Vitrail de la très-sainte Vierge: Joachim et Anne présentent des offrandes qui sont refusées par le Grand-Prêtre; Anne essuie les reproches de Judith sa domestique; Joachim est au milieu de ses troupeaux; un ange apparaît à Joachim et lui annonce qu'il aura une fille; Anne reçoit le même ange; elle sort de sa maison avec Judith; elle rencontre Joachim près de la Porte-Dorée; elle met au monde la petite Marie; âgée de trois ans, Marie se présente au temple; la verge de saint Joseph fleurit; Marie épouse saint Joseph [1].

12. Ce douzième vitrail est encore consacré à la très-pure Vierge;

---

[1] Dans un remaniement fait il y a quelques années, on a donné à Marie un visage du XVIe siècle, qui porte de la barbe!

on y voit l'Annonciation, la Visitation, la Naissance de Jésus, l'Adoration des mages, la Présentation de Jésus au temple, et enfin la mort de Marie.

Les fenêtres latérales du chœur renferment des patriarches, des prophètes et d'autres personnages de l'ancien Testament, au nombre de quarante : tous ont figuré ou annoncé Jésus-Christ. On remarquera qu'ils paraissent s'entretenir deux à deux. La plupart ne portent pas de noms; à gauche on ne lit que quatre inscriptions : JOHEL, ENOH, DANIEL, ABBACUC. A droite, on ne reconnaît que Malachie, Aaron et Balaam. — Nous avons déjà dit que ces vitraux datent de la fin du XIIIe siècle.

Les six fenêtres de l'abside ont les plus riches verrières de la basilique abbatiale; elles brillent des couleurs les plus vives et les plus éclatantes. Chaque fenêtre contient quatre personnages en pied, d'une dimension aussi grande que nature, entourés de riches décorations architecturales; le tympan est divisé en trois quatre-feuilles, dont les deux inférieurs offrent des scènes de martyre, et le supérieur circonscrit un ange tenant dans chaque main une couronne destinée aux martyrs qui triomphent plus bas. Mais passons rapidement devant chacune de ces verrières, en commençant à gauche : que le lecteur veuille bien se rappeler que le point vers lequel gravitent tous les saints personnages figurés dans les vitraux du chœur, est Jésus-Christ placé au centre de l'abside.

1. Dans la première verrière, il y a deux abbés, probablement saint Benoît et saint Maur; deux apôtres, saint Philippe et saint Barthélemy. Dans les quatre-feuilles on voit saint Apollinaire sur le chevalet, saint Eustache avec sa femme et ses fils dans le taureau ardent, et un ange qui leur apporte une couronne.

2. Saint Jacques-Mineur et un saint évêque, peut-être saint Augustin; saint Simon et saint Jean. Dans les quatre-feuilles : saint Laurent sur son gril; saint Vincent jeté dans la mer avec une meule au cou; un ange avec deux couronnes.

3. Saint Thaddée et un saint Archevêque, sans doute saint Ambroise; saint Jacques-Majeur et saint Pierre vêtu en pape. Dans les quatre-feuilles : saint Pierre est attaché sur une croix, la tête en bas; saint Paul est décapité; un ange avec deux couronnes.

4. Saint Louis, roi de France, et saint Étienne, diacre; Jésus attaché sur la croix et Jésus porté sur les bras de sa tendre Mère. Dans les quatre-feuilles : naissance de Jésus; annonciation de l'ange à Marie; un ange avec deux couronnes.

5. Saint Thomas et saint Barnabé; saint Paul et saint André. Dans les quatre-feuilles : saint Jean-Baptiste est décapité; saint Étienne est lapidé; un ange avec deux couronnes.

6. Deux saints qui ont perdu leurs noms; saint Matthias avec une palme et saint Matthieu avec une lance. Dans les quatre-feuilles : saint André est martyrisé; une scène indéchiffrable; un ange avec deux couronnes.

Au commencement de ce siècle, les grisailles du triforium ont été remplacées, dans la courbure absidale, par des vitraux peints provenant (à ce que l'on assure) de l'église de saint Hilaire, qui s'élevait avant 1793 sur la place de Saint-Pierre. Ces vitraux sont dus à l'habile pinceau de Robert Pinaigrier, célèbre peintre-verrier du XVIe siècle. Malheureusement ils sont aujourd'hui dans l'état le plus désolant : tout est déplacé, bouleversé, les têtes sont en bas, les pieds en haut; les mêmes scènes sont scindées en trois ou quatre parties et séparées les unes des autres de toute la largeur de l'abside. Un remaniement facile et peu dispendieux pourrait toutefois remettre en place et faire apprécier ces belles verrières. Entre autres sujets, on y voit l'arbre généalogique de Jessé, la Naissance de Jésus, le Réveil des Bergers, la Circoncision, l'Adoration des Mages, le Massacre des Innocents, la Présentation au temple, la Fuite en Égypte, la Mort, les Funérailles et l'Assomption de Marie, etc. Il y a aussi des allégories charmantes, par exemple : les apôtres taillant la vigne du Seigneur, les apôtres faisant la vendange et foulant le raisin dans une cuve, les évangélistes distribuant le vin en tonneau, etc. Enfin on y trouve quelques traits de la vie de saint Hilaire et de saint Martin.

SACRISTIE. — Pour compléter notre notice descriptive de la basilique abbatiale de Saint-Pierre, nous dirons qu'une nouvelle sacristie a été construite en 1846; cette sacristie est propre et commode, mais n'a ni caractère ni style. Dans son mobilier, nous avons remarqué deux bonnes copies de peintures flamandes, et un crucifix qui a quelque valeur historique; sur le pied on lit en effet cette inscription : *Ce crucifix a été porté ici à Chartres solennellement en procession par Henri III, en 1582, et déposé en l'église de Saint-Père.*

Il faut aussi mentionner un grand tableau peint à l'huile et sur toile qui est suspendu contre le mur occidental de la nef, dont il occupe presque toute la largeur. Cette vaste composition, qui n'est pas sans mérite, représente les noces de Cana. C'est une imitation française des œuvres des grands-maîtres italiens qui ont brillé d'un si vif éclat pendant toute la durée du XVIIe siècle.

ÉGLISE DE SAINT-AIGNAN.

L'église de Saint-Aignan, placée au centre de la partie méridionale de la ville, reporte sa première origine à plus de quinze siècles. « L'église de Saint-Aignan, dit Rouillard, estoit jadis sa
» maison paternelle, selon la créance commune; laquelle icelui s.
» Aignan [1] dédia premièrement en l'honneur de s. Denis, ou selon
» autres de s. Pierre et sainct Paul : y aïant esté enterré, avec ses
» trois sœurs, et flory en miracles, elle prit le nom d'icelui s.
» Aignan. C'est l'Eglise Parochiale du Chasteau du Comte, au-
» jourd'hui appelé la Tour du Roi [2]. » Au treizième siècle, elle

---

[1] « Saint Aignan, dit Doyen, succéda à saint Martin-le-Blanc, en 245, et tint le siége pendant quarante-cinq ans. Il était d'une noble famille des environs de Chartres; et c'est le sentiment de tous ceux qui ont parlé de lui, mais aucun ne désigne le lieu; pour moi je crois que c'est *Vauventrier*, par la raison que le chemin qui conduit de Chartres à ce château, s'appelle le chemin de Saint-Aignan. Lorsqu'il fut élu, il était en prière sur le tombeau de saint Martin, et plusieurs seigneurs accompagnés du clergé, voulurent le porter sur leurs épaules, depuis le lieu où a été bâtie la porte Saint-Michel, jusqu'à la cathédrale; d'où est venu l'usage d'y porter les évêques ses successeurs. » (*Histoire de Chartres*, tome I, page 209.)

[2] *Parthénie*, 2e partie, page 149. — La *Tour du Roi* était bâtie sur la place Billard actuelle; ses derniers restes ont été démolis en 1836.

formait déjà une collégiale composée de sept chanoines [1]. « Le
» revenu des chanoines est assis ez villages de Dondainville, Mon-
» dainville et Ermenonville à une petite lieue de Chartres, qui
» estoient les Seigneuries de Donde, Monde et Ermenonde, sœurs
» d'icelui s. Aignan, dont les tombeaux se voient encore ès cryptes
» de l'Eglise [2]. » Le corps sacré du saint évêque n'y resta pas
longtemps ; « il fust précieusement déposé en une châsse, que
» l'on trouva bon de colloquer au maistre Autel de l'Église. L'an
» 1134, au mois de Décembre, la ville de Chartres ayant esté
» toute bruslée d'un feu du ciel, et toutes ses Eglises, hors celle
» de Nostre-Dame : celle de s. Aignan n'en fut exempte non plus
» que ses compagnes. Et sur ce qu'après le feu esteinct, on trouva
» sa châsse entièrement bruslée et ses ossements nullement en-
» dommagés, l'évesque Geoffroi soubs qui advint ce meschef et
» désastre, les recueillit avec toute dévotion, et remit iceux dans
» une saincte Châsse qui... fut reportée dans la nouvelle Eglise du
» dit sainct, depuis qu'elle eut esté refaite et rebastie [3]. »

Un autre incendie, arrivé le 10 juin 1271, dévora l'église de
Saint-Aignan, avec une grande partie de la ville de Chartres. « La
» Chasse de s. Aignan fut encore toute bruslée, et néantmoins les
» ossements d'iceluy demeurèrent entiers. L'Évesque Pierre de
» Maincy les remit en une belle Châsse neuve, qui se void encores
» couverte partie de lames d'argent et de cuivre doré, et fut res-
» tablie en son église après icelle restaurée [4]. »

Cette dernière église de la fin du XIIIe siècle disparut à son tour
dans les premières années du XVIe siècle ; on se mit aussitôt à
bâtir celle que nous voyons encore et qui ne fut terminée que
vers 1630. Ainsi l'on fut plus d'un siècle à la reconstruire : le zèle
généreux qui animait d'une manière si admirable les populations
catholiques du XIIIe et du XIVe siècle, avait alors perdu sa ferveur
et son enthousiasme.

---

[1] *Prolégomènes du Cartulaire de Saint-Père*, page ccxcvij.

[2] *Parthénie*, 2e partie, page 149.

[3]   Ibid.,   page 8.

[4]   Ibid.,   page 9.

En 1793, Saint-Aignan fut dévasté et profané par la main sacrilège de la révolution. Il servit ensuite d'hôpital militaire, puis de magasin. Mais il fut rendu au culte en 1822 et érigé en église paroissiale.

L'église de Saint-Aignan n'est pas un monument qui mérite l'admiration de l'archéologue. Toutefois le XVIe siècle y a laissé des sculptures et des peintures sur verre que les amis de l'art de la Renaissance regarderont toujours avec intérêt.

Extérieur. — L'extérieur de Saint-Aignan n'a rien d'imposant. Les premières assises de pierres remontent au XIIIe siècle; au XIVe on refit la porte centrale de l'ouest, dont le tympan possède encore trois socles qui supportaient des statues. A gauche de cette porte, il faut remarquer le petit portail qui sert d'entrée ordinaire; il porte la date de 1541.

La tour qui flanque le collatéral-nord appartient à la seconde moitié du XVIe siècle; elle est ornée de quelques pilastres ioniques, et de quelques sculptures frustes pour la plupart. Elle renferme trois cloches : la première pèse 1,000 kilogrammes; la seconde, 750; et la troisième, 450.

Intérieur. — Le plan de Saint-Aignan est très-régulier; il forme un parallélogramme allongé, dont l'extrémité orientale est terminée par la courbure de l'abside. L'église comprend une nef centrale avec deux nefs déambulatoires, soutenues par dix-huit piliers et vingt pilastres. Voici ses principales dimensions : longueur totale, 47 mètres et 65 centimètres; longueur de la nef, 22 mètres et 75 centimètres; longueur du chœur, 14 mètres et 40 centimètres; largeur totale, 29 mètres et 90 centimètres; largeur de la nef centrale, 10 mètres; hauteur de la voûte, 20 mètres.

Les travées ont des arcades ogivales, qui autour du sanctuaire sont défigurées par une *décoration* moderne. Au-dessus des travées règne le triforium; il se compose d'arcades cintrées, appuyées sur des colonnettes corinthiennes, dont les chapiteaux ne sont qu'ébauchés pour la plupart; ce triforium porte la date de 1625. La voûte est en bois et en mauvais état.

Avant 1793, les dix ou onze chapelles de Saint-Aignan étaient fort richement décorées; elles contenaient une foule d'œuvres d'art, qui ont été pillées, volées, ou jetées dans le creuset révolutionnaire. Aujourd'hui, il n'y a que les murs nus ; toutefois quelques chapelles ont conservé leurs voûtes élégantes, entre autres celle qui est située vers le milieu du bas-côté méridional : un cartouche porte : A ESTÉ ACHEVÉE LE XIIIe JOUR DE SEPTEMBRE ; sur un autre cartouche, on lit : 1543.

Sous la tour se trouvait jadis une grande et belle chapelle ; les deux arcades qui donnaient entrée dans l'église, ont des arcs-doubleaux chargés de sculptures. Cette chapelle sert aujourd'hui de sacristie ; elle vient d'être restaurée et enrichie de grandes armoires en chêne.

La chapelle absidale est la seule qui possède encore un autel ; elle est dédiée à la très-sainte Vierge. Sa voûte, qui date des premières années du XVIe siècle, offre toutes les ramifications de nervures de cette époque ; la clé ou pendentif est dorée.

Le mobilier de l'église n'a malheureusement aucune valeur : les autels, les chandeliers, les stalles, les confessionnaux, la chaire, le banc-d'œuvre, sont sans aucun goût. On peut en dire autant du chemin de la croix qui a été posé en 1847. — Les orgues sont nouvelles et très-harmonieuses ; elles se composent de vingt-quatre jeux et de quatorze pédales ; c'est M. l'abbé Gougis qui, avec l'aide de ses paroissiens, en a doté son église. Elles ont été faites par Gadault, facteur d'orgues à Paris, et elles ont coûté **12,000** francs. Quant à l'arrangement du buffet, de la tribune ou *doxal*, il n'en faut pas parler.

VERRIÈRES. — L'église de Saint-Aignan avait autrefois toutes ses fenêtres garnies de belles verrières du XVIe siècle ; il n'en reste aujourd'hui que des vestiges qui font vivement regretter les autres. Bien qu'ils ne puissent être mis en parallèle avec les magnifiques vitraux de la Cathédrale ou de Saint-Pierre, ceux de Saint-Aignan (comme au reste tous ceux de la même époque qui sont si nombreux en France) ont des qualités qui les font généralement regarder avec plaisir. On croit qu'ils sont dus au pinceau de Nicolas Pinaigrier, neveu du célèbre Robert Pinaigrier, dont nous avons parlé en décrivant les vitraux de Saint-Pierre.

Nous allons décrire succinctement les vitraux de Saint-Aignan, en commençant par ceux du collatéral nord, à la gauche du spectateur qui entre dans l'église.

1ᵉʳ *vitrail*. Ses verres peints ont presque tous disparu; il n'en reste qu'un seul panneau, à l'amortissement ogival de la fenêtre. On y voit quatre personnages : un vieillard donne de l'argent à un jeune homme, qui est sans doute l'enfant prodigue.

2ᵉ *vitrail*. Il renferme plusieurs sujets : 1° un Chérubin, armé d'une épée flamboyante, chasse du paradis terrestre Adam et Eve; sur une banderolle on lit : Multiplicabo erumnas tuas et in dolore paries filios et sub viri.... manduca..... terra.... Au-dessus du tableau, il y a cette autre inscription qui rappelle la seconde Eve, Eve-la-Réparatrice : Quæ est ista quæ progreditur ut aurora, pulchra ut luna, electa ut sol, terribilis ut castrorum acies ordinata. Sur une troisième inscription qui est mutilée, on lit : J'ai été (donné) par Jean Vacher, 1566. — 2° Saint Denis, évêque de Paris, Rustique et Eleuthère, les mains garrottées, sont conduits devant le proconsul Fescennius; il y a une inscription illisible. — 3° Saint Denis et ses deux compagnons sont enfermés dans une prison; le saint évêque est à genoux et reçoit la communion des propres mains du seigneur Jésus, qui lui dit : « Reçois » ma chair; une grande récompense t'attend auprès de moi [1]. » Le visage du Christ est remplacé par un fragment de verre bleu. — 4° Sainte Barbe et son père, « qui oubliant le nom de père pour prendre celui de tyran, met la main à l'épée contre sa fille, laquelle s'enfuit devant lui [2]. » Ce tableau a beaucoup souffert de la main des hommes. — 5° Sainte Barbe est en prison; Jésus lui apparaît et lui dit : « Prends courage, ma fille, il y aura grande joie dans le ciel et sur la terre lors de ton martyre; ne redoute point les menaces du tyran; je suis avec toi pour te préserver de tous maux [3]. » — 6° Fragments renversés d'un *Jugement dernier*.

3ᵉ *vitrail*. — Il offre les figures en pied de quatre saints pontifes : 1° Saint Martin, en costume archiépiscopal, chape, mitre, livre et croix hastée. — 2° Saint Denis, en chasuble et crosse, tenant en main sa tête mitrée; un ange est à ses côtés pour le guider. — 3° Saint Nicolas, vêtu de la chasuble, portant la mitre

---

[1] *Légende dorée*, de sancto Dionysio.

[2] *Les Fleurs des Vies des Saints*, au 4 décembre.

[3] *Légende dorée*.

et la crosse, et bénissant; près de lui se voient un clerc à genoux et les trois enfants traditionnels dans un baquet. — 4° Saint Aignan, en chape, mître, crosse et livre. — Dans l'amortissement ogival, se voit l'auguste Trinité : le Père tient la croix, le Fils y est cloué, et le Saint-Esprit plane entre le Père et le Fils.

4ᵉ *vitrail*. — Il raconte en six tableaux la mort et l'assomption de la glorieuse Vierge Marie. 1° Marie va mourir; elle est étendue sur sa couche funèbre, entourée des apôtres éplorés et agenouillés; saint Pierre console et bénit la Mère de son divin Maître; saint Jean, le fils adoptif de Marie, tient la palme verte cueillie dans le paradis. — 2° Marie vient d'expirer : Saint Pierre vêtu de la chape, jette, avec un goupillon, de l'eau bénite sur la dépouille mortelle; saint Jean tient encore la palme; un troisième apôtre porte la croix, et un quatrième a le bénitier. — 3° Les apôtres portent sur leurs épaules le cercueil qui contient le corps virginal de Marie; ils vont en chantant le déposer dans la vallée de Josaphat. Le grand-prêtre juif veut arrêter le convoi funèbre; mais sa main se détache du poignet et demeure attachée au cercueil. Un soldat s'avance et laisse aussi sur le cercueil sa main gantelée de fer (le soldat n'a qu'une tête d'emprunt que lui a donnée un vitrier maladroit; cette tête est couronnée de la tiare pontificale!) Voici comment la *Légende dorée* raconte le fait figuré dans le tableau : « Tout le peuple, entendant les accords et les chants mélodieux des apôtres et des anges, se hâta de sortir de la ville, demandant la cause de ces chants. Et quelqu'un dit : « C'est Marie qui est morte, et que les disciples de Jésus emportent, et c'est autour d'elle qu'ils font entendre ces chants. » Alors tous coururent aux armes, et ils s'encourageaient mutuellement, en disant : « Venez, tuons tous les disciples de Jésus, et livrons aux flammes le corps que ces imposteurs emportent. » Le grand-prêtre voyant cela fut saisi d'étonnement, et il dit avec grand courroux : « Voyez quels honneurs reçoit le tabernacle de celui qui a jeté le trouble parmi nous et notre nation. » Et disant cela, il porta la main sur le cercueil, voulant le saisir et le renverser; mais sa main resta attachée au cercueil, et elle fut embrasée d'un feu ardent; de sorte qu'il poussait des hurlements affreux. Le reste du peuple fut frappé d'aveuglement par les anges. Et le grand-prêtre criait : « Saint Pierre, ne m'abandonne pas dans ma souffrance, mais implore pour moi la miséricorde du Seigneur. Tu dois te souvenir que je t'ai assisté, et qu'une servante t'accusant, j'ai empêché qu'on ne t'inquiétât. » Saint Pierre répondit : « Nous sommes occupés des funérailles de notre Souveraine, et nous ne pouvons écouter tes prières. Mais si tu crois en Jésus-Christ et en celle qui l'a porté, tu seras guéri. » Le grand-prêtre répondit : « Je crois que Jésus est le vrai Fils de Dieu, et que Marie est sa mère. » Et aussitôt sa main se détacha ; mais son bras demeurait desséché, et il y éprouvait toujours des douleurs atroces. Et Pierre lui dit : « Baise le cercueil et dis : Je crois en Jésus-Christ et en Marie, qui l'a porté dans son sein et qui est demeurée vierge après l'avoir enfanté. » Il le fit, et aussitôt il recouvra la santé. Et Pierre lui dit : « Reçois cette palme des mains de notre frère Jean, et place-la sur le peuple, qui est frappé d'aveuglement ; et tous ceux qui croiront, recouvreront la vue, et ceux qui ne voudront pas croire, resteront pour toujours aveugles. » Les apôtres portèrent ensuite Marie au monument, et l'y mirent comme le Seigneur l'avait ordonné. » — 4° C'est ici que les apôtres déposent le corps virginal de Marie dans un sépulcre neuf (lequel se voit encore aujourd'hui près de Jérusalem) ; saint Pierre, revêtu de la chape, bénit le corps immaculé de sa Maîtresse. — 5° Trois jours après, les apôtres avec Thomas vont au sépulcre où repose la très-sainte Vierge, ils le trouvent vide, et regardant en haut ils aperçoivent Marie qui monte au ciel, soutenue par des anges. — 6° Dans le médaillon du tympan, on voit le couronnement de Marie par les trois Personnes divines. — 7° un septième tableau représente à genoux le donateur du vitrail, avec sa femme, son fils et ses cinq filles ; ils sont protégés par saint Jacques-le-Majeur et saint Aignan.

5e *vitrail.* — Deux panneaux en vitres peintes existent encore ; les autres ont été remplacés par du verre blanc. Au premier panneau, Marie accompagnée de sainte Madeleine et de saint Jean, visite les instruments de la passion de son divin Fils. Au second panneau, on voit le donateur, sa femme, ses cinq fils et ses sept filles ; ils sont tous agenouillés et patronés par saint Pierre et saint Aignan.

Retournons maintenant dans le bas-côté méridional, et commençons par le vitrail placé près de la porte de l'ancien cimetière, laquelle est toute chargée d'ornements funèbres.

1er *vitrail.* — Il a perdu presque toute sa vitrerie peinte ; il n'en reste qu'un seul panneau, qui représente le crucifiement de saint Pierre, scène parfaitement bien rendue par le peintre-verrier.

2e *vitrail.* — Il se compose de deux tableaux. 1° Saint Pierre sort de Rome pour fuir la persécution. « Et quand il fut arrivé à la porte de Sainte-Marie-*ad-Passus*, il vit Jésus portant sa croix et venant à lui, et il lui dit : « Seigneur, où allez-vous ? » DOMINE QUO VADIS ? Et Jésus répondit : « Je vais à Rome pour y être crucifié de nouveau. » VADO ROMAM ITERUM CRUCIFIGI. Et Pierre répliqua : « Seigneur, est-ce que vous serez crucifié une seconde fois ? » Et Jésus répondit : Oui. — Pierre dit alors : « Seigneur, je retournerai avec vous, afin d'être crucifié avec vous. » Et le Seigneur remonta vers les cieux, tandis que Pierre versait des larmes [1]. » Tout cela est fort bien rendu dans le vitrail. Au fond du tableau se dessine la ville de Rome avec ses monuments, parmi lesquels se dresse la colonne Trajane. Nous le disons avec vérité, la vue de ce tableau nous a toujours ravi. — 2° La partie supérieure du vitrail représente la conversion de saint Paul ; le futur apôtre des Gentils est renversé de cheval ; ses compagnons sont saisis de terreur ; une voix se fait entendre du ciel. Dans le lointain on voit Damas avec ses obélisques et ses colonnes.

3e *vitrail.* — Il se compose de sept tableaux représentant des scènes diverses. 1° L'autel élevé par les Athéniens au Dieu inconnu, DEO IGNOTO ; un homme est agenouillé devant l'autel ; Denis l'aréopagite y vient aussi prier ; saint Paul arrive et les convertit tous les deux. — 2° Saint Pierre, revêtu de la chape, ouvre les portes du paradis à des âmes que saint Michel vient de peser. — 3° et 4° Ici sont représentés plusieurs apôtres et leurs parents : ce sujet a été traité au XVIe siècle assez fréquemment et d'une manière bien plus complète que dans cette fenêtre. On reconnaît facilement Jean qui tient un calice d'où s'échappe un dragon, et Jacques avec le chapeau coquillagé et le bourdon de pèlerin. — 5° Ce tableau représente avec naïveté une scène qui se passe à Nazareth : Joseph charpente, Marie file, et Jésus dort dans un

---

[1] *Légende dorée*, de sancto Petro.

élégant berceau. Un ange couronné veille sur le sommeil de son Créateur; deux autres anges ramassent les copeaux de la boutique de saint Joseph. — 6° Saint Joachim et sainte Anne enseignent la lecture à la petite Marie. — 7° Dans l'amortissement ogival, on voit le Père éternel entre quatre anges : les deux premiers jouent de la viole; et les deux autres tiennent un lambel où se trouve écrit : EGREDIETUR VIRGA DE RADICE JESSE.

4e *vitrail*. — Il représente le combat de saint Michel contre les anges rebelles; c'est l'Apocalypse qui a inspiré le peintre de ce vitrail : « Il se donna une grande bataille dans le ciel; Michel et ses anges combattaient contre le dragon, et le dragon avec ses anges combattaient contre lui. Mais ceux-ci furent les plus faibles, et ils ne parurent plus dans le ciel; et ce grand dragon, cet ancien serpent, qui est appelé diable ou Satan, qui séduit tout le monde, fut précipité en terre et ses anges avec lui [1]. » Au sommet du vitrail, le Père céleste est assis sur des nuages. Saint Michel, couvert d'une magnifique armure et portant la croix et le glaive, terrasse le dragon infernal. Parmi les anges, quelques-uns lancent des flèches, et les autres sont armés du glaive et du bouclier. Les diables sont horribles : il serait difficile de rendre d'une manière plus expressive ces anges dont l'orgueil va jusqu'à refuser d'obéir à Dieu.

Les trente-trois fenêtres de l'étage supérieur ont perdu toute leur vitrerie peinte; toutefois quelques panneaux s'aperçoivent encore çà et là; la plupart figurent les écussons armoriés des divers bienfaiteurs de l'église. Un panneau représente sainte Catherine visitée dans sa prison par l'impératrice et sa suivante. Un autre offre saint Jean l'évangéliste assis et tenant le calice plein d'un poison mortel, d'où s'échappe un serpent; à côté de saint Jean il y a un second apôtre. Enfin un troisième panneau dit : MESSIEURS LES DRAPIERS ET CHOSTIES (chaussetiers) ONT DONNÉ CES PRÉSANTES VITRES 1567.

CRYPTE. — La crypte de Saint-Aignan mérite d'être visitée. Elle remonte aux premiers siècles de l'ère chrétienne; mais elle a

---

[1] APOCALYPSE, XII, 7-9.

été restaurée dans les premières années du XVIe siècle. Saint Aignan et ses trois sœurs y ont été enterrés ; avant 1793, on y voyait leurs tombeaux ; « sur celuy de sainct Aignan estoit anciennement ce distique latin :

> Corpus in his cryptis Aniani præsulis olim
> Carnutum recubat, spiritus astra colit [1]. »

La crypte est éclairée par cinq fenêtres garnies de vitres blanches. Sa voûte à nervures toriques, est solidement construite en pierres de tailles. Les dimensions sont : 19 mètres 80 centimètres de longueur ; 18 mètres 80 centimètres de largeur ; 4 mètres 30 centimètres de hauteur. Son pavé est fait avec de pauvres *six-pans*, comme celui de l'église supérieure. Elle ne renferme aucune œuvre d'art. Elle sert aujourd'hui de chapelle pour les catéchismes et pour la congrégation de la très-sainte Vierge.

Dans le mur septentrional, on voit une pierre sépulcrale qui porte deux écussons, et l'inscription suivante en lettres gothiques :

Cy devant gisent nobles personnes, maître Jehan Cadou, en son vivant licencié es loys et sr de Coustes et maire du chapitre de Chartre, lequel trespassa le samedi, dernier jour de juillet, l'an mil cinq cens et sept, et Marguerite Thérèse Mabile jadis femme dudit sieur, lequel trespassa le 26e jour d'août, l'an mil cinq cens et trois. Priez Dieu pour eulx. Miseremini mei, miseremini mei, saltem vos amici mei.

---

[1] *Parthénie*, 2e partie, page 8.

ÉGLISE St ANDRÉ

Dessiné par A. Deroy.   Lith. par H. Garnier.

Côté Occidental.

ÉGLISE DE SAINT-ANDRÉ.

Cette église, malgré le triste état d'abandon dans lequel elle est tombée, est encore un monument très-intéressant sous le rapport de l'art et de l'antiquité. Elle date du milieu du XIIe siècle.

Avant 1791 c'était la plus importante des dix paroisses de Chartres: elle comptait plus de deux mille communiants. Elle était tout à la fois paroissiale et collégiale; son clergé se composait d'un doyen, de douze chanoines, d'un curé ou vicaire perpétuel et d'un prêtre sacristain.

S'il en faut croire nos anciens historiens, une église dédiée à saint André aurait été construite vers la fin du second siècle. Plusieurs fois brûlée, comme tous les édifices de la ville, elle fut toujours rebâtie par la piété des fidèles. De ces constructions antiques il ne reste plus que le souvenir historique et l'emplacement, qui est celui de l'église actuelle. L'endroit sanctifié par l'autel primitif n'était jamais abandonné à des usages profanes par les Chrétiens des siècles de foi. L'autel était la pierre indispensable, essentielle, immuable, autour de laquelle s'élevait à diverses époques l'église changée, augmentée, transformée; tout se pouvait déranger, excepté l'autel, qui devait demeurer immobile, comme la religion dont il rappelle les plus augustes mystères.

---

[1] Voyez, pour l'historique de l'église, les *Registres capitulaires de Saint-André*, Ms des archives du département d'Eure-et-Loir.

Dans les premières années du XIIᵉ siècle, l'église de Saint-André fut érigée en collégiale par le bienheureux Yves, évêque de Chartres. La charte que le saint évêque donna en cette circonstance, est datée du 17 des kalendes de septembre 1108, et commence ainsi : « Ego Yvo humilis Carnotensium episcopus... in ecclesià » sancti Andreæ que in suburbio supradictæ civitatis est posita, » pro utilitate canonicorum ibi commorantium, decanum consti- » tuimus dominum videlicet Odonem, virum venerabilem, in ec- » clesiasticis et secularibus benè eruditum. » Peu de temps après cette érection en succursale, en 1134, l'église devint encore une fois la proie des flammes, lors du terrible incendie qui dévora presque toute la ville de Chartres. On la rebâtit bientôt telle que nous la voyons de nos jours, et elle venait d'être terminée, lorsqu'en 1185 elle fut renfermée dans l'enceinte de la cité.

Au commencement du XVIᵉ siècle, elle était devenue trop étroite pour la nombreuse population de la paroisse; on résolut alors de prolonger l'édifice par-delà le transsept : à cet effet on jeta sur la rivière une arche de 14 mètres destinée à porter le chœur et le sanctuaire, qui furent bientôt élevés avec toute la richesse du style ogival tertiaire par le *maçon* Jehan de Beauce. L'arche jetée sur l'Eure, disent nos historiens, était hardie et d'une grande beauté d'exécution, et sa singularité admirable fixait l'attention de tous les curieux [1] à tel point que Vauban, chargé par Louis XIV de visiter tous les monuments du royaume, se crut obligé, dans son rapport au roi, de le ranger au nombre des merveilles de la France [2].

En 1612, un prolongement nouveau fut ajouté au chevet de l'église: on y construisit une grande chapelle dédiée à la très-sainte Vierge; elle était supportée par une seconde arche jetée au-dessus du quai de la rive droite de l'Eure. Les événements de 1793 ont tout fait disparaître et ont déshonoré la belle église dédiée au saint apôtre de l'Achaïe.

---

[1] *Histoire de Chartres*, par Pintard, page 711.

[2] M. Garnier, imprimeur-libraire, possède une vue de cette belle arche et du chœur de Saint-André, fort bien gravée par Sergent-Marceau : nous la reproduirons dans notre *Monographie générale*.

Nous allons la décrire rapidement.

Elle offre la forme d'une croix en tau ; la porte principale se trouve à l'occident, comme dans toutes les églises du Moyen-Age. La longueur totale dans œuvre est de 39 mètres 1/2 ; le transsept compte 31 mètres de long ; la nef a 10 mètres 90 centimètres de large ; et les bas-côtés ont 5 mètres 60 centimètres. La hauteur de la nef est d'environ 20 mètres.

L'extérieur de l'église n'a de remarquable que la façade occidentale. Trois arcades cintrées en occupent toute la partie inférieure ; les archivoltes de ces arcades sont ornées de tores et de zigzags contre-zigzagués, et reposent sur des colonnettes, dont les chapiteaux sont très-curieux ; ils offrent quelque réminiscence du chapiteau corinthien ; entre les feuilles d'acanthe, on voit des têtes humaines riant, chantant, grimaçant. Deux de ces chapiteaux méritent une mention particulière ; c'est le second et le troisième, en commençant à gauche : sur l'un on voit un individu armé d'une serpe et faisant le geste de se défendre contre un personnage qui le menace de son sceptre fleuronné ; sur l'autre, un moine tonsuré semble bénir un personnage qui lui présente une petite fiole ; ce dernier porte sur la tête une riche calotte à bordure rehaussée de pierreries. — Dans tous ces chapiteaux, la pierre est bien fouillée, et l'exécution matérielle atteste que le ciseau était conduit par une main savante et exercée.

L'arcade centrale sert de porte d'entrée ; elle est fermée par deux vantaux armés de belles pentures, œuvre d'un forgeron du XIIe siècle ; plusieurs fragments assez volumineux en ont été arrachés depuis quelques années : ils sont déposés au musée de la ville. Cette porte était autrefois précédée d'un perron de neuf marches, que recouvrait un porche-auvent en bois peint. — Deux petites portes ajoutées au XVe siècle donnent entrée dans les nefs latérales.

On remarquera la forme élégante et bien dessinée du triplet ogival placé au-dessus des arcades que nous venons de décrire. Chaque fenêtre est ornée d'archivoltes dont presque toutes les moulures forment un tout continu avec les pieds-droits qui les supportent : c'est là un caractère architectonique du style de transition. Le triplet repose sur une corniche composée de deux tores séparés par une gorge profonde ; et cette corniche est soutenue par des modillons à têtes saillantes offrant des figures grotesques et grimaçantes.

Au-dessus du triplet, une élégante rose étale les divisions de sa riche corolle. Elle est inscrite dans un triangle semi-curviligne, et formée de trois cercles ; le symbolisme en est évident : l'habile et religieux artiste du XVᵉ siècle a voulu nous donner une image de l'Unité et de la Trinité divines. Les cercles sont remplis par des meneaux qui se contournant en lignes sinueuses, s'entrecoupant avec un art merveilleux, présentent une justification complète du terme *flamboyant* que l'on emploie pour les désigner. — Au-dessus de la rose, à l'amortissement du pignon, il y a un *oculus* qui paraît du XIIIᵉ siècle.

La tour qui est accolée au transsept méridional, est lourde, et peu élevée ; la flèche octogonale qui s'élançait vers le ciel comme une prière, a disparu depuis la tourmente révolutionnaire de 1793. La tour est divisée en deux étages et compte, dans œuvre, 5 mètres 40 centimètres sur chacune de ses dimensions ; un escalier de 82 marches conduit au sommet.

Les murs de l'édifice sont construits en appareils moyens, et leur entablement se compose de la seule corniche qui repose sur des modillons fort simples, figurant l'extrémité d'une solive taillée en biseau. — Le mur du bas-côté méridional est percé d'une large arcade donnant passage pour se rendre à l'église de Saint-Nicolas, qui y était contiguë.

L'intérieur, qui porte le cachet des principes austères de l'architecture romane, présente un vaisseau partagé en trois nefs. Seize piliers cylindriques soutiennent la nef centrale et le transsept ; leurs piédestaux sont arrondis au sommet et carrés à la base, et portent une griffe ou palme à chaque angle. Leurs chapiteaux sont assez variés et offrent des feuilles galbées ou en crochets, d'une exécution très-simple. Au-dessus des arcades sévères des travées, règne un large tore qui ceint l'édifice dans toute son étendue. Plus haut se trouve la claire-voie supérieure, composée d'une suite de lancettes simples sans aucun ornement ; aujourd'hui elles sont maçonnées en partie.

Dans les bas-côtés, il n'y a que quelques fenêtres étroites et irrégulières. Les fenêtres du pourtour du chœur étaient larges et garnies de belles verrières peintes, dont il ne reste que le sou-

venir dans les archives de Saint-André : « En 1582, Marin
» Levavasseur, peintre-verrier, de Paris refit tout à neuf les ver-
» rières du pourtour du chœur, consistant en quatorze vitres,
» en toutes lesquelles était peinte l'histoire de la nativité de Moyse
» et comment les enfants d'Israel furent délivrés de la captivité
» de Pharaon; moyennant 25 sous tournois par pieds carrés. »

Les voûtes de Saint-André sont en bois ; elles ont été refaites en 1480 par *P. Courtier*, qui nous a laissé son nom gravé en relief sur la troisième poutre de la nef centrale. Toutes les poutres sont très-élégantes ; elles sont couvertes de moulures dans toute la longueur ; le milieu et les deux extrémités offrent des sculptures variées, des armoiries, des feuillages, des têtes d'animaux fantastiques, des scènes historiées. Les trois dernières poutres sont peintes et dorées. — La voûte de la nef est ogivale ; celle des bas-côtés forme un arc surbaissé-irrégulier.

Dans le bas-côté septentrional, une petite chapelle a été élevée par Jehan de Beauce, au commencement du XVIe siècle ; la voûte est chargée de nervures qui se multipliant forment un réseau compliqué d'un bel effet ; les deux clefs sont aussi fort gracieuses. Cette voûte est soutenue par des piliers prismatiques dont les chapiteaux sont enrichis d'arabesques.

Presque vis-à-vis de cette chapelle, à l'endroit où se trouvait la chaire, on voit de curieuses peintures murales du XIIIe siècle ; elles se composent de trois tableaux : le premier est indéchiffrable ; le second représente l'Annonciation ; le troisième, l'ange qui tire saint Joseph de son doute. Chaque tableau se trouve dans une arcade trilobée, et le tout est encadré par des rinceaux fort bien dessinés. Ces curieuses et anciennes peintures sont exécutées sur un ciment composé de chaux et de pierres broyées. Elles s'effacent peu-à-peu par le frottement continuel de la paille et du foin qui remplissent l'église ; deux têtes seulement ont conservé leur fraîcheur.

Ces peintures murales sont presque les seules qui existent encore de cette époque à Chartres. On sait que cette partie importante de la décoration de nos églises est demeurée, jusqu'à nos jours, fort obscure, à cause du petit nombre d'exemples connus ; espérons que l'esprit d'étude et de conservation signalera une foule de peintures échappées comme par miracles aux iconoclastes du siècle passé, et veillera avec la plus généreuse sollicitude à leur entière conservation. Ainsi se prépareront les éléments d'une régénération complète dans cette partie oubliée de l'art catholique.

A l'entrée du chœur s'élevait un jubé, gracieuse tribune en bois, sculptée vers 1510 par P. Courtier, probablement d'après les dessins de Jehan de Beauce. Au nombre des ornements du jubé, on remarquait « un porc dressé sur ses pattes et battant le beurre » dans une baratte, sous un chêne; l'animal grossier ouvrait la » gueule pour en saisir le gland qui tombait. » C'est ainsi que des vieillards nous ont raconté le fait; il nous semble que cette *baratte* n'était autre chose qu'une chaire d'où le porc prêchait. Ces sculptures épigrammatiques si singulières désignent presque toujours des hérétiques notoires. C'est ainsi qu'à Saint-Sernin de Toulouse, on voit « un porc assis dans une chaire en rase campagne, avec » cette inscription : CALVIN LE PORC PRÊCHANT [1]. »

Derrière le chœur, à droite de la chapelle absidale, il y avait une petite chapelle dite des Challine, parce qu'elle avait été fondée par cette famille. La chapelle contenait un caveau destiné à leur sépulture, et dans lequel les corps se conservaient sans corruption, comme dans l'église des Cordeliers de Toulouse. « En faisant » l'ouverture de ce caveau en 1725, dit Piganiol de la Force en sa » *Description historique et géographique de la France,* on y trouva » sept corps entiers et très-sains, savoir : quatre d'hommes, » deux de femmes et un d'enfant âgé d'environ trois ans. On re- » marqua que l'un d'eux, mort depuis cinquante ans, avait encore » les traits si bien conservés qu'il fut reconnu aussitôt par d'an- » ciens bourgeois de la ville; l'un de ses bras était ceint d'une » bandelette, et la piqûre était encore aussi fraîche que si elle eût » été faite dans la journée. » Lors de la dévastation des églises en 1793, ces corps furent retrouvés dans le même état de conservation; on les retira et on les inhuma clandestinement dans la crypte méridionale, où l'on en voit encore les ossements épars sur le sol humide.

L'église de Saint-André possède deux cryptes vastes et profondes, qui s'étendent dans toute la longueur du transsept : celle

---

[1] *Du Catholicisme et du Vandalisme*, par M. de Montalembert, page 49.

qui est creusée sous la croisée septentrionale, a son entrée près de la petite chapelle du XVIe siècle que nous avons décrite plus haut. Elle est très-irrégulière; dans sa plus grande longueur elle mesure 12 mètres 80 centimètres; et sa largeur est de 10 mètres 50 centimètres. La voûte, haute d'environ 5 mètres, est en pierre de taille. La crypte méridionale est moins irrégulière : sa longueur est de 9 mètres 80 centimètres, sa largeur de 9 mètres. La voûte est aussi plus élevée; elle compte plus de 6 mètres de hauteur. Dans le mur qui regarde le midi, il y a une niche assez profonde, remplie de terre; c'est là que l'on a inhumé en 1793 les corps intacts des Challine. Dans un coin de cette crypte, il y a une fontaine toujours pleine d'une eau limpide et potable. — Les deux cryptes communiquaient autrefois par une grande arcade fermée aujourd'hui avec de la maçonnerie.

Hélas! depuis soixante ans, l'église de Saint-André ne voit plus célébrer les augustes Mystères; les anges saints qui veillaient à sa garde, l'ont abandonnée : elle sert de magasin à fourrage pour les chevaux de la garnison et appartient au ministère de la guerre! Mais bientôt le magasin à fourrage va être transporté ailleurs; et alors verrons-nous le beau temple redevenir une maison de prières? Cela dépendra du Conseil municipal de Chartres. Nous espérons qu'il comprendra que mettre une église à la portée des populations est une des œuvres les plus utiles auxquelles les chrétiens et les politiques puissent travailler : œuvre religieuse et profondément catholique, puisqu'elle tend à réveiller dans les âmes une foi bien endormie, sinon tout-à-fait éteinte; œuvre politique et sociale, puisqu'en contribuant à rappeler aux hommes les saintes prescriptions de la loi divine, la Religion leur enseigne à obéir aux lois de l'État, à respecter le bien d'autrui, à s'aimer et à s'aider mutuellement. Au nom de la Religion, de la société et de l'art, nous faisons les vœux les plus ardents pour le rétablissement de l'église paroissiale de Saint-André.

Je termine ici mon modeste travail. Je n'ignore pas que je n'ai fait qu'effleurer à peine mon vaste et magnifique sujet : le cadre étroit de mon livre ne m'a pas même permis d'indiquer les nombreuses et importantes questions qui se donnent rendez-vous sur le terrain de la cathédrale de Chartres ; car seule elle résume en quelque sorte toute l'histoire intellectuelle du Moyen-Age : c'est l'interprétation biblique, c'est la littérature et la civilisation de l'époque ; c'est l'architecture, la peinture, la statuaire d'une longue période d'années ; ce sont les arts et les métiers, les idées dominantes des peuples, leurs mœurs et leurs usages, leurs costumes, leur caractère, leur vie intime ; c'est l'humanité, c'est la Religion, c'est Dieu !

Je dois ici témoigner toute ma reconnaissance à mon honorable et savant ami, M. Paul Durand, qui, après mon départ de Chartres, a bien voulu corriger les épreuves de mon livre, et vérifier, collationner pour ainsi dire, avec patience et un savoir profond, la description des vitraux de la Cathédrale et des autres églises. C'est à lui que je dois d'avoir pu faire disparaître de mon travail plusieurs erreurs assez graves.

Malgré l'attention la plus minutieuse dans la correction des épreuves, quelques fautes typographiques déparent encore mon livre : le lecteur intelligent saura bien les corriger.

Parmi les modifications que j'eusse voulu faire subir à mon travail, il en est deux que je tiens à faire tout de suite. J'ai avancé, page **21**, que le jubé de la Cathédrale datait de la fin du XIIIe siècle. C'est au contraire dans la première moitié de ce siècle qu'il faut reporter la construction de ce beau monument. — Page 95, j'ai attribué au XIVe siècle des sculptures et des soubassements qu'un examen plus attentif me fait reporter un peu plus tôt : ils datent du même temps que le reste du porche ; les différences d'aspect doivent être attribuées à une autre cause qu'à celle d'époque plus ou moins ancienne.

Valenciennes, le 24 septembre, en la fête de Notre-Dame-de-la-Merci, 1850.

TABLE.

Épître dédicatoire.		j
Avant-propos.		iij
CHAPITRE I. — *Histoire sommaire*		7
	Origine de la Cathédrale.	9
	Fulbert relève la Cathédrale	13
	Construction des clochers	14
	Sinistre de 1194	16
	Reconstruction de la Cathédrale . . .	18
	Sa dégradation	21
	Ses dimensions principales.	25
CHAPITRE II. — *Description de l'extérieur*		27
	Les contreforts et les galeries. . . .	30
	Les combles et la charpente	31
	Les tours.	35
	Les deux clochers	36
	Le clocher-vieux.	ibid.
	Le clocher-neuf	40
	La façade occidentale	48
	Porche occidental ou royal.	50
	Galerie royale du pignon	63
	La façade septentrionale	65
	La façade méridionale	100
	Le porche du jugement.	ibid.
CHAPITRE III. — *Description de l'intérieur*		122
	L'architecture	124
	Le pavé	128
	Le mobilier	131
	Le jubé	134
	La clôture du chœur.	138

Le chœur et le sanctuaire	158
Le groupe de l'Assomption	159
Le trésor et la sainte Châsse	161
Les bas-reliefs du chœur	165
Les chapelles.	169
La chapelle de Saint-Piat	179
La sacristie	183
CHAPITRE IV. — *Description des vitraux*	184
Rose occidentale.	191
Rose septentrionale.	193
Rose méridionale	194
Vitraux de l'abside	195
Vitraux de l'étage supérieur.	197
Vitraux de l'étage inférieur	217
CHAPITRE V. — *Description de la crypte*.	269
Chapelle de Notre-Dame-sous-terre . . .	271
Les autres chapelles.	273
Salle capitulaire	276
ÉGLISE DE SAINT-PIERRE	279
Description de l'extérieur	282
Description de l'intérieur	284
Les chapelles.	289
Les verrières	292
La sacristie	298
ÉGLISE DE SAINT-AIGNAN	301
Les verrières	304
La crypte	309
ÉGLISE DE SAINT-ANDRÉ	311
Description de l'extérieur	313
Description de l'intérieur	314
La crypte	316
Avis	317

www.ingramcontent.com/pod-product-compliance
Lightning Source LLC
Chambersburg PA
CBHW072013150426
43194CB00008B/1097